rowohlt

Fritz J. Raddatz

STAHLSTICHE

33 Einreden aus 35 Jahren

Mit einem Vorwort von
Ijoma Mangold

Rowohlt

1. Auflage September 2013

Innengestaltung Joachim Düster
Satz aus der ITC New Baskerville und
Akzidenz Grotesk PostScript
bei Dörlemann Satz, Lemförde
Druck und Bindung CPI – Clausen & Bosse, Leck
Printed in Germany
ISBN 978 3 498 05796 1

INHALT

Vorwort

Als Fritz J. Raddatz 2003 mit seinem Erinnerungsbuch «Unruhestifter» auf Lesereise war, bin ich ihm das erste Mal begegnet. Es war im Restaurant des Münchner Literaturhauses nach seiner Lesung. Ich wurde ihm vorgestellt, und damit er, der gut gelaunt war und geradezu in Fahrt, sich ein Bild von dem jungen Literaturkritiker, der sein Tischnachbar war, machen konnte, fragte er mich: «Was war Ihr letzter Verriß?» Seine Augen funkelten dabei, und die Frage stand im Raum wie ein guter Aufschlag beim Tennis, aus dem sich alle weiteren Bewegungen wie von selbst ergeben.

Doch die Frage irritierte mich. Nicht etwa, weil mir mein letzter Verriß nicht einfallen wollte, sondern weil ich das Gefühl hatte, daß meine Antwort nie jene Höhe erreichen würde, auf die Raddatz' Frage zielte. «Was war ihr letzter Verriß?», meinte ja nichts anderes als: An einem Verriß zeigt sich der ganze Mensch! Der Verriß ist nicht einfach eine Textsorte, die mehr oder minder virtuos ins mediale Rauschen eingespeist wird, den Leser amüsiert und den Autor vor erlittener Ungerechtigkeit aufstöhnen läßt, sondern er ist eine Regierungserklärung, ein Machtanspruch, ein Fehdehandschuh, eine Selbstoffenbarung und eine Selbstinszenierung zugleich, ein Manifest, das die geistige Welt dazu zwingen will, alles, was sie bisher für wahr und richtig gehalten hat, in einem neuen Licht zu sehen.

Natürlich schrieb ein Literaturkritiker auch im Jahr 2003 noch Verrisse, doch waren sie, meinte ich, schon lange nicht mehr jene amtliche Erkennungsmelodie, mit der sich ein Kritiker in der Umlaufbahn der großen Fixsterne des literarisch-kulturellen Universums positionierte – und zwar, weil es ein solches Fixstern-Universum nicht mehr gibt. Raddatz' Autorität, sein Glanz, ja sein Glamour hingegen speisen sich aus dem unbeirrbaren Willen, an dieses Fixstern-Universum zu glauben. Raddatz ist auf eine geradezu übermenschlich gesunde Art immun gegen die hochinfektiöse Krankheit des Relativismus. Seine ganze geistige Lebensform, das Flamboyante, das Virtuose, das Ballerinenhafte und auch das Hochmögende, setzen einen Kosmos voraus, in dem ein Name wie Jean Genet als Erkennungszeichen, ein Name wie Susan Sontag als Respekt einflößende Einschüchterungsformel funktioniert. Solche intellektuellen Stichwortgeber und exemplarischen geistigen Existenzen sind der Goldstandard, zu ihnen mag man sich kontrovers positionieren, aber an ihrer Relevanz, ihrer geradezu physikalischen Sonnenhaftigkeit besteht kein Zweifel. Es gibt bei Raddatz immer wieder – vor allem in seinen einzigartigen Tagebüchern – Töne der Niedergeschlagenheit, der Melancholie, ja der umfassenden Lebensenttäuschung, aber nie ergreift ihn die Resignation, der Gegenstand seiner Leidenschaft, die Literatur, sei womöglich nur ein Glasperlenspiel und nicht der Nabel der Welt.

Jede Sache ist so wichtig, wie man sie nimmt. Raddatz' Vitalität, sein Enthusiasmus und sein Spieltrieb waren immer so groß, daß unter seinen Händen die Literatur nie klein geworden ist. Noch sein im vergangenen Jahr veröffentlichtes «Bestiarium der deutschen Literatur» legt davon Zeugnis ab: Natürlich ist es ein großer Spaß, wie Raddatz da die Literaten der deutschen Gegenwartsliteratur von Rang beschreibt, als wären sie zoologische Arten mit charakteristischen Eigenschaften, was ihr Beuteschema, ihre Täuschungsstrategien und ihr Reproduktionsverhalten betrifft. Doch liegt diesem Spaß die ernste Überzeugung zugrunde, daß jede wahrhafte Schriftstellerexistenz zugleich so individuell wie allgemein gültig ist, daß sie es verdient, in den Rang einer zoologischen Art erhoben zu werden.

Das ist bei Raddatz ein höchst produktives Wechselverhältnis: Die Literatur ist ganz selbstverständlich der gesellschaftliche Leitdiskurs, und daraus leitet sich ebenso selbstverständlich das Selbstbewußtsein des Kritikers ab. Das vorliegende Buch versammelt feuilletonistische und literaturkritische Texte aus fünf Jahrzehnten. Raddatz portraitiert Schriftsteller von Flaubert bis Faulkner, von Böll bis Hermlin. Er interviewt Nadine Gordimer und Arthur Miller. Er schlägt sich mit der deutschen Zeitgeschichte herum, wenn er Thomas Manns berühmte Selbstbefragung «Bruder Hitler» während des deutschen Herbstes als «Bruder Baader» neu auflegt. Er wehrt sich nach dem Mauerfall mit heißem Herzen gegen die linke Skandalisierung der bevorstehenden Wiedervereinigung und fragt mit unkokett entblößter Brust nach seinem eigenen Versagen, als Bürger der DDR in den fünfziger Jahren nicht mehr Mut bewiesen zu haben. Aber all den Texten gemeinsam ist die unangefochtene Autorität, die die Namen der Schriftsteller von Brecht bis Grass, von Sartre bis Susan Sontag als zentrale Referenzgrößen der gesellschaftlichen Selbstbeschreibung ausstrahlen.

Raddatz pflegt mit der Literatur einen Umgang wie mit alten Freunden, die man in- und auswendig kennt, auf die man stolz, aber auch eifersüchtig ist, mit denen einen viele gemeinsame Abenteuer verbinden, von denen man manches Geheimnis kennt und viele Briefe aufbewahrt hat. Ob die Autoren noch leben oder schon tot sind, ändert dabei nichts an ihrer intellektuellen wie emotionalen Zeitgenossenschaft. Sie sind Familie. Und so, wie Raddatz über sie schreibt, sind sie nicht nur für ihn Familie, sondern für alle, die im Wirbel der Geschichte und der Geschichten suchende und irrende Menschen sind. In ihren Macken und Mickrigkeiten, in ihren Idealen und Größenphantasien erkennen wir unsere eigenen Impulse wieder. Wir sind opportunistisch wie Johannes R. Becher, wir sind romantische Alkoholiker wie William Faulkner, egoistische Frauenausbeuter wie Brecht, schwule Verbrecher (zumindest in unseren erhabenen Träumen) wie Genet und große Selbstbetrüger wie am Ende fast alle von Sartre bis Hermlin. Sämtliche Modelle des sittlichen wie des unsittlichen, des kleinen wie des großen Lebens kommen für Raddatz fast naturgemäß aus der Literatur. Deshalb gibt es in seinen Texten nie den Tonfall der Gleichgültigkeit oder Indifferenz, aber auch nicht den der Angst vor Desinteresse oder mangelnder Relevanz.

Diese Selbstverständlichkeit macht mich staunen. Um sie beneide ich ihn. Vermutlich wird er mein Staunen nicht verstehen. Als er einst Feuilletonchef der ZEIT war, sprach man andächtig vom «Raddatz-Feuilleton». Ich glaube, im Kern muss damit ein völliges Fehlen kleinmütiger Selbstmarginalisierung gemeint gewesen sein; die Überzeugungskraft, ohne Anfechtungen an die Allgemeingültigkeit des Fixstern-Universums zu glauben. Wie realistisch oder unrealistisch das ist, ist nicht kampfentscheidend. Im Zweifel besteht Größe gerade in der feurigen Ignoranz aller realistischen Relativierungen.

Und es stimmt: Wenn man auf die Haltbarkeit von Namen schaut, schneiden die Dichter und Denker *in the long run* weitaus besser ab als die Global Player und Strippenzieher der Macht und wer sonst noch auf dem Jahrmarkt der Eitelkeiten um Aufmerksamkeit ringt. «Name und Werk von Schiller oder Picasso oder Grass sind vorhanden», schreibt Raddatz. «Wie hießen die Richter von Oscar Wilde? Wer hat Victor Hugo ins Exil getrieben, und wer nennt die Namen derer, die Thomas Mann nicht – keine Silbe, kein Wort – aus der Emigration heimriefen? Der Atem der Geschichte hat ihre Namen gelöscht wie der Wind Spuren im Sand.» Und einmal warmgelaufen, ruft Raddatz aus: «Ich plädiere für ein Aufkündigen der Bescheidenheit.» Konkret wehrt sich Raddatz in diesem Text gegen die kleinmütigen Realpolitiker, die als «Hiwis der Macht» vor der Wiedervereinigung warnen, weil diese das Mächtegleichgewicht des Kalten

Kriegs durcheinanderbringen könnte. Tatsächlich aber atmen seine Sätze eine Grundsätzlichkeit, mit der der Feuilletonist allen konkurrierenden Weltmächten ins Stammbuch schreibt, wo *sub specie aeternitatis* der Hammer des Ruhms hängt.

Die sechziger und siebziger Jahre, in denen Raddatz zu großer Form auflief, mögen links und bilderstürmerisch gewesen sein, sie waren aber gerade dort, wo sie sich an bildungsbürgerlichen Werten abarbeiteten, eben auch noch dies: bildungsbürgerlich, schriftgläubig. Mit jedem Klassiker, den man vom Sokkel riß, wurde von Walter Benjamin bis Herbert Marcuse ein neuer Säulenheiliger inauguriert. Das war die ideale Bühne für Fritz J. Raddatz' Doppelnatur: rebellisch und kultiviert, extravagant und gebildet, kulinarisch und intellektuell, mondän und ein Bücherwurm, Sylt und Ostberlin.

Und doch erklären die Zeitumstände allein nicht die Behauptungskraft, von der seine Texte getragen werden. Ich glaube, sie kommt daher, daß es sich nur auf den ersten Blick um Literaturkritiken oder Feuilletondebattenbeiträge handelt, im innersten Kern aber um Liebesgeständnisse. Daher die Kraft, der tollkühne Übermut, daher die Hitze des Gefechts wie die Anhänglichkeit der Erinnerung. Da liebt einer und will selber geliebt werden. Da will sich einer im Namen der Literatur öffnen und hofft auf die Offenheit derer, die er so hingebungsvoll liest. Raddatz kann polemisch sein, hochfahrend, schneidend und selbstverliebt, aber die Sehnsuchtstonlage, die sein Schreiben sucht, ist die Zärtlichkeit. Dorthin zu gelangen, wo jeder Mensch verletzlich ist. Schönheit und Wahrheit werden von Raddatz so ernstgenommen, weil er überzeugt ist, daß sich im Schönen und Wahren Wege öffnen zur Zartheit der Menschen.

In seinem Nachruf auf den Maler Paul Wunderlich schreibt er: «Manchen war ich sehr nahe wie James Baldwin oder Günter Grass oder Alberto Moravia. Geliebt habe ich diesen einen.» Um Nähe geht es ihm immer – in seinen großen Interviews wie in seinen Portraits. Und an solcher Nähe will er als Dritten den Leser teilhaben lassen, als hätte die Nähe und die Zartheit die Kraft, die ganze Welt zu verwandeln. In einem der schönsten Stücke dieses Bandes erzählt Raddatz die verrückte, obsessive Affäre, die William Faulkner mit dem Hollywood-Scriptgirl Meta hatte, die aber nie mehr als eine Affäre werden konnte, weil Faulkner die Tatkraft oder die Gewissenlosigkeit nicht hatte, seine Frau – ein Lebenswrack – und sein Kind zu verlassen. Da spricht Raddatz von Faulkners «kindlich-unstillbarem Bedürfnis nach Zärtlichkeit» – und man merkt sofort, wie nah er den Worten seines Protagonisten ist. «Zwischen Gram und Nichts entscheide ich mich für den Gram», heißt es in Faulkners «Wilden Palmen». Das wäre auch Raddatz' Präferenz, der die sublime Schwäche liebt, weil sie seine Gabe des Erbarmens zuallererst zum Zuge kommen läßt.

Wie anders sieht das bei Brecht aus, der Raddatz ein Leben lang begleitet, ohne daß je Nähe aufkäme, stets nur Faszination.

> Und das große Weib Welt, das sich lachend gibt
> Dem, der sich zermalmen lässt von ihren Knien
> Gab ihm einige Ekstase, die er liebt
> Aber Baal starb nicht: Er sah nur hin.

Raddatz resümiert die Brecht-Haltung so: «Es gilt wohl für beide Lebensbereiche – die ästhetische Summe hieß dann ‹gestisch› –, für Erotik wie Revolution: Er sah nur hin.» Für Raddatz gilt das nicht: Seine Texte künden von seiner Bereitschaft, mehr als nur hinzuschauen, sich vielmehr gern von den Knien des «Weibes Welt» zermalmen zu lassen. Seine irritierte Bewunderung für Brecht hat mit dessen Kälte- und Distanz-Habitus zu tun, den Raddatz' untaktisch überfließendes Herz nicht kennt. «Es ist eine Prosa», schreibt Raddatz über Brechts Tagebücher, «wie Eisblumen, zu deren Entstehen es bekanntlich einiger

Kälte bedarf. Und die, kommt man ihnen zu nahe, zerstört werden.» Die Eisblume ist nicht Raddatz' ästhetisches Ideal. Er schätzt die Artistik, aber noch mehr liebt er die Nähe.

Fasziniert lauscht Raddatz Ruth Berlau, die davon berichtet, wie Brecht versucht, sie gegen die Risiken des Enttäuscht-Werdens zu impfen: «Als ich einmal über einen Menschen sehr enttäuscht war, weil er nicht hielt, was wir uns von ihm versprochen hatten, nahm Brecht einen Bleistift und zeichnete mir auf: Von einem Menschen kannst du zum Beispiel so viel erwarten, von einem anderen so viel und einem dritten nur so viel. Du darfst nie beleidigt oder enttäuscht sein, wenn deine Vorstellungen nicht erfüllt werden. Dann hast du Vorurteile gehabt.» Doch diese emotionale Sicherheitsschranke, wie sie Brechts Klugheitslehre anrät, hat Raddatz nie besessen, das kann man auf jeder Seite seiner Tagebücher überprüfen. Immer wollte er sich Freunden und Kollegen verschenken, immer blieb er enttäuscht, daß so wenig zurückkam, nie wurde er klüger, nie verhärtete er sich.

Ein Bild von Fritz J. Raddatz wäre allerdings unvollständig, wenn man nicht auch seiner durchaus hechelnden Liebe zu Frau Welt Erwähnung täte. Jenes rauschhafte Verfügen über die Luxusgüter der Welt, wie es das Geld ermöglicht, jenes Vergnügen am Tratsch, der einer Gesellschaft gilt, auf deren Festen man sich zumindest zeitweilig im Mittelpunkt wähnen darf, jenes kennerhafte Bescheidwissen über die Geheimtipps des gehobenen Geschmacks – das alles erhitzt Raddatz zu sehr, als daß er seine Hingabe an die Welt erfolgreich camouflieren könnte. Zwar macht er sich, der sich zum Adel des Geistes zählt, mit gebotenem Spott lustig über die mondänen Statussymbole, aber es ist dabei ein Überschuß des Bescheidwissens, der den heimlich Liebenden verrät: «Wir sind ja nun alle so schrecklich kosmopolitisch und wissen: Der Martini im Rainbow Room des Rockefeller-Center ist der beste, die Kacheln an dieser einen Pforte von Fez die schönsten, und wer in Harry's Bar in Venedig oben statt unten zum Essen plaziert wird, muss sich erschießen.» Er kann das so locker schreiben, weil er keinen Anlaß hat, sich erschießen zu müssen. Schmallippige Protestanten ohne Festkultur kennt der deutsche Kulturbetrieb genug. In diesem Umfeld war Raddatz' verspielter Snobismus schon fast so etwas wie sexuelle Befreiung: «Das Hübsche girrt auf den Laufstegen dieser Welt, schwankender Boden der Leichtfertigkeit.» O ja!

Doch ist seine Lust an der Weltlichkeit immer überschattet von einer Melancholie, die den Kern seiner kulturellen Existenz ausmacht: die niederschmetternde Erkenntnis, daß es die falsche Welt ist, weil die wahre Welt nach 1933 ins Exil vertrieben wurde und nie wieder heimkehrte. Kein Motiv wird man darum in diesen Texten so häufig finden wie Raddatz' Wut über ein Deutschland, das kein Gespür für seine Verluste hatte und den Emigranten keinen roten Teppich ausbreitete, der sie zur Heimkehr hätte bewegen können. Das ist Raddatz' größter Liebesverlust. Was bleibt, ist Lion Feuchtwangers Haus in Kalifornien, ein Museum jener Welt von gestern, in der sich Fritz J. Raddatz, wäre sie nicht 1933 zu Ende gegangen, ganz gewiß wie ein Fisch im Wasser bewegt hätte.

Ijoma Mangold

KALTNADELRADIERUNGEN

Warum ich Pazifist bin

Die erste Waffe war ein russisches Bajonett mit eingesägten Scharten, sie hatte ihm den einen Lungenflügel zerrissen; sie lag mit den vom nie gereinigten Metall aufgesogenen Blutflekken in einem bestimmten Fach des Schreibtischs, zusammen mit anderen Kriegserinnerungen («den Iwan habe ich mit meiner Pistole erledigt»), und wurde dem Sohn – man nannte das wohl preußische Erziehung – bei besonderen Anlässen gezeigt; Mitternacht hatte ich ihm noch den blutigen Schaum von den Lippen gewischt, morgens um fünf war er tot, und ich band mit einem Küchentuch den heruntergeklappten Kiefer hoch: mein Vater. Da war ich dreizehn.

Die zweite Waffe war eine ertrunkene Panzerfaust. Am Morgen zuvor hatte ich mit einem blauen Emailleeimer Wasser aus dem Feuerlöschteich im Park geholt, um den die kleinen Bürgerhäuser der Siedlung gruppiert waren; in dem ausbetonierten Teich schwammen, mittendrin wie ein sinnloser Quirl, die Panzerfaust, die aufgedunsenen Leichen zweier deutscher Soldaten, die hatten das Gymnasium schräg gegenüber verteidigt, in dem ich nichts gelernt hatte. Mit dem Teichwasser wurde Gerstensaft gekocht. Und die Suppe aus einem Stück Pferd, daran noch das braune, lockige Fell haftete – es war gerade fertig mit dem Sterben, als wir es mit dem Taschenmesser zerfetzten.

Die dritte Waffe war eigentlich die erste, Angst hatte sie aus der Erinnerung verdrängt: Phosphor. Der hatte den mittäglichen Frühlingshimmel über Berlins Innenstadt erst schwarz gemacht in kurzen Minuten; dann, in langen Stunden, brannte die Stadt in so rasendem Feuer, daß der Asphalt schmolz. Ich steckte – mitten auf der Friedrichstraße – in einem saugenden Moor, konnte mich nicht retten vor den Flammen rechts und links, die gegeneinanderschossen in einem von sich selber entfachten Kaminzug. Niemand hörte mein Schreien – oder doch? Eine fremde Frau hatte über meinen Kopf mit versengten Haaren, Brauen, Wimpern eine nasse Decke geworfen. Da war ich elf – und das erste Mal betrunken in meinem Leben.

Die vierte Waffe hatte ich im Mund, jene Ewigkeit lang, die es dauert, bis drei Rotarmisten fünf Frauen vergewaltigt haben; einer hielt mir den Lauf seiner Pistole in den Hals, damit ich schön still hielt beim Zusehen. Da war ich immer noch dreizehn, und einen Sexualkundeunterricht brauchte ich nun nicht mehr.

Die fünfte Waffe stand im Garten unseres zerbombten Hauses; mit ihr feuerten unter trunkenem «Gitläh-kaputt»-Gegröle Sowjetsoldaten vierundzwanzig Stunden ohne Unterlaß ins Zentrum, auf die Reichskanzlei – wo sich der Verbrecher gerade trauen ließ. Das entsetzliche, jaulende Geräusch machte mir solches Grauen, daß ich mich unter den Koksberg im Keller verkroch. Diese Waffe hieß «Stalinorgel» – es waren die ersten Raketengeschosse – und die Logik, daß sie ja nicht mich treffen konnten, half meiner Angst nicht.

Wie mir heute, ziemlich viel älter und vielleicht ein bißchen weniger dumm, auch die Logik nicht hilft zu verstehen, daß eine Waffe, die Neutronenbombe heißt, eine Atombombe sei, die keine Atombombe ist.

Ich will diese sechste Waffe nicht, gar keine.

Haben wir denn vergessen, was hinter uns liegt? Die Leiber, das Elend, die Mütter ohne Fassung und die Frauen ohne Männer? Haben wir das alles aufgespult und weggelegt wie den Ferienfilm aus Mallorca oder die Beatles-Kassette? Riecht denn das niemand mehr – diese von heißem Eisen bittere Luft, diesen süßlichen Gestank, hervorquellend aus Schutt und Mörtel und Asche? Hört das niemand mehr – das Schreien der Zwanzigjährigen ohne Beine, das Wimmern der Frauen mit dem erfrorenen Kind auf dem Arm? Sieht das denn niemand mehr – den Arm ohne den Menschen dran unter den Trümmern von Dresden, den Elendstreck von Millionen quer durch Europa? Sind denn unsere Tiefkühltruhen für das Gedächtnis unserer Seelen gebaut, und ist das Wort Klarsicht reserviert für die Verpackung von Hühnerbrüsten?

Ich weiß – man wird sagen: emotional, irrational, irreal; unsere Politiker können ja so gut Latein. Und wenn eben noch das Wort Sympathisant – kommt es nicht von mit*leiden?* – das Schimpfwort der Saison war, dann ist es jetzt der Pazifist. Diese Denunziation hat für mich dieselbe Überzeugungskraft, mit der vor allem jene Leute zum Gürtel-enger-Schnallen aufrufen, um deren wohlbeleibt-pensionsberechtigte Bäuche nun aber auch gar kein Gürtel mehr paßt. Warum sollen wir eigentlich den Herren mit den prall gefüllten Hosenträgern glauben? Die «Kohlenklau»-Rufer saßen auch immer schön warm.

Die Verweigerung gegen ein «Vernunft»-Argument ist nicht zwangsläufig vernunftlos; es gibt auch eine Kraft des Nicht-Vernünftigen. Man stelle sich vor, wie viel Leid unserem Jahrhundert erspart, wie viel Millionen Menschen am Leben geblieben wären durch eine einzige winzige Tat: wenn alle Mütter und Frauen ihre Söhne und Männer einfach nicht hätten ziehen lassen. Unsere Welt sähe anders aus.

«Das geht nicht» – ich höre es schon. Aber wer sagt das? Die, die uns jetzt Europa mit neuen Höllenmaschinen vollstellen wollen, ein Kontinent als Raketen-U-Boot vor Anker? Wieso müssen wir deren Logik glauben, denen, für die dies hier zu «persönlich» gesprochen ist, weil man ja nur noch MIRV und SALT und MX und SS-20 stottern darf?

Die härtere Abwehr heißt dann meist: «Das ist Literatur.» Das haben sie einst auch zu Jean-Jacques Rousseau gesagt – doch seine utopischen, so «unrealistischen» Worte, und nicht die von Generälen oder Bürokraten, prägten der Welt damals freiheitlichste Verfassung: die der jungen Vereinigten Staaten von Amerika. Das hätten sie wohl auch zu einem gesagt, der vor fast zweitausend Jahren geboren wurde – «das läuft nicht» – und an den sie sich erinnern einmal im Jahr mit einem Glitzern im Auge und kleinen Päckchen in der Hand. An diesem einen Abend schweigen ja auch die Waffen – eine Obszönität wie das Wort von der humanen Bombe?

Sich oder andere daran zu erinnern, ist nicht aufgeschminkte Frömmigkeit noch Mißbrauch tief eingesetzter Werte; weit über die Bergpredigt hinaus. Insofern ist es kein Zufall, daß ein deutscher Dichter, dem wir die schönsten Antikriegsgedichte dieses Jahrhunderts verdanken, seine Tradition in dieser «Literatur» sah. Auf die Frage, welches für ihn das wichtigste Buch der Welt sei, antwortete Bertolt Brecht: «Die Bibel».

DIE ZEIT, 42 / 9. 10. 1981

Bruder Baader?

*Redlich wünsche ich diesem öffentlichen Vorkommnis einen Untergang in Schanden …
Der Bursche ist eine Katastrophe; das ist kein Grund, ihn als Charakter und Schicksal nicht interessant zu finden.*

THOMAS MANN, «Bruder Hitler»

Hier soll nicht soziologischer Kaffeesatz gelesen, nicht zu Schalmeienklang rechtsherum getanzt werden, nicht «Archipel Buback» auf Fähnchen gestickt, die im linken Wind flattern; sondern von Menschen wird gesprochen. Bisher hat niemand versucht – niemand gewagt? –, an Gemeinsamkeiten zu erinnern mit einem von denen, die «über den Fluß gegangen» sind. Eine Nation hat den Kopf in den Sand gesteckt, hat sich nicht erinnern wollen – weder an die eigene Geschichte noch an die Personen.

Ein Doppelsalto, der schließlich mit gebrochenem Rückgrat und Paralyse endet; denn sich erinnern, das ist eine moralische Kategorie. Damit eine politische. Und sei es nur im Hinzeigen, wie selten die beiden Begriffe zusammengehen. Sich erinnern, das heißt nach Gemeinsamkeiten forschen. Durchaus im Sinne jenes heiklen Essays von Thomas Mann.

Seltsam doch: Erst wenn einer der schießenden Desperados in Haft war, erfuhr man von einer Mutter, einem Bruder, einer Geliebten, einem Freund. Nie vorher. Identifizierung muß nicht immer den Fingerabdruck meinen, sondern das Forschen nach Gemeinsamem; nur daraus kann die wahre Absage kommen, das trauervoll schneidende Nein, überzeugender als alle

Deklamationen. *Sympathein* heißt nämlich nicht in erster Linie «innerlich billigen», heißt in seiner Grundbedeutung erst einmal «mitfühlen». Also das Gegenteil jener Peinlichkeit auf halbmast wehender Mercedes-Fahnen. Automobilfabriken sollten bilanzieren, nicht flaggen, halbmast schon gar nicht. Eine Firma kann nicht trauern. Aber ein Mensch. Emphase, Teilnahme, Urteil: Das ist nur möglich, wenn Erbarmungslosigkeit sich nicht in der Aburteilung eines einzelnen erschöpft, sondern zum Beurteilen einer Gesellschaft führt. Die Frage bleibt letztlich: Ist die Gesellschaft schuld?

Es ist die entscheidende Frage. Sie muß beantwortet werden. Der Terrorist, der den Bankier Ponto erschoß, ist so gut Produkt dieser Gesellschaft wie der Bankier Ponto. Auch Fehlentwicklungen sind Entwicklungen. So töricht es ist, jedes legasthenische Kind als «Versagen der Gesellschaft» vorzuführen, so ohne Moral und Verantwortung ist es, ihr ersichtliches Versagen hinwegzumogeln.

80000 drogenabhängige Jugendliche. 82000 Jugendliche ohne Arbeitsplatz. 300000 Jugendliche zwischen 14 und 29 Jahren alkoholgefährdet. Die höchste Rate an Kinderselbstmorden in Westeuropa (500 jährlich). Die höchste Rate an stellungslosen Akademikern in Europa (etwa 40000), 40 Prozent der Studenten in psychiatrischer Behandlung. Die niedrigste Rate von studierenden Arbeiterkindern in Europa (13 Prozent) – und das alles soll keine Folgen haben? Und das alles, dieser Rostfraß unter dem Lack der Produktgesellschaft, soll nicht Ursache sein? Jeder neunte Jugendliche in der Bundesrepublik lehnt das bestehende Gesellschaftssystem ab, und einer, der es wissen muß, der Ex-Terrorist Hans-Joachim Klein, dokumentiert: «Ich weiß von Siebzehn- und Achtzehnjährigen, die würden heute am liebsten ein Inserat in der FAZ aufgeben, um eine Knarre zu kriegen und in den Terror einzusteigen.»

Die sich da zu Tode fixen (84 allein im Jahr 1977 in Berlin);

die sich da zu Tode trinken; die da schließlich andere totschießen – mit denen haben wir alle nichts zu tun? Unterwelt, Abschaum, Ratten? Auch wenn es unsere Söhne und Töchter sind, die die saturierten Vorstadthäuschen verlassen haben, ins Nirgendwohin?

Hier ist zweierlei zu sagen. Wer diese Gebärde der Wegwerfgesellschaft zur Verfügung hat, *der* handelt unmoralisch. Menschen sind keine Einwegflaschen. Dem liegt eine verborgene Erbarmungslosigkeit zugrunde.

Es liegt aber noch etwas anderes zugrunde, das vielleicht Schlimmere, kaum mehr verborgen: die gänzliche Unfähigkeit, analytisch zu denken, simpelste kausale Abfolgen zu erkennen. Das betrifft auch – oder gerade – die, bei denen ständige winzige Verletzungen des Menschlichen eines Tages das Unmenschliche hervorrufen. Wo die Titelzeile «Kennedy erschossen» garniert ist mit «Kein Schälen, kein Schneiden, keine Tränen! – Thomys Röst-Zwiebeln»; wo das Foto vom Mord an einem Vietcong garniert wird mit sekttrinkender Fürstenhochzeit und BMW-Reklame; wo das Wort «Dichtkunst» in ganzseitigen Anzeigen nur noch im Zusammenhang sanitärer Abdichtungen und das Wort «revolutionär» für Schrankwände verwendet wird; wo Mannequin-Passagiere der «Landshut» eine Woche nach Mogadischu ihre läppischen «Erinnerungen» pfennigweise verkaufen – da *muß* doch, leise, langsam, unmerkbar erst, eine Verbiegung von Wahrnehmungen, ein Zerklirren von Werten stattfinden. Wie mühelos ließe sich eine Anthologie der ekelhaftesten «Gedankenlosigkeiten» zusammenstellen, Bilder verhungerter Kinder neben Kaviarreklame und Aufnahmen der Vergifteten von Seveso neben Chemiewerbung. In Wahrheit gibt es, bei wachen Aufnahmeapparaturen, keinen Tag ohne Schock. Schock heißt Angst. Angst heißt Haß.

Unserer bürgerlichen Welt begegnet eine ganze Generation in dieser Schock-Angst-Haß-Mischung. «Diese Menschen leben nur noch körperlich anwesend», hieß es kürzlich in einem höchst eindrucksvollen Aufsatz. Sie leben in einem anderen Staat – wenn wir Glück haben: abgekapselt von der Wirklichkeit in einer selbsterrichteten Kunstwelt, eine Hohn- und Ekelmeile legend zwischen sich und das, was für sie alles dasselbe ist; Waschmittelwerbung oder Kanzlerinterview. Wer je erlebt hat, mit welch gleichgültiger Selbstverständlichkeit oder feixender Verachtung der Fernseher abgedreht wird in einer Runde dieser jungen Leute, der weiß, wie recht Nobert Klugmann mit dem erwähnten Artikel in der «Frankfurter Rundschau» hat:

> Richtig ist: Von hier droht kein Bombenwurf; Entführungen werden nicht geplant, Molotow-Cocktails nicht gebastelt. Aber: Von hier wird dem Staat und seinen Repräsentanten in unheimlich schweigender Manier der Prozeß gemacht, wird ihm seine Berechtigung abgesprochen, weiterhin in unerträglich penetranter Weise das alles umfassende Gemeinwohl für sich zu reklamieren. Der Zug ist schon abgefahren: Es gibt heute einen Staat im Staat. Einen anarchistischen, völlig gewaltlosen, unverbundenen Zusammenhang in Großstädten, schwächer bis sehr schwach in der Provinz (aber das wird noch werden), der praktisch nicht mehr angreifbar (= unansprechbar) ist. Dieser Staat begeht keine Rechtsbrüche (ich hüte mich, die wenigen idyllischen zu nennen), er nimmt auch kaum Rauschgifte zu sich, und wenn, dann des Staates Lieblingsgift Alkohol. Dieser Staat im Staat wird nie eine Organisation haben, eine Führung schon gar nicht. Womit auch die vordergründige – zugegeben naheliegende – Assoziation vom Staat im Staat als einem funktionierenden, irgendeinem gewohnten Zweck nutzbar zu machenden Ratio-Gegenstand ad absurdum geführt wäre. Der Ausdruck *Staat im Staat* soll lediglich ein (Aus-)Maß an Abschottung ausdrücken.

Sie sehen sich als eine Generation «Gewähr bei Fuß». Eine Million von ihnen wurde als Bewerber für den öffentlichen Dienst überprüft; 285 Periodika, für die sie sich interessieren – vom «Argument» über das «Kursbuch» bis zur «Sozialistischen Zeitschrift für Kunst und Gesellschaft» –, wurden auf Schnüffellisten des Verfassungsschutzes festgehalten; 239 ihrer Bünde und Organisationen ebenso – von «Amnesty International» bis zum «Werkkreis Literatur der Arbeitswelt». Nach der Schleyer-Entführung – keine deutsche Zeitung, lediglich die «New York Times» nannte ihn «a once hated SS-man» – wurde jeder von ihnen – jeder zwischen 20 und 30 –, der nach Frankreich fuhr, überwacht; selbst Mitglieder der Jungen Union. Gewiß das am besten geeignete Mittel, Trauer und Abscheu angesichts eines Ermordeten zu erzeugen. Die gräßliche Schnippischkeit des Berliner Witzes «Andreas und Gudrun heiraten – einen Schleyer haben sie schon» ist das dünnste Resultat. Die Einführung des Wortes «Berufsverbot» ins Umgangsenglisch *und* -französisch ein anderes. Selbst die nicht direkt linkslastige «Financial Times» schreibt: «Westdeutschland leidet an einem leichten Anfall von Autoritarismus.»

Die Liste der Vergehen, derer man diesen Staat anzuklagen hat, wäre lang – von der untersagten Carl-von-Ossietzky-Namensgebung für eine deutsche Universität (gleichsam ein zweites Todesurteil für den pazifistischen Schriftsteller) bis zum entlassenen linken Armeekoch, eine Farce, die selbst Conrad Ahlers fragen läßt: «Hat er zu oft rote Bete serviert?» Nur gefriert einem das Witzeln; wer von kritischen Geistern als von «Ratten und Schmeißfliegen» spricht – Ungeziefer, das man gemeinhin mit Gas ausrottet –, der ist nicht mehr zu bespötteln. Darunter liegt eine deutsche Sehnsucht nach Katastrophe und Untergang, die ihn mit derselben Intensität herbeibeschwört, wie sie Demokratie als das normale Miteinander von Gegensätzen nicht versteht, also zugrunde verteidigt.

Vakuum des historischen Bewußtseins ist immer auch Vakuum der Moral. Das ist beweisbar bis ins winzigste Detail von Redeweisen: Wer von «Zusammenbruch» spricht, ist das Ende der Hitler-Herrschaft gemeint, der bedauert etwas. Zusammenbruch ist nichts Herbeigewünschtes, gar selber Herbeigeführtes. Zusammenbruch ist erlittene Naturkatastrophe.

Heute liest sich das so: «Bald ist es soweit! Die Neue Partei wird gegründet. Sie soll NSPD, Nationalsozialistische Partei Deutschlands, heißen. Noch werden echte Mitbegründer mit Nationalstolz gesucht!» Das ist kein Witz. Das steht, zwischen der Einladung der Kant-Gesellschaft und «scharfen Attraktionen hübscher Girls», am 18. Januar 1978 als Annonce in der «Mainzer Allgemeinen Zeitung». (Die Partei wurde am 28. Januar 1978 in Oberwesel am Rhein gegründet.) Kein Witz, keine Ausnahme. Im selben Frühjahr werden im Eisstadion von Berlin-Wilmersdorf Hakenkreuz-Anstecknadeln verkauft; wird das DKP-Kreiszentrum mit hakenkreuzverziertem Aufkleber «Kauft nicht bei Juden» beklebt; liest man eine Annonce «An Sammler: Adolf-Hitler-Büste, 190 mm hoch, für 250 DM abzugeben»; meldete der «Tagesspiegel»: «Vom Eisernen Kreuz über NSDAP-Parteiabzeichen bis hin zum Ritterkreuz zum Preis von 365 DM, all das bot ein privater Händler auf der 4. Internationalen Sammlerbörse am Funkturm am Wochenende an. Nachdem er am Sonnabend über acht Stunden lang unbehelligt sein umfangreiches Sortiment verkauft hatte, wurde die Börsenleitung auf ihn aufmerksam, die seinen Tisch räumen ließ»; meldete der «Kölner Stadtanzeiger»: «Tyra Reichsgräfin Klenau von Klenova und Arnhard Reichsgraf Klenau von Klenova hatten in einer Versteigerung ein paar hübsche Dinge anzubieten: eine Sturmfahne in der frühen Form, komplett mit Stange und Fahnenspitze, aus dem Sturm 11 der Standarte 40 für 1300 Mark; eine ‹Kinderpuppe in SA-Uniform› für 150 Mark; zwei ‹SA-Trommeln› für 120 Mark oder den ‹Dienstdolch M 33› komplett mit ‹Scheide und Gehänge› für 400 Mark»; konnte der Westberliner Filmproduzent Brauner von einer Party berichten, auf der zwei Damen Hakenkreuze als Halsschmuck – eines davon mit Diamanten besetzt – trugen; erschien als «Sonderausgabe zum 89. Geburtstag des Führers» der «Völkische Beobachter», runengeschmückt, mit der Balkenüberschrift «Botschafter der arischen Rasse Adolf Hitler».

Das kriecht wieder hervor und wimmelt und regt sich. Fast wöchentlich muß man Überschriften in der liberalen bürgerlichen Presse lesen: «Neonazis haben ihr Waffenarsenal gefüllt», «Gewaltverherrlichung neonazistischer Gruppen», «Mit Braunhemd und deutschem Gruß», «Alte Nazis werden umschwärmt», «Nazi-Literatur und Hitler-Symbole offen gehandelt». Der Londoner «Observer» faßt das zusammen, am 26. Februar 1978: «Germanys new Nazis come into the open.»

Die kritiklose Geschwindigkeit, mit der ein unverdauter, in Schnellkochkursen angerührter Instant-Marxismus eingeschlürft wurde, und die schneller, schärfer werdende Rechtspirouette: sie haben *eine* Wurzel. Das Wort «Sinngebung» mag heikel sein; doch die Tatsache ist nicht hinwegzuretuschieren, daß einer neuen Generation, die nichts kennt als unsere Demokratie, deren Sinn und Wert nicht vermittelt wurde. Junge Menschen sind empfindlich gegen Lüge und Obszönität – ob es nun die kläglichen Winkelzüge des Marinerichters Filbinger oder die PS-Sehnsüchte des eigenen bürgerlichen Elternhauses sind oder Alfred Dreggers Satz: «Ich gebe mich mit dem Quatsch der Umfragen nicht ab – ich möchte vor allem regieren.» Wo Ideale nicht geboten werden, greift man zu Idolen: im Glücksfall Elvis oder die Beatles; im Mißverständnis Mao oder Che; im schlimmsten Fall Hitler.

Weil diese Gesellschaft monologisch statt dialogisch strukturiert ist, hat sie eine Generation aus dem Gespräch entlassen, sich der Möglichkeit zur Aussprache begeben. Ob RAF, Tunix oder Wikingerbund: Haben wir das Recht, den Stab zu brechen? Ich habe kürzlich in einer Illustrierten zwei Seiten von Fotos junger Leute gesehen, die mit Berufsverboten belegt sind: Es sah aus, exakt, wie die Fahndungsliste von morgen. Wenn diese Gesellschaft keine anderen politischen Angebote machen kann als die an Schüler, beim Verfassungsschutz mitzuarbeiten, an Studenten, vor geschlossenen Numerus-clausus-Türen zu stehen, und an Lehrer, arbeitslos zu sein – wer von uns könnte da aufrichtig von sich sagen, er gehörte nicht vielleicht auch auf eine solche Fotoliste der Verbotenen oder Gesuchten? Hat sich jeder von uns geprüft, wie er als junger Mensch reagiert hätte auf diese Welt von lächelndem Eis und samtenem Gift, die Angebot mit Sortiment verwechselt und Fragen mit Nachfrage, ein flimmerndes Riesenrad, dahinrasend zwischen Unbarmherzigkeit, Sentimentalität und Gnadenlosigkeit?

Die Väter dieses Staates sind es, die ihn zu unterwühlen beginnen. Sie ertragen nicht Zweifel an sich noch an der von ihnen gezimmerten Gesellschaft – und sie begreifen nicht, daß unterdrückter Zweifel zu Verzweiflung gerinnt. Sie haben einmal ihr Lied gesungen vom Weitermarschieren, bis alles in Trümmer fällt; nun sie die herbeigesungenen Trümmer beseitigt haben, ergreift sie Panik vor Unordnung, die ihrem Leben den Sinn nähme; denn Gesetz und Ordnung, wie sie sie begreifen, ist ihre Sinngebung. Sie haben das große Falsche in ihrem Leben einmal «bewältigt» – also nicht, weil sie nicht einmal die Wortwurzel «Gewalt» in diesem Vorgang entdeckten. Noch einmal wollen sie nicht unrecht haben, und wenn man wieder «bewältigt», damit dem Recht zu seinem Recht verholfen wird. Die jüngste deutsche Geschichte war ja ein Unfall, nicht etwa interpretierbare, erklärbare, schuldhafte Entwicklung. Gegen Unfälle hilft eine Lebensversicherung. Man vergißt, daß dies eines der probaten bürgerlichen Zudeckworte ist – die sichert ja nicht das Leben, sondern wird ausgezahlt nach dem Tode. So wird die

Police zur Polizei. Sie gilt nun als die große Lebensversicherung, und der übermächtige Glaube an sie macht aus einem zu überwachenden Staat einen Überwachungsstaat. Geschichtliche Prozesse so kartographieren zu wollen, gleicht dem Weltverständnis der ersten Geographie-Mönche des Mittelalters. Wie jene schreiben nun diese über die ihnen unzugänglichen, unerforschlichen Gebiete: *Hic sunt leones.*

Die Zeit, 42 / 13. 10. 1978

Ist Gott Antisemit?

Der Papst war also in Auschwitz. Benedikt XVI. – vormals Kardinal Joseph Ratzinger – trug dort ein Gebet vor, das sich eher wie eine Rede liest. Keine gute.

Schon die im Ganzen drei Mal wiederholte Formulierung, er sei «ein Sohn des deutschen Volkes», schmeckt nach Festzeltansprache. Wie das? Ist er nicht Sohn eines Vaters und einer Mutter? Wie geht das, «Sohn» eines «Volkes» zu sein? Bereits mit dieser Intonierung beginnt die Schwammigkeit – Zuweisung zu schwer definierbaren, möglichst anonymen Gemeinschaften; war er dann auch der Sohn von Mördern und Verbrechern, von Tätern? Genau die Antwort auf diese Frage aber delegiert der Papst: bereits zu Beginn seiner Ansprache, die irgendeine diffus benannte Clique haftbar macht, erteilt er eine Reinwaschung, die keinem politisch-historischen Forschungsergebnis und keiner moralischen Prüfung standhält; da heißt es: «Ich stehe hier als Sohn des deutschen Volkes … als Sohn des Volkes, über das eine Schar von Verbrechern mit lügnerischen Versprechungen, mit der Verheißung der Größe, des Wiedererstehens der Ehre der Nation und ihrer Bedeutung, mit der Verheißung des Wohlergehens und auch mit Terror und Einschüchterung Macht gewonnen hatte, so daß unser Volk zum Instrument ihrer Wut des Zerstörens und des Herrschens gebraucht und mißbraucht werden könnte.»

Das ist nicht wahr. Das ist pure Geschichtsklitterung. Da exekutierte nicht nur eine «Schar» – im Sprachgebrauch also eine kleine Gruppe. Es waren vielmehr willfährige Millionen, darunter unzählige Christen, die den Gewaltapparat bedienten, allein in und für die Metzelmaschine Auschwitz viele Vieltausende – die Waggons der Reichsbahn beluden sich ja nicht von selbst, sie hielten an Bahnhöfen vor Zeugen und Mittätern, die Weichen wurden nicht automatisch gestellt, und kein Zug mit den vor Angst halb Irren, mit den verdreckten halb Verhungerten ward von allein entladen. Die Geschichtsforschung gibt längst Auskunft über die riesige Heerschar der Mittäter, von den sich prügelnden Nachbarn; ging es um das geraubte Hab und Gut, das vor aller Augen und in jedermanns Hände versteigert wurde, über die grausigen Mordkommandos von Hitlers Armee, ja: bis zu den applaudierenden und denunzierenden katholischen Würdenträgern: slowakische, kroatische, polnische – aber auch deutsche und französische.

Die Mitschuld der christlichen Kirchen ist inzwischen einwandfrei nachgewiesen und dokumentiert, und Daniel Goldhagen hat mit seiner (prompt gescholtenen) Intervention vollkommen recht, wenn er anmahnt: «Ausführlich rätselte Benedikt, wo Gott damals gewesen sei. Die Frage eines Kirchenmannes. Auffällig dagegen sein Versagen, danach zu fragen, wo denn *die Kirche* damals war. Benedikts Verweis auf die Rätselhaftigkeit von Gottes Wegen verschleierte so noch die meistdiskutierten Aspekte des Verhaltens von Kirche und Papst während des Holocaust: Warum sie ihre Stimme nicht erhoben. Warum sie nicht mehr taten, um den Juden zu helfen. Mit solchen Ausflüchten und Verdrehungen kommt ein moralischer Führer seiner moralischen Verantwortung nicht nach, von der moralischen Verpflichtung der Kirche zu Reue und Wiedergutmachung ganz zu schweigen.»

Die Worte des Papstes waren nicht nobel noch anständig, noch wahrhaftig. Die Hauptfrage, mehrfach gestellt, heißt: «Wo war Gott?» Benedikt XVI. umschlingert sie, mehr schlau als hehr. Er spricht von Gott («dem wir glauben») als einem Gott der Vernunft, als einem Gott, «der selbst in die Hölle des Leidens abgestiegen» sei. Wann? Wo? In Auschwitz? Und warum hat dieser Gott das Massaker gerade an den Juden beschwiegen, geschehen lassen? So fahrlässig formuliert ist der Glaube eine klingende Schelle. Denn keineswegs war es eine schwer benennbare Anzahl «Unschuldige», die ausgerottet werden sollten und wurden. Von den 1,1 Millionen Auschwitz-Opfern war 1 Million jüdisch. Alle durch die Hand einiger von «einer Schar» Mißgeleiteter gemeuchelt? Gab es nicht Wurzeln? Das Wort Antisemitismus kommt bei den 2 300 Wörtern des redenden Gebets nicht vor. Also gab es keinen christlichen, kirchlichen, katholischen Antisemitismus. Das hat den schalen Beigeschmack der Schläue.

Nun ist der Herr Ratzinger keine Dumpfbacke; vielmehr hochintelligent. Folglich fügt er den bewegenden Psalm 44 ein, das Flehen der zum Untergang Geweihten: «Du hast uns verstoßen an den Ort der Schakale und uns bedeckt mit Finsternis … Um deinetwillen werden wir getreten Tag für Tag, behandelt wie Schafe, die man zum Schlachten bestimmt hat. Wach auf, warum schläfst du, Herr?»

Doch der Papst, in hartnäckiger Schönschreiberei, verweigert auch nur den Versuch einer Antwort; geschweige denn – was seine Vorgänger durchaus taten – ein Schuldeingeständnis. So wird eine Todesfabrik ins Unbegreifbare weggeschunkelt. Das ist Frömmelei-Geschwätz, Soutanen-Salbaderei. Jeder Vater, der seinen Sohn ohne Beine aus Vietnam zurückbekam; jede Mutter im Kongo, die ihren toten Kindersoldaten beweint; jeder Bruder, dessen Nächster in Tel Avivs Schnellrestaurant von einem Selbstmordattentäter zerfetzt wurde, fragt: «Wo war Gott?» Wer auf dem Stuhle Petri sitzt, hat die Pflicht, diese Frage nicht hinter weihrauchverhangenen Phrasen verschwinden zu lassen: Er muß sich – für uns – des Themas annehmen, ob es einen bösen Gott gibt, einen abweisenden und abwesenden Rachegott; ob da ein Gott ist, der ein ganzes Volk – das jüdische – seit Jahrtausenden ins Elend verstoßen hat, in Not, Tod und Untergang. Der Papst hat versagt; er hat sich ins Huldvolle zu retten versucht – nicht einmal den Begriff «Sünde» (immerhin von den französischen Bischöfen 1977 eingestanden) hat er gefunden. Hat Gott auch versagt? Ist er ohne Huld?

«Das Plateau», 2. 10. 2006

Der rote Teppich

Was eigentlich sind «militärische Ehren»? Es werden etwa verdiente Politiker mit «militärischen Ehren» beigesetzt; andere – allzu oft weniger verdiente – mit «militärischen Ehren» empfangen. Nicht nur Bundespräsident Köhler schritt bei seinem ersten Auslandsbesuch an einem Spalier zirkusreif ausstaffierter Polen entlang, possierlich anzuschauen in weißen Gamaschen, weißen Handschühchen und Patronentaschen aus weißem Lackleder, wie er seinerseits am 10. November 2005 den chinesischen Präsidenten, der viele ICE-Züge kaufen will, mit «militärischen Ehren» empfing; auch Papst Benedikt XVI. wurde bei seinem Köln-Besuch am 18. August 2005 von einer Ehrenkompanie empfangen, der Hirte der guten Seelen, dem der italienische Kulturminister Rocco Buttiglione bescheinigte «Der Papst hält jeden Krieg für falsch»; er ließ sich von Uniformierten begrüßen, die zum Töten erzogen werden – ein Wunder, daß er nicht noch die Waffen segnete.

Haben Soldaten also eine andere Ehre als Schornsteinfeger, Autohändler oder Romanschriftsteller? Worin bestünde sie dann? Oder verleihen sie – Toten und Lebendigen – eine Ehre, die anderen Menschen nicht gebührt, *recte*: abgesprochen wird? Sind es nur diese wie einst Hotelpagen geschmückten Operettensoldaten, gerne verwendet man Matrosen dazu, die diese besondere Ehre haben und weiterreichen – und ölverschmierte Panzerfahrer oder die ja auch recht adretten Piloten nicht? Und was tun die eigentlich, wenn sie nicht diesen albernen roten Teppich säumen, auf dem dann ernsten Gesichts der ehemalige Geheimdienstmann Putin entlangschreitet oder ein in dramatische Gewänder gehüllter Potentat aus Afrika? Verrichten die schmucken jungen Burschen tagsüber Kasernendienst in Waschräumen, unter defekten Lkw oder in der schwitzigen Mannschaftskantine? Fragen wird man ja mal dürfen. Vielleicht sind es – auf unsere, der Steuerzahler, Kosten – geheimnisumwitterte Eliteeinheiten, die Tag und Nacht, wenn sie nicht gerade «das Gewehr über» paradieren müssen, unentwegt ihre Handschuhe waschen, ihre Gamaschen bügeln, ihre schneeweißen Koppel wichsen und sich jene starre Kopfhaltung antrainieren lassen, die sie zu Puppen eines längst vergangenen Kults machen.

Nun hat es gewiß seine aparte Komik, trifft die Queen of England in Berlin ein, wo sie mit 30 Kammerzofen, Büglerinnen, Make-up-Damen und Ankleidedomestiken ein bis zwei Etagen im Hotel Adlon belegt. Das hat immerhin noch den Charme ihrer kühnen Hüte in gewagtesten Bonbon-Farben, und die begrüßenden Böllerschüsse (was übrigens ist ein Böller?) auf dem Flugplatz Tegel sind das ferne Echo einer ehemaligen Großmacht, die mit Karossen-Ritual, Krone und Hermelin noch immer so tut, als ob. Eine leere, aber lustige Winke-winke-Zeremonie, ein Museum mit der Eigenart, daß die Bilder sich bewegen; außer der berühmten Handtasche, in der nichts ist – kein Hausschlüssel, keine Kreditkarte, keine Puderdose: wird die auf den Tisch gestellt, sind Essen, Festreden und Gespräch – sogar das über Pferde – beendet, und man hat zu gehen. Ein possierliches Märchen unter dem Motto «Es war einmal ...».

Doch der Genosse Putin, der Mr. Bush, der dubiose Signor Berlusconi, der Teleprompter-erfahrene Herr Köhler? Das sind doch unsere Angestellten, nichts anderes! Sie sind Gehaltsempfänger mit Dienstwagen wie jeder FAZ-Redakteur. Sie sind weder gesalbt noch gebenedeit, nicht erwählt, sondern (auf Zeit) gewählt. Ich kann vor dem vielfachen Lügner Herbert Wehner nicht mehr Respekt aufbringen als vor Paul Celan. Aber jene – Wehner u. a. – werden per Staatsbegräbnis geehrt.

Sie haben keine andere Ehre als wir (manche mögen Verdienste haben; die hat ein Chirurg auch) – und es gebührt ihnen keine andere Ehre, kein anderer Respekt als der Krankenschwester oder dem Opernregisseur. Sie tragen oft große Verantwortung, gewiß, und der Unterschied der Entscheidung, ob man sein Land an einem Krieg teilnehmen läßt oder ob man das im Fernsehen lediglich kommentiert – der sei gerne zugegeben. Aber das ist ihr Job, sie haben sich darum beworben, niemand wird gezwungen, Außenminister oder Kanzler(in) zu werden – und sie werden dafür ordentlich bezahlt. Basta.

Die bigotte Ufa-Film-Staffage dieser neckisch herausgeputzten Oberkellner mit Flinte statt der Weinkarte ist auf ärgerliche Weise überflüssig. Es ist gleichsam ein historischer Blinddarm: Würde er entfernt, der Organismus des Staates fiele nicht zusammen.

«Das Plateau», 93 / 1. 2. 2006

Kindesmißbrauch

Das Wort bereits würgt einen im Halse. Selten sind sich wohl alle Menschen so einig in ihrem Abscheu vor einer Untat – im Wald, in der Garage, auf des Onkels Sofa – wie im Fall der Schändung eines Kindes; gleich, ob Mädchen oder Junge.

Zugleich aber werden wir täglich «Tatzeuge» geldgierigen Verschacherns von Kindern, deren Eltern sich ganz offenbar nicht schämen: in der Fernsehwerbung nämlich. Es gibt buchstäblich so gut wie kein Produkt, für das nicht ein niedlich gelocktes Kind Werbung macht: ob die fürsorgende Hausfrau im Fleischerfachgeschäft die Ware prüft, Baby im Arm; ob die Hamburger Wohnungsbaugenossenschaften für sich – «klotzen, nicht kleckern» – werben, indem ein Herzchen mit Bauklötzen spielt; ob für Renault-Autos (bekanntlich besonders geeignet für Kinder), Yoghurt oder Hohes C: Es ist allemal ein «O-Gott-wie-süß»-Schnäuzchen, das irgendein pfiffiger Werbefachmann uns so reizend ins Wohnzimmer schickt. Ein beschmierter Kindermund vor Knorrs Fertiggerichten wird in diesem ekelhaften Kinderhandel ebenso (auf Litfaßsäulen) eingesetzt wie ein scheinbar sehr frühreifes Wesen, das bereits für die Postbank zu werben hat (aber, natürlich, gar nicht weiß und wissen kann, was eine Bank ist). Egal, egal – eine mächtige Industrie schert sich nicht um diesen Kinderhandel, benutzt ihn vielmehr. Wo die Nackte auf dem Kühler des flotten neuen Cabrios vielleicht ihre Reize schon verbraucht hat – da ist die liebe Kleine für den Melitta-Kaffee noch allemal «frisch». Iglo-Gemüse, Jacobs-Kaffee, Disc-Kekse – es scheut sich keine Firma vor dieser Kinderpornographie. Denn das genau ist es; die offenbar ungebremste Gier nach Geld ist ebenso rücksichtslos wie manch Kranker, der kaum weiß, was er tut. Diese aber wissen, was sie tun: die Hand aufhalten.

Viele profitieren doch wohl davon, ob nun dieser abgehalfterte Blondlockenkopf, der den Mißbrauchten seine Haribo-Süßigkeiten in den Mund quasselt – oder Vatern und Muttern, die ohne Anstand ihr Kind verscherbeln. Sie wollen alle eine neue Waschmaschine oder einen Flachbildfernsehapparat: Folglich schicken sie die Winzlinge auf den Werbe-Strich; und kassieren. Es gibt ja inzwischen seriöse Untersuchungen darüber, wie Kinder schon sehr früh in einer mit Marken vollgestopften Welt leben, wie die Unternehmen vor allem die Eltern benutzen, um das Verhalten der künftigen Konsumenten zu prägen. Da fängt man halt so früh es geht an; wer so putzig-patschig nach den Spaghetti patscht oder Vati noch rasch vom Gartentor zuwinkt, braust der mit dem neuen Wagen los: der ist schon gewonnen für die Warenwelt. Wenn neuerdings ein «Kinderfrühwarnsystem» eingerichtet werden soll, um Unheil, Verwahrlosung und Gewalt abzuwenden – dann sollte vorher erst einmal ein «Elternfrühwarnsystem» installiert werden für jene, die ihre Kleinen auf dem Markt schamlos verkaufen; die Patschhändchen sind an der Lockschnur von Grapschhänden.

Allenthalben wird über die «Verwahrlosung der öffentlichen Verantwortung» geklagt, daß «Vater Staat» seine Kinder im Stich lasse. Aber was einmal aus diesen zu Possierlichkeitsmaschinchen gedrillten Kleinen werden soll – das fragt sich offenbar niemand. Man darf sich das einmal vorstellen, wie es in so einem Atelier des jeweiligen Werbefotografen zugeht – sehen die Eltern eigentlich dabei zu? –, wie die Kinder, «und nun noch einmal lächeln», kujoniert werden, «leck doch noch mal an dem Eis» oder «Du mußt tüchtig mit dem Löffel um den Mund herumschmieren»: diese Kommando-Hübschheit, worüber bereits laufstegmüde Models klagen; Filmschauspieler ohnehin, die 32mal denselben Take drehen müssen. Doch das sind halbwegs erwachsene Menschen, so hält sich unser Mitleid in Grenzen.

Hier aber werden noch ganz kleine Seelen zermanscht in einer Profitmaschinerie – sie können ja Wirklichkeit und Gaukelei noch nicht auseinanderhalten. Es ist kein Geheimnis, daß viele Kinder glauben, Kühe seien lila – das suggeriert ihnen irgendeine Schokoladenwerbung. Inzwischen müssen sie gleichsam selber die Kuh lila anmalen; damit Mutti am nächsten Tag ihre Freundin anrufen kann: «War unser Schatz nicht goldig?» Und damit Vati die Dukaten zählen darf. Es ist ein Vergehen. Brutalität läßt sich nicht ausschließlich an blauen Flecken verprügelter Vierjähriger erkennen. Es gibt auch diese Form der Züchtigung. Und niemand schreitet ein. Was soll nicht alles verboten werden – das Rauchen im Restaurant, das Rauchen im Auto, wenn Kinder mitfahren, das Autofahren ohne Winterreifen, ein Kopftuch oder ein silbernes Kreuzchen an der Halskette; bald wird uns der Staat die Form der Brillen und die Farbe der Oberhemden vorschreiben. Aber gefilmte Obszönität wird tagtäglich zum Schlabbern ausgeboten; denn obszön ist nicht, was zwei Erwachsene im Schlafzimmer (oder anderswo) miteinander tun. Obszön ist, sich an Wehrlosen zu vergreifen und zu behaupten, es mache ihnen ja so viel Spaß. Es ist der glitschige Weg vom Kommunismus zum Konsumismus. «Die Revolution frißt ihre Kinder» hieß einmal ein wichtiges politisches Buch. Band II könnte heißen «Der Kapitalismus frißt seine Kinder».

«Das Plateau», 1. 12. 2006

Mein Tod gehört mir

Es ist die verklebte Bürgerlichkeit, gegen die ich mich verwahre. Goethes Selbstmörderbestseller «Werther» ist Schullektüre so gut wie Schillers «Kabale und Liebe» oder Fontanes ergreifende Novelle «Schach von Wuthenow»; mit frischer Dauerwelle und wohlgekleidet applaudiert man in der Oper der Selbstmörderin «Tosca»; ehrfurchtsvoll sieht der Museumsbesucher die Werke von Kirchner oder Rothko, die sich töteten; einer der bedeutendsten deutschen Literaturpreise heißt nach Heinrich von Kleist, der sich erschoß; weder war Ernest Hemingway unheilbar erkrankt, noch litt Jean Améry an Krebs – sie wollten nicht mehr leben, wie Wladimir Majakowski, Yukio Mishima oder Virginia Woolf: *pars pro toto* Repräsentanten unserer Kultur, akzeptiert in ihrem Schicksal wie gepriesen für ihr Werk. Jeder von ihnen aber nahm «Sterbehilfe» in Anspruch, ob Gift, Pistole oder Samurai-Schwert. Die – auch von Matthias Kamann in seinem Artikel «Die Leichtfertigkeit der Sterbehelfer» in der «Welt» vom 24. März 2012 – vorgeführte, ja: anempfohlene Doppelmoral ist zutiefst verstörend. Als der bedeutende Literaturwissenschaftler Hans Mayer mit dem Satz «Es ist genug» beschloß zu sterben, wurde ihm – er verweigerte Nahrung und Flüssigkeit – selbstverständlich geholfen; alle Eingeweihten wissen, wer ihm nobel zur Seite stand. Auch Hannelore Kohl starb nicht an Schokoladenpudding – selbstverständlich hatte sie einen «Sterbehelfer», der ihr die Präparate besorgte und sie einwies, wie sie das tödliche Mittel per Strohhalm zu sich nehmen mußte. All diesen, von mir ob ihres letzten Mutes bewunderten Menschen zollte die Öffentlichkeit verdienten Respekt. Selbst dem Illustrierten-illustren Gunter Sachs – doch die Pistole, mit der er seinem Leben ein Ende setzte, hatte er gewiß nicht bei Amazon bestellt. Er muß einen «Sterbehelfer» gehabt haben. Meinetwegen mögen sie «Beschaffer» heißen. Als der dieser Tage anläßlich seines 85. Geburtstags zu Recht hochgepriesene Martin Walser jüngst öffentlich eingestand, er werde sich, «wenn es so weit ist, in Zürich einen anständigen Tod besorgen» (*recte*: kaufen) – da erhob sich keineswegs ein Sturm der Entrüstung.

Da haben wir also nicht nur eine Zweiklassenmedizin, sondern sollen uns offenbar an einen Zweiklassentod gewöhnen. Der Millionär von Brauchitsch «darf» sich in der Schweiz sein freiwilliges Ende «kaufen» wie die «Bundesliga-Legende» Timo Konietzka; diese Sterbehilfe wird – bedauernd – akzeptiert. Es gilt offensichtlich eine stillschweigende gesellschaftliche Übereinkunft. Aber muß man ein reicher Industrieller, ein bekannter Fußballsportler, eine Politikergattin, ein berühmter Schriftsteller sein, um die ansonsten inkriminierte aktive Sterbehilfe in Anspruch nehmen zu dürfen? Die dürfen – sie müssen nicht Aids noch Krebs, noch multiple Sklerose haben – nach freiem Entschluß ihrem Leben ein Ende setzen? Und der Briefträger, der Kfz-Schlosser, der Maurer – die haben sich gefälligst von der Brücke zu stürzen? Ich meine mich nicht falsch zu erinnern: Marilyn Monroe hatte kein von Hautkrebs unheilbar entstelltes Gesicht; doch eine Welt behält sie in trauernd-enthusiastischem Gedächtnis.

Wer bestimmt da, was jemand wann und auf welche Weise «darf»? Der Staat? Ich spreche dem Staat rundweg jegliches Recht dazu ab. Ich bin niemandes Eigentum.

Der Staat hat mir mein Leben nicht gegeben, er hat von mir keinen Auftrag, über das Ende zu wachen. Es ist das alte deutsche Mißverständnis, der Staat und seine Vollzugsbeamten seien höhere Wesen. In Wahrheit ist es umgekehrt: Bis hinauf ins höchste Amt sind sie meine Angestellten (und die von ca.

80 Millionen Bürgern), wir bezahlen sie. Ob Bundeskanzler(in), Minister oder, Gott bewahre, die spesengefütterten EU-Beamten in Brüssel – sie haben in meinem Leben, auch meinem Lebensende, nichts zu suchen. Ich bin kein Untertan. Doch nach wie vor herrscht da eine Verducktheit. Mühelos könnte ich ein Dutzend mir bekannte Menschen nennen – «Prominente» wie sogenannte «Normalbürger» –, die sagen: «Wenn es so weit ist, finde ich hoffentlich einen verständnisvollen Arzt, der …»

So ein Arzt wäre aber kein Cocteauscher Todesengel, wozu ihn unausgesprochen der Journalist Kamann macht. Auch der ehemalige Hamburger Innensenator Dr. Roger Kusch – den der Aufsatz kriminalisiert – ist das nicht. Ich kenne mehrere durchaus reflektierte Publikationen von ihm, nicht zuletzt seine ernste Auseinandersetzung mit dem (wohl unverdächtigen?) katholischen Moraltheologen Hans Küng. Der hat die Debatte auf ein beachtliches und verantwortliches Niveau gehoben; in seinem mit Walter Jens gemeinsam verfaßten Buch «Menschenwürdig sterben» heißt es gleich eingangs: «Dabei hilft es in keiner Weise, wenn man besonders in Deutschland schon die vernünftige Diskussion darüber mit dem Hinweis auf die Nazi-Zeit tabuisiert und alle, die hier differenziert zu argumentieren suchen, in die Nähe der Nazi-Mörder rückt» – um dann fortzufahren: «Selbstbestimmung meint *nicht Willkür, sondern Gewissensentscheidung!* … Das Recht auf Weiterleben ist keine Pflicht zum Weiterleben, das *Lebensrecht kein Lebenszwang.*»

Küng wäre kein Theologe, wenn er uns nicht daran erinnerte, daß «selbst der erste König Israels, Saul, in seinem Königtum gescheitert und von seinen Feinden besiegt, sich schließlich in sein eigenes Schwert stürzte». Kein Mißverständnis: Hans Küng ist kein Propagandist der aktiven Sterbehilfe; eher ein Verteidiger der passiven – sei sie vom Arzt aus Barmherzigkeit gewährt, sei sie aus (selbstverständlich nicht kommerzieller) erbetener Hilfe geleistet. Der Salzburger Philosoph und Theologe Emmanuel J. Bauer hat auf ähnliche Weise über die Würde nachgedacht, die auch dem Menschen zusteht, der seinen Lebensbogen aus ganz individuellen Gründen für ausgeschritten hält: Man möge ihn nach seinem festen und freien Willen gehen lassen.

Summa: Weder theologisch noch philosophisch, noch juristisch (dieser Aspekt wird ja auch in den Niederlanden anders berücksichtigt) kann es hier eine reine Lehre geben. Es ist wohl das zutiefst existentielle Problem, dem wir Menschen ausgesetzt sind. Doch Verbotstafeln helfen am allerwenigsten. Sie sind inhuman.

«Die Welt», 4.4.2012

PANORAMEN

Mein Versagen als Bürger der DDR

Ein Essay der kritischen Selbstbetrachtung

Kürzlich schickte mir ein Freund aus Berlin eine Ansichtskarte; sie zeigt ein Gemäuer mit der Unterschrift «Bunker. Aus der Folge ‹Facade›». Es sollte wohl eines jener «ulkigen» Plaste-und-Elaste-Erinnerungsstücke sein, mittels deren man sich – ob Trabi oder Spreewälder Gurken – die DDR gern zu kommoder Lächerlichkeit zurechtfeixt. Jedoch: Dieser graue Beton-Bunker war alles andere als komisch. Er war – die Fenster mit Brettern vernagelt, schräge, ein Luftloch nach oben – in den 50er Jahren ein Stasi-Gefängnis; da saßen in gräßlichen Zellen unter anderem politische Häftlinge.

In diesen Jahren – 1950 bis 1958 – lebte ich in Ostberlin. Wir alle gingen, abendlich gekleidet, an diesem Bunker vorbei zu den berühmten Brecht-Premieren des Berliner Ensembles, das damals im Deutschen Theater in der Schumannstraße gastierte, zum nicht geringen Mißvergnügen des Intendanten Wolfgang Langhoff; denn das Theater am Schiffbauerdamm wurde Brecht ja erst 1954 zugesprochen. Alle Stephan Hermlins, Hans Mayers, Herbert Iherings flanierten in festlicher Stimmung zur «Mutter Courage» oder zum «Kreidekreis» an dem finsteren Elends-Klotz vorbei, bereit zu Kunstgenuß und Applaus.

Wir? Ich. Hier soll nicht die Rede sein von anderen, sondern von mir. Was geschah da in einem, der sein Wissen – also doch wohl: Gewissen – abgab wie den Mantel an der Theatergarderobe? Ich berichte so gerne und gar nicht unstolz davon, daß ich 1950 aus freien Stücken von Westberlin (wo ich 1949 Abitur gemacht hatte) nach Ostberlin umzog, nach despektierlichen

Auftritten mit roter Nelke im Knopfloch am Askanischen Gymnasium in Berlin-Tempelhof und frechen Reden im RIAS-Schülerparlament. Ich attestiere mir das Motiv «Widerwille gegen Adenauer-Deutschland», und es ist ja wahr, daß diese deutsche Hälfte durchsetzt war von Ex-Nazis und geprägt von restaurativer Kulturdumpfheit. Doch das ist ein anderes Thema – nicht das meinige hier. Gut, ich war jung, noch nicht zwanzig – doch Jugend allein ist keine Qualität an sich, und man bleibt auch nicht immer zwanzig. Bald war ich nicht nur älter, Student der Humboldt-Universität und schon Lektor im zweitgrößten belletristischen Verlag der DDR, Volk und Welt, sehr bald war ich sogar dessen stellvertretender Cheflektor. Also durchaus Teil des Apparats, durchaus mit Privilegien – eigene Wohnung, Mitglied des Kulturbund-Clubs wie des Presse-Clubs, wo die Nomenklatura markenfrei recht gut aß.

Und ich wußte. Keineswegs kann ich mich in die angenehme Mär einspinnen, ich hätte immer nur Herder oder Aragon gelesen, Oistrach gehört und den Pergamon-Altar besichtigt. Im Gegensatz nämlich zu meinen späteren Kollegen bei Rowohlt oder in der ZEIT-Redaktion habe ich damals schon Arthur Koestlers «Sonnenfinsternis» gelesen, André Gides «Zurück aus Sowjetrußland» oder Essays von Ignazio Silone. Man konnte damals ungehindert nach Westberlin fahren, Bücher und Zeitschriften kaufen oder leihen, Filme und Theaterstücke sehen. Was ich alles reichlich und häufig tat. Aber in meinem Kopf muß eine Art Filter gewesen sein: ich nahm das alles wahr, wohl auch für wahr; aber ich ließ es nicht in mich ein. «Der Monat», der fraglos wichtige Texte publizierte, war, wenn nicht «der Feind», dann doch «ungültig»; es galten «Les Lettres Françaises», die von Louis Aragon allerdings glänzend inszenierte kommunistische Kulturzeitschrift.

Wie funktionierte das? Hatte jener Filter einen kleinen Schalter, mit dem man einfallendes Licht ausknipste? Die Wahrheit ist kruder. Ich log mir etwas vor. Im Sinne von Margret Boveris «Wir lügen alle» – auf eine andere Diktatur bezogen – lebte und arbeitete ich als «anständiger Lügner». Im hochgemuten Selbstbewußtsein, nicht Mitglied der SED zu sein – ein veritabler «Sonderfall» für die vergleichsweise hohe Position –, tat ich genau das, was ich Jahre später (und bis heute) den großen Furtwänglers und Gründgens' wie den kleinen Mitarbeitern am «Reich» vorgehalten habe: ich «schmuggelte» Bücher ins schließlich weitgehend von mir bestimmte Verlagsprogramm und stibitzte mir diesen Lorbeer. Auch das, allerdings, ist wahr: Es bedurfte einiger Mogelkünste, jene Autoren «durchzusetzen», mit denen sich später viele westdeutsche Verlage schmückten – Éluard und Majakowski, Tibor Déry und Bulgakow, García Márquez und Amado und Reiner Kunze; von den schwer zu ergatternden (und noch schwerer bei der Polit-Bürokratie durchzusetzenden) «West-Lizenzen» ganz zu schweigen – William Faulkner und Mouloud Feraoun so gut wie Kurt Tucholsky (die Dokumente der Schlacht um diese Edition füllen mehrere Leitz-Ordner). Ja, das war ehrbar wie riskant. Das «Zeugnis», das mir die mich beobachtende Stasi ausstellte, kann sich sehen lassen. Da wird mir attestiert, daß ich ein «netter, ernster und höflicher Mensch» sei, der keine Frauenbekanntschaften hat, nicht trinkt und nicht raucht (was alles drei nicht stimmte); vor allem aber, daß ich aufgrund meines «Intellekts, Auftretens und Arbeitseifers stets das Vorbild der jungen Lektoren» gewesen sei und meine Prinzipien «einer demokratisch-bürgerlich orientierten, künstlerisch hochstehenden Literatur» immer verfolgt habe. Nun ja. Vermerkt wird auch, daß ich es abgelehnt habe, Mitglied der «Gesellschaft für deutsch-sowjetische Freundschaft» zu werden. Und hier wird es prekär. Denn das war eine der sogenannten «gesellschaftlichen Grundorganisationen», in denen Mitglied zu sein so allgemein selbstverständlich war, wie es das Amen in der Kirche ist. Das zu verweigern war freches Sakrileg, und mein recht keckes «Ich liebe keine Einbahnstraßen, ich gehe da erst rein, wenn es umgekehrt auch eine ‹Gesellschaft für sowjetisch-deutsche Freundschaft› gibt» nicht einmal ganz ungefährlich. Diese Weigerung habe ich als «Mut» deklariert. Doch schaukelt der selbstverliehene Mut-Orden nicht doch recht schiefschultrig? Was wäre denn schon die ärgste Konsequenz gewesen? Doch nicht das Lager in Workuta. Die Sache erinnert fatal an eine gespenstische Anekdote, die der Emigrant Alfred Kantorowicz mit gutem Grund oft erzählte, zurückgekehrt aus den USA in die DDR, die er 1956 wieder verließ: Pogrom in Galizien; ein Dorf wird gebrandschatzt; der Rabbiner wird in einen Kreidekreis gestellt; es wird ihm bei Androhung der Todesstrafe verboten, den zu verlassen; Frau und Tochter werden vor seinen Augen vergewaltigt; später findet man ihn lächelnd im Kreidekreis stehen: «Aber Rebbe, sie haben das Dorf abgebrannt, 38 Leute ermordet, deine Frau, deine Tochter vergewaltigt – was stehst du da und lächelst?» – «Ja, und sie haben mich mit dem Tode bedroht, wenn ich aus dem Kreidekreis herausträte; aber sie haben nicht gemerkt, daß ich meine Fußspitze über den Rand geschoben habe.»

Die Fußspitze also. Sie hieß bei mir: ein Buch mehr, eine leicht waghalsige (bald verbotene) Kolumne in der «Berliner Zeitung». Das verbrannte Dorf aber hieß Bautzen oder Workuta. Dorthin, nach Sibirien, hatte man den nicht linientreuen Leo Bauer, Intendant des Ostberliner Deutschlandsenders, verbracht. Ich hatte ihn gut gekannt, mit ihm gegessen, diskutiert. Nun war er «weg» – und gefragt habe ich nicht. Auch nicht, als Joachim Schwelien, der befreundete Chefredakteur des Nachrichtenbüros ADN, abgesetzt wurde. Auch nicht, als der junge Lyriker Horst Bienek verhaftet wurde, er verschwand ebenfalls für lange Jahre in Workuta. Verhaftet wurde er, Assistent am Berliner Ensemble, übrigens in der Theaterkantine; sein Chef,

Bertolt Brecht, protestierte mit keiner Silbe, und die Mutter Courage Helene Weigel blieb ohne Courage stumm.

Aber ich will gar nicht nach dem verknarzten Wurzelwerk der Altvorderen fragen, nicht nach der somnambulen Trinkerin Anna Seghers, dem blinden, geduckten Arnold Zweig, dem seine eigenen frühen Gedichte verbietenden Johannes R. Becher; ich habe das sogar getan in langen Interviews mit Stefan Heym oder Jorge Amado oder Jorge Semprún: wieso sie schweigend mitgemacht haben, uns Jüngeren nie Zeugnis gaben etwa von den Stalinprozessen 1935 – kein Ernst Bloch, kein Pablo Neruda.

Ich will MICH befragen. Kein «Ich wußte davon nichts» ist vorzutragen, mit dem Millionen Deutsche sich exkulpierten nach 1945. ICH wußte – von abgesetzten Stücken, von zurückgezogenen Filmen, von verbotenen Büchern (oft genug «meine» des Verlags Volk und Welt). Wobei ich die Fußspitze über den Kreiderand streckte, mich freute über ein subversives Gedicht in einer Anthologie, ein Böll-Buch im Verlagsprogramm, über eigene kleine Unverschämtheiten auch. So beschied ich den mich oft bedrängenden SED-Parteisekretär – er war Vertriebsleiter und kam ebenso oft drucksend um «mehr West-Lizenzen» bittend, weil diese Bücher sich verkauften –, den also beschied ich mit einem «Sie reden immer von ‹der Partei›, in die ich eintreten soll – welche meinen Sie eigentlich? Es gibt mehrere Parteien in der DDR.» Kümmerliches Aufmüpfen.

Ich wußte aber noch ganz anderes. Vermutlich war ich einer von sechs bis acht Menschen in der DDR, die ganz genaue Kenntnis hatten vom Würge-Elend der Eingekerkerten, der Not, dem Hunger, den Epidemien und dem Tod der politischen Gefangenen des Regimes. Und das kam so. Mein Vormund und Pflegevater, der evangelische Pastor Hans-Joachim Mund, SED-Mitglied, ehemaliger ZK-Mitarbeiter (solche bizarren Biographien hielt das Nachkriegsdeutschland im Angebot), war auf der Basis eines heimlichen Konkordats – es hieß nicht so, war wohl nur ein stillschweigendes Abkommen zwischen der evangelischen Kirchenleitung des Propstes Grüber und dem Politbüro – zum Anstaltspfarrer sämtlicher politischen Haftanstalten der DDR berufen worden; von Bautzen bis Brandenburg, in meiner Erinnerung waren es fünfzehn. Er als einziger hatte «freien Zutritt», durfte Gottesdienste abhalten, die Beichte abnehmen und – das Entscheidende – hatte das verbriefte Recht zu Einzelgesprächen mit Häftlingen in seinem Pastorenraum. Daß ich auf diese Weise später, nach dessen Freilassung, seinen damaligen Chorleiter Walter Kempowski in meinen Rowohlt-Jahren kennenlernte, ihn als Autor «entdeckte» und förderte, ist inzwischen Literaturgeschichte und gehört im Detail nicht hierher; Kempowski hat das jüngst noch einmal in dem Sammelband «Das erste Buch» dokumentiert.

Was aber sehr wohl hierhergehört: das Grauen dieser Lager (seinerzeit soeben von den sowjetischen Militärs übernommen) war mir mehr als präsent. Oft genug habe ich den Pastor Mund auf diesen entsetzlichen «Dienstreisen» begleitet, im Hotel auf das schließlich bleich hereinwankende, zitternde Gespenst gewartet, ihn nachts schweißnaß schreien hören und um sich schlagen sehen, denn mein Pflegevater und ich – es ist inzwischen kein Geheimnis mehr – waren einander ja mehr als Vormund und Mündel. Seine Ausbrüche über Hinrichtungen, Eiskellerfolter, Tuberkulose-Epidemien (er hat sich dort schließlich angesteckt), die er miterlebte – wahrlich, das hatte eine andere Dimension als der unterdrückte Band IV meiner Tucholsky-Ausgabe.

Wie gerne möchte ich mogeln. Mich zu einem kleinen Helden stilisieren, der Kassiber schmuggelte und Medikamente aus Westberlin von den Quäkern holte (sie waren die einzigen, die mit Geldmitteln halfen) oder Orangen und Bananen. Mit denen setzte sich der Herr SED-Pfarrer (er hatte der Dienlichkeit wegen auch einen hohen Volkspolizeirang) dann in die «Empfangszelle», schälte sie – und reichte sie einem der Verdammten. Für mich, der ja wie alle DDR-Bürger vor dem Mauerbau ungehindert nach Westberlin mit der S-Bahn fahren konnte, war das wenig gefährlich, es brauchte etwas Schläue, rechtzeitig umzusteigen, wenn Volkspolizei den aus Neukölln einfahrenden Zug und die Taschen der Hausfrauen kontrollierte. Vielleicht war gar etwas Lust am Indianerspiel mit dabei, etwa, als ich Kempowskis Mutter in Hamburg einen aus Bautzen herausgeschmuggelten Brief ihres Sohnes überbrachte; sie hielt mich übrigens für einen Agenten und ließ mich nicht durch die Tür.

Mogelei bleibt es. Hätte ich nicht aufschreien müssen? Hätte ich nicht zum «Feind» RIAS, zu den Kollegen vom «Monat», zum bösen «Tagesspiegel» gehen müssen? War es nicht – immer stieke – die berühmte Tafel Schokolade, die Emma Schulze 1935 dem Nachbarskind Sarah Goldstein aus dem 3. Stock zusteckte, als die «eigentlich ganz nette Familie verreisen» mußte? Wäre nicht, als man vom Klappentext «meiner» Majakowski-Ausgabe dessen Selbstmord eliminierte, die passende Gelegenheit gewesen, lautstark auf einer Verlagskonferenz von anderen Toden zu künden? Was war das doch für ein krummer Mut, als ich im Seminar 1953 bei einer Gedenkminute – «Wir erheben uns alle in Trauer um den Tod des großen Führers der Sowjetunion Josef Stalin» – ostentativ sitzen blieb? Oder als ich mich während einer Ungarnreise 1954 – «und jetzt besichtigen wir das große Stalin-Denkmal» – weigerte, den Bus zu verlassen mit den Worten «Ich will den Massenmörder nicht sehen»? Das ist doch alles Marianne-Hoppe-Hoppelei, die nie mitgesungen haben will beim Horst-Wessel-Lied; «wir dachten nur an die Kunst». In Parenthese: Bitte keinen abermaligen Aufguß der Historiker-Debatte; ich kenne den Unterschied beider Diktaturen. Wobei allerdings jene Debatte an einem semantischen Mißverständnis krankte: Vergleichen bedeutet nicht gleichsetzen.

Man kann sehr wohl die berüchtigten Äpfel mit Birnen vergleichen, sogar das Finnische mit Kisuaheli – eben um herauszufinden, daß sie sich unterscheiden. Ich dachte keineswegs «nur an die Kunst» – wiewohl ich ein besessener Verlagsmensch war, dem der kleinste Gedichtband so viel Entzücken und Befriedigung brachte wie die vielbändige Ausgabe von Roger Martin du Gards Roman fleuve «Die Thibaults».

Zugegeben, die Mund-Situation war ein Extrem. Er zumindest wäre ja «aufgeflogen», hätte ich in RIAS-Mikrophone geplärrt (Mund konnte sich Jahre später nur wenige Minuten vor seiner Verhaftung durch Flucht in den Westen retten). Das Extrem allerdings quälte mich hinreichend; man darf es getrost Gewissensnot nennen. Weil ich in dieser Not nicht mehr ein noch aus wußte, besuchte ich Margret Boveri in ihrem Haus in Dahlem, Rat suchend. In meinem Fall indes verhielt sich diese hochintelligente Frau stupend töricht. Sie ermunterte mich, zur Stasi zu gehen und dort meine Dienste anzubieten, denn «man kann den Apparat nur von innen verändern». Man stelle sich vor, ich wäre diesem leichtfertigen Rat gefolgt! Ein Leben lang ein Gebrandmarkter wäre ich gewesen.

Doch an welcher Grenzlinie schlingerte ich entlang? Jene später von mir Interviewten – auch der jugoslawische Kunstschriftsteller Oto Bihalji-Merin – hatten sich unter meinen bohrenden Fragen immer hinter eine Festungsmauer zurückgezogen, die schlecht zu zernieren war: «der Glaube»; sie hatten an den Kommunismus, an die Sowjetunion, an Stalin «geglaubt» – Irrationalismus der Ratio. Ich aber hatte gar nie diesen rettenden Glauben, war auch nicht Kommunist; ehestens ein Literat, der das Soziologische durchaus einbezog in die Kunstbemessung. Marxist? Selbst das wäre wohl eine zu volltönende Bezeichnung, dazu hatte ich zu wenig Marx (oder Trotzki oder Rosa Luxemburg) gelesen mit 22 oder 25 Jahren. Was also war ich?

Es bietet sich ein Erklärungsmodell an, das ich von dem großartigen Interpreten Rüdiger Safranski entleihe. Der hat zum 60. Geburtstag von Peter Sloterdijk den Kern von dessen Gedanken von der *conditio humana* freigelegt, der zufolge der Mensch – vom Mutterleibe an – ein Wesen ist, das von innen kommt, folglich unvermeidlich seine späteren Lebensräume zu Innenräumen ausgestaltet; deswegen bedeutet Erwachsenwerden «Sphären zu bilden in erweiterten Kreisen, in Familien, Bünden, Beziehungen, Betrieben, Subkulturen, Nationen». Das könnte durchaus zutreffen für jemanden – mich –, der den Horror der letzten Kriegsjahre unbehütet, mit 13, 14 Jahren, erlebt hat, der mit 15 ohne Eltern oder Verwandte in das Chaos der ersten Nachkriegsjahre gestürzt wurde – also zwangsläufig versucht war, «Lebensräume zu Innenräumen auszugestalten».

Allein, diese Leiter in hohe Sphären ist zu glitschig, die Wahrheit glitte durch die Sprossen. Es war gewiß viel banaler. Ich war gewiß vor allem ungestüm. Es mag schon damals jenes Ungestüm gewesen sein, ohne Rücksicht auf Tabus, das Jahrzehnte später der ZEIT-Verleger Bucerius anfangs an mir bewunderte und ihn dann zornig abstieß; «wie ein wildes Tier betrat Raddatz den Journalisten-Zoo», erinnerte sich seine Lebensgefährtin Hilde von Lang an meinen Eintritt 1977 in die ZEIT-Redaktion.

Das lag noch lange vor mir. «Wild» aber muß ich auch in den DDR-Jahren gewesen sein, kaum zu zähmen und leichtsinnig ohnehin. Anders ist das sehr heikle Unternehmen «Donnerstagskreis» nicht zu berichten und zu erklären. Wobei der Bericht durchaus nicht als Rapunzel-Zopf irgendeines Exkulpierens dienen soll. Doch ist die Angelegenheit einerseits typisch für meine Handlungsweise, andererseits inzwischen vielfach erörterter Bestandteil der DDR-Literaturgeschichtsschreibung – erst jüngst hat Erich Loest dem Vorgang in seinem Buch «Prozeßkosten» ein ganzes Kapitel gewidmet –, so daß sie referiert werden muß. 1956 rief ich einen Kreis von 30 bis 40 (die Teilnehmerzahl fluktuierte) Schriftstellern, Künstlern und Intellektuellen zusammen, um die mehr und mehr strangulierenden Zensurmaßnahmen der SED-Bürokratie zu sprengen; das fahrlässig hochgesteckte Ziel war u. a. eine «freie» Kulturwochenzeitung, keiner Zensur und keinem Veto unterworfen. Es versammelten sich – daher der Name – auf meine Einladung hin jeden Donnerstag im Clubhaus des Kulturbundes renommierte Autoren wie Erich Arendt, Heiner Müller, Manfred Bieler, der Bildhauer Gustav Seitz, Lektoren, Redakteure; einige – wie Stephan Hermlin oder Alfred Kantorowicz – blieben sympathisierend fern. Wolfgang Harich stieß dazu. Unsere Debatten entzündeten sich nicht zuletzt an der Aufbruchstimmung in Polen, dann in Ungarn (wo sie alsbald unter den Panzerketten der Roten Armee zermalmt wurde; Georg Lukács, gemeinsam mit Volk und Welt-Autor Tibor Déry Begründer des Petőfi-Kreises, sagte nach seiner Verhaftung und Verbringung in ein unbekanntes Schloß-Verlies an einem unbekannten Meer «Kafka war doch ein Realist»). In einem Anfall von hochstaplerischer Fahrlässigkeit nannte ich unsere Diskussionsrunde gelegentlich «der deutsche Petőfi-Club». Die Einzelheiten führten hier zu weit. Die Doppelheit aber ist interessant. Ich hatte nämlich das Ganze sowohl dem DDR-Kulturminister Johannes R. Becher «vorgetragen» als auch bei der Kulturabteilung des ZK angemeldet (prompt nahm eine mitschreibende ZK-Schranze auch teil). Revolte mit Genehmigung der Kerkermeister. Der Kreidekreis …

Dann das – ich lasse hier beiseite, daß diese offiziösen Vermeldungen wohl die Kurzfristigkeit meiner Inhaftierung mit bewirkten – bedeutete: Wir wollten, was man im Witz einen «hölzernen Eisenring» nennt. Wir wollten, ICH wollte, keineswegs die DDR abschaffen, sondern meinten, das innere Gesetz, dem sie ihre Existenz verdankte – Zwang jeglicher Art – abschaffen, die Existenz aber bewahren zu können. Wir wollten ein bißchen schwanger sein. Schwanger mit hochfliegenden Ideen, mit Plänen zu freiheitlichem Gebaren auf kleinem Gebiet, ohne das darüber errichtete Gebäude der Unfreiheit ins Wanken zu bringen. Was im übrigen zeigt, wie wenig «Marxist» wir alle waren – als könne man den Überbau verändern, ohne die Basis anzutasten. Der einzige wirklich geschulte Marxist, Wolfgang Harich, der bei gelegentlicher Teilnahme auch am grundsätzlichsten diskutierte, stellte diese Basis in Frage – und durfte das mit acht Jahren Zuchthaus bezahlen. Lilly Becher schickte seiner Frau Blumen, Anna Seghers saß im Prozeß stumm neben der stummen Helene Weigel. Czesław Miłosz hat für diese Moralbetäubungsdroge in seinem Buch «Verführtes Denken» den Namen «Murti-Bing» erfunden. Es ist jene Anästhesie-Pille, die Wissen auslöscht und Gewissen taub macht. «Ich *wollte* nicht wissen», hat Stephan Hermlin zugegeben, der eines Tages zu mir sagte: «Dies ist nicht mehr meine Partei – aber wenn Sie das irgendjemandem weitererzählen, werde ich schwören, das nie gesagt zu haben.» Stephan Hermlin, Anna Seghers: gut gut. Oder schlecht schlecht. Und ich?

Das Schwierige daran ist: Eine Sonde pflegt gerade zu sein. Die meine aber ist geschwungen, schwingt gleichsam hin und her in einem verdächtigen Einerseits-Andererseits. Ohne jede Frage war ich ein Rädchen, das den Betrieb eines Unrechts-Staates mit «in Schwung» hielt; jedenfalls – um im Sprachbild der Kultur zu bleiben – die Kulissenapparatur; denn so hübsch es war, den Kulturbonzen die Genehmigung abzuringen, die Ausgabe von Pablo Nerudas «Der große Gesang» mit Holzschnitten des chilenischen «Formalisten» José Venturelli zu illustrieren, eine klammheimliche Lügerei «aber er ist doch Kommunist» half. Schäbig ist derlei Kulissenschieberei in Anbetracht der Pastorensöhne, die nicht studieren durften, der Liebenden, die zur gegenseitigen Denunziation gezwungen wurden, der zurückgekehrten Juden, die abermals in panische Angst versetzt wurden durch Moskauer Prozesse gegen eine «jüdische Ärzteverschwörung» oder den antisemitischen Slansky-Prozeß in Prag.

Hier schleift die Sonde. Ich war sofort nach meinem Wechsel von West- nach Ostberlin 1950 – Stephan Hermlin hatte ich sogar noch in Westberlin kennengelernt, wo er Gedichte des mir unbekannten Paul Éluard las – in einen Kreis von Re-Migranten «aufgenommen» worden; mal wurden es enge Freunde wie der aus Kolumbien zurückgekehrte Erich Arendt, mal gute Bekannte wie der aus New York über Westberlin in die DDR eingereiste Alfred Kantorowicz, dann auch enge Arbeitskollegen wie der Volk und Welt-Verlagsleiter Walter Czollek, der «Spittelmarktjude», wie er sich nannte, der den Nazis ins letzte Schlupfloch Schanghai entkommen konnte. Ich nenne *pars pro toto* diese drei Namen, nicht Hanns Eisler oder Ernst Bloch oder Hans Mayer, die ich sehr wohl bald gut kannte; Mayers erste Widmung für mich in einem Buch trägt das Datum 1949. Ich nenne diese drei Namen, weil sich an dem Schicksal der drei Männer verdeutlichen läßt, wie «meine Sonde» adjustiert wurde. Denn noch kannte ich ja nicht die schrecklich zeugenden Warnungen anderer prominenter Emigranten, kannte weder Alfred Döblins Satz an Arnold Zweig «Sie reden dort nicht mehr von der Schande der vergangenen Jahre, sie fühlen sie nicht mehr», noch seinen Brief des Jahres 1953 an den Bundespräsidenten Heuss, als er zum zweiten Mal Deutschland – WESTdeutschland eben – verließ und in dem er beklagt, daß man seinem Werk keine Heimat bietet – «ich kenne den politischen Wind, der da weht». Ich war ein 16jähriger Schüler, als ein Peter Weiss nach seinem Deutschlandbesuch 1947 konstatierte, wie grauenhaft unbelehrt die Menschen geblieben seien, daß er nur «kleinliches und klügliches Wegschieben der Schuld» gefunden habe. Das konnte ich nicht gelesen haben, so wenig wie den konsternierten Aufsatz von Klaus Mann, in dem, ebenfalls 1947, der Sohn des Nobelpreisträgers bilanziert: «Deutsche Schriftsteller mögen ihre emigrierten Kollegen nicht – eine Feindseligkeit, die immer offener und aggressiver wird ... Gewisse deutsche Publikationen gehen bereits so weit, antinazistische Exilierte in deutschen, von den Alliierten betriebenen Zeitungen zu attackieren.» Ich teilte gleichsam seine Rigorosität, ohne sie verbatim zu kennen. Hätte ich solche Äußerungen gekannt – sie hätten meinen Entschluß zum Wechsel von West nach Ost nur bestärkt. Daß ich richtig «gewechselt» hatte, bewiesen mir die – bis heute eindrücklichen – drei Lebensläufe.

Erich Arendt, hierzulande zu Unrecht kaum beachteter Lyriker von Graden, war nach Kolumbien emigriert – ein fremdes, wildes Land, dessen Sprache er nicht beherrschte, ohne Beruf, ohne Arbeit. Seine jüdische Frau Katja, Tochter eines Berliner Schokoladenfabrikanten, hatte als Kind in der Werksküche zugeschaut; nun fabrizierte sie in einer glühend heißen Wellblechhütte Konfekt, und der Dichter zog mit einem Pappkoffer voller «handtipped candies» zu den Dienstboteneingängen der ausländischen Botschaften, um dort seine glücklicherweise begehrte Ware loszuschlagen.

Alfred Kantorowicz, vor seiner Emigration in die USA (als eine Art Nachfolger Tucholskys) Paris-Korrespondent der «Vossischen Zeitung», durfte in einem luftleeren Abhörraum vom New Yorker Sender CBS täglich 10 Stunden die Hetztiraden jener Nazi-Größen abhören (und transkribieren), vor denen er mit knapper Not sein Leben gerettet hatte.

Walter Czollek mußte sich in einem Schanghai durchschlagen, das man nicht mit der heutigen modernen Metropole verwechseln darf, ein kümmerliches Leben in der Fremde. Er hatte eine fingerdicke Narbe, die sich vom linken oberen Brustkorb bis zur rechten Hüfte hinzog – so hatte den Berliner Juden im Columbia-Haus in Tempelhof die Gestapo «verhört».

Stand mir das Recht zu, solchen Menschen Feigheit vorzuwerfen? Gebührte ihnen und ihrem Geschick nicht Respekt? Auch wenn ihr Gehorsam – genannt Parteidisziplin – mich mehr und mehr zu zwacken begann: ich hing an ihnen. Zugleich trieben sie in immer dichter werdendem Nebel davon, entfernte Nähe. Wie an einem vereisten Laternenpfahl, berührt man ihn, Hautfetzen kleben bleiben – so blieben Fasern meiner Existenz bei diesen (und vielen anderen) Menschen, als ich mich losriß, 1958, und die DDR verließ.

Man kann in einem Boden verankert sein, dessen Schlamm man zugleich verachtet. Derlei wird gelegentlich von morsch und klebrig gewordenen alten Ehen gesagt. Ein desaströses Beispiel dafür wäre der intelligente Chefdramaturg des Berliner Ensembles, Joachim Tenschert, nicht Parteizwerg noch Dumpfbacke. Ich kannte ihn gut, wußte von seinem Widerstreben, davon er in verwunderter Offenheit sprach, wenn er mich – da lebte ich bereits in Hamburg – gelegentlich besuchte. Doch er nahm sich 1989 das Leben; das schien ihm nicht mehr vorstellbar, nicht mehr wert in einer so gänzlich anders strukturierten Gesellschaft.

So war meine Trennung tatsächlich, so unlogisch kann Leben sein, Schmerz; obwohl ich doch eingesehen hatte, daß ich so und dort nicht mehr leben, nicht mehr arbeiten mochte – nicht mehr Feigenblatt sein wollte für eine zunehmend fletschende Diktatur. Denn ohne Umschweife: Das Feigenblatt war ich acht Jahre hindurch gewesen, kein «Ich nicht» darf mir da über die Lippen kommen und kein «Ich war so jung und glaubte …». Zum einen ist man mit Mitte Zwanzig nicht mehr «so jung», zum anderen war ich nicht gläubig gewesen, vielmehr den steten Zweifel immer erneut niederringend. Ich war kein Anderer.

Da ist ein Begriff gefallen, der Klärung vielleicht dienlich: Arbeit. Bis ins nun hohe Alter habe ich mir – als Lektion der DDR-

Jahre – die so ganz andere Auffassung von Arbeit bewahrt, als sie gemeinhin im Westen gültig ist. «Good job», was der amerikanische Präsident zu der berühmten Violinistin Julia Fischer in Heiligendamm sagte, wäre einem als schulterklopfendes Lob für David Oistrach wohl kaum eingefallen. Arbeit hatte «dort» eine andere Bedeutung, Job war unbekannt. Das ist ein Verdeutlichungsmuster. Es darf indes kein Blümchen-Muster auf freundlich bepinselten Soufitten sein, die vor den Mißbrauch mit Namen Arbeitslager gezogen werden, auch Gulag genannt. Ich wurde nicht mißbraucht. Ich habe mich selber mißbraucht.

DIE ZEIT, 16. 8. 2007

Deutschland, bleiche Mutter

Ein Plädoyer für die deutsche Einheit

O ihr Mückensänger und Kamelverschlucker ... die ihr nichts tut.

CHRISTOPH MARTIN WIELAND,
«Unparteiische Betrachtungen über die dermalige Staats-Revolution in Frankreich»

Solschenizyn wird in der Sowjetunion gedruckt, Ausbürgerung und Ausschluß aus dem Schriftstellerverband werden rückgängig gemacht; Kopelew hält in Moskau Vorträge wie Kolakowski in Warschau; Ashkenazy und Rostropowitsch spielen in der Heimat, während Hunderttausende in Budapest dem ermordeten Imre Nagy das Ehrengeleit geben, dessen «Konterrevolution» nun vom ungarischen ZK-Chef offiziell zum «Volksaufstand» erhoben wird – folgerichtig schneiden ein ungarischer und ein österreichischer Minister die Stacheldraht«mauer» an der gemeinsamen Grenze durch; Sacharow reist durch die USA und kritisiert so vehement wie ungeahndet im sowjetischen Parlament seinen Staats-Chef; der knapp der Einkerkerung entronnene Wałęsa bestimmt die polnische Regierungsbildung; in Ostberlin wird Thomas Brasch aufgeführt, Günter Kunert gedruckt, Uwe Johnson verlegt, und Hans Mayer hält einen Vortrag – sein Text und ein Interview mit Brasch, warum er die DDR verließ, werden in «Sinn und Form» publiziert:

Keiner unserer Politiker hat derlei vor kurzem noch für möglich gehalten. Keiner von ihnen auch hat es bewirkt. Sie haben – mehr oder weniger schlecht – das Machbare verwaltet. Nie haben sie das Undenkbare gedacht. Es sind aber die Träumer, die

die Welt verändern – heißen sie Rousseau oder Lech Wałęsa. Daß der DDR-PEN-Club gegen die Verhaftung Václav Havels protestiert hat, wiegt schwerer als eine Bürgschaft namens Hermes. Unsere Sachwalter kennen solche Namen immer nur als Kreditgrundlage. Politiker, die nicht träumen können, verändern nichts. Man mag das auch Vision nennen.

Ich lehne es ab, mir von diesen Leuten, die nicht einmal in Sachen Wackersdorf richtig disponieren können, ein Utopie-Verbot auferlegen zu lassen. Es ist ja nicht wahr, daß Geschichte von den Machern, den «Real-Politikern» vorangetrieben wurde. Hinter dieser These verbirgt sich jene «Ich gehe davon aus»-Denkfaulheit und Herzensträgheit, die gut für Milchpfennig, Abgaswerte und EG-Hühnerkeulenquotenregelung sein mag. Respekt. Aber wer im 18. Jahrhundert das erste Mal das Wort «Republik» dachte, wer in den – wie eigentlich? nicht vielleicht durch eine Revolution? – jung entstandenen USA die Abschaffung der Sklaverei erreichen wollte – der war gewiß ein Träumer, ein Visionär, ein «Spinner». Sie waren es, die über den Tag hinaus dachten – und, bis dato, die Tage der Menschheit prägten.

Sie haben eben nicht gedacht (und geschrieben) wie ein deutscher Leitartikler: «... die Politik, der wir alle unterworfen gewesen sind.» Unterworfen! Ein simples Dalli-Dalli-Quiz verweist die Macher auf ihre Plätze: Niemand erinnert die Namen der Schranzen, die Schiller von der Karlsschule fliehen ließen, Büchner verfolgten, van Gogh und Picasso verboten, eine «Aktion saubere Leinwand» ausposaunten oder einen Literaturpreis für die «Blechtrommel» hintertrieben; zu Recht sind diese Hiwis der Macht vom Schatten der Vergessenheit verschlungen. Name und Werk von Schiller oder Picasso oder Grass sind vorhanden. Wie hießen die Richter von Oscar Wilde? Wer hat Victor Hugo ins Exil getrieben, und wer nennt die Namen derer, die Thomas Mann nicht – keine Silbe, kein Wort – aus der

Emigration heimriefen? Der Atem der Geschichte hat ihre Namen gelöscht wie der Wind Spuren im Sand.

Manche schreiben Memoiren. Erinnert werden sie nicht. Heute schätzt schon manch Statthalter das Gepflegte über der Sitzecke im Konferenzsaal, die Kunst im Raum. Aber kaum einer weiß, daß Begriffe wie Impressionismus oder Fauvismus *Schimpfworte* waren – gegen ihresgleichen mußte es durchgesetzt werden: der Cézanne an der Wand, der Flaubert im Bücherschrank, der Schönberg im Konzertsaal. Nun haben sie ihn auf CD. Es waren die Grenzüberschreiter und Ungebärdigen und Unbescheidenen, die unsere Welt voranstießen. Nicht Sätze eines Staatssekretärs, eines Ministers, eines Höflings finden sich wörtlich in der amerikanischen Unabhängigkeitserklärung wie in der französischen Deklaration der Menschenrechte – sondern die des Jean-Jacques Rousseau. Ich plädiere für ein Aufkündigen der Bescheidenheit. Die Rede ist von der deutschen Einheit.

Das Wort «Wiedervereinigung» schmeckt nach Waigel; also nicht gut. Wie wäre es mit «Neu-Vereinigung»? Was sind es für Argumente, die unsereins das Nachdenken über irgendeine Form, irgendeine Weise, irgendeinen Zeitraum aus dem Kopf bleuen wollen, da Buckow nicht mehr nur als Brechts «Buckower Elegien» zu uns gehören könnte und sollte?

I.

Die schlichteste Phantasieverweigerung heißt «nicht vorstellbar»: «Heute müßten bei einer Wiedervereinigung beide deutsche Staaten aus ihrer jeweiligen Militär-Allianz austreten. Das aber ist einfach nicht mehr vorstellbar.» (Marion Dönhoff, DIE ZEIT, 4 / 1989) Wem? Ich mache mich anheischig, ein Dutzend Beispiele für «nicht vorstellbar» zu bringen von inzwischen Realität gewordenen Ereignissen; um nicht nur in «meiner» – der Kultur – Sphäre zu bleiben, erwähne ich statt des Grabmals für Malewitsch bei Moskau oder Gidon Kremers Tournee durch die Sowjetunion etwas, das auch mich wie ein Keulenschlag traf: Als ich jung war, gab es in Westberlin ein «Denkmal für die Opfer des Stalinismus»; für mich eine typische Klamotte des Kalten Krieges, verächtlich und abzulehnen. Jetzt wird so ein Mahnmal – in Moskau errichtet. «Unvorstellbar» ist keine Kategorie für politisch konstruktives Denken, sondern Entwurf-Verbot.

II.

Die Hilfstruppen für das risikofreie Denken hören auf das Kommando «unserer europäischen Nachbarn». Die und die übrige Welt wollten den Status quo, lieber zwei Deutschländer als ein ökonomisch zu starkes, militärisch gar bedrohliches – von 78 Millionen. Deswegen, schreibt Theo Sommer (DIE ZEIT, 26/1989), müssen wir uns «den Gedanken an einen nationalen Sonderweg in die Einheit aus dem Kopf schlagen»; bei Gefahr, von ihm als «Romantiker, Rechter oder Rabulist» denunziert zu werden. Mir fällt die Wahl unter diesen Ehrentiteln schwer. Aber fragen wird man noch dürfen? Nämlich, ob das tatsächlich eine so genuin durchlaufende Argumentation im Ausland ist: Das Mitglied des sowjetischen Politbüros Alexander Jakowlew sagt: «Das ist nicht unsere Mauer. Nicht wir haben diese Mauer gebaut. Das ist eine Sache der DDR.» Der stellvertretende Leiter der Europa-Abteilung im amerikanischen Außenministerium Lawrence Eagleburger sagt: «Die Vereinigten Staaten unterstützen die deutsche Wiedervereinigung. Das ist hier klar.» «Die Wiedervereinigung ist eine Sache der Deutschen», erklärt der sowjetische Armee-Chef General Werennikow, und er würde «die Wiedervereinigung Deutschlands sehr gerne sehen», der amerikanische Präsident Bush. Und ist Präsident Mitterrand kein «europäischer Nachbar»? Er erklärte den Wunsch nach Wiedervereinigung als «legitim für diejenigen, die ihn hier und dort, in beiden Teilen Deutschlands, verspüren».

Gewiß, derlei mögen unsere Kommentatoren als hirnleere Vollmundigkeit abtun; und vielleicht hätten sie recht, es ist nur das obligate Kinderkopf-Streicheln im Wahlkampf, das nichts mit Kinderliebe zu tun hat. Aber wenn ein so integrer, intelligenter und – das kommt erschwerend hinzu – hochbegabter Mann wie Michel Tournier, einer der besten französischen Deutschland-Kenner (und erfolgreichsten Gegenwartsschriftsteller), sich äußert, darf man vielleicht mal hinhören? Der Goncourt-preisgekrönte Autor des «Erlkönig» schreibt: «Gewiß würde ein wiedervereinigtes Deutschland, ein Land also, das seine wahre Ausdehnung zurückerhalten hätte, nach Einwohnerzahl und an Wirtschaftskraft alle anderen europäischen Staaten übertreffen. Aber warum sollte man in diesem Ungleichgewicht eine Drohung sehen? Fühlt sich denn Belgien von Frankreich bedroht, Portugal von Spanien, die Schweiz von Italien? Die Geschichte lehrt, daß die Chinesen zwar das Schwarzpulver erfunden haben, zu dem einzigen Zwecke jedoch, damit Feuerwerke zu veranstalten. Die Deutschen müßten die Chinesen Europas werden und in Berlin ein gewaltiges Faß mit Schwarzpulver zu Unterhaltungszwecken aufstellen. Ein Pulverfaß, voll von Feuerwerk, um welches die Flämmchen der Hoffnung tanzen würden.»

III.

Von Tournier stammt auch der Satz «Die Katastrophe Deutschlands, von Hitler herbeigeführt, wurde erst von Adenauer ganz vollendet.» Er bezieht sich auf jene Stalin-Note, die Adenauer verbissen ignorierte; der Streit, ob es eine Finte war oder eine echte Chance, füllt Bände. Der geschichtlichen Wahrheit zuliebe muß nachgetragen werden, daß es offenbar ein weiteres – natürlich wieder: ignoriertes – Angebot gab; zumindest sagt das ein so unanfechtbarer Zeuge wie Manfred von Ardenne. Der DDR-Wissenschaftler berichtete (im Jahr 1987), daß er noch 1957 (!!) einen Konföderationsvorschlag ganz offiziell im Auftrage seiner Regierung überbrachte: «Der Zeitpunkt für die Wiedervereinigung, für eine Art Wiedervereinigung, ist von Konrad Adenauer vom Tisch gefegt worden. Ich selbst hatte noch im Juni 1957 von Ulbricht und Grotewohl den Auftrag, mich mit meinem Vetter, dem damaligen Bundesratspräsidenten Kurt Sieveking, zu treffen und den Vorschlag unserer Seite zu überbringen, aus beiden deutschen Staaten eine Konföderation zu schaffen. Das wäre ein anderes Verhältnis als heute. Dieser Vorschlag, der auch von der Sowjetunion – sagen wir mal – als ‹vernünftig› angesehen wurde, ist von Adenauer nicht angenommen worden. Nicht einmal Helmut Schmidt, mit dem ich 1984 in Hamburg zusammentraf, war dieser Vorgang bekannt. Das war der letzte große Augenblick für eine Wiedervereinigung, bei dem ich zufällig selbst der Briefbote war.»

Das zwingt zu zwei Konsequenzen. Die eine ist rückgewendet, peinigende Erinnerung: Ulbricht und Adenauer waren sich so nahe, wie die Enden des Hufeisens zwar das jeweilige Ende sind, aber einander der nächste Punkt. Gleich weit entfernt von der Mitte. *Les extrêmes se touchent.*

Ich gestehe, daß ich geradezu glücklich war, derlei auch von dem – hochgeschätzten – DDR-Regisseur Konrad Weiß formuliert zu finden: «Ich kann und mag mich nicht damit abfinden, daß es Deutschland für alle Zeit doppelt geben muß. Der gegenwärtige Zustand ist weniger ein Ergebnis des Zweiten Weltkrieges als vielmehr ein Produkt des Kalten Krieges. Die deutsche Einheit ist Ideologien und Machtinteressen geopfert worden, hier wie dort. Die Gründergeneration in beiden Staaten hat den mühevolleren Weg von Schuldbekenntnis, Reue und Umkehr, von Dialog und Gewaltverzicht gescheut. Dabei mag es politische Unterschiede gegeben haben. In der psychologischen Motivation ihres Separatismus aber sind Adenauer und Ulbricht Brüder.» (DIE ZEIT, 27 / 1989)

Das wäre der Blick zurück im Zorn. Nun aber, *fasten your seatbelts,* voran; nach dem Prinzip Max Frischs «Ich stelle mir vor»: Wo steht denn, ein für allemal, festgeschrieben, daß beide Deutschland Militär unterhalten müssen? Mag sein, daß Costa Rica es ohne Armee leichter hat und daß die Schweizer Debatte um die Auflösung des Heeres uns nicht voranbringt – aber man könnte ja mal (anders als der sture Adenauer) zum Beispiel die zitierten Leute beim Wort nehmen und endlich Politik machen?

Ich bin kein Staatsrechtler und kann die Form, eine eventuell überwölbende Verfassung oder Verträge, nicht anbieten, die so ein «Gebilde» haben könnte und müßte. Aber ein Laie versteht ja schon den Ist-Zustand kaum. Dafür drei Beispiele des deutsch-deutschen Alltags:

Der S-Bahnhof Friedrichstraße, Übergang und Einreisepunkt nach Ostberlin, gehört zum Hoheitsgebiet der DDR, per Bahn hat man sichtbar die Mauer überquert, Westberliner Polizei gibt es dort nicht, dafür Ost-Uniformierte – aber «eingereist» ist man dennoch nicht; Westberliner kaufen dort im Intershop für Westgeld billig Wodka oder Dunhill-Cigaretten, gemütlich bewacht von DDR-Grenzpolizisten – die sie aber nicht kontrollieren. Wo also bin ich da? Im Niemandsland?

Niemandsland aber auch am schönen Rhein. So liest sich ein Bericht vom Mai 1989:

> Für dreizehn der vierzehn Militärflugplätze in Rheinland-Pfalz, zu denen auch sechs Luftwaffenbasen der US-Armee und zwei der Bundeswehr gehören, hat es nie ein förmliches Genehmigungsverfahren oder eine luftverkehrsrechtliche Genehmigung gegeben ... Die Antwort der Landesregierung über die Rechtsgrundlagen, den Betrieb und die Eigentumsverhältnisse auf den Militärflugplätzen ist lückenhaft, da das Bundesverteidigungsministerium und das Bundesfinanzministerium teilweise keine Angaben übermitteln konnten. Offiziell wurde das damit begründet, daß «die Unterlagen bereits archiviert sind». In der Antwort fehlen auch «genaue Angaben über Zeitpunkt und Requisition» der Rollbahnen durch die Alliierten nach dem Krieg ... Insgesamt sind in Rheinland-Pfalz über 42 Millionen Quadratmeter, allein auf Flugplätzen, militärisches Sperrgebiet, das sich weitgehend außerhalb der Kontroll- und Mitwirkungsmöglichkeiten der Landesbehörden befindet.

Daß die Dinger Phantom heißen, die da auf den – ja: wem nun eigentlich gehörenden? – Rollbahnen rumjuckeln, ist nur noch eine bläßliche Pointe.

Drittes Beispiel, das man bitte einem Germanisten aus Bordeaux mal klarmachen soll: Will man – etwa in einer editorischen Notiz – die Rückkehr von Bertolt Brecht (oder Anna Seghers oder Arnold Zweig) aus der Emigration kennzeichnen, kann man nicht sagen: «Kehrte 1948 nach Deutschland zurück.» Deutschland gab es nicht. Die DDR aber auch noch nicht. Also die sowjetische Besatzungszone? Zu der aber gehörte Berlin nicht. Also wird aus fünf Wörtern ein Mini-Essay zum Thema Deutschland: «... kehrte aus dem kalifornischen Exil in den sowjetisch besetzten Sektor von Berlin zurück, der später entgegen den Bestimmungen der Potsdamer Konferenz zur Hauptstadt der DDR erklärt wurde.»

Kurzum: Ich weiß nicht, wie man die disparaten Gesellschaftssysteme angleichen kann, einander durchdringen, ergänzen, fruchtbar werden lassen kann. Das müssen, beim Gaus, Experten überlegen – die weder Dresden verBILDlichen noch Krupp enteignen wollen. Martin Walser zitierte sehr zu Recht den Artikel 61 jenes «Katechismus zur deutschen Frage» (aus dem «Kursbuch» 4 / 1966): «Die gesellschaftlichen Ordnungen verlören ihre Geschlossenheit; sie müßten voneinander lernen; sie könnten einander Versionen ihrer Zukunft anbieten.»

Nicht *einer* kann das, niemand ist Max Weber plus Mommsen plus Jaspers plus Eschenburg in einer Person. Aber ich stelle mir vor: Nicht denen die Republikaner an den Hals und nicht uns die Margot H.! Aber, verdammt noch mal, wieso diese dickselige Politik der Unbeweglichkeit? Warum nicht ein bißchen Antreiben, Aufrührerei und Anstoß? Man vergißt in Deutschland leicht, daß Politiker nicht Vorgesetzte sind, sondern bezahlte Angestellte; von mir – Millionen «mirs» – bezahlt: Sie sollen endlich ihren Job tun. Nun kann man vom Apfelbaum keine Birnen – also von Kohl nicht Denken und von Honecker nicht Flexibilität – verlangen. Ludwig XVI. war auch reichlich dumm und Madame de Staëls Papa, der Minister Necker, bestenfalls ein Zählwerk. Aber die Aufklärung dachte die (ungeahnte, «nicht vorstellbare») gewaltige historische Umwälzung herbei; tausend kleine Rinnsale wurden ein unaufhaltsamer Strom. Sie träumten das Unmögliche und dachten das Undenkbare, die anonymen «Libelles»-Verfasser, die kleinen Pamphletschreiber und die paar großen Geister. Sie ließen jenes Gesetz außer acht, das wir alten Berliner Juden «Nur ka Risches» nannten und das auf Neudeutsch heißt «Beifahrer machen keine Unfälle». Fahrer gesucht.

IV.

Es ist mir egal, wenn es hochmütig klingt; das Wort hat auch mit «hohem Mut» zu tun: Es wäre/es ist Sache der Intellektuellen, Sehnsüchte zu formulieren. Nicht die Wohnungsbauminister und Familienministerinnen haben 1956 und jetzt in Polen, 1956 und jetzt in Ungarn irgend etwas in Bewegung gebracht. Immer waren es die «Spinner», die Kolakowski und Czesław Miłosz, die Lukács, Tibor Déry und Julius Hay. Wie es den Unterschied von Kunst zur Trivialkunst definiert, daß nicht der Horizont abgemalt, sondern hinter den Horizont gegriffen wird – so definiert sich der Unterschied des politisch handelnden Denkers zum kleinen Populissimus an seiner Kraft zur Utopie.

Kein Zufall, daß diese Debatte nun hin- und herrollt wie ein Gewitter, das sich nicht ganz entlädt – zwischen Schriftstellern. Stefan Heym, der nie seine Zunge zur Schillerlocke gerollt, schreibt: «Selbst in Deutschland, diesem Deutschland, müßte die alte Weisheit des Heraklit doch Gültigkeit haben: *Panta rhei,* alles fließt, alles verändert sich ... Diese Grenze wird, wenn das neue Denken an Anhang gewinnt in West und Ost, menschlicher werden. Ihre Dimension wird schrumpfen, und eines Tags, wenn allen erkennbar geworden, daß auch sie nur ein Provisorium und nicht mehr vonnöten zwischen Nachbarn in einem Haus, die miteinander zu leben gezwungen sind, wird sie verschwinden.» Der das formuliert, der weiß, wovon er spricht: nämlich auch von dem, was ihm von uns angetan. Unvergeßlich die Szene (in Stefan Heyms Memoiren), wie der Ex-Exilant in amerikanischer Uniform nach dem Grab seines ermordeten Vaters sucht. Vergebens. Es gab kein Grab.

Dessen – *pars pro toto* – hat eingedenk zu sein, wer über *ein* Deutschland spricht. Der ekelhafte Lügenbrei aus «Wir haben nichts gewußt» und «Wir waren ein verfolgtes Volk» und «Wir haben nur unser Vaterland verteidigt», der Hirne und Herzen verkleistert, wird noch immer so gerne verabreicht wie geschlabbert. Wer das Risiko nicht eingeht – frei nach Heinrich Böll –, einzubekennen, daß eine nationale Schuld jenseits persönlicher Schuldfreiheit von uns Deutschen noch Generationen hindurch zu tragen ist – der hat hier keine Lippe zu riskieren.

Aber das hat Martin Walser in seinem so bewundernswert frei-mütigen Aufsatz «Über Deutschland reden» (DIE ZEIT, 45/1988) getan; beides: das Risiko nicht gescheut und die Lippe riskiert. Nirgendwo finde ich «nationalistisches Geschwafel», das Jurek Becker ihm in seiner Antwort (DIE ZEIT, 47/1988) unterstellt, und nirgendwo das Wort vom «Diktat» des Auslands.

Da ist etwas Seltsames passiert: Der Schriftsteller Jurek Becker, glorioser Historiograph deutscher wie deutsch-deutscher Schuld – von «Jakob der Lügner» zu «Bronsteins Kinder» –, hat die Frage theoretisch nicht begriffen und praktisch gelöst. Der erste Satz seiner Replik ist, was Adorno eine «Blague» nannte: «Wenn jemand am Unsagbaren leidet, muß ihm der Versuch, seine Not in Worte zu kleiden, mißlingen, das liegt im Wesen der Sache.» Womit ganze Bibliotheken ausgerottet wären – als gäbe es ein einziges Werk der Philosophie oder der Literatur, das nicht genau diese Sisyphos-Arbeit versucht: Unsagbares zu sagen. Becker federt sich ab in schön geschriebener Animosität. Aber er vergißt, einen winzigen Umstand zu erwähnen: Er *ist* die praktizierte deutsche Einheit. Er hat einen DDR-Paß, mit befristeter Erlaubnis, in der BRD (oder in Amerika) zu leben und sein Geld – statt es per Zwangskurs umzutauschen – hier zu verbrauchen, wo er ein gerühmter Romancier und hochbezahlter Fernsehautor ist – dessen Bücher *auch* in der DDR erscheinen. Er bedient sich einer polemischen Kunstfigur als Frage: Was will Walser überhaupt; was wollen alle die, wir alle, die wir uns nicht abfinden mögen? Die Antwort ist eine Silbe lang: das. Jurek Becker hat die Teilung Deutschlands für sich aufgehoben – und vielleicht hätte Uwe Johnson gerne umgekehrt so gelebt: ohne Paß-, Visum-, Geldzwänge in Leipzig wohnend, aber in Westberlin zu Hause, gedruckt hüben wie drüben, reisend wann und wohin man will; und Walter Kempowski in Rostock und Hartmut Lange in Berlin / DDR? Vielleicht würde Fritz J. Raddatz gerne mal zwei Jahre eine Literatursendung im DDR-Fernsehen machen und Rolf Hochhuth – mit seinem noblen Plädoyer «Die deutsche Uhr zeigt Einheit an» also auch ein nationalistischer Schwätzer? – gerne ein Jahr Dramaturg am Berliner Ensemble sein und Katharina Thalbach am Deutschen Schauspielhaus Genet inszenieren? Daß Heiner Müller in aller Welt die Stichworte für Robert Wilson liefern und Ruth Berghaus zwischen Hamburg und Wien schöne Opernbilder zaubern darf: Vielleicht gibt es noch ein paar mehr, die gerne dürften? Das klingt nach Gastspiel. Doch ich frage nicht nach Pina Bauschs nassen Tangos in Görlitz und Gisela Mays metallenen Songs in Darmstadt; das haben wir ja; das ist – Kultur als hübsche Beigabe zum Röhrengeschäft – die Petersilie, dekoriert um den Karpfen. Ich will den Karpfen.

V.

Was will er?

Ich will eingestehen dürfen, ohne Schmähungen gewärtig zu sein, daß mich Theo Sommers Satz schockiert: «Wer heute das Gerippe der deutschen Einheit aus dem Schrank holt, kann alle anderen nur in Angst und Schrecken versetzen.» Nicht die Kühnheit des Bildes erschreckt mich, wenngleich der Krimi-Fan sich natürlich fragt, wie kommt das Gerippe in den Schrank. Mich schreckt das Unkühne daran, frei nach Benn: statisches Denken. Es ist so schrecklich «richtig», daß es – vielleicht – nicht recht ist. Sogar unhistorisch, will mich dünken. So man Geschichte als einen Prozeß versteht – einen, den wir, die Menschen, *machen.* Selbst Gerippe – um im Bilde zu bleiben – können dazu dienen: Die Knöchelchen des geschmähten, beleidigten, gemordeten Imre Nagy haben vorgewiesen, wie viele Emotionen mit in dem anonymen Grab lagen.

Ja. Emotionen. Warum muß ich mich eigentlich schämen, wenn ich zugebe: Die Salzluft von Hiddensee oder das trockene Knarren der Fichten in der Mark Brandenburg, das silbrige Flirren über dem Schilf mecklenburgischer Seen – das ist auch ein Teil von mir? Da nistet ein Quentchen Glück? Zwar könnte ich nicht wie Heiner Geißler sagen, «Ich bin stolz, ein Deutscher zu sein» – das klingt mir so nach «das stolze Kriegsschiff». Das Wort gefällt mir allenfalls im jüdischen Witz: «Wieso», fragt Mendele den Moische, «biste stolz a Jidd zu sein?» – «Nu», antwortet Moische, «Jude bin ich sowieso – da kann ich auch gleich stolz drauf sein.»

Wir sind ja nun alle so schrecklich kosmopolitisch und wissen: Der Martini im Rainbow Room des Rockefeller Center ist der beste, die Kacheln an dieser einen Pforte von Fez die schönsten, und wer in Harry's Bar in Venedig oben statt unten zum Essen plaziert wird, muß sich erschießen. Ja ja. Nein nein. Es wäscht mein Herz nicht. Es gibt doch, wie Hochhuth schrieb, einen «Geistes- und Gemütshaushalt einer Nation»; derlei klingt sentimental. Meinetwegen. Ist es deshalb schon verdächtig? Wenn so etwas zu schreiben schon «gewagt» ist – dann gute Nacht.

Wieso muß ich gewärtig sein, «Nationalist» geschimpft zu werden, wenn ich einbekenne: Ich bin ein deutscher Patriot? Wieso eigentlich «gehört» Dresden nicht auch mir – wo wir doch wissen, wie krakelig und oft unbesonnen die Bleistiftlinien irgendwelcher Legationsräte waren, die diese angeblich «unverrückbaren» deutschen Grenzen fest-zogen; nicht nur die schöne Farce «Schwarzenberg» beweist das. Auch Lübeck hätte «weg» sein können.

Wer so denkt, wer wie ich hier unumwunden sagt: «Laßt mir meine Sehnsucht nach Heimat, laßt mir den Geruch von Hekken nicht nur bei der Proust-Lektüre» – der will doch nirgendwo «einmarschieren», niemandem etwas «wegnehmen»! Wem denn auch? Gehört Leipzig Honecker? Und Düsseldorf «uns»? Egon Bahr – wer ein gutes Gedächtnis hat, erinnert sich sehr anderer Kommentare dieser «freien Stimme der freien Welt»; also hat er damals geirrt? Und ist nun ganz sicher, heute nicht zu irren? – Egon Bahr also verbietet, von «der Einheit zu träumen». Woher nimmt er das Recht? Er setzt derlei Gedanken mit denen der Hupka, Waigel, Schönhuber gleich und unterstellt, es sei von der Forderung eines Deutschland «in den Grenzen des Jahres 1937» die Rede. Das ist Demagogie – Manfred von Ardennes Botschaft meinte das nicht, Martin Walser schrieb das nicht (und ich sage das nicht). Egon Bahr wird nicht dafür bezahlt, mir das Träumen zu verbieten – sondern zu versuchen, aus meinen «unseriösen» Träumen ernsthafte Realität zu machen. Etwa den Satz Präsident Mitterrands als Leitmotiv nehmend: «Die Wiedervereinigung ist in meinen Augen ein berechtigtes Anliegen der Deutschen. Es kann aber nur auf friedliche und demokratische Weise verwirklicht werden.»

Man hat mich gewarnt, ich könnte falschen Applaus bekommen. Ich werde damit leben können. Ich kann schlechter leben mit Tabu-Verordnungen, die mir untersagen wollen meine Ratio und mein Gefühl, meine Wurzeln und mein Gezweig: deutsch. Und daß mein Kopf zwar weiß – das geht nicht heute, wohl auch nicht morgen in vernünftige staatliche Form zu bringen mit Paß und Stempel. Aber daß mein Herz denkt – es soll so nicht bleiben. Das mag anstößig sein. Wer keinen Anstoß erregt, gibt auch keinen.

Die Zeit, 36 / 1.9.1989

Eiserner Vorhang, kalte Zeit

Der Mäander der deutsch-deutschen Irrläufe, Zurückweisungen, Verlockungen und Enttäuschungen ist fast nur mit der Montage-Schnittechnik des Dokumentarfilms deutlich zu machen. Ein Hans Henny Jahnn konstatiert, daß er sich 20 Mark leihen muß, sich keine Schreibmaschine kaufen kann und mit drei Angehörigen in seiner ungeheizten Hamburger Zweizimmerwohnung hockt: «Es gibt für uns aus der Klasse des Geistes nur noch die Wahl, unsere Demission als Mensch einzureichen oder in die Ostzone abzuwandern.» Wenig später sinniert der «Formalist» *par excellence* Arno Schmidt: «Eventuell können wir *Alle* ja mal nach dem Osten ausweichen müssen! Wenn der Geist hier noch mefitischer wird.»

Im Mai 1951 schreibt Jahnn:

> In letzter Zeit habe ich eine unwahrscheinliche Berühmtheit erlangt, aber nicht als Schriftsteller, auch nicht als Orgelbauer, nicht als Präsident der Freien Akademie der Künste in Hamburg und auch nicht als ordentliches Mitglied der Akademie der Wissenschaften und der Literatur in Mainz, sondern ausschließlich deshalb, weil ich mit vier Dichtern der Ostzone ein kleines Gespräch geführt habe. Dieser Umstand hat so gut wie die gesamte Presse in Erregung versetzt; selbst Provinzblätter, die nicht einmal in der Lage gewesen wären, meinen Namen im Lexikon zu finden, erblicken nunmehr in mir eine leicht schwankende Säule westlicher Kultur und Dichtkunst.

Das ist haargenau ein Vierteljahr nachdem der Sohn einer anderen «Kultursäule» einen entgeisterten Abschiedsbrief an seinen Vater in der DDR publiziert hat, den «Kulturfürsten» Johannes R. Becher, keineswegs in einer ungeheizten Zweizimmerwohnung hausend, sondern in einer schwer bewachten Villa, Multifunktionär mit Chauffeur, Sekretären, Ostseedatscha und Westberliner Zweitwagen, mit dem er sich Morphium und Strichjungs aus der Frontstadt besorgt. Becher, zwischen Stalin-Hymnen und Depressionen schwankend, hochgebildeter Lügner und Förderer junger Talente, Schutzherr so manchen Künstlers und vor jedem Zensurgebot einknickender Ulbricht-Biograph, hochdekorierter Verfasser der DDR-Nationalhymne und als Abweichler von der Stasi seiner Genossen beobachtet, hat seinem im Londoner Exil groß gewordenen Sohn diesen Brief – dessentwegen er ihn enterbte – nie verziehen: «Du mußtest mir sagen: Ich kann Dich nicht empfangen in meinem Haus. Ich mußte bis zum nächsten Tage warten, um Dich in Deinem Bureau zu sehen – wie ein Arbeitskollege oder Businessman. Es ist mir nie gelungen, Dich in Deinem Haus hinter Stacheldraht zu besuchen. Niemals werde ich Antwort geben können auf die Frage so vieler Freunde: Warum lebt Dein Vater hinter Stacheldraht? – Ist das der Schutz vor der Liebe Deines Volkes?» Der Brief erschien in der Zeitschrift «Der Monat», deren Herausgeber Melvin Lasky im April 1948 Klaus Mann bei seinem letzten Berlin-Besuch in einem Hotel am Mexikoplatz zwar um Rat nach einem Titel – «Und warum nennen Sie die Zeitschrift nicht einfach ‹Der Monat›?» – gefragt, dem Emigranten aber eine Mitherausgeberschaft nicht angeboten hatte; der langjährige Mitarbeiter Klaus Harpprecht schildert Entstehen und Existenz der Zeitschrift:

> Die Zeitschrift «Der Monat» wurde aus unvernünftig *haushaltstechnischen* Gründen aus den Fonds der CIA subventioniert, weil die Abgeordneten und Senatoren des amerikanischen Kongresses kaum bereit gewesen wären, die Mittel für solchen Luxus zu genehmigen. Nach meiner Erfahrung wurde auf die Redaktion und die Mitarbeiter dieser Zeitschrift niemals der geringste Druck ausgeübt. Ich habe auch nichts von einer Einflussnahme gespürt ... Wie gern hätte ich jedoch die CIA für die Autoren des «Monat» weißbluten lassen! Die Agentur, die sich anderswo in der Welt die schrecklichsten Idiotien leistete und die gewiß für manches Verbrechen verantwortlich ist, hat ihr Geld niemals für einen besseren Zweck ausgegeben.

Unter der Ägide des so verdammten Vaters, Präsident des Kulturbunds zur demokratischen Erneuerung Deutschlands, Mitglied des ZK der SED, Nationalpreisträger und ab 1954 Kulturminister der DDR, konnte dann aber das letzte Buch des vereinsamten Alfred Döblin, sein «Hamlet»-Roman, den im Westen niemand wollte, in der DDR erscheinen – auf Initiative des geradezu buchfanatischen Rütten-und-Loening-Cheflektors Wolfgang Richter, der alsbald vor den unerträglichen Eingriffen der Zensurbehörde in den Westen floh. Döblin war hochbeglückt:

> Lieber Herr Huchel,
> Ihr Brief vom 27. 9. hat mich außerordentlich gefreut, begreiflicherweise, wenn man bedenkt, daß es sich um mein letztes Opus handelt, das man überall glatt refusierte. Sie fragen, warum? Mich traf es nicht unerwartet. Ich habe schon 1947 in Baden-Baden von meinem damaligen Verleger Keppler, der sich noch um meine Bücher riß, gehört, seine Vertreter im Land meldeten ihm eine entschiedene

Abneigung gegen meine Werke. Das Lesepublikum wolle also nichts von mir kaufen, weil ich Emigrant sei, und noch dazu einer, der jetzt in französischen Diensten stünde. Aber ich wußte, sie mochten mich nicht eben aus Antipathie gegen das Antihitlerische, da lagen ihnen Benn, Sieburg und Wehner näher. Der «Hamlet» hat lange Monate bei Piper [sic] München gelegen. Beim Kiepenheuer Verlag, Köln, zuletzt beim Herold Verlag in Wien, über ein Jahr.

Das erinnert nicht allzu fern an des nie nach Deutschland aus der Emigration zurückgekehrten, jahrelang dort kaum verlegten Walter Mehring bittere Zeile an den Freund Hans Sahl: «Man wird es uns nie verzeihen, daß wir uns nicht haben erschlagen oder ein bißchen vergasen lassen.»

Das kulturelle Klima beider Deutschlands war ein Tribunal in Permanenz. «Man will mich totmachen», schreibt Hans Werner Richter an denselben Hans Sahl, «und leider, leider, man wird mich totmachen, wird es auf beiden Seiten schaffen, sowohl im Westen wie im Osten.» Der Kämpfer Hans Werner Richter, der oft Gefahr lief, in den Querelen seiner Gruppe 47 zermahlen zu werden – «Laß nur, wir werden den Preis schon wieder hochbringen», wollte Walter Jens nach der Verleihung des Gruppenpreises an Heinrich Böll trösten –, erhielt aber auch wahre Kassandrarufe; Hermann Kesten, auch er aus der Emigration nie nach Deutschland zurückgekehrt, Entdecker von Anna Seghers in den zwanziger Jahren und hochverdienter Lektor des Exilverlages Allert de Lange, warnte vehement: «Daß unsere Literatur nur gewinnen kann, wenn wir mit der gegenseitigen KZ-Unterdrückung ganzer literarischer Provinzen Deutschlands, mit der planmäßigen Krähwinkelei Schluß machen, und mit der Tortur der viergeteilten deutschen Literatur, sollte allmählich auch jenen düsteren Geschäftemachern unter den deutschen Literaten klar werden, die, statt besser zu schreiben als ihre Kollegen, lieber alle Kollegen köpfen oder verbieten wollen, wie es unter den Nazis geschah, und jetzt wieder in der Ostzone geschieht.» Das war nicht nur bösartige Scharfzüngigkeit eines eingefleischten Antikommunisten. Kurz darauf fand in Ostberlin ein wahres Tribunal statt.

Als im Frühjahr 1953 im Ostberliner Aufbau Verlag ein schmaler Band mit dem lakonischen Titel «Hanns Eisler – Johann Faustus» erschien, war keineswegs sofort klar, daß damit eine der erbittertsten kulturpolitischen Debatten der DDR ausgelöst werden sollte. Immerhin war Eisler Komponist der DDR-Nationalhymne, Nationalpreisträger, Akademiemitglied und als enger Mitarbeiter Brechts – dessen wichtigste Lieder er vertont hatte – ein hochrenommierter Künstler. Doch war es kühn bis waghalsig, als Hanns Eisler sein Libretto für eine «National-Oper Johann Faust» vorlegte. Der querdenkende Austromarxist Ernst Fischer wußte, was er tat, als er sofort bei Erscheinen des Textbuches in «Sinn und Form» einen Begrüßungsaufsatz veröffentlichte:

> Für den Schriftsteller … treten zwei Zeitthemen in den Vordergrund: das Müntzer-Thema und das Faust-Thema. Es ist die große Tat Hanns Eislers, daß er dies in Angriff nahm und eine Lösung fand, die Dank und Bewunderung verdient. Er hat in genialer Konzeption das Faust-Thema mit dem Müntzer-Thema verbunden, die Problematik des Faust aus seiner Stellung zum Bauernkrieg abgeleitet, in der Gestalt des Faust eine Zentralgestalt der deutschen Misere reproduziert: den deutschen Humanisten, der vor der Revolution zurückschaudert: … Der deutsche Humanist als Renegat … – in dieser Gestalt tritt uns wahrhaft ein Grundphänomen der deutschen Misere, der deutschen Katastrophe entgegen.

Die Jagd war auf. Nicht nur diese Interpretation, sondern auch Eislers ureigenes Konzept widersprach dem damals besonders streng verordneten und durchgehaltenen Modell, die deutsche Entwicklung als die eines ungebrochenen humanistischen Ganges durch die Jahrhunderte zu begreifen. Der Faschismus war in dieser seltsam undialektischen, ja: unmarxistischen Geschichtsauffassung mehr ein Unfall, eine Art historischer Naturkatastrophe, die in lange zurückdatierbare psychische und historische Strukturen nicht hineinverfolgt werden durfte. Nicht jedenfalls in der DDR, die sich als Erbe einer ausschließlich positiven Tradition sah oder sich wenigstens dafür ausgab. Genau darauf bezog sich die umgehend gedruckte Erwiderung des «Neuen Deutschland»:

> Goethes Hoffnung «illusorisch»! In diesem abgrundtiefen Pessimismus liegt in der Tat das ganze Kernproblem, die Verneinung unseres klassischen Kulturerbes ... Ernst Fischer in seinem «Sinn-und-Form»-Aufsatz betrachtete den Verräter und den Renegaten nicht nur als typisch für die deutsche Intelligenz, sondern für die gesamte deutsche Nation. Er setzt das deutsche Volk mit den Hitlerbarbaren gleich und leitet daraus «das Recht» für den Künstler ab, die abstoßende Gestalt des Volksverräters als typisch in den Mittelpunkt einer neuen «realistischen» «Faust»-Konzeption zu stellen. Es genügt, Stalins Ausspruch vom 23. Februar 1942 anzuführen, daß es «lächerlich wäre, die Hitlerclique mit dem deutschen Volk, mit dem deutschen Staat gleichzusetzen», um zu zeigen, daß die gesamte Grundkonzeption des «Johann Faustus» auf völlig unhaltbaren politischen und ideologischen Voraussetzungen aufgebaut ist.

Hanns Eisler hat – in seinerzeit nicht publizierten – Notizen auf diese Angriffe reagiert. So findet sich zu dem Grobianismus, er «verneine unser klassisches Kulturerbe» und es habe doch der Geist der goetheschen Humanität sich als mächtiger erwiesen denn die antihumane Barbarei des Dritten Reiches, der kleine Satz: «Es sollte besser heißen: Er hat ihn überlebt. Können wir 1945 von einem *Sieg* des deutschen humanistischen Geistes sprechen? Das können wir *nicht*, leider nicht.» Das wäre die richtige Ebene der Auseinandersetzung gewesen. Aber für so leise wie genaue Bedenklichkeiten war die Zeit nicht reif. Wie erhitzt in dieser Epoche des Kalten Krieges jede Debatte sofort auch in eine brennende Propagandaschlacht ausflammte, zeigen die raschen und bösartigen Reaktionen der westlichen Presse.

Geh doch rüber!

Hilfreich war das wohl nicht. Und war auch nicht so gedacht. Das sollte nicht Öl auf die Wogen, sondern Öl ins Feuer gießen. Eine eigene Meinung, gar einen eigenen künstlerisch-moralischen Standpunkt zu haben – das war, zumindest in jenen Jahren, geradezu tödlich. Wer in der jungen Bundesrepublik der Adenauer und Globke aus dem Takt der Caprifischer-Duselei fiel, war ein «Gehen Sie doch nach drüben»-Verräter. Wer in der ebenso jungen DDR, die sich in Fähnchenschwingen, Fackelzügen und Aufmärschen getreu nach sowjetischem Vorbild gefiel, nicht in die geistige Marschrichtung paßte, war oft kurz vor der Verhaftung oder – unter Prominentenschutz wie Eisler – wenigstens vor einer Art Berufsverbot. Meist begann derlei mit einem Ehrengericht.

Victor Klemperer, der sich an den Satz «Wir haben schon den Juden Cassirer» erinnert, mit dem man in Hamburg seine mögliche Berufung abwies, und einen Besuch in Westberlin

1953 als «Fahrt ins feindliche Gebiet, ins Frontgelände» verspürt, hängt in seinen Nachkriegstagebüchern immer und immer wieder dem Gedanken «Wie wäre es im Westen» nach: «Ich möchte nicht nach dem Westen, aber ich möchte irgendwo unendlich weit fort von Deutschland leben können ... Bitterer vielleicht als diese Niederlage ist mein Auseinanderklaffen in allem Geistigen mit der SED. Ich kann aber nicht nach Westen ausweichen – der ist mir *noch* zuwiderer ... Aber im W. bin ich Sklave einer schlechten, im O. einer guten Sache.»

Im Falle Eisler wurde zu einer Tagung in der Akademie der Künste eingeladen, deren Ausgang deswegen nicht von vornherein festlag, weil neben hochrangigen Funktionären wie Wilhelm Girnus und Alexander Abusch oder Redakteuren des «Neuen Deutschland» auch Eislers Freunde Bertolt Brecht, Arnold Zweig, Walter Felsenstein teilnahmen. Der letzte, infolge seiner weithin anerkannten Arbeit als Leiter der Ostberliner Komischen Oper in einer Art Schutzzone operierend, trat als einer der ersten Eisler mit einer geradezu rührenden Intervention zur Seite: «Ich betrachte das Vokabular dieser Kritik als so aggressiv, daß vor einer genauen Kenntnisnahme über etwas Erarbeitetes bereits Anklagen im Raume stehen, die einen Autor nahezu zum kulturpolitischen Verbrecher und Vaterlandsverräter machen.»

Besonderes Gewicht hatte natürlich die Stimme Bertolt Brechts. Es ist gewiß typisch für ihn – und auch Teil seiner Erfahrung mit solchen verhörartigen Debatten –, daß er das Handwerkliche, das Literarische in den Vordergrund rückte. Brecht argumentierte erst einmal nicht ideologisch, sondern vom Text her, und man vermutet wohl nicht zuviel, wenn man eine Verabredung mit Helene Weigel erkennt. Die hatte auf das große Schlußgedicht des Textes hingewiesen: «Ich möchte von meinem Beruf her was sagen. Am Ende des Textes steht die Confessio. Es ist beim Lesen schwer zu erkennen, daß die

Confessio des Faustus auf der Bühne natürlich eine ungeheuer positive Sache ist. Das Selbstbekenntnis seines Untergangs, seines Verrats, seine eigene Verurteilung ist auf der Bühne eines der wirkungsvollsten positiven Dinge. Aber dazu kann der Brecht bestimmt was Genaueres sagen.» Das tat der Stückeschreiber auch umgehend, indem er das Stichwort der Weigel aufnahm. Er las eine halbe Stunde lang die «Confessio» vor:

Nun geh ich elend zu Grund,
Und soll jeder gehn,
Der nicht den Mut hat,
Zu seiner Sach zu stehn.

Sofort nach dieser Lesung setzte ein scharfer Wortwechsel ein. Zwischen dem Funktionär Wilhelm Girnus – als Chefredakteur des «Neuen Deutschland» einer der Wächter der «reinen Lehre» – und Hanns Eisler. Die Protokolle dieser Tagung mit ihren scharfen Interventionen, Verdächtigungen, Verteidigungen und Belehrungen lesen sich stellenweise wie ein Metastück; gleichsam ein Stück zu dem «Faustus»-Stück und auch ein Stück kommunistische Inquisition. Nun hatte Eisler aber noch ein weiteres Sakrileg begangen. Gemäß seinen musikalischen Vorstellungen – und ganz gewiß dabei bereits an die gegenläufigen Möglichkeiten seiner Partitur denkend; es sollte schließlich eine Oper werden – führte er eine Antifigur ein, einen Hanswurst; der konnte den Weg des Faustus spiegeln und getreu den Traditionen der alten Volksbücher grobianisch-direkt Wahrheiten kundtun, indem er sie verdrehte. Es ist das dramaturgische Prinzip der Folie, wie es von Grimmelshausen bis Cervantes viele Autoren der Weltliteratur anwandten: Durch die Vulgarität und Verschlagenheit des gemeinen Mannes scheinen die Zwänge einer Gesellschaft zu List und Niedrigkeit durch, da anders die Wirklichkeit nicht zu bewältigen ist. Es ist die Dialektik des Komischen – das Lustige ist das wahrhaft Traurige; nur unpathetisch formuliert. Eislers vor Verhör und Folter zitternder Hanswurst träumt von dem sicheren Hort einer Nachtwächterposition und ist verführbar durch Hackfleisch. Aber die von Schdanows strenger Morallehre geprägte Kunstauffassung jener Jahre erlaubte in der DDR weder Frivolität noch solche Volten. Es gab ganz eherne Gesetze, und die ruhten auf ebenso ehernen Säulen; man nannte sie «klassisches Erbe», und um den Begriff von der «deutschen Kulturnation» zu füllen, benutzte man gerne Zitate, die sakrosankt waren. Daher das weimaranische Tremolo im Widerspruch von Wilhelm Girnus: «Das ist doch wieder typisch für diese negative Einschätzung unserer Geschichte, und zwar meine ich die Stelle, wo Hanswurst sich zum Gebackenen setzt und dann sagt: ‹Hier sitz ich, ich kann nicht anders …› Hanns Eisler mag noch so nette und amüsante Absichten subjektiv dabeigehabt haben, objektiv ist das eine Verhöhnung einer großen Stelle in unserer deutschen Geschichte.» Hanns Eisler war über diesen Vorwurf besonders empört. Nicht nur, weil er sich über einen Brief von Thomas Mann gefreut hatte, in dem der Gefährte aus kalifornischen Exiltagen ihm begeistert geschrieben und sich entzückt gezeigt hatte über den «guten, derben, deutschen Humor besonders in der Figur des Hanswurst» und in dem er gerade den Volkston lobte, den er für «ausgezeichnet getroffen» hielt. Nein, Eisler war vor allem selber ein hochgebildeter Mann, der sich souverän sowohl in der klassischen deutschen Literatur bewegte als auch ganze Homer-Passagen auswendig aufsagen konnte oder Horaz-Gedichte oder Shakespeare-Szenen.

Gerade weil er über diesen enormen Schatz an Bildung verfügte, begriff er die dialektischen Abläufe von Geschichte jenseits der gerade aktuell benutzten – oder mißbrauchten – Klischees. Deshalb verwahrte er sich energisch: «Der Hanswurst kann nicht mit mir noch mit einer anderen Figur identifiziert werden. Er ist eine Figur, die Späße macht.» Girnus kam auf den Punkt: «Ich finde, wir müssen die Frage konkret stellen. Einen Aspekt haben wir nämlich noch nicht diskutiert, das ist die Frage: inwiefern entspricht der ‹Johann Faustus› den Prinzipien des sozialistischen Realismus? Das ist hier überhaupt noch nicht grundlegend diskutiert worden. Wenn ich Eisler richtig verstehe, steht er prinzipiell auf dem Boden des sozialistischen Realismus.» Eislers «Selbstverständlich! Aber es ist eine Oper, und ich kenne noch keine Prinzipien für eine sozialistisch realistische Oper» war, wenn nicht mutig, dann zumindest frech. Damit verteidigte Eisler nicht mehr bloß seinen Text, sondern er stellte auch dekretierte Normen in Frage. So nahm die denkwürdige Akademietagung rasch Züge des Tribunals an, als zum Beispiel der Redakteur Walter Besenbruch das tat, was man damals in der DDR «die Gebetsmühle des Parteikauderwelsch drehen» nannte: «Wir können dadurch, daß wir im Dreck wühlen, nur im Dreck wühlen, die erzieherische Wirkung nicht erzielen, die wir heute brauchen, wo es gilt, dem deutschen Volke Mut und Kraft einzuflößen, indem wir es lehren, sich auf die positiven Kräfte in seiner Geschichte zu besinnen.» Interessanterweise provozierte das einen der beiden heftigen Ausbrüche Brechts auf dieser Tagung: «Das geht nicht. Nehmen Sie Kenntnis von meinem sofortigen Protest! Ich bitte, diesen meinen Protest zu Protokoll zu nehmen. Das ist immer gesagt worden, wenn irgendwo etwas Schlechtes aufgedeckt wurde. Freude am Wühlen im Dreck.»

Brechts zweiter Ausbruch hatte unmittelbar mit der eigenen Arbeit zu tun. Erst kurz zuvor war ja die Urfaust-Inszenierung des Berliner Ensembles heftig kritisiert und schließlich von Brecht zurückgezogen worden. Einer der profiliertesten Theaterkritiker war damals Jürgen Rühle, der – Feuilletonchef der «Berliner Zeitung» – regelmäßig in der einflußreichen Wochenzeitung «Sonntag» publizierte und in jenen Jahren (bevor er nach Westdeutschland übersiedelte) Brechts Theaterarbeit kontinuierlich mit scharfer Kritik verfolgte. Die Tagebücher von Brecht geben Auskunft darüber, wie sehr er sich darüber erboste. Rühle hatte augenscheinlich genau begriffen, daß mit dem Fall Eisler/Faustus hier auch der Fall Brecht/Urfaust zur Verhandlung stand, und er schlug vor: «Ich bin der Meinung, die Diskussion geht jetzt nicht mehr nur um diesen Entwurf zur National-Oper ‹Faustus›. Deshalb bin ich dafür, daß wir auch die ‹Urfaust›-Inszenierung des Berliner Ensemble in die Diskussion einbeziehen.» Brecht verwahrte sich streng: «Das kann man nicht! Sie war nicht fertig und ist ausdrücklich von mir zurückgezogen worden. Sie steht also nicht zur Diskussion!» Die Bizarrerie will es aber, daß Jürgen Rühle – der später in der Bundesrepublik mit seinen Büchern und Fernsehdokumentationen zu einem der aggressivsten Kritiker der DDR wurde – Sukkurs erhielt von der Repräsentantin jenes «Zentralorgans», das ihm schon damals fürchterlich war: von Johanna Rudolph, Theaterkritikerin des «Neuen Deutschland»; und daß es bei der «Urfaust»-Inszenierung am Berliner Ensemble um die Arbeit eines der begabtesten Brecht-Schüler ging, Egon Monk, der ebenfalls die DDR verließ, kurzfristig Intendant des Deutschen Schauspielhauses in Hamburg wurde, wo er heute als gefeierter Fernsehfilmautor lebt. Johanna Rudolph griff nicht nur Brechts Theater an, sondern auch wesentlich seinen verhängnisvollen Einfluß auf seine Schüler. Gegen Brechts Verwahrung wetterte sie:

Das kann ja wohl nicht einer alleine entscheiden. Ich bin vollkommen anderer Meinung. Schließlich geht es hier um unsere Auseinandersetzung mit dem klassischen Erbe, um unseren Umgang mit der deutschen Klassik. Und da sehe ich durchaus Zusammenhänge zwischen der hier bisher erörterten Fehlkonzeption des Faust als Zentralgestalt der deutschen Misere und der Erklärung des Berliner Ensembles im Programmheft: «Es ist dem Theater beim Urfaust leichter gemacht als beim fertigen Werk, der Einschüchterung durch die Klassizität sich zu erwehren.» Was sollen wir nach Absicht der Verfasser unter «Einschüchterung durch die Klassizität» verstehen? Den Maßstab dafür muß man in der Aufführung selbst suchen. Diese Aufführung kann nur verstanden werden als Absage an die klassischen Traditionen unserer Nationalkultur.

Denunziations- und Totschlagrhetorik. Sie hat, etwa mit dem Beitrag des Eisler-Schülers Ernst-Hermann Meyer, auch den Ton des Kläglichen, was durch Eislers kleine Einwürfe illuminiert wird.

Meyer: Die Schönheit wird dargestellt als etwas Abzulehnendes, etwas Negatives, ja eigentlich als etwas Häßliches. … Ich glaube, daß unser Hanns in dieser Grundfrage der Ästhetik und der Bewertung der Kunst nicht klar sieht, und ich glaube, daß er Klarheit gewinnen muß, daß die Schönheitstheorie, die im «Faustus» faktisch zum Ausdruck gebracht wird, mit Humanismus nichts zu tun hat. Das ist ein janusköpfiges Verhalten zur Schönheit … Und jetzt lesen wir hier solche Sätze: «Aufruhr gegen die Schönheit!»
Eisler: Aber von den Sklaven, nicht von Eisler!
Meyer: Ich möchte fast sagen: Umso schlimmer!
Eisler: Aber sie können wirklich nicht singen: «Widersteh dem verfaulenden ägyptischen Feudalismus!»

Diese so peinliche wie peinigende Veranstaltung der Akademie der DDR – die vier Wochen später durch den Aufstand der Bauarbeiter am 17. Juni 1953 sehr viel ernsthafter erschüttert wurde – hatte die Ebene der Diskussion verlassen und war auf die von Befehl, Dekret und Verbot gerutscht. Der Aufbau Verlag zog umgehend den Librettodruck zurück. Die Protokolle der Akademie-Tagung verschwanden in Tresoren und wurden *in toto* erst 1991 von Hans Bunge publiziert.

Hanns Eislers Lebenskraft war nach diesem Tribunal gebrochen, sein sprichwörtlicher *élan vital* aufs tiefste erschüttert. Der 47jährige Meisterschüler Arnold Schönbergs, Kommunist mit österreichischer Staatsangehörigkeit, zog sich nach Wien zurück, wo seine Mutlosigkeit ihn daran hinderte, die Oper zu komponieren. Verzweiflungsvoll vertraute er seinem Tagebuch an: «Erlöschende Kraft. Die Gräue des Alters. Freudlosigkeit an der Arbeit. Keine Perspektive. Erschlaffung aller Fähigkeiten. Gleichgültigkeit.» Doch der geniale Künstler konnte sich sein Leben und sein Werk nicht ohne die Bindung an den Sozialismus vorstellen. Zehn Jahre später, 1963, sollte er zu Heiner Müller, der sich wegen der künstlerischen Häresie seines Stükkes «Die Umsiedlerin» einem ähnlichen Prozeß ausgesetzt sah, den Satz sagen: «Sei froh, in einem Staat zu leben, in dem man die Literatur so ernst nimmt.» Jetzt, 1953, telegrafierte er, wenige Monate nach dem Tribunal, von Wien nach Berlin: «Wien, am 30. Oktober 1953 ... Ich kann mir meinen Platz als Künstler nur in dem Teil Deutschlands vorstellen, wo die Grundlagen für den Sozialismus aufgebaut werden.» Im Februar 1954 kehrte Hanns Eisler nach Ostberlin zurück, wo er bis zu seinem Tode am 6. September 1962 lebte und arbeitete.

Der Fall Eisler war spektakulär, weil ein Prominenter auf der Anklagebank saß, zu dessen Verteidigern Prominente gehörten; die Eisler-Rezeption ist übrigens bis heute nebulös: Die erste Gesamtaufführung seines «Hollywood Liederbuchs», von dem er selber nie eine Aufführung erlebt hat und von dem zugleich Brecht, schockiert und angetan, Teile gehört haben soll, fand 1982 – 20 Jahre nach seinem Tod – in Leipzig statt; wo und wann? Eine ähnliche *cause fameuse* war die von Arnold Zweig Ende 1951 in der Akademie der Künste eröffnete Barlach-Ausstellung mit 140 Zeichnungen, 80 Plastiken und 100 Graphiken, die vom Alleswisser Girnus im Januar 1952 mit einem Artikel des «Neuen Deutschland» so heftig attackiert wurde, daß die Schließung der Ausstellung bevorstand, da der «rückwärtsgewandte Künstler» nicht «in die Tiefe der Seele des unterdrückten Menschen gedrungen» sei: «Seine Geschöpfe sind eine graue, passive, verzweifelte, in tierischer Dumpfheit dahinvegetierende Masse, in denen auch nicht der Funke eines starken, lebendigen Gefühls des Widerstandes zu spüren ist. Barlachs Werk enthält nichts Zukunftsweisendes. Deshalb kann er für uns nicht als Lehrmeister gelten.» Es war wiederum Brecht, der mit seinen umgehend in «Sinn und Form» publizierten «Notizen zur Barlach-Ausstellung» das Projekt rettete; der ostentative Besuch durch Staatspräsident Wilhelm Pieck und Sowjetbotschafter Semjonow darf wohl als Geste der Unterstützung verstanden werden. Doch noch ein Jahrzehnt dräuten die Wolken mit Blitzen; in einer semioffiziellen Stellungnahme der Blockpartei NDPD zu Franz Fühmanns Erzählung «Ernst Barlach, das schlimme Jahr» hieß es:

> Die Gedanken, die Fühmann Barlach zueignet, können nur als Ausgeburten politischer Naivität eines verquollenen und verwaschenen Idealismus und Pazifismus begriffen werden. Nichtwissen und Ratlosigkeit werden mystifiziert, ebenso die Rolle der Kunst ... Das Verhältnis dieses Barlach zu seinen Kunstwerken wirkt wie die Betrachtung einer Kunst im luftleeren Raum, wie eine Anbetung der Kunst an sich, ohne nach dem Volk und den Möglichkeiten seines Verständnisses zu fragen. Dieses Volk wird verachtet, weil es offenbar noch kein Verhältnis zu dieser Kunst hat ... Eine solche Haltung gerät schon sehr in die Nähe von Nietzsche mit seiner Verachtung der Massen. Sie wird penetrant, wenn man bedenkt, daß ein Franz Fühmann sie im Jahre 1962/63 über die Gestalt seines Barlach proklamiert.

Die Mühlen der Zensur jedoch, einmal rechts, einmal links, mahlten in beiden Deutschlands gemeinhin viel feiner, der Öffentlichkeit kaum erkennbar. Hie war es die – keineswegs unpolitische – Zensur des Marktes, dort war es die – Gesetze des Marktes ignorierende – Zensur der Ideologie. Während die Verlage der Bundesrepublik ganze Traditionsstränge der deutschen Literatur ignorierten, von Erich Mühsam über Heinrich Mann bis zu Friedrich Wolf oder Franz Jung, linke Publikationen wie «Linkskurve» oder «AIZ» bis weit ins Ende der sechziger Jahre unbekannt blieben, filterten die DDR-Verlage durch ein feines Sieb: Wenn Erich Mühsam (rasch auch wieder verboten), dann eine kleine Auswahl; wenn Marx, dann nicht die Frühschriften; wenn Tucholsky, dann um Stalins willen nicht der ganze. Ich selber, bis 1958 im Ostberliner Verlag Volk und Welt, seit 1960 bei Rowohlt tätig, wüßte Dutzende von Anekdoten: von der Ente, die in einem Gedicht nicht «westwärts» schwimmen durfte – um die Veröffentlichung zu retten, ließ der ängstliche Korrektor sie «ostwärts» schwimmen: Es war ein

Druckfehler, das Tier sollte «nestwärts» schwimmen; oder von dem Schwein in einer Erzählung über trunkene Kombinatsarbeiter, die es nächtens dem Wodka spendierenden Wirt klauten, es schlachteten und verzehrten, was aber klassenbewußte Arbeiter nicht tun, weswegen in der Druckfassung ein Huhn geschlachtet wurde. Für die langen Messer der Schere, nun nicht mehr anekdotisch, ist dieser Vorgang symptomatisch: Als ich bei Volk und Welt Kurt Tucholskys «Deutschland Deutschland über alles» verlegen wollte, ein Blindband mit John Heartfields schönem Umschlag lag zum Wohlgefallen der Besucherin Mary Tucholsky schon auf der Leipziger Messe, griff in letzter Minute die Zensur ein – man hatte den Aufsatz «Der Kriegsschauplatz» entdeckt, der von der heimlichen Aufrüstung der Reichswehr in der Sowjetunion handelt. Das durfte so wenig sein wie ein Foto von Trotzki neben Lenin auf historischen Aufnahmen. Der Blindband gehört heute zu den Prunkstücken des Kurt-Tucholsky-Archivs. Als ich zehn Jahre später das Buch bei Rowohlt verlegen wollte, weigerten sich die Mitgeschäftsführer, den Vertrag für «das antideutsche Buch» zu unterschreiben. Es erschien 1964. Figaro hier, Figaro dort ...

Kein Majakowski im Westen (der im Osten gewissermaßen noch lebte; denn umgebracht durfte er sich nicht haben) – kein Faulkner im Osten; keine Virginia Woolf im Osten – keine Anna Seghers im Westen; als der dickköpfige Helmut Kindler Ilja Ehrenburgs Memoiren verlegte, gab es Skandal und Boykott – im Osten waren die frühen Romane verboten. Die Wippe schwankte und schaukelte, und hier flog Neruda herunter und dort kam Rimbaud nicht rauf. Der westdeutsche Literaturwissenschaftler Jost Hermand berichtet, daß ihm – nach abgeschlossenem Germanistikstudium in Marburg 1955 – Autoren wie Brecht, Arnold Zweig, Anna Seghers gänzlich unbekannt waren; im selben Jahr, Mai 1955, bittet Hans Erich Nossack in einem Brief an Peter Huchel, doch Joseph Breitbach – «er verfügt über einen untrüglichen, ganz undogmatischen Sinn für Niveau und Qualität» – nach Paris «Sinn und Form» zu schikken, das «ihm dort nicht zugänglich» ist.

Prosa als Fahrkarte ins Gefängnis

Noch in Uwe Johnsons, des im Osten verbotenen Autors, «Begleitumständen» kann man nachlesen, was einem widerfahren konnte unter «Ost-Verdacht»: Der aus der DDR geflohene Schriftsteller hatte es gewagt, ab Juni 1964 im Westberliner «Tagesspiegel» Rezensionen des Ostberliner Fernsehens zu publizieren. Nur des italienischen Verlegers Giangiacomo Feltrinelli störrischer Einsatz rettete ihn vor Hermann Kestens zänkischer Intervention. Indes Autoren, die aus gutem Grund von West nach Ost übergesiedelt waren – Peter Hacks, Wolf Biermann, Adolf Endler –, nur allzu rasch die Perfidie der Zensur zu spüren bekamen; von Letzterem, dem «politischen Chaoten», erschien in seiner neuen Heimat kein einziges wesentliches Buch. Der kundige Lektor Gerhard Wolf antwortet dem Autor Jürgen Fuchs, als der ihm bei einer Lesung von Christa Wolf Texte gibt: «Das ist alles sehr gut. Diese Prosa führt direkt ins Gefängnis.»

Das Zensur- und Überwachungssystem in der DDR – jede Visitenkarte, da bedrucktes Papier, hatte eine «Lizenznummer» – war derartig engmaschig, daß eine 1997 im Akademie-Verlag erschienene Dokumentation 440 Seiten Großformat benötigt, um die Verzweigung und Verzahnung zwischen – gelegentlich aufgelösten, unter anderem Namen neu formierten, jedenfalls allvorhandenen – Behörden, Ministerien, ZK, Lektoratsaufsichtsinstitutionen nachzuweisen. Das klingt mal munter, wenn etwa der notorische Kurt Hager ein Kinderbuch «Tito, die Geschichte einer Präriewölfin» verbietet, weil die Kinder den Titel «allegorisch mit dem Banditen Tito in Verbindung bringen», und mal eher bedrohlich, wenn ein Gutachten befindet:

> Es gibt Punkte, wo das Amt von vornherein nein sagt. Ich will hierzu ein Beispiel anführen. Wenn ein Roman geschrieben wird, der die Übergangswochen und -monate aufzeigt und die Übergriffe der sowjetischen Soldaten geschildert werden, und wenn andererseits die geschichtliche Bedeutung der Roten Armee als Befreier vom Faschismus nicht deutlich gemacht wird, dann muß ich zu dieser Arbeit nein sagen. Wenn sich solch ein Fehler herausstellt, dann muß man mit dem Autor so lange diskutieren, bis er ihn einsieht, und ihm von vornherein sagen, daß es so nicht möglich ist.

Oft drohen die vorgesetzten Funktionäre ganz unverhohlen:

> Wie dieses aus schlechtester Wildwest-Romantik, Schießer-Kultur und Steppen-Mystik in eindeutiger Kitschmanier zusammengebaute Machwerk Ihr Lektorat passieren und zu uns gelangen konnte, ist uns unverständlich. Wir möchten Ihnen vorschlagen, diese Frage zu prüfen und zum Gegenstand einer kritischen Diskussion innerhalb des Verlagslektorats zu machen.

Mal müssen Bücher wie die von Theodor Plievier eingestampft werden, weil der Autor floh; mal, weil «die Entwicklung sie überholt hat», wie das nun pazifismusverdächtige «Tagebuch in Bildern. Nie wieder» von Teo Otto, das Brecht eingeleitet hatte; und mal war gar ein Bastelbuch «Wie baue ich einen Kaninchenstall» nicht auf der Höhe der ideologischen Einsicht. Reinhold Schneiders «Inselreich» galt als Rechtfertigung des englischen Imperialismus, Erskine Caldwells «Gottes unsichtbare Hand» war «in Pornographie absinkende Elendsbeschreibung»,

Valérys Gedichte konnten wegen «existentialistischem Imperialismus» nicht erscheinen wie Wolfgang Koeppens «Tod in Rom» nicht wegen «Verherrlichung des Päderastentums». Vorbei die Zeiten, da der «Sonntag» (Januar 1948) freizügig «Für und wider den Existentialismus» diskutierte und über die von Hans Magnus Enzensbergers späterem Schwiegervater Fadejew so titulierte «Hyäne» Sartre immerhin dieses Urteil druckte:

> Daß diese Romane eine gewisse Vorliebe für einige wenig appetitliche Aspekte des Lebens und der menschlichen Natur zeigen, das ist unbestreitbar. Aber ich sehe darin keinen hinreichenden Grund, um sie zu verurteilen. Denn schließlich gehören diese Aspekte auch der Wirklichkeit an, und da sie dazugehören, besitzt der Künstler das Recht, zu ihnen zu greifen und diesen Stoff zu gestalten. Schließlich hindert niemand die Leser von Sartre, die von dem bekannten Ekel erfaßt werden, als Gegengift drei Romane von Henri Bordeaux nacheinander zu lesen, was die deutschen Leser betrifft, meinetwegen von Courths-Mahler.

Koeppen tief im Sumpf

Les extrêmes se touchent: Über des «Päderastenverherrlichers» Koeppen Roman «Tauben im Gras» konnte man 1952 im «Monat» lesen: «Weil dieses Buch sich fast ausschließlich im Morbiden, im Sumpfe tummelt, weil es außer in der Analyse dieser Gegebenheiten keine Kraft aufweist, weil sein Pessimismus keine substantielle Größe hat – darum auch mangelt es ihm an dem Atem, an der Überzeugungskraft, die es hätte ausstrahlen können, wäre es nur von einer höheren Warte aus geschrieben worden.» (Hans Schwab-Felisch korrigierte übrigens in einem «Widerruf» vierzehn Jahre später sein Urteil.) Der Ton der westdeutschen Koeppen-Kritik war eingestimmt auf «ätzend», «bösartig», «lüstern», Alfred Andersch schrieb: «Sein Angriff ist vom kalten Haß diktiert und bösartig gezielt.» Koeppens Befund, die neue Macht des aufrüstenden Westens sei «versippt mit den alten Urmächten», traf auf taube Ohren und spitze Zungen. Noch 1999 nannte Günter Grass «diese Teilung eine gesamtdeutsche Leistung ..., weil diese beiden Systeme im Kalten Krieg vieles gemeinsam hatten». Wolfgang Koeppen wurde mit fast denselben Verdikten in der Bundesrepublik überhäuft, unter deren Verfolgungsmechanismen der katholische Schriftsteller Reinhold Schneider litt. Peter Hamm hat das in einem Essay eindringlich beschrieben:

> Besonders tief betrübte Reinhold Schneider in jener Zeit die Rolle der katholischen Kirche, die mit dem zwischen Vatikan und Hitler-Deutschland geschlossenen Konkordat dem Diktator die erste internationale Legitimation geliefert hatte und die später niemals die Verfolgung von Sozialisten, Kommunisten und Juden laut anprangerte. Im «Verhüllten Tag» schrieb Schneider über den Schock dieser feigen Kirchenpolitik: «Spätestens am Tage des Synagogensturmes hätte die Kirche schwesterlich neben der Synagoge erscheinen müssen. Es ist entscheidend, daß das nicht geschah. Aber was tat ich selbst. Als ich von den Bränden, Plünderungen, Greueln hörte, verschloß ich mich in meinem Arbeitszimmer, zu feige, um mich dem Geschehen zu stellen und etwas zu sagen ...» Wiewohl errettet, begann erst jetzt, nach 1945, Schneiders leidvollste Zeit. Gleich Walter Warnach, der früh die «verlorene Niederlage» beklagte, mußte auch Schneider rasch erkennen, daß die Chance eines wirklichen Neubeginns im Sinne einer moralischen Umkehr bewußt nicht genutzt wurde, daß Restauration statt Revolution auf Adenauers Programm stand, also die Niederlage noch immer nicht

groß genug war: «Wir hätten, im Sinne Luthers, ganz vernichtet sein müssen, wenn wir gerettet werden sollten», schrieb Schneider damals und machte sich damit sowenig beliebt wie mit jener Kardinalfrage nach der Schuld, die er bei seinem ersten öffentlichen Auftreten nach dem Krieg 1946 in Freiburg sich und seinen Zuhörern stellte: «Um unsere Schuld festzustellen, genügt es nicht, den Grad unserer Mitwirkung am nationalsozialistischen Regime abzuschätzen, vielmehr muß sich jeder einzelne jetzt fragen: Was würde ich *heute* tun, wenn unsere Truppen siegreich vorbeidefilierten?» Schon wenig später geschah das Unfaßbare: Es defilierten wieder deutsche Truppen an einer bis zur Idiotie unbelehrbaren Bevölkerung vorbei.

Klerikale Beißer

Schneider hatte bis zum physischen Zusammenbruch gegen die Remilitarisierung gekämpft, vor allem auch wieder gegen die Haltung der Kirche, die den Kalten Krieg erst richtig anheizte und gegen den «Feind im Osten» sogar gelegentlich die Atombombe als «christliches Schwert» und «Zuchtrute Gottes» rechtfertigte. Nachdem sich Schneider 1949 an einem Friedensgespräch der im Berliner Ostsektor erscheinenden Kulturbund-Zeitschrift «Aufbau» beteiligt hatte und dort 1951 auch ein Brief von ihm an Johannes R. Becher abgedruckt worden war, in dem er in einer so schwerwiegenden Frage wie der Aufrüstung einen Volksentscheid – und zwar einen des ganzen deutschen Volkes – als unerlässlich gefordert hatte, ließ die katholische Kirche ihre Bluthunde – sprich: klerikale Presse – los; vor dem Hintergrund des Dekrets des Heiligen Offiziums in Rom vom Juli 1949, das die Zusammenarbeit von Katholiken und Kommunisten verbot, drohte man im «Petrusblatt» und ähnlichen Organen Schneider offen die Exkommunikation an und setzte einen Verleumdungsfeldzug gegen ihn in Gang, bei dem man nicht einmal davor zurückschreckte, Schneider die Annahme eines hochdotierten Postens in der Sowjetunion zu unterstellen.

Bald wagten Zeitungen, Zeitschriften und Funkanstalten sogar bereits verabredete Beiträge des als Häretiker und Kommunistenknecht Gebrandmarkten nicht mehr zu publizieren. Zum zweiten Mal sah sich Schneider in die innere Emigration gedrängt, ähnlich wie Martin Niemöller, der später bekannte, er denke «an die Jahre 1949 bis 1954 als an die dunkelste Zeit meines Lebens …, dunkler selbst als die acht Jahre im Gefängnis und Konzentrationslager», zurück. Man darf sich erinnern, daß deutsche Behörden sogar im Ausland intervenierten, so die deutsche Botschaft in Paris – erfolgreich – gegen Alain Resnais' Film «Nacht und Nebel» mit der Musik von Hanns Eisler, für die Bundesrepublik später in der Fassung von Paul Celan, der 1951 bei den Festspielen in Cannes gezeigt werden sollte.

Ulrich Becher, nie anerkannt in der Bundesrepublik, konnte wegen «missverständlicher freudianischer existentialistischer Haltung» in der DDR nicht verlegt werden, Volk und Welt mußte William Faulkners «Eine Legende» zurückziehen, weil «mystisch, pazifistisch, unter dem Gesichtspunkt der Erziehung der Leser ohne jeden Wert», ebenso Moravia, Sartre und Hemingway. Der Aufbau Verlag strich Werke von Klaus Mann, Hermann Hesse und Joseph Roth; im Zeitraum von Oktober 1957 bis Februar 1958 wurden allein zwölf Titel zurückgezogen, und die im Wortsinn federführende Hauptverwaltung Verlagswesen drohte unverblümt, daß Verleger wie Lektoren künftig für «schädliche Bücher sehr ernsthaft zur Verantwortung gezogen» würden.

Die Geschichte der DDR-Literatur ist – auch – eine Geschichte verbotener, unterdrückter, gekürzter Bücher oder solcher, die knapp durch die Fänge der Zensur rutschten, oft – wie bei Christa Wolf – in winzigen Auflagen; gedruckt, aber nicht verlegt. Die Debatte um den «Ole Bienkopp» des Erwin Strittmatter, den der «Spiegel» bereits im Jahr 1998 entdeckte, füllte schon Anfang der sechziger Jahre ein eigenes Buch; denn der Held hatte sich vom Kollektiv entfernt, war, einsam an einem See, verreckt. Das war «Subjektivismus», das Buch wurde nur durch seinen Erfolg vorm Verbot gerettet wie Bruno Apitz' späterer Welterfolg «Nackt unter Wölfen», im Arbeitstitel «Der Funke Leben» genannt: Es war der falsche Funke, da die Rolle der illegalen Parteiorganisation im KZ nicht hinreichend berücksichtigt war. Ob Heiner Müllers reichlich peinliche Autobiographie «Krieg ohne Schlacht», die von Helene Weigels Diktat seiner klammen Selbstkritik nach dem Verbot seines Stückes «Die Umsiedlerin» – «Mit stinkender Frechheit abgrundtief das eigene Netz beschmutzt» – erzählt, oder Brigitte Reimanns berührende Tagebücher: Alle authentischen Berichte über die DDR-Kultur sind durchzogen von «Bieler ist die Druckgenehmigung entzogen worden», «Ein Film, der nicht freigegeben wurde», «Der H. hat die Schiwago-Melodie mal in seinem Morgenprogramm abgespielt – das hätte ihm beinahe ein Parteiverfahren eingebracht», «Das Buch soll nicht gedruckt werden», «Der Film von Christa Wolf ist auch gestorben», «Er mußte das Buch einstampfen lassen» oder «W. und K. vom ZK können sich über den Maetzig-Film nicht äußern, Walter Ulbricht muß erst seine Zustimmung geben». Das alles zwischen dem «Brustbeutel für das Partei-Dokument» und einem «Chef der Ideologischen Kommission», der in seiner Freizeit Kissen mit Stadtwappen bestickte.

Es war eine «kommode Diktatur», wie Grass sie einmal nannte, die Grenzen des Erlaubten waren bekannt wie die des Unzumutbaren; zumeist vertraute man sein Unbehagen Tagebüchern oder Briefen an, verkroch sich – wie Fühmann oder

Strittmatter oder später Christa Wolf – in die Einöde der Provinz, wo man ungarischen Kognak trank, und räsonierte im Bewußtsein, das Auto, die Datscha, der Verlagsvertrag würden schon erhalten bleiben. Stephan Hermlin, der noch im April 1949 den «sehr geehrten Herrn Professor» Victor Klemperer ermahnte: «Wenn Sie genug Marx, Engels, Lenin und Stalin lesen, dann kennen Sie Ihre Gegner besser als sich selber», wußte durchaus, worauf er sich einließ, als er Ende 1962 in der Akademie junge Lyriker vorstellte, darunter Wolf Biermann und Reiner Kunze. Er übte Selbstkritik vor dem Politbüro des ZK. Er antwortete auf Kurt Hagers Frage «Wie ist deine Beziehung zu Wolf Biermann?» dickköpfig «Ich halte ihn für ein sehr großes Talent». Er verlor seinen Akademieposten, aber weder die Villa noch den Westwagen, dessen horrende Reparaturkosten ihm per ZK-Beschluß in Valuta erstattet wurden.

Jeder Funkredakteur oder Verlagslektor kannte und beherrschte das Spiel «Das bringe ich durch» – oder eben nicht. Es war haargenau dieselbe Situation im Westen, wo ja in allen einflußreichen Medien – von der FAZ über die ZEIT oder die SZ bis zum «Spiegel» – ehemalige NSDAP-Mitglieder, ehemalige Offiziere aus allen Teilstreitkräften der Naziwehrmacht, des Kriegsberichterstatter-Korps oder Redakteure der immerhin bis 1943 erscheinenden «Frankfurter Zeitung» die entscheidenden Positionen innehatten: Sieburg und Müller-Marein, Nannen und Süskind und Höfer. Dem Kommunisten Emil Carlebach, Häftling im KZ Buchenwald und Abgeordneter des Hessischen Landtags, wurde 1947 die Mitherausgeberschaft der «Frankfurter Rundschau» von den Amerikanern entzogen. Noch 1998 hielt Martin Walser dem Exleutnant Augstein entgegen: «Ich wäre nicht Leutnant geworden, und wenn der Krieg tausend Jahre gedauert hätte ... Du, Rudolf, so wie du bist, wärst in den tausend Jahren General geworden.»

Natürlich gehörten sie alle immer «zum Umkreis des Widerstands», der offenbar so weit wie das Land war. Die Lügenschminke deckte mal ein Gesicht, mal einen Konzern. So erzählt die Autorin Ingeborg Drewitz in ihrem autobiographischen Roman «Gestern war heute. Hundert Jahre Gegenwart» von einer Seminararbeit, die ihr ein Professor nicht begutachtete, weil sie prononciert gegen die NSDAP gerichtet gewesen sei; dazu in ihrer autobiographischen Skizze «Lebenslehrzeit», die die Jahre 1932 bis 1946 umfaßt, von ihrer heimlichen Marx-Lektüre. Nicht zu finden ist der Hinweis, daß sie noch im April 1945 bei dem prominenten Naziordinarius der Berliner Universität, Franz Koch, mit der Arbeit «Ethische Probleme des Werkes von Erwin Guido Kolbenheyer» promoviert hat. Läßliche Sünde.

Nicht ganz so für den Ablaßzettel geeignet die Selbstschutzbehauptungen des größten deutschen Medienkonzerns. Sprecher der Bertelsmann-Firmenleitungen künden gerne von «Widerstandsverlag» und einer Buchproduktion während der Nazizeit, die «als subversiv» verboten wurde. Das widerlegte eine – unwidersprochene – Sendung von «Monitor» am 20. Mai 1999, die den Direktor der Deutschen Bücherei Leipzig mit einer etwas anderen Charakteristik zitierte: «Diese Literatur vermittelte stark antisemitische, rassistische, militaristische Inhalte und die nationalsozialistische Propaganda, und der Bertelsmann-Verlag war einer der herausragenden Vertreter, der solche Literatur produzierte.» Bertelsmann, der die antifaschistische Schminke vor allem wegen seiner gigantischen amerikanischen Unternehmen nötig hat, sieht im Spiegel des Historikers Hersch Fischler eher runzlig aus: «Wenn Bertelsmann behauptet, es wäre ein Widerstandsverlag gewesen, dann ist das eine sehr nützliche Legende für Bertelsmann, aber sie hat mit der historischen Wahrheit nichts zu tun. Bertelsmann hatte sehr gute Beziehungen zum Propaganda-Ministerium, zur nationalsozialistischen Partei, und hat diese Beziehungen genutzt, um Geschäfte zu machen.» Tatsächlich haben Massenauflagen von «Der kleine Katechismus für den braunen Mann», einer Euthanasie-Rechtfertigungsschrift oder in circa 20 Millionen Exemplaren gedruckte Broschüren für den Feldpostbuchhandel – «Deutsche Tanks fahren in die Hölle», «Wir knacken einen Geleitzug», «Der Berg des Blutes», «Sturm auf den Annaberg», «Ein Stoßtrupp dringt in Warschau ein» – zumindest einen Kiesel neben den Grundstein für das Imperium gelegt.

Läßliche Sünde? Als solche, weltlicher ausgedrückt: als notwendiger kleiner Kompromiß wird gemeinhin gewertet, daß Peter Suhrkamp in den Nazijahren – als er, dessen ehemaliger Lektor, das Erbe des S. Fischer Verlags zu wahren hatte – reichlich klebrige Verbindungen zu dem Nazidramatiker Felix Lützkendorf hatte, dessen von rassistischer Naziideologie und schockierender Inhumanität strotzenden Bericht über das besetzte Polen er 1940 verlegte; in Warschau sah der Suhrkamp-Autor «anmaßende Blicke, überputzte Frauen, fette orientalische ‹Mammes› mit goldberingten dicken Fingern, schwulstlippige Männer mit schwarzen, pelzgefütterten Überziehern und hartem Hut, ganz auf vornehm. Und dazu dieses schreiende Jiddisch, mit dem sie einander zurufen und sich begrüßen, in dem man immer wieder mit Entsetzen arme mißhandelte deutsche Worte entdeckt … Diese Geschichte, diese Gegenwart, wahrhaftig, man könnte Polen einen femininen Staat nennen. Feminin ganz im slawischen Sinn. Alles ist äußerer Glanz. Statt Taten Launen, statt Bündnissen Verlogenheit, Phantasie anstelle von politischer Realität, Geschwätz anstelle von Fleiß, und immer der Drang sich aushalten zu lassen. Der ganze Staat ein Hurendasein. Dazu grausam gegen die Schwachen, mitleidslos gegen die Armen, aber fromm in den zahlreichen Kirchen. Das ist das ewige Polen.» Fast überflüssig hinzuzufügen, daß der gemeinsam mit einem anderen Suhrkamp-Autor vom «Führer» mit dem Kriegsverdienstkreuz Ausgezeichnete – «Es ist der Geist ihres Führers und Feldherren, der sie unüberwindlich macht», hatte er den Einzug der deutschen Truppen in Paris bejubelt; 1942 bei Suhrkamp – auch nach dem Krieg Karriere machte: 1963 erhielt Lützkendorf den Dramatikerpreis der Münchner Kammerspiele.

Im Land des Zwinkerns

So war auch der Mut in den westlichen Redaktionsstuben nicht direkt epidemisch verbreitet. Der 1980 von Ost- nach Westberlin gegangene Schriftsteller Klaus Schlesinger, dessen Buch «Leben im Winter» in der DDR nicht erscheinen durfte, berichtet von Eingriffen bei der Ausstrahlung eines DEFA-Films im westdeutschen Fernsehen: «Als ich mich öffentlich beschwerte und von Zensur sprach, antwortete mir die Redakteurin etwas säuerlich, daß es in der Bundesrepublik keine Zensur gäbe. Allerdings habe sie die ‹Verantwortung für die Programmgestaltung›, und sie könne es dem Publikum nicht zumuten, wenn, wie in einer Szene geschehen, beispielsweise ein DDR-Polizist von der ‹Befreiung Berlins durch die Rote Armee› spreche.» Lakonisch faßte Schlesinger seine Erfahrungen zusammen: «Im Osten war das Schreiben ein politisches, im Westen ein existentielles Risiko.»

Als die Deutsche Grammophon Anfang der sechziger Jahre eine Schallplatte mit Ernst-Busch-Liedern produzieren wollte, über den ich einen Aufsatz veröffentlicht hatte, rief mich der verantwortliche Abteilungsleiter an: «Das kriege ich hier nicht durch. Vielleicht, wenn ich Ihren Artikel zum ‹Abpolstern› auf dem Plattencover drucken darf.» Wer sich darüber ereifert, daß

Arnold Schönbergs «Ein Überlebender aus Warschau» in der DDR – deren gepachteter Antifaschismus ästhetische Barrieren hatte – nicht aufgeführt wurde, darf daran erinnert werden, daß dieser atonale Schrei des Entsetzens nicht direkt die Nationalhymne der BRD war. 1966 schrieb Heinrich Böll angesichts des geplanten USA-Besuchs der Gruppe 47 entgeistert an Hans Werner Richter:

> Das allerwichtigste aber: Die Vorstellung, daß die Bundesrepublik – was unvermeidlich ist – aus unserem Besuch dort politisch Kapital schlagen wird, verschafft mir eine Gänsehaut! Denn, wenn wir auch dort unsere ‹ach so bewährten kritischen› Texte vorlesen, gerade dadurch verschaffen wir diesem Land ja in den USA den Ruf eines freien Landes. Eine fürchterliche Vorstellung! Das einzige, das ein Schriftsteller hier tun kann: den außenpolitischen Kredit der Bundesrepublik in den USA (in dem einzigen Land, wo sie diesen Kredit genießt!) abbauen, abbauen!

Die Bundesrepublik war kein Land des Lächelns; eher des Zwinkerns. Die DDR war ein Land des Wegsehens; das Englische hat dafür die schöne Doppelung: *I see it but I don't look at it.* Man sah, daß man zu den feinen Brecht-Premieren an einem Gefängnisbunker der Stasi vorbeiging, die Fenster mit Brettern vernagelt, *but I don't look at it.* Victor Klemperer notiert 1947: «Ecke Karlstr. bis tief in die Albrechtstr. hinein ein rätselhaftes Palastgefängnis, ein Riesenklotz mit winzigsten Fensteröffnungen … Ich weiß nicht, was das war. Bei Doris hörte ich: ein Bunker.» Sehr nachgefragt hat er nicht.

Von einem Protest des Hausherrn ist nichts bekannt, als der junge Regieassistent Horst Bienek in der Kantine von Brechts Berliner Ensemble verhaftet wurde (und für Jahre in Sibirien verschwand). Auch Proteste der Dame des Hauses hielten sich in Grenzen: «Erst nach nochmals 100 Jahren», sagte Helene Weigel zu dem DDR-Theaterkritiker Ernst Schumacher, als der ihr vorschlug, Volker Brauns Schauspiel «Lenins Tod» aufzuführen; da war zwar der «Personenkult» offiziell verurteilt, aber von Lenins Testament, in dem er vor Stalin warnt, durfte nach wie vor nicht die Rede sein. Schumacher hätte es wissen müssen. In seiner Spielzeiteinschätzung der Ostberliner Bühnen für 1964/65 hatte er drei Stücke angekündigt: «Moritz Tassow» von Peter Hacks; «Der Bau» von Heiner Müller; «Die Histoire von Kipper Bauch» von Volker Braun – «die Regie besorgen Matthias Langhoff und Manfred Karge». Sie besorgten sie nicht. Nur «Moritz Tassow» wurde aufgeführt. Brauns Stück wurde während der Proben abgesetzt, endlose Diskussionen noch mit Brecht, dann mit Chefregisseur Manfred Wekwerth und der Prinzipalin Weigel führten zu nichts, das Stück wurde im Berliner Ensemble nie aufgeführt und erlebte erst 1972 in Leipzig seine Premiere. Es überlebte vor allem in einer Anekdote. Nach dem Theaterbrand der Kleinen Stadthalle von Karl-Marx-Stadt 1976 sagte der Generalintendant Gerhard Meyer, er selbst habe das Theater angezündet – auf Brandstiftung stünden immerhin nur fünf Jahre Gefängnis, auf Aufführung dieses Braun-Stücks aber mindestens zehn Jahre. Unbequeme Fragen anderer Theaterkollegen im Osten gab es sowenig wie von einem der hochgerühmten Hörspielautoren im Westen, Günter Eich oder Wolfgang Weyrauch, deren Hauptabnehmer / Redakteur / Regisseur schon für den Goebbels-Rundfunk gearbeitet hatte; Eich kannte ihn aus der Zusammenarbeit in jener Zeit, unerquickliche Texte.

Sie halten einander die Waage, die beiden Deutschlands, die Jahrzehnte der Nachkriegszeit hindurch. War Hochhuth hier ein «Pinscher» – noch 1986 hatte Bundeskanzler Kohl anläßlich eines Besuchs bei Papst Johannes Paul II. die Umsicht, sich zu entschuldigen, «daß gerade diesem Papst [Pius XII.] durch einen Schrifsteller deutscher Zunge Unrecht geschehen ist» –, so «bellte» Biermann, laut Klaus Höpcke, seine Gedichte. Als 1968 in der DDR die «Faust»-Inszenierung von Wolfgang Heinz, Intendant des Deutschen Theaters in Ostberlin, für Aufruhr (bis zum Verschwinden) sorgte, gefielen sich westliche Berichte in schicken Überschriften wie «Faust voll Marx» – und Klaus Höpcke, Kulturchef des «Neuen Deutschland», erkannte sofort auf «Beschädigung der humanistischen Substanz der Faust-Gestalt». Es war ja Goethe-Forscher Ulbricht höchstpersönlich, der die Richtlinien zum rechten Verständnis des Dichters ausgegeben hatte: «Erst weit über hundert Jahre, nachdem Goethe die Feder für immer aus der Hand legen mußte, haben die Arbeiter und Bauern, die Angestellten und Handwerker, die Wissenschaftler und Techniker, haben alle Werktätigen der Deutschen Demokratischen Republik begonnen, diesen dritten Teil des ‹Faust› mit ihrer Arbeit, mit ihrem Kampf für Frieden und Sozialismus zu schreiben.» Der Tenor der Attacken im «Neuen Deutschland», zwischen «Faust verkörpert das junge revolutionäre Bürgertum» und «Gerade weil die Arbeiterklasse so gewaltige Kraftanstrengungen zur Lösung der Epochenaufgabe unternimmt» ist nur zu verstehen, wenn man weiß, daß die militante Abwehr eines «individualistischen» Faust neben einem drei Seiten des Blattes füllenden Artikel von Walter Ulbricht steht: Der Prager «Revisionismus» soll in Schranken gehalten, die harte Linie der 11. Tagung des ZK der SED soll verteidigt werden. Es geht um Politik, nicht um Literatur.

Genau das hatte Günter Grass kurz zuvor in einer «Panorama»-Sendung des Norddeutschen Rundfunks dem Zeitungshaus Springer vorgeworfen, sogar von «faschistischen Methoden» gesprochen: Die «Berliner Morgenpost» hatte eine – viel nachgedruckte – Falschmeldung über einen Brief Arnold Zweigs verbreitet, in dem er das Leben in der DDR als «Hölle» bezeichnet und geschrieben habe: «Die DDR ist weder deutsch noch demokratisch.» Diesen Brief gab es nicht, bei Springer hatte man schlecht beziehungsweise gar nicht recherchiert und fahrlässig-triumphierend einen renommierten Schriftsteller quasi ans Messer geliefert. Der Grass-Kommentar, in dem es hieß, daß «die Springer-Presse wie ein verfassungswidriger Staat im Staat die demokratische Ordnung der Bundesrepublik verletzen konnte», hatte die Öffentlichkeit wachgerüttelt, der Pressewirbel gebar Dementis, Richtigstellungen, Prozesse und Schmähungen; der Autor der ewig umstrittenen «Blechtrommel» – 1960 wurde ihm der Bremer Literaturpreis verweigert – hieß nun in allen Springer-Zeitungen (die sich bei Arnold Zweig nie entschuldigten) der «Dichter mit der Dreckschleuder», «rosaroter Erfolgsschriftsteller», «rot angehauchter Modeschriftsteller» und «redet Ulbrichts Propaganda-Chinesisch». Er hatte keinen «Faust» inszeniert und nicht den Mephisto gespielt. Er hatte – übrigens im Osten ein nichtgedruckter Schriftsteller – lediglich einem DDR-Kollegen zu seinem Recht verhelfen wollen. Was im «Neuen Deutschland» «Position des Klassenfeinds» genannt wurde, hieß in der «Welt» «Brunnenvergiftung». In der DDR hieß es «Kommt Zeit, vergeht Unrat»: Das sagte Hermann Kant, Präsident des DDR-Schriftstellerverbands, über den (ausgereisten) DDR-Schriftsteller Reiner Kunze. Es ist dieselbe Sprache. Es ist dasselbe Denken.

Ist es nun, nach dem Fall der Mauer, von der ja ständig gesagt wird, sie existiere in den Köpfen weiter, noch immer dieselbe Sprache, dasselbe Denken? Ich glaube: nein. Gewiß, es gibt Angriffe, Verrisse, Infamien sogar; der alte Fuchs Friedrich Sieburg wußte bereits: «Wer nicht unter Literaten gelebt hat, weiß nicht, was Haß ist.» Wohl auch politisch grundierte Auseinandersetzungen – im alten Westen mit Botho Strauß oder Peter Handke, im alten Osten mit Heiner Müller oder Christa Wolf. Es gibt auch politisch motivierte Interessen und Desinteressen: Als ich 1997 auf Anfrage der deutschen arte-Redaktion Mitarbeit an einem Film über Johannes R. Becher anbot, ganz gewiß ein Zeuge unseres Jahrhunderts und eine vielfacettierte Schriftstellerpersönlichkeit, erhielt ich einen Zweizeilenbrief: Ich möge mich an einen «Ostsender» wenden.

Von derlei wäre noch immer viel zu berichten. Allzulange ist es noch nicht her, daß man einen DDR-Schriftsteller auf Westbesuch fragte, wie lange er denn schon in Deutschland sei, es in Sportreportagen ganz selbstverständlich hieß «Auf Platz eins kam Schulze aus der DDR, bester Deutscher war Meier», und der Ostberliner Lyriker Uwe Kolbe notieren mußte: «Krönung war dabei die Frage einer Westberliner Verwandten, als ich sie von einer Westberliner Telefonzelle aus anrief, wie lange ich denn jetzt in Berlin sei. Mein Leben lang, liebe Tante.»

Der Kalte Krieg ist ausgekämpft

Zu berichten ist aber auch von der großen Resonanz im Westen auf Thomas Brussigs DDR-Roman «Helden wie wir», vom entdeckerischen Interesse des Westens an Autoren wie Durs Grünbein oder Ingo Schulze, von FAZ-Abdruck und Lob der Arbeit Monika Marons, Stieftochter des DDR-Innenministers Karl Maron und zeitweise Stasi-Zuträgerin, vom «Wessis in Weimar»-Erfolg Rolf Hochhuths in den neuen Ländern, von den vollen Sälen, wenn Günter Grass in Leipzig oder Halle liest, vom Alterspräsidenten des Bundestags Stefan Heym und vom PEN-Präsidenten Christoph Hein – der erzählen kann, wie suspekt er einst den zuständigen Ministerien und dem Genossen Hager war, und der sich erinnert: «Es gab bei uns damals diesen Witz: Die Kulturpolitik der DDR wird von der FAZ gemacht. Ich war dankbar im Sinn von Arno Schmidt, der schon früh gesagt hat, er danke dem lieben Gott jeden Tag dafür, daß es die DDR gibt, und er hoffe, daß es in der DDR einen Kollegen gibt, der gleichermaßen dafür dankt, daß es die BRD gibt. Es sei hilfreich, wenn jeweils auf der anderen Seite jemand ist, der aufpaßt und beruhigend einwirkt.» Auf die Frage «Fehlt Ihnen die DDR?» antwortete er: «Nein, mir fehlt die BRD, die alte BRD.»

Die Nachkriegszeit ist zu Ende gegangen. *Pars pro toto* kann man es ablesen, wenn man Heft 1 des im Jahre 1979 gegründeten «Freibeuters» und das 1999 erschienene letzte Heft Nr. 80 dieser temperamentvoll mutigen Zeitschrift des Wagenbach Verlags in die Hand nimmt. Was sind die «Besonderen Kennzeichen»? In Heft 1 ein wichtiger Text von Franz Fühmann und ein von Wagenbach besonders intensiv geführtes Gespräch mit Stephan Hermlin, in dem dieser von Teo Ottos Rat des Jahres 1945 «Gehen Sie doch nicht nach Deutschland» über die historische Anekdote, daß in der Schlacht von Frankenhausen die reaktionären Truppen des Grafen Mansfeld und die aufrührerischen Haufen Thomas Müntzers beide niederknieten, um «Ein feste Burg ist unser Gott» zu singen, bis zu dem Satz «Ich lege keinen Wert auf ein Gesamtdeutschland» seinen Deutschland-Horizont ausmalt; im letzten Heft kein DDR-Autor der ehemaligen DDR. 1979 nicht nur Celans «Todesfuge» und Peter Weiss' zentraler Text «Meine Ortschaft», sondern auch Alexander Kluges grausige Mitschrift des Tagebuchs jenes Auschwitz-Lagerarztes, der 10717 Häftlinge ins Gas schickte, einen «Liebesversuch» zweier Aufgepäppelter zur Überprüfung seiner Sterilisationsexperimente protokollierte und nach 1945 auf seinen Lehrstuhl nach Münster zurückkehrte; 1999 Ruth Klügers Erfahrung aus den achtziger Jahren: «Ich verfasse eine harmlose Parodie auf ein abstruses Gedicht von Celan. Leute, die ich noch nie schockiert habe, sind schockiert. Über Gott und Goethe darf man lästern, der Autor der ‹Todesfuge› ist unantastbar.» Damals Aufbruch und kritische Energie mit Texten von Peter Brückner oder Alfred Sohn-Rethel; jetzt eine hübsche Satire «Drei Tips für ein glückliches Leben». Vor 20 Jahren die

Analyse von Margaret Walters' Buch «Der männliche Akt»; nach 20 Jahren eine glanzpapierverdächtig-banale «Ehebruch»-Geschichte. Ermüdung oder Normalität? Der unsentimentale Abschied von den Lesern zitiert die Werbekarte des ersten Heftes: «‹Der Freibeuter› bringt Politik und Kultur zusammen. Er stellt auch Beute vor, die er außerhalb von Etsch und Maas gefunden hat. Er velwechsert manchmal lechts und rinks.» Weggelassen ist der Satz, mit dem dieser Text damals endete: «Er will sich mit Ihnen unterhalten.»

Das Wort Unterhaltung meint beides, Amüsement und Diskurs; von Diderots «Jacques le Fataliste» bis zu Brechts «Keuner»-Geschichten probates Mittel der Aufklärung. Sind wir nun statt aufgeklärt abgeklärt?

Ob der junge Herr Ostermeier in Berlin «Shoppen und Ficken» inszeniert oder der alte Herr Zadek in Hamburg «Gesäubert», ist nicht mehr eine Frage, die ein ZK entscheidet oder ein Kulturdezernent, der Klassenmoral oder der klassenlosen A-Moral, ist nur mehr eine Frage der Ästhetik; niemand – kein Politbüro und keine Aktion saubere Leinwand der CDU – hat Schlöndorffs Film «Der Erlkönig» abgesetzt; er war nur mißlungen und verschwand. Und gelungene verschwinden, weil der Zensor namens Markt sie nicht akzeptiert.

Das Wort «einst» hat einen schönen Doppelklang, es verklammert das Vergangene mit dem Künftigen. Die alten Kämpfe sind ausgekämpft. Neue kommen.

DIE ZEIT, 43 / 21. 10. 1999

Die linke Krücke Hoffnung

Über die Verabschiedung eines Traums

Freunde, die ich ernst nehme, sorgen sich: «Fängst du nun an, deine linke Position aufzugeben?» Ich aber weiß nicht (mehr), was das ist – eine «linke Position». Und niemand von denen, die sie für sich in Anspruch nehmen, erklärt sie mir; erklärt sich. Helmut Kohl einen Tolpatsch zu finden – ist das schon «links»? Und Castro, der Homosexuellenlager einrichtete und oppositionellen Schriftstellern die Knochen brach, einen Diktator – ist das «rechts»? Wo würde einrangiert in diesem «Journal des Luxus und der Moden» der nichtsozialistische, antikommunistische Südafrikaner Breyten Breytenbach, gleichwohl weltberühmt als Bekämpfer (und Opfer) des rassistischen Apartheid-Systems? Eine Anthologie ließe sich zusammenstellen aus Äußerungen prominenter Intellektueller, Schriftsteller, Professoren beider Deutschland, die etwas für sich reklamieren, das sie benennen – aber nie definieren. Das Ding hört auf unterschiedliche Namen – humaner Sozialismus, wahrer Sozialismus, der dritte Weg. Kürzlich sagte ein Essayist: «Ich bin und bleibe Marxist.» Allein: Was ist das?

Mir scheint, die linke Intelligenz hat sich seit Jahrzehnten – in der Bundesrepublik seit den fünfziger Jahren – aus der Negation heraus definiert. «Links» ist ja kein Begriff in sich selber; man kann nur links von etwas sein. Sowenig wie «Loch» etwas *per se* ist; es kann nur ein Loch in etwas sein. Es ist die Umgebung, die den Begriff liefert; damit legitimiert.

So war ein großer Teil der westdeutschen Nachkriegsintelligenz, glücklicherweise, gegen Restauration, (Neo-)Faschismus und verlogene Vergeßlichkeit – die sehr bald schon machtgeschützte Innerlichkeit wurde. Äußerlichkeit ohnehin.

Man lehnte sich auf gegen die Globkes und Oberländers, gegen die Sieburgs und Jüngers, gegen den tradierten Antikommunismus oder die «Aktion saubere Leinwand». Das Land wurde zwar aufgebaut, aber in den Köpfen nicht neu möbliert – eine nur gelegentlich greifbare, nur bei seltenen Gelegenheiten wie des Außenministers von Brentano Unverschämtheit, Brecht mit Horst Wessel gleichzusetzen, dingfest zu machende Chloroformwolke erstickte Ansätze zu Anstand, Trauer, moralischer Neubesinnung. Ein jüngerer Historiker summiert heute diese Zeit: «Die Stelle des Blutfeindes Jude nimmt nun der Weltwirtschaftsfeind Kommunist ein. Das Bürgertum hatte auch in Weimar den Feind der Republik stets links gesehen. Und Hitler hatte ja im Osten für den Bestand des Abendlandes gekämpft. Bald machte der Satz vom falschen Schwein, das geschlachtet worden sei, die Runde.»

Von Lächerlichkeiten wie dem Verbot des «Sünderin»-Films (weil Hildegard Knef sekundenlang nackt zu sehen war) über Entgleisungen wie den Vergleich der Gruppe 47 mit der Reichsschrifttumskammer zum schmählichen Versagen, daß nicht *ein* Bundespräsident, nicht *ein* Bundeskanzler auch nur *einen* Emigranten zurückbat – nicht Thomas Mann noch Walter Mehring, noch Leo Löwenthal, das Alphabet der Verjagten und Verfolgten hindurch: Die junge Bundesrepublik, im Kaufrausch, war eine einzige Gewissenswaschanlage. Man ließ einen enttäuschten Alfred Döblin wieder außer Landes gehen, einen deprimierten Fritz von Unruh sich zum zweiten Mal verabschieden, verhöhnte (den im Gegensatz zu Freislers Witwe mittellosen) Hans Henny Jahnn und jagte den katholischen Schriftsteller Reinhold Schneider, dessen «Fall» an Martin Niemöllers Satz erinnert: «Ich denke an die Jahre 1949 bis 1954 als an die dunkelste Zeit meines Lebens … dunkler selbst als die acht Jahre im Gefängnis und KZ zurück.» Peter Hamm sprach von einem Verleumdungsfeldzug gegen Reinhold Schneider, «bei dem man nicht einmal davor zurückschreckte, Schneider die Annahme eines hochdotierten Postens in der Sowjetunion zu unterstellen».

Die Hatz auf Thomas Mann – im August 1949 fuhren FDP-Lautsprecherwagen durch Düsseldorf mit der Losung «Wir haben mit Thomas Mann nichts gemein als die deutsche Sprache. Wir sprechen jedem, der zwischen 1933 und 1945 nicht in Deutschland war, das Recht ab, über die politische Entwicklung in Deutschland zu urteilen» – würde ein eigenes Dokumentationsbuch füllen. Das Land, in dem es dreizehn Oberschulen auf den Namen Agnes Miegel gab, aber keine auf den Namen Carl von Ossietzky, «enthält allzu viel von dem», sagte der Emigrant Ernest Bornemann, «was wir im NS-Staat bekämpft haben, und allzu wenig von dem, was wir uns von einem nachhitlerischen Deutschland erhofft hatten». Posten, Pensionen, Ehrungen und Preise für die alten Nazis zuhauf: Ein Will-Vesper-Haus – aber keine Tucholsky-Straße; eine Hermann-Stehr- und natürlich eine Guido-Kolbenheyer-Gesellschaft – aber keine Heinrich-Mann-Akademie; eine «weihevolle Geburtstagsfeier» (Lörrach, 1959) für Hermann Burte – aber kein Erich-Mühsam-Gedenken. Dwingers blutrünstig-faschistischer Schrott wird in Auflagen von 200000 und 400000 gedruckt, derweil Walter Mehring sagt: «Ich schreibe Tag und Nacht ohne Verleger.» Verboten wurden Bücher, Platten, Theaterstücke nicht. Sie wurden «lediglich» nicht verlegt, aufgelegt, gespielt. Gründgens ja, Piscator nein.

Ein persönliches Beispiel für das gespenstische alte wie für das neue Blümchen-Biedermeier. 1959 war ich Cheflektor eines Münchner Verlages (dessen von mir engagierter, eben promovierter Lektor den Namen Kautsky noch nie gehört hatte). Ich stellte fest, daß in der gesamten Bundesrepublik nichts von Karl

Marx gedruckt war. Um mich wegen eines möglichen Herausgebers einer Auswahlausgabe kundig zu machen, rief ich einen jungen Redakteur der «Süddeutschen Zeitung» mit der Bitte um Rat an. Nach langem Zögern, er wisse eigentlich niemanden, der «so was» wisse, kam ein erleichtertes «Da gibt es, glaube ich, einen jungen Assistenten von Adorno, der könnte der einzige sein ...» Als ich dort anrief, kam auf meinen Vorschlag, drei Bände Karl Marx herauszugeben, zuerst einmal ein total verblüfftes «Sie müssen ja ein mutiger Mann sein». Man mußte Mut haben, in der BRD Karl Marx zu drucken! (Der junge Redakteur hieß übrigens Joachim Kaiser; er hatte mich an Jürgen Habermas verwiesen.)

Wann enden die fünfziger Jahre? 1980 kommt ein wissenschaftliches Institut in München zu dem Befund: «Insgesamt 13 Prozent der Weltbevölkerung (ca. 5,5 Millionen) haben ein ideologisch geschlossenes rechtsextremes Weltbild, dessen Hauptstützen ein nationalsozialistisches Geschichtsbild, Haß auf Fremdengruppen, Demokratie und Pluralismus sowie eine übersteigerte Verehrung von Volk, Vaterland und Familie sind.»

Dagegen war die junge Intelligenz. Das nannte man – und nannte sich – «links». Mit Sozialismus, auch nur oberflächlicher Kenntnis sozialistischer Literatur, hatte es nicht das geringste zu tun – sowenig der Katholik Döblin, dessen Hamlet-Roman zuerst in der DDR und nicht in der BRD erschien, mit sozialistischem Gedankengut zu tun hatte oder Arno Schmidt, der aus Ekel über die Verhältnisse in der BRD einen Umzug in die DDR erwog.

Hier beginnt, auch historisch, die definitorische Unreinlichkeit, die die augenblickliche Debatte bis zur Unredlichkeit trübt. Selbst der wahrlich des Differenzierens fähige kluge alte Rolf Liebermann bestimmte jüngst «links» als «antirassistisch, antifaschistisch». Das stimmt nicht. Dann wäre der emphatische Royalist Joseph Roth «links». Dann wäre der gesamte aristokratische und katholische Widerstand, bis zu den Leuten vom 20. Juli, «links». Das waren sie aber sowenig, wie Mirabeau Antiroyalist war. Prompt stimmt auch Rolf Liebermanns Diktum nicht: «Kunst ist links ... Ich kenne keinen Künstler von Qualität, der rechts ist.» Der Royalist Balzac oder Flaubert, der eine Aristokratie geradezu herbeiflehte – links? Ezra Pound, Louis-Ferdinand Céline – keine Künstler von Qualität?

Viele von uns – ich auch? ich auch – waren voll Abscheu über die Restauration in Westdeutschland, für deren Herren ein Mann namens Mende das Ritterkreuz wieder salonfähig machte und für deren Damen sich der Oberbekleidungskünstler Heinz Oestergaard empfahl, indem er die Kleider für Zarah Leander in «Ave Maria» entwarf; man sang «Auf Regen folgt Sonne, nach dem Weinen wird gelacht» – und so war es auch. Eine Dissertation ließe sich schreiben über die Verwendung – wann, wo, wie oft, in welchem Zusammenhang – des Wörtchens «vergessen»; ob in Maria Schell/O. W. Fischer-Filmen oder im Schlager. «Der alte Seemann kann nachts nicht schlafen» – das war beliebt; die Frage, ob vielleicht der Gedanke an die von seinen U-Booten Ertränkten ihm die Ruhe raube – die war es nicht. Kein schöner Land in dieser Zeit ...

In diesem vagen «Links»-Begriff liegt die Schwäche der Position. Er war – in Westdeutschland – nie inhaltlich gefüllt. Ich werde nie vergessen, wie verblüfft ein wenig später der damals der DKP nahestehende Romancier Martin Walser meine Anthologie «Marxismus und Literatur» 1969 zur Kenntnis nahm; von Lassalle oder Plechanow, Franz Mehring oder Gramsci hatte er noch nie gehört. Oder wie ein befreundeter Schriftsteller meiner Ablehnung des von ihm damals bewunderten Frisör-Schriftstellers Lawrence Durrell begegnete: «Man merkt Ihre dialektisch-materialistische Schulung.» Dialektik konnte man offenbar lernen wie Autofahren. Linke unter sich. Dann kam so eine Zeit der Marxismus-Kochkurse, Drei- oder Viermonats-

Schnellkurse, von windigen und schlüpfrigen Scharlatanen absolviert. Man kann das die Phase der Boehlichs nennen; also nicht ernst zu nehmen. Solche Brackwasser-Surfer verkündeten mal auf schickem Packpapier den «Tod der Literatur», und mal griffen sie in Hochglanzjournalen die Unkultur der Hochglanzjournale an. Die hätten sich zur Zeit der Mao-Mode am liebsten die Augen operieren lassen. Im Moment sind, glaube ich, die Fußgängerzonen dran. Das sind zuverlässige Leute. Denen vertraut man sich gerne an. Ist das links?

Eine Auseinandersetzung mit sozialistischer Theorie war es sowenig wie eine mit der Praxis. Weil viele von uns das bruchlose Kontinuum des Goebbelsschen, von Millionen getragenen Antikommunismus zu dem der Adenauer-Ära ekelte, wollten wir nicht antisowjetisch denken, fühlen, argumentieren. Tucholskys Satz «Ich bin kein Bolschewist, aber ich bin Anti-Antibolschewist» war noch nicht bekannt; aber er war die Maxime. Nur leider nicht der andere Satz dieses Mannes, der schon Anfang der dreißiger Jahre Stalin einen Verbrecher genannt hat: «Aber links ist nichts und aber nichts ... Wer einmal marxistisch denken gelernt hat, der kann überhaupt nicht mehr denken und ist verdorben.» Vielleicht dachte und schrieb sich derlei 1934 «leichter»; nach zwanzig Millionen Toten der Sowjetunion mochten, konnten viele von uns so nicht fühlen.

Das war historisch Rechtens, zumindest begreifbar; politisch-moralisch war es fragwürdig; gar frevlerisch. Heinrich Mann hätte, nach den Morden an Trotzki oder Isaac Babel, nicht Stalin als Intellektuellen feiern und schreiben dürfen: «Stalin ist kein Diktator.»

Hunderte solcher falscher Priester – weil sie Achtung, Respekt, Bewunderung verdienten als Opfer und Verjagte und wohl auch als Künstler – wurden von unsereins akzeptiert; sie haben falsch Zeugnis geredet, von Feuchtwanger bis Brecht. Niemals hätte der Stückeschreiber einen Preis mit dem Blutnamen Stalin annehmen dürfen. Jedoch nach seinen verschwundenen Freunden Tretjakow und Carola Neher fragen müssen. War das nun links – oder waren die Mörder links? Und war dieser Brief an Walter Ulbricht, eine Bitte für die Häftlinge in der DDR – 26 Todesurteile in einer Nacht in Waldheim, 40 000 Jahre Freiheitsstrafen – «reaktionär», den allerdings der Bürger Thomas Mann schrieb; ein vergleichbarer des Marxisten Bertolt Brecht ist bisher nicht dokumentiert:

> Zehn Verhandlungen etwa fanden in einer Stunde statt. Kein Verteidiger wurde zugelassen, kein Entlastungszeuge gehört. Gefesselt … wurden die Angeklagten, die im Voraus Verurteilten dem Gericht vorgeführt, das nach Vorschrift Zuchthausstrafen von 15, 18, 25 Jahren, auch lebenslängliche über sie aussprach … Hat es einen Sinn, diese armen Teufel … ganz im Stil jenes zur Hölle gefahrenen Roland Freisler, der abgenau so seine Zuchthaus- und Todessprüche verhängte, aburteilen zu lassen und damit der nichtkommunistischen Welt ein Blutschauspiel zu geben, das ein Ansporn ist allem Haß?

Wer heute das ehemalige KZ Buchenwald besucht, kann Plakate zum Gedenken derer lesen, die dort auch in den Jahren 1945 bis 1950 eingesperrt und, ja, ermordet wurden. Das zu sagen sei «reaktionär», das zu verschweigen «links»? Schweigen kann Lügen sein. Und war es wirklich «rechts», als Melvin Lasky – für uns alle Prototyp des Kalten Kriegers, wenn nicht gar des CIA-Agenten – auf dem Schriftstellerkongreß 1947 nach dem in Ungnade gefallenen «Potemkin»-Regisseur Eisenstein fragte? «Endlich habe ich einen Kriegshetzer in Natur gesehen», rief Valentin Katajew, und empört – «Etwas weniger Lügen» – verließ die sowjetische Delegation, gefolgt von der deutschen, den Saal. Wer log? Vielleicht hätten die sowjetischen Kollegen besser dem Namen Eisenstein die Namen Mandelstam und

Babel anfügen sollen? «Wir protestieren!», hatten sie gerufen. Es war der falsche Protest.

Nur wenige untersuchten diesen unscharfen «Links»-Begriff; einer davon war Walter Dirks, der schon 1951 analysierte:

> Man ist gewohnt, den Vorgang, von dem wir sprechen, der «Reaktion» fast oder ganz gleich zu setzen, man benützt das Kampfwort Restauration auf der Linken und schleudert es der Rechten ins Gesicht. In Wahrheit aber kann auch die Linke an der Restauration teilhaben, – ja sie kann sie geradezu herbeiführen. Die Restauration des alten Parteiwesens z. B. ist zeitlich zuerst von der kommunistischen Partei ausgegangen. Sie hat sich 1945 nicht echt und neu der einzigartigen Situation im Nachkriegsdeutschland gestellt und das Wagnis der Geschichte nicht auf sich genommen, sondern sie hat diese Situation nur taktisch genommen und blieb auf sich selber bestehen, auf ihrer alten Linie. Als die Sozialdemokraten das merkten – und sie merkten es trotz der kommunistischen Parole der sogenannten antifaschistischen Front sehr bald –, unterlagen auch sie der Versuchung, sich selbst zu restaurieren … Die SPD hat, ohne es zu wollen, die Wiederherstellung der alten Welt gefördert, weil sie keine neuen Antworten auf die neue Stunde zu geben wußte, sondern sich selbst bewahrt hat.

Damit ist die Wurzel des Debakels benannt. Links war zumeist – eine Haltung; Resultat einer radikalen Analyse war es nicht. Es war etwas entstanden, das es eigentlich nicht gibt: eine anständige Unaufrichtigkeit. Sie ist das Merkmal der aktuellen Debatte.

Lassen wir mal unausgegorene Platitüden à la Helga Königsdorf beiseite; den Text – «Ihr Emigranten hattet es leicht, aber was haben *wir* durchgemacht» – kann man bereits nachlesen in den ruchlos-blauäugigen Appellen der Frank Thiess und Walter von Molo an den Emigranten Thomas Mann; wie dessen gültige Antwort. Auch von selbsternannten Jakobinern Rhetorik getauftes Geschwätz hilft nicht. Es geht nämlich nicht um «Hatz» und «Jagdreviere»; das ist Wandlitz-Vokabular. Es geht um Fragen. Ich gestehe, daß mir die Sache mit dem Pfeffer auch nicht schmeckt; dennoch: Fragen wird man doch wohl noch dürfen? Wenn unsereins Breker oder Ernst Jünger oder Furtwängler «befragte» – wieso dann nicht Willi Sitte oder Stephan Hermlin oder Ludwig Güttler? *Mußte* man vor Honecker zu dessen Geburtstag die Trompete blasen?

Jurek Becker hat kürzlich eindringlich diese kleinen, mesquinen Gehorsamkeiten geschildert, mal mußte die Tochter Abitur machen, mal wollte der Sohn Medizin studieren. Dazu hat schon Joseph Roth einmal gesagt, ein Schriftsteller habe sein Werk vertan, wenn er dem Motto folge, «Aber meine Frau muß doch Hüte tragen»; *tout comprendre, c'est tout confondre.*

Nun heißt es, man dürfe nicht vergleichen. Mal abgesehen davon, daß ich mir ungerne – und von wem eigentlich? – schon wieder / immer noch per «darf nicht» etwas verbieten lasse: Dieses Verdikt stimmt nicht einmal semantisch. Vergleichen heißt nicht gleichsetzen. Natürlich darf man, muß man vergleichen – zum Beispiel, um Unterschiede deutlich zu machen. Die Brekers dekorierten eine Mörderbande, den Fabriktod von Millionen «Untermenschen», und die Riefenstahls illuminierten den Brand, in dem Europa in Asche sank. Dergleichen unterstellt niemand den Tübkes und Berghaus', denen, die nie je einen DDR-Nationalpreis ablehnten. Es wird überhaupt nichts «unterstellt». Aber es wird festgestellt: Eine Ballade über Katyn ist da nicht geschrieben worden. Ich wüßte eben gerne, wie das ist – Jude und Kommunist zu sein und zu den antisemitischen Prozessen in Moskau oder Prag zu schweigen. Wie das ist, in einem der Privilegierten-Clubs Dienstagabend zu essen, wo man Montagabend noch mit Leo Bauer aß. Der war nun weg, in Workuta, über Nacht nicht mehr «links», sondern ein «Reaktionär». Stephan Hermlin beschweigt dieses Thema; er ist beleidigt. Ein bißchen wenig, scheint mir, eine Beleidigung gar des eigenen Werks. In einem Gespräch, in dem er 1983 von Trotzkis Tod spricht, als sei der an einer Grippe gestorben, nähert er sich der eigenen Schmerzgrenze:

> Ich werde mir persönlich nicht verzeihen, daß ich die Wahrheit – ich kann es auch jetzt nichts anders sagen – nicht wissen wollte. Das drückte sich darin aus, daß ich zu dieser Zeit gänzlich aufhörte, bestimmte Dinge zu lesen. Sagen wir mal, ich las grundsätzlich nicht die Bücher etwa von Arthur Koestler. Ich las nicht die Darstellungen von Trotzki, die er im Exil in Mexiko schrieb und die in allen großen Sprachen verbreitet wurden. Ich bezeichnete das alles von vornherein als Lüge, ohne es zur Kenntnis zu nehmen.

Und dann biegt er sich die gefälligen Kurven zum Ausweg zurecht: «Aber so wie die Situation war, hätte ich anders handeln können nur um den Preis, aus dieser Bewegung auszutreten. Denn wenn ich nicht ausgetreten wäre, so wäre ich ausgeschlossen worden.»

Das ist nicht «links», sondern unehrlich – im Gewande der Aufrichtigkeit. Es insinuiert, daß aufhören mußte, Antifaschist zu sein, wer «die Bewegung» verließ. Willi Münzenberg oder Manès Sperber waren dann also keine Antifaschisten mehr? Stephan Hermlin findet Zeit, auf läppischen Literatenklatsch – Brecht habe ihn «außen Marmor, innen Gips» genannt – per Leserbrief zu antworten; aber er findet nicht Zeit – vielmehr Fragen danach ungehörig –, seine Stalin-Gedichte zu erklären. Sie seien aus der Zeit des antifaschistischen Kampfes, zu der Stalin der Verbündete war. Sie sind aber aus der Nachkriegszeit.

Benns Irrtümer zu benennen war also links, über Hermlins nachzudenken ist rechts? Wer verordnet diese Platitüden?

Das Komplexe der Situation machte mir kürzlich, beim Treffen der Gruppe 47 in Schloß Dobris, ein Schriftsteller deutlich, dessen Werk sich seiner genauen Beobachtung verdankt. Als dort Walter Janka vom spanischen Freiheitskampf sprach, ohne die seinerzeit schon bekannten stalinistischen Morde an spanischen Anarchisten mit einem Wort zu erwähnen und sich – ungebrochen? unbelehrt? unreflektiert? – als «Sozialisten» bezeichnete, sagte der Lyriker: «Aber er hat sich ja selber verhaftet!»

Die andere Platitüde heißt, es dürfe nicht über diese Zusammenhänge – und Risse – urteilen, wer nicht «dabeigewesen». Das sagen mitunter dieselben Leute, die – Rechtens – durchaus die Jahre 1933 bis 1945 beurteilt haben, ohne dabeigewesen zu sein; deren Protagonisten wollten unsereins ja tunlichst schweigen machen über ihr gehorsames Versagen, ihre mitlaufende Schuld. Gegen diese Mischung aus Feigheit und Drohgebärde haben Linke sich immer verwahrt; und nun werden diese Pflugscharen zu Schwertern umgeschmiedet? Also nur Büchner-Zeitgenossen dürfen über Büchner reflektieren, und nur wer in Wallensteins Lager hauste über den? Das Komische an diesem Pseudo-Argument wird in unserer Debatte absurd: Wir *waren* ja dabei. Der eingesperrte Jürgen Fuchs und der ausgesperrte Hans Joachim Schädlich und der Kunert und die Kirsch und, pardon, auch ich. Deswegen weigere ich mich, diesen Satz von Václav Havel unter einem Links / Rechts-Schema rubriziert zu sehen: «In dieser oder jener Weise sind hier viele schuldig geworden. Es kann uns jedoch nicht vergeben werden, und in unseren Seelen kann nicht Frieden herrschen, solange wir unsere Schuld nicht zumindest eingestehen. Das Eingeständnis befreit. Ich weiß, wie es mich selbst einst freigemacht hat, als ich in mir selbst die Kraft fand, meinen eigenen falschen Schritt zu reflektieren.»

Interessanterweise ist es bislang einzig und allein ein (gescheiterter) Politiker, der in der DDR auf die Frage, ob er das Gefühl von Mitschuld habe, «Ja» gesagt hat, «das tut man». Hans Modrow erklärt: «Warum habe ich da so lange mitgemacht? Diese Frage stelle ich mir immer wieder. Vor allem seitdem ich Zeit für diese Fragen habe. Warum habe ich nicht alles hingeschmissen, bin ausgestiegen? Ich habe ja gesehen, zumindest die letzten zehn Jahre, was alles schiefläuft. Es wäre zu billig zu sagen, ich hab' vom Stasi und alldem nichts gewußt, wo doch dieser Staat zum Schluß nur noch so funktionieren hat können. Warum habe ich so lange mitgemacht? War ich zu feige zum Aussteigen?»

Im August-Heft der Zeitschrift «neue deutsche literatur» versucht der oft widerborstige Erwin Strittmatter, die eigene Position zu klären, er wird befragt: «‹Ohne die DDR wäre ich nicht, was ich bin, wüßte ich nicht, was ich weiß, könnte ich meine künftigen Bücher nicht schreiben.› Das hat Erwin Strittmatter am Anfang des Weges gesagt. Und Brecht hat es so formuliert: ‹Ohne die DDR wäre er nicht nur nicht der Schriftsteller geworden, der er ist, sondern vermutlich überhaupt kein Schriftsteller.›» Er antwortet darauf:

> Ich halte es nicht für eine Schande, wenn man seine Ansichten im Laufe des Lebens ändert. Aus dem Gegenteil sind Konservative und Dogmatiker gemacht. Der genannte Satz, den ich *am Anfang meines Weges* äußerte, ist ein arg parteilicher Satz. Mit der Parteilichkeit geht es bei mir seit etwa zwanzig Jahren bergab. Man kann's oder wird's in meinen Tagebüchern nachlesen. Jener Teil meines damaligen Ausspruchs, *ohne die DDR wüßte ich nicht, was ich weiß …*, stimmt schon deshalb nicht, weil in der DDR Werke vieler Philosophen, auch Werke von Schriftstellern, die Geltung in der Welt haben, auf dem Index standen. Man mußte sie sich illegal beschaffen.

Nun erscheinen *Post-festum*-Rechtfertigungen etwa des unheilvollen Ministers Höpcke, der ihm 1977 apparat-anonym zurückgewiesene Texte bejammerlappt: «So der Bescheid, den ich erhielt ... Der Vorschlag wurde abgelehnt.» Noch immer weiß er, Juni 1990, nicht die Unterdrücker zu benennen. Respekt.

Nun erscheinen weinerliche Gedichte von Johannes R. Becher oder apokryphe Texte von Georg Lukács, die sie zu Lebzeiten nicht zu veröffentlichen wagten – die Rettung ins Posthume. Respekt. Die *Maîtres penseurs* sind nackt.

Mich interessiert aber eine «Schuldfrage» gar nicht so sehr. Ich bin da nicht meiner Meinung; habe nichts ein- noch anzuklagen. Lauterkeit hat kein Zahlungsziel. Aufregend aber finde ich den – eigenen? – Trotz, mit dem eine Utopie bewahrt werden soll. Von Willi Sitte – der, guter Sozialist, allerdings weiß, «die Straße hätte nicht das letzte Wort haben dürfen» – bis Hermann Kant und dem von ihm einst reglementierten Stefan Heym: Die «eigentliche» Utopie Sozialismus wollen sie erhalten wissen. Wenige, wie Hans Joachim Schädlich, sind da rigoroser; so hätte wohl auch der «linke» Uwe Johnson formulieren können:

> Die offenen und ehrlichen literarischen Vertreter der Macht schrieben stets nach Dienstvorschrift. Andere, die es eigentlich anders wollten, erlagen dem Denk- und Sprachmonopol und wurden zu bloßen Konformisten. Vielleicht sagten sie hinter der Hand: ‹Mögen täten wir schon wollen, aber dürfen haben wir uns nicht getraut› (ein Satz von Karl Valentin). Wieder andere, die *es* auch anders wollten, beharrten versteckt oder offener auf der Selbstbestimmung der Literatur. Einige lauschen noch immer – manchmal traurig, manchmal trotzig – dem Geist der Utopie nach, der sich längst in ein Gespenst verwandelt hat.

Hat er nicht recht? Eine Utopie, deren Handlanger auf Befehl mordeten, deren Repräsentanten ein Land auf Feudal-Manier auslaugten, deren Herrscher für ein paar mäßig gekachelte Badezimmer den ökologischen Ruin ganzer Landstriche «in Kauf nahmen»? Wieviel Gläubigkeit nach der Musik «Die Sache ist gut, nur ihre Priester erbärmlich» verlangt man beziehungsweise bietet man an? Diesen Glauben aufzukündigen – das wäre «rechts»? Müssen wir diese wie immer benannte Utopieverordnung nicht als eine zum Gaukelbild zerronnene Illusion verabschieden? Politisch ist ja der Geist Rousseaus spätestens seit seinem fanatischen Jünger, Robespierre, anrüchig. Und ästhetisch? Stimmt es denn, was (auch von mir) so oft als These variiert, zum Kanon stilisiert wurde: Es gäbe kein Kunstwerk ohne utopisches Element? Wo wäre das bei Kafka? Welches wäre es bei Flaubert? Wie sähe das aus bei Velázquez? Die Utopie bei Cioran, das wäre mal ein schönes Thema. Mir scheint das inzwischen ein Hokuspokus, auf Flaschen gezogenes Weihwasser; das Etikett trug den Namen «Sozialismus». Nur haben diese Flaschen, von Havanna bis Peking, nie Menschen nähren können, vielleicht einlullen. Schon da, wo Marx sich von der brillanten Analyse zur Verheißung verstieg, war das von erhabener Lächerlichkeit; die Trierer Eschatologie.

Es geht mir nicht um ein einzelnes Gedicht oder irgendeine Prosaarbeit; für mich waren einige Texte von Stephan Hermlin wichtig, und ich beurteile das Werk von Christa Wolf gänzlich anders als Ulrich Greiner (dessen Recht auf Kritik gleichwohl undenunziert bleiben muß); zumal ich den Paradigmenwechsel von weiland «sogenannter DDR» zu nunmehr «sogenannter Erzählung» unangemessen finde. Gerade die Arbeit von Christa Wolf ist Sonde und (Selbst-)Prüfung, ein unfragwürdiger Beitrag zur Gegenwartsliteratur. Keine Verklärung. Nirgends.

Es geht um Grundsätzlicheres. Um einen Abschied von sich selbst. Schon Arno Schmidt schrieb von den «schtändich zu berücksichtigenden Gegengewichten der beiden großen Teil-Schtaaten», die den perfidesten Terror in beiden Deutschland verhinderten.

Ehrlicherweise ist einzugestehen: Mit der linken Krücke Hoffnung ging es sich besser. Ehrlicherweise ist einzugestehen: Es war ein Blindenstock. Zu verabschieden ist ein Traum. Wer den nicht lassen will, muß ihn sich künstlich erzeugen; man macht das wohl mit Drogen – die haben verschiedene Namen. Er wächst auf zum Alptraum – der ungebremsten, unkorrigierten Warengesellschaft, die sich selber frißt: die Welt als Soft-Eis. Ein Mensch, der nicht träumt – sagt man – wird wahnsinnig. Eine Gesellschaft auch? Schön wird das Leben wohl nicht unter dem Mercedessternfirmament. Aber wo steht geschrieben, daß Leben schön sein muß? Als Tucholsky zu Ende gedacht hatte, was hier eingangs zitiert ist, brachte er sich um.

Die Zeit, 38/14.9.1990

Die zage Gabe der Liebe

Eine Erinnerung an Paul Wunderlich

«Leuchtende Liebe – lachender Tod»: Diese urdeutsche Zeile (Schlußakkord in Richard Wagners «Siegfried») stelle ich voran als Leitmotiv zu Leben und Werk des Künstlers Paul Wunderlich; Maler, Lithograph, Bildhauer. Es ist der Klang, als habe man eine Stimmgabel zum Schwingen gebracht: der sirrende Klang von Liebe und ihrem Verlust. Vom Tod schließlich.

Paul Wunderlich, geboren 1927, gehörte bereits als ganz junger Mann zu den herausragenden Begabungen der bildenden Kunst im Nachkriegsdeutschland; man nannte ihn einen «Frühberufenen», da ihm bereits während seines Studiums an der Landeskunstschule Hamburg die Leitung der graphischen Werkstatt übertragen wurde, wo er als Drucker für Emil Nolde und Oskar Kokoschka arbeitete (übrigens seinen Kommilitonen und später ebenfalls renommierten Kollegen Horst Janssen in die Kunst der Radierung einführte; Janssen hat das Jahre später in einer bewegenden Rede bezeugt).

Doch von früh an – Liebe und Liebesentzug – war Wunderlichs Arbeit auch zweifaches Skandalon: Zu jener frühen Nachkriegszeit, da sich die deutsche Malerei in das Beliebigkeitsspiel der Abstraktion rettete, deren Balken und Kringel und Kreise ja keinen Platz boten für Fragen etwa nach Schuld und Versagen – malte und lithographierte Wunderlich figürlich. Das war nicht nur ein Vergehen gegen den artistischen Zeitgeist; es war auch geradezu trotziges Aufbegehr gegen Vergessen. Die ersten großen Ölgemälde (auf Holz) zeigten – in an Bacon erinnernder gräßlicher Verformung – die Ermordeten, Geschändeten, Gehenkten des 20. Juli: jene Widerstandskämpfer, deren Tyrannenmord scheiterte, mit dem sie Deutschland von Hitler und dem Nationalsozialismus befreien wollten. Sie wurden hingemetzelt. Dies malerische Gedenken des jungen Wunderlich eignete sich wahrlich nicht für bedruckte Gardinenmuster oder Sammeltassen. Dieses ein Vergessenheitsgewisper – seines ein Aufschrei, ein *memento mori.*

So begann eine Form von Rezeptions-Gischt. Man konnte nicht umhin, das Meisterliche zu erkennen, auch maulend anzuerkennen. Aber man liebte es nicht, so wenig man liebte, an Judenmord, millionenfache Vergehen erinnert zu werden, die viele, allzu viele begangen hatten. Auf den Theaterbühnen die beliebten Mimen des Dritten Reiches; auf der Leinwand Heimatfilm oder Schnulzen vom armen Landser; in der Literatur das Blümelein-fein-Tanderadei der Weinheber-Fabrikation: die ersten vier bis fünf Jahre, nachdem in blutrünstigem Wahn Deutschland die Welt angefallen, überfallen hatte, verharrte das Land in einem erinnerungsverweigernden Schweigen. Man wollte allemal noch einmal Marika Rökk ihr Röckchen lüpfen sehen – aber die «Verräterin» Marlene Dietrich wurde (bei ihrem ersten Deutschlandbesuch nach der Emigration im Hamburger Atlantic-Hotel) geohrfeigt; der Deutsche *par excellence*, der exilierte Thomas Mann, ward als «undeutsch», als «Amerikaner» in den großen Zeitungen verunglimpft – in deren Redaktionen fast ausnahmslos alte Nazis oder Hitleroffiziere saßen, die noch unlängst in Joseph Goebbels' Zeitungen Hetzartikel publiziert hatten. «Stieke», ein wohl unübersetzbarer Berlinismus, war die Parole. Aber man war «anständig». In Massen hatte die deutsche *soldateska* zwar vergewaltigt, in Polen, in Rußland; hatte in KZs gar Bordelle eingerichtet, um sich mit den «geilen Jüdinnen» zu vergnügen, bevor sie vergast wurden. Doch das war gelöscht gleich einer Gedächtnis-Tonspule.

Dies das zweite Skandalon des Künstlers Wunderlich. Er hatte die Sexualität konfiguriert. Eines der Geheimnisse seiner

«Federführung» war, daß er (in zahllosen Bildnissen) das Rückgrat des Menschen zeichnerisch betonte, den berühmten «aufrechten Gang» des Philosophen Ernst Bloch; aber auch dessen Verkrümmung, Verkümmerung. Und nun das Seltsame, wenn man will: Erschütternde. Sexualität – zumeist der Phallus – war in seiner Bildwelt eine zwar kopfgesteuerte Eigenschaft des Menschen; aber «bildtechnisch» hing sie eng zusammen mit Rückgrat. Seine Lithographie-Folge «Qui s'explique» führte das auf horrende wie verführerische wie bedrohliche Weise vor: ein Lemuren-Ballett, der Penis als Waffe, kein *joy-stick,* sondern Schreckensgerät; nicht Erlöser, sondern Verurteiler.

Liebe und Liebesentzug: Die Blätter – es gab nur sechs Exemplare der Auflage – wurden umgehend vom Museum of Modern Art in New York erworben – und wurden 1960 von der Hamburger Staatsanwaltschaft beschlagnahmt. Der Siegeszug eines Künstlers hatte begonnen; im Ausland. Und eine Art Bewunderungshaß schlug ihm entgegen: in Deutschland. Schlagartig war Wunderlich im Ausland berühmt, als einziger deutscher Künstler wurde er zu Lebzeiten in die Pariser Académie des Beaux-Arts aufgenommen, der inzwischen legendäre Galerist Heinz Berggruen (mit dessen bedeutender Sammlung sich Berlin seit einigen Jahren schmückt) nahm ihn neben Picasso, Matisse und Miró unter Vertrag, seine Ausstellungen in London oder Madrid waren überfüllt. In Deutschland – Wunderlich lebte und arbeitete in Hamburg – gab es keine. Goldmedaillen für seine Graphik in Florenz oder Irland, Preise für Malerei und Lithographie in Rom oder Tokio, Taiwan oder Bulgarien: Wunderlich konnte sich bald mit Medaillen schmücken wie ein sowjetischer Marschall. In Deutschland blieb es beim Kunstpreis des Landes Schleswig-Holstein.

Ich hielt dort die einstündige Laudatio, auch sie anstoßerregend. Das sollte jetzt der Moment sein, von meiner Beziehung zu diesem seltenen Freund zu sprechen, von einem luziden Geist, bewundernswerten Handwerker, einem Charakter sondersgleichen Zeugnis abzulegen; den Künstler und Menschen zu schildern, eine Freundes-Liebe, wie sie wohl sehr, sehr selten ist im Leben. Ich habe nun wahrlich gekannt, was man «die Moderne» nennt: Delvaux und Henry Miller; Genet und García Márquez; Renato Guttuso und John Updike; Francis Bacon und Pomodoro. Manchen war ich sehr nahe wie James Baldwin oder Günter Grass oder Alberto Moravia. Geliebt habe ich diesen einen. Verloren auch.

Was war der *Nucleus*, die innere Kostbarkeit dieser Beziehung, die über fünfzig Jahre währte? Gewiß, er war bald weltberühmt, von Elton John über Yves Saint Laurent bis zu Fußball-Stars, Ballett-Ikonen oder Zauberern am Dirigentenpult reichten seine Sammler. Es war gar anrührend, wie bei einem Fest auf seinem schönen Besitz in der Provence, den der inzwischen wohlhabende Rolls-Royce-Fahrer 1981 erworben hatte, sich Verehrer aus Südafrika, San Francisco und Antwerpen in einem leicht skurrilen Konkurrenzgalopp zu überbieten suchten. «Ach, diese Litho-Folge haben Sie? Ich habe die große Bronze-Skulptur X – doch der Herr hier sagt ja, er habe sechs große Ölbilder der Frühjahre.» Das war recht hübsch, paßte ja auch zu einer *garden-party* in dem weitläufigen Park, der surreal-unheimlich wirkte durch die riesigen Bronze-Vögel, Springbrunnen, deren Fontänen aus Aluminium-Fischmäulern plätscherten, und Figuren-Ensembles, die so wirkten, als rafften die überdimensionalen Damen gleich ihre steinernen Röcke und bäten zum Tanz. Und mittendrin *Monsieur Paul*, der Malerfürst, mit Strohhut, selbstentworfenem Schmuck im Revers und dem unvermeidlichen Cigarillo unterm nikotinverfärbten Schnäuzer. Es war köstlich.

Kostbar aber das ganz Andere, Einmalige. Jener Schleier verlorener Liebe, der ihn umwehte: Resignation in Grazie, Schopenhauer-Skepsis im Gewande der Selbstironie, jenes «eitel» immer auch als «vergebens» begreifend. Er war ein soignierter Herr, und er war ein zweifelvoller Mensch.

Skrupulöser Künstler allemal. Das war unser Magnetismus. Nicht nur die nicht enden wollenden Abende, spielerisch versunken in Gesprächen über Verlaine oder Whitman, die Kunst der Lithographie (bis zu seinem Ende hat er jedes einzelne Blatt eigenhändig auf den Stein gezeichnet; es gab keine «Fremdproduktion»), während der er sich belustigte: «Ha, viel Spaß dann in Salzburg – Sie hören da ja wohl viel Mozart, ich bleibe bei Ella Fitzgerald.» All dies jedoch verhalten, verhaltend noch im Bereich des verehrenden Feuilletons. Ins Zentrum von Wunderlichs einsamer Kunst-Zeremonie stößt es nicht vor. Daher ein paar ganz konkrete Beispiele seines hirnlich verankerten Handwerks.

Als er, es war wohl in den 1970er Jahren, sich mit James Joyce beschäftigte, und zwar mit dem noch in Venedig lebenden, sich Giacomo Joyce nennenden Iren, las er ein Poem des späteren «Ulysses»-Genies. Darin ging die Rede von einer «schönen Jüdin», deren hochhackige Schuhe über das Pflaster von Plätzen und Brücken klackerten. Wunderlich las es mir vor, er wollte Zeichnungen dazu machen, und ich spürte seine Ratlosigkeit. Dann sagte er: «Aber meine Hand denkt bei ‹schöne Jüdin› etwas anderes, unsereins kann so etwas nicht mehr unbefangen formulieren.» Debatten, Fotobände, historisches Material, Entwürfe. Dann kam er mit mehreren Zeichnungen, einer Lithographie, später einer 40 Zentimeter hohen Bronze: ein zierlicher Schuh mit sehr hohem spitzen Absatz. Die Ferse war ein Totenkopf. Er hatte den Schuh gestaltet, mit dem die «schöne Jüdin», klack-klack ins Verderben gegangen ist. Es ist eine der monströsesten, verrätseltsten Arbeiten des Paul Wunderlich, grauslich schön. Die Bronze steht heute in meiner Bibliothek, dort, wo die Bücher der Emigranten eingeordnet sind, derer, die knapp dem Gas entronnen sind. Die meisten deutschen Betrachter mögen den Schuh nicht, sie wollen oder können ihn nicht «lesen».

So ist Wunderlich ein Heinrich Heine der bildenden Kunst. Auch diesen liebten sie nur widerwillig, sie höhnten ihn als zu elegant, sie ver-possierlichten ihn, wenn er von Tränen sprach, und weil sie so glattgekämmte Gedanken hatten, die Hände an der Hosennaht, fanden sie sein Denken kraus und sein Schlendern einen Schlendrian:

> Du liebst mich nicht, du liebst mich nicht,
> Das kümmert mich gar wenig
> ...
> Doch wenn du sprichst «Ich liebe dich!»
> So muß ich weinen bitterlich.

Das war dem deutschen Gemüt, das *Herz* auf *Schmerz* reimte, fremd; es war frivol. So galt Wunderlichs in tausend Paraphrasen des Unheimlichen zelebrierte Sexualitätsfiguration ebenfalls als frivol. «Der Schocker kommt mir nicht ins Haus», herrschte ein reicher Industrieller seine Frau an, als sie eines der bedeutenden Ölbilder – probeweise – angeschafft hatte, das den Krakenfinger der Lockung zum Galgen der Vernichtung gekrümmt zeigte.

Wunderlich aber sah Lust und Last nahe beieinander. Fraglos kannte er die französische Formulierung *La petite mort* für den männlichen Orgasmus. Als ich einen größeren Essay «Berührungsverbot» über die gläserne Ferne geschrieben hatte, die letztlich die Pseudonähe zeitgenössischer «Geh'n wir zu dir oder zu mir»-Instant-Intimität bestimmt, entwarf er, davon angeregt, eine (zugegeben etwas krude) Serie und nannte sie «Ecce Homo». Das war keine Botschaft, das war ein Befund. Nicht unabsichtlich erinnert der Titel dieser Phallus-Folge an die umstrittene Mappe «Ecce Homo» des George Grosz; auch er einer, dessen schmerzbohrendes Erbarmen mit der gemarterten Kreatur mehr Schock als Bewunderung – bei hohen Preisen – auslöste. Solche Blätter wollen nicht Barmen, sie verlangen nach Erbarmen.

So wurde zeitlebens auch vielen von Wunderlichs Gesten die Liebe – wenn Liebe Verstehen heißt – ausgemolken. Als eine deutsche Journalistin mit ungehörigen Worten über mich herfiel, schickte der Freund dieser Denunziantin ohne Worte ein zerrissenes Blatt seiner wunderschönen Orchideen-Suite; es meinte «den Undank, Dame, begehr ich nicht». Die stumpf Deutsche sagte «Schade»; sie hatte die Vernichtung von etwas Wertvollem begriffen – die stumme Rüge ihres eigenen Unwerts nicht.

Paul Wunderlich war nämlich ein Herr, nicht nur ein Meister vor der Leinwand oder am Litho-Stein, sondern auch ein Mensch von Herzenstakt, leise, unaufdringlich und stets jene Entfernung achtend, die der Liebe eigen ist. Mit meiner ersten ausführlichen Würdigung der Arbeit des «Nobel-Mannes aus Hamburg» – für eine umfangreiche französische Publikation – tat ich mich schwer. Voller Zögern schickte ich ihm vor Drucklegung das Manuskript. Schweigen. Meine Sorge, ihm vielleicht zu nahe gekommen zu sein, wuchs von Tag zu Tag. Es war selten, daß wir zueinander schwiegen; zumal er zu einigen meiner Bücher die Schutzumschläge entworfen, zu meiner Marx-Biographie eine Bronze angefertigt hatte, seinen Abscheu vor dem marxistischen Un-Wort «Kunst als Waffe» formalisierend.

Nach etwa zwei Wochen rief er mich an. «Ich muß Ihnen morgen nachmittag etwas vorbeibringen, diskret.» Wie es bei Männerfreunden gelegentlich vorkommt, wähnte ich etwas Intimes, etwas, das er mir vielleicht «neben seiner Ehe» anvertrauen, bei mir disponieren wollte. «Ich komme um 15 Uhr mit dem Taxi» – da besaß er bereits drei Rolls-Royce – «bitte kommen Sie an die Haustür, ich kann mir nicht leisten, das Taxi warten zu lassen.» Ohne eine Silbe drückte er mir eine Kaufhaus-Plastiktüte in die Hand und fuhr wieder davon. Die Tüte enthielt eines seiner bis ins Unheimliche manieriert gesteigerten Bas-Reliefs, von dem es in der «Bronze d'Orée»-Version nur zwei Exemplare gibt. An dem Objekt klebte ein kleiner Zettel: «Danke.» Liebe im Sprechverbot. Die Kultur des Paul Wunderlich hatte Engelsflügel.

Das gesamte Werk zeigt diese dialektische Spannung aus Hingabe und Zurückhaltung, aus Zeichen und Bedeutung. Es sind jene Engelsflügel der Huldigung, die er Frauen – seiner Frau Karin zuvörderst – entgegenbrachte: verfallen einer Verheißung zum Glück, das noch selbigen Moments, auf demselben Bild zerrinnt aus den Himmeln der Utopie in die Niederung der Illusion. Die ganze grandiose Folge seiner Litho-Paraphrasen zum «Hohelied Salomos» gibt Zeugnis davon so gut wie fast jede seiner Skulpturen, «beflügelt» zumeist. Wenn ich vom Krakenfinger sprach, das große Hoffen gekrümmt als Menetekel von Drohen und Vernichten – dann muß angefügt werden: Beseligung ist in den Bildchiffren von Wunderlich ausnahmslos auch Kreuzigung. Eines seiner Meisterwerke – es existieren mehrere Varianten des Ölbilds und Lithographien dazu – ist seine «irdische» Antwort auf Philipp Otto Runges «Aurora – der Morgen», jene romantische, gar himmlische Verklärung aus dem unvollendet gebliebenen Zyklus von den vier Tageszeiten. Bis ins Detail von Farbgebung, Linienführung und der auf den ersten Blick kaum wahrnehmbaren nicht-axialen (also aus der Glücksbalance gefallenen) Anordnung seiner Malerei: Wunderlichs Antwort ist der ins Dunkel abgeglittene Licht-Widerspruch zu Runges romantischer Strahlkraft. Ein einziges malerisches «Weh uns», bei dem der Betrachter von atemlosem Entsetzen ergriffen wird. Dabei ist Wunderlich weder Philosoph noch Theologe, kein Prediger, kein Künder des Unheils hienieden. Wie Schriftsteller Wortsetzer sind und Komponisten Tonsetzer, so ist dieser hier ein Farbsetzer. Nie und nirgends argumentiert er; aber er verführt: Unsere Augen zwingt er zur Erkenntnis, er läßt uns mit ihnen Dinge streicheln, die des Streichelns nur allzuoft nicht wert sind.

Das ist eine artistische Volte, die Wunderlichs Arbeit viel Unverständnis einbrachte. Denn schwer ist es ja zu verstehen, daß Schönes giftig sein kann, die perfekt ziselierte Eleganz Dräuen birgt. Fast möchte man an Heines Antipoden Graf Platen erinnern und dessen zagen Warnsatz:

> Wer die Schönheit angeschaut mit Augen,
> Ist dem Tode schon anheimgegeben.

Schön ist nicht hübsch. Das Schöne gründet im Magma des Unerklärlichen. Das Hübsche girrt auf den Laufstegen dieser Welt, schwankender Boden der Leichtfertigkeit. Das ist der große Riß. Das ist das deutsche Mißverständnis. Man sieht das Nette, übersieht die tragische Dimension. Selbst der erlesene Schmuck, den Wunderlich – sein Wundergeschenk für Frauen, sein kunstvolles Frauenlob – entworfen hat wie vor ihm wohl nur Lalique, ist nie je Abendrobenglitzerwelt; er verleiht den Frauen Erhabenheit, eine Würde, als trügen sie Perlentränen, diamantene Trauer. Nichts von Wunderlichs Kunsthandwerk, von der deutschen Naßkämmerkritik als «mondän» oder «preziös» gebrandmarkt, in New York hingegen erst kürzlich in einer «Wunderkammer» präsentiert – nichts von diesen doppeldeutig-androgynen Leuchtern, auf Frauenbeinen schwebenden Tischen, für auch bitteren Trank bereiten Pokalen ist Kunstgewerbe eines Partylieferanten; es sei denn, man nähme die ins Schweben erhobenen Plakate eines Toulouse-Lautrec als Handschuhreklame oder die experimentierfreudigen Keramikkrüge eines Picasso für kokettes Säufergerät. Mirós Tapisserien sind keine Tischdecken.

Und Paul Wunderlichs fast immer selbstironische Autoportraits sind keine schluchzenden Gebete. Sie zeugen jedennoch von einer großen Persönlichkeit und dem Wissen, daß die Liebe ihm nicht gewährt wurde, die ihm gebührte. Unerwidertes Angebot.

Genau fünfzig Jahre durfte ich diese Freundschaft leben, so manches gemeinsam erarbeiten, weit über 1 000 Briefe wechseln. Sein letzter war der berührende Dank für einen Vortrag, den ich am 1. Juni 2010 über sein Werk hielt. Die Tochter konnte ihm von meiner Mühewaltung noch nach Frankreich berichten. Am 6. Juni, fünf Tage nach dieser, meiner nun letzten Freundschaftsbekundung, war er tot. Der große Liebesverlust. Ich habe den Tod dieses Zauberers nie verwunden.

Dies nun ist ein ganz subjektives Beispiel. Ein *pars pro toto.* So gewiß die Kunst eines Paul Wunderlich schließlich auf einem Markt nicht bestehen konnte, der den Kitsch eines Damien Hirst hochsteigert und vor den Unsäglichkeiten eines Jeff Koons den Auktionshammer niedersausen läßt – so gewiß haben wir es nicht mit einem seltsamen Einzelfall zu tun. Vielmehr gilt es, darüber nachzudenken, daß Liebe, Liebesentzug, Versagen der Antwort namens Liebe durchaus ein gesellschaftliches Phänomen ist; so man Kunst als Teil der Gesellschaft (oder eben als ihr verworfenes Abfallprodukt) begreift.

Wenn der farbige amerikanische Schriftsteller James Baldwin, seinerzeit die weithin hallende «Stimme der Schwarzen», die letzten – einzig glücklichen – Jahre seines Lebens in Südfrankreich lebte; wenn die große Essayistin Susan Sontag bestimmte, sie wolle nicht in ihrer Heimat Amerika beerdigt werden – und heute in der Erde von Paris ruht; wenn selbst die kommunistische deutsche Romanautorin Anna Seghers, vertrieben von den Nazis aus ihrem Land, im Alter erklärte, «die beste Zeit meines Lebens, das waren die Jahre 1933 bis 1940 in Paris»: Was genau bedeutet das? Es heißt nichts anderes, als daß ihr Liebesangebot – denn alle Kunst will die Himmel der Liebe hienieden sehen – abgewiesen wurde. Der pazifistische deutsche Publizist Kurt Tucholsky, einer der wichtigsten Warner vor Nationalismus und Militarismus in der Weimarer Republik, «Frühemigrant» schon 1924, schrieb gleich nach seiner Ankunft in Paris in einem Gedicht:

> Hier ist es hübsch. Hier kann ich ruhig träumen.
> Hier bin ich Mensch – und nicht nur Zivilist.
> Hier darf ich links gehn. Unter grünen Bäumen
> sagt keine Tafel, was verboten ist.
> ...
> Ich sitze still und lasse mich bescheinen
> und ruh von meinem Vaterlande aus.

Wehmütig, ein wehmütiges Abschiedswinken hinüber zur fremd gewordenen Geliebten darf man das wohl nennen: Sie hieß Heimat. Die hatte den ausgespien, der auch einmal geschrieben hatte: «Denn wir lieben dieses Land.»

Vehementer, brennender, ja: gräßlicher klingen uns in den Ohren die Zeilen eines Großen der europäischen Literatur, des Sängers der sowjetischen Revolution, des einstigen Lenin-Apologeten, der mit seinen stimmgewaltigen öffentlichen Auftritten sogar in den USA Riesensäle gefüllt hat – Wladimir Majakowski. Sein schreckliches Abschiedsgedicht aus dem April 1930, inzwischen aus der Gnade der Stalin-Camarilla gefallen, hieß «An Alle». Das war ein verzerrtes Zitat, denn so hatte Lenins berühmtes Telegramm gelautet, mit dem er der Welt den Sieg der Revolution verkündete. Der rote Barde Majakowski hatte jene Mauser-Pistole, die er einstmals besungen – «Vorwärts, Genosse Mauser» – mit nur einer Kugel geladen. Bevor er sich die in den Kopf schoß, legte er sein lyrisches Testament nieder, in dem es heißt

Wie man so sagt –
«der Fall ist jetzt erledigt»,
das Liebesboot
ist an der Welt zerschellt.

Schärfer ist nicht zu skandieren, wie abgewiesene Liebe mitten ins Herz trifft. Und das ist durchaus nicht unbedingt die kalte Schulter einer Schönen. Die Kälte dieser Welt bietet Eisstarre genug.

Ich gebe ein weiteres, nur auf den ersten – oberflächlichen – Blick befremdliches Beispiel: Bertolt Brecht. Der «arme BB» war in Ostdeutschland nach der Rückkehr aus dem amerikanischen Exil 1949 ungerne aufgenommen worden, seine Arbeit galt als «formalistisch», die Zeit seines Lebens dort nie aufgeführte «Dreigroschenoper» als dekadent, *ergo* verwerflich. Erst der internationale Erfolg, vor allem der Jubel in Paris über die «Mutter Courage», verschaffte ihm Atem und Freiraum. Wohlgelitten war der Mann mit dem österreichischen Paß, dem Schweizer Konto und ohne Parteizugehörigkeit nicht. Dem «Volke» galt es, seine Experimente vorzuenthalten.

Das Volk – in einer Zeit ohne Fernsehen und in einem Land ohne Regenbogenpresse – kannte ihn auch nicht. Die Anekdote besagt, daß er von raunzenden Volkspolizisten – Ostberlin war ja nicht Teil der DDR, es gab da eine Grenze – beim Rückweg von seinem Landsitz in Buckow bei Berlin in die Stadt aus dem Auto befohlen wurde. Er hatte seine Ausweispapiere vergessen. Auf des Stückeschreibers «Na hören Sie mal, ich heiße Brecht, ich bin Bertolt Brecht», herrschten ihn die Uniformierten an «Jut, jut, Männeken, kenn wa nich, keen Brecht oder so. Wea Se ooch sint – wir rufen nu mal det Präsidium an». Das befreite ihn wohl, aber ein anderes «Präsidium», das ZK der SED, zwang ihn, eine Inszenierung gleich nach der Premiere zurückzunehmen, zwang ihn ebenso, sein «Lukullus»-Libretto umzuarbeiten und auf Parteilinie zu bringen; wie es die «Faust»-Oper seines Freundes Hanns Eisler – immerhin Komponist der DDR-Hymne – verbot. Indes man im Westen jahrelang die Stücke von Brecht – Adenauers Außenminister von Brentano nannte ihn einen «Horst Wessel» – verbot, jedenfalls nicht spielte.

Aber es gibt ein frühes Gedicht von Brecht, das trefflich in das Argumentationsmuster zu unserem Thema der verlorenen Liebe paßt. Es ist ja bekannt, wie stark Brecht seine Sprachmusik anlehnt an das alte Deutsch Martin Luthers. «Sie werden lachen, die Bibel», hatte er in den 20er Jahren auf eine Rundfrage nach seinem Lieblingsbuch geantwortet. So erkennt man auch «Gnade», «Erbarmen», «Ausgezehr», «begütigen» in der Tonfolge seines Stils; in seiner großartigen Paraphrase von Shakespeares Ophelia, der «Ballade vom ertrunkenen Mädchen», singt er – als sei es Teil eines Chorals:

Als ihr bleicher Leib im Wasser verfaulet war,
geschah es (sehr langsam), daß Gott sie allmählich vergaß.

Doch ich möchte ein anderes Gedicht vorführen, sein raffiniert-dialektisches «Ein Pferd klagt an», mehr Psalm als Ballade. Brecht läßt nämlich das gemetzelte Pferd um Gnade bitten für die Menschen, die sich auf das geschundene Tier stürzen, um Fleisch aus dem verendenden Gaul herauszuschneiden; einst waren sie liebevoll – «einst mir freundlich und mir so feindlich heute!» –, nun hatte Eis ihre Herzen überzogen, und es ist das Pferd, das vor dieser Kälte warnt, um Hilfe bittet, nicht für sich, für «die Leute», vor denen man Angst haben muß:

Ich zog meine Fuhre trotz meiner Schwäche.
Ich kam bis zur Fankfurter Allee.
Dort denke ich noch: O je!
Diese Schwäche! Wenn ich mich gehen lasse,

Kann's mir passieren, daß ich zusammenbreche …
Zehn Minuten später lagen nur noch meine
Knochen auf der Straße.

Kaum war ich da nämlich zusammengebrochen,
(Der Kutscher lief zum Telefon)
Da stürzten sich aus den Häusern schon
Hungrige Menschen, um ein Pfund Fleisch zu erben,
Rissen mit Messern mir das Fleisch von den Knochen.
Und ich lebte überhaupt noch und war
gar nicht fertig mit dem Sterben.

Aber die kannte ich doch noch von früher, die Leute!
Die brachten mir Säcke gegen die Fliegen doch,
Schenkten mir altes Brot und ermahnten noch
Meinen Kutscher, sanft mit mir umzugehen.
Einst mir freundlich und mir so feindlich heute!
Plötzlich waren sie wie ausgewechselt! Ach,
was war mit ihnen geschehen?

Da fragte ich mich: was für eine Kälte
Muß über die Leute gekommen sein!
Wer schlägt da so auf sie ein,
Daß sie jetzt so durch und durch erkaltet?
So helft ihnen doch! Und tut es in Bälde!
Sonst passiert euch etwas, was ihr
nicht für möglich haltet!

Es ist der grandiose Umschlag individueller Liebesverkümmerung in ein Menetekel gesellschaftlicher Grausamkeit.

Doch hatte ich nicht auch von der Schönen mit der kalten Schulter gesprochen? Hat nicht Goethe mit dem «Werther» den ersten Liebes-Selbstmörder-Bestseller geschrieben? Und am Ende seines Lebens die «Marienbader Elegie»? War das nicht rein privater Liebesverlust? Ich behaupte: nein. Wir stehen ja heute vor einer Art elektronischem Trümmerhaufen differenzierter Wahrnehmung. Zur Kenntnis genommen werden Fakten, die man für Informationen hält. Das hieße dann in der entsprechenden Suchmaschine «Alter Mann liebt junges Mädchen»; eine kurz getwitterte Nachricht. Doch den Subtext jener Marienbader Elendslust erfaßt man so nicht. Mag sein, daß das Blitzgewitter beim Presseauftritt einer Filmdiva «stroboskopisch» ist. Licht in das Dunkel des unauflöslichen Magmas, in dem des Menschen Seele bebt, bringt solch Hurtigkeitsunsinn nicht. Es sind sehr feine Rinnsale, sie gleichen dem haardünnen Aderwerk eines Blattes, in die sich das Lüsterne zum Laster verzweigt, das zur Last werden kann. Und doch auf immerdar hofft, erhört zu werden: Liebe und Echo auf das Werk, das ja die Liebe gezeugt. Auch dieses Seufzen kannte Goethe:

Sie lassen mich alle grüßen
Und hassen mich bis in Tod.

Was ich am Beispiel Wunderlich und am Markt-Hype um Damien Hirst deutlich zu machen suchte – daß Unterschiede kaum mehr wahrgenommen werden, daß kommerzielle Strategien ästhetische Werte vernichten – das trifft ganz deutlich auch auf das Rezipieren von Literatur zu. Der junge «Werther» nämlich – sofern man des Lesens ohne die Lippen zu bewegen noch mächtig ist – hat sich durchaus nicht nur aus Liebeskummer umgebracht, sondern zumindest ebenbürtig diesem Intim-Refus war die Zurückweisung durch den Fürsten. Der alte Goethe wiederum, liest man genau, hüllt sich wegen der Abweisung durch die junge Ulrike von Levetzow keineswegs nur in den Tränenmantel eines greisen Fauns: Das Nein des kleinen Gänschens war immerhin auch das Nein, das einem Großen, in dieser Welt Bedeutenden, gar Mächtigen entgegenschallte. Daher ja der innere Rhythmus dieser Elegie, die nämlich von Hufschlag zu Hufschlag des Kutschpferdes auch Erleichterung intoniert: Eine Gefahr war überstanden. Es braucht allerdings einen Goethe, um so zartes Gewebe aus Sehnsucht, Wehmut, Begehren und Erlösung zu spinnen.

> Nun bin ich fern! der jetzigen Minute
> Was ziemt denn der? Ich wüsst es nicht zu sagen.
> Sie bietet mir zum Schoenen manches Gute,
> Das lastet nur, ich muß mich ihm entschlagen.
> Mich treibt umher ein unbezwinglich Sehnen,
> Da bleibt kein Rath als graenzenlose Thraenen.
>
> …
>
> Verlasst mich hier, getreue Weggenossen!
> Lasst mich allein am Fels, in Moor und Moos;
> Nur immer zu! euch ist die Welt erschlossen,
> Die Erde weit, der Himmel hehr und groß;
> Betrachtet, forscht, die Einzelheiten sammelt,
> Naturgeheimnis werde nachgestammelt –
>
> Mir ist das All, ich bin mir selbst verlohren,
> Der ich noch erst den Göttern Liebling war
> Sie prüften mich, verliehen mir Pandoren,
> So reich an Gütern, reicher an Gefahr;
> Sie drängten mich zum gabesel'gen Munde,
> Sie trennen mich und richten mich zu Grunde.

Deutlichere Bilder bietet die Literatur zuhauf. Thomas Manns berühmter alter Gelehrter Gustav Aschenbach stirbt am Pesthauch der vergifteten Lagunenstadt seinen «Tod in Venedig», weil sein fiebriges Verlangen nach dem schönen Knaben Tadzio unerfüllt bleiben muß: Berührungsverbot. Versteht man nun unter «Gesellschaft» nicht lediglich Präsidentenwahl, Finanzkrise oder Lohnstreik – also den politischen Alltag –, sondern im Sinne der klassischen Antike die *politeia;* also das große Ineinander von Ursache, Wirkung, Hellsicht und Verblendung; jene schön-schaurige Ganzheit, die den Menschen ausmacht in seiner Furcht wie Ehrfurcht, in seinem nie endenden Drang nach Bindung und Erlösung, angenagt vom Zweifel, von der Verzweiflung oft – dann begreift man, wie leicht durch gesellschaftliche Verwerfungen auch das Intimste zerrüttet werden kann. Sexualität findet ja im Kopfe statt.

Es gibt ein erschütterndes Beispiel für die Widerläufigkeit von Denken und Begehren. Der jüdische Komponist Gustav Mahler – angefeindet wegen seines Judentums selbst als Direktor der Wiener Hofoper – versagte im Bett, als er zum ersten Mal seiner schönen Verlobten Alma beiwohnen wollte; sie hat das geschildert: «Er gab mir seinen Leib zur Verfügung – u. ich ließ seine Hand gewähren. Steif und in aller Pracht stand sein Leben. Er brachte mich zum Sopha, legte mich liebreich hin und schwang sich über mich. Da – im Moment, wo ich ihn eingehen fühlte, verlor er alle Kraft. Erschlagen lag er an meinem Herzen – er weinte fast vor Scham.» Es war keine «erektile Dysfunktion», wie Mediziner so etwas nennen. Es war eine Seelenkammer, die sich geöffnet hatte – die Frau war eine aggressive Antisemitin. Er wollte sich darreichen, doch die Bindung riß; im Lateinischen heißt Bindung *religio.* Bald hieß die Dame zwar Alma Mahler, wurde 1911 die wohlhabende Witwe des in Wien mit fünfzig Jahren verstorbenen Genies; seine wahre Existenz hat sie nie erkannt, sein *inner Sanctum* nie betreten: Sie verabscheute seine Musik. Es blieb ein Paar, das sich mit auf dem Rükken verschränkten Händen umarmte.

Liebe ist eine zage Gabe. Dargeboten in zitternder Hoffnung

von Künstlern – mögen sie Wunderlich heißen, Goethe oder Mahler – eingeschmolzen in ihr Werk. Wer das nicht erkennt, kann den Schöpfer auch nicht erkennen im biblischen Sinne.

«Nexus», 61 / Oktober 2012

Kassiber

Ein Vortrag

Hans Mayer – in diesen heiligen Hallen kein ganz Unbekannter – pflegte manche seiner Vorträge mit der Rochade zu eröffnen «Man ist Literaturwissenschaftler, oder man ist es nicht».

Folgsam beginne ich also mit einer strengen Begriffsbestimmung. Das aus dem Hebräischen *Kathab* gleich «schreiben» abgeleitete *Kethibha* bedeutet «Geschriebenes» und steht in diversen etymologischen Varianten (etwa *Kasife, Kassiwer*) sehr bald für Paß, Ausweis, heimliche Briefe. «Heimlich» bedeutet, daß es sich um unerlaubt geschmuggelte Mitteilungen von Häftlingen handelt. Wichtig für meine folgenden Überlegungen ist dabei: Mitteilung an einen anderen Häftling oder Mitteilung an Außenstehende.

Also großer Sprung voran. Ich behaupte, daß die gräßlich mit dem eigenen Blut in den Spiegel geschriebenen Abschiedsverse von Sergej Jessenin, der sich 1925 durch Selbstmord den stalinistischen Häschern entzog, ein Kassiber waren. Sie enden mit den Zeilen:

> Sterben ist nicht neu in diesem Leben,
> doch auch leben ist nicht grade neu.

Es ist natürlich kein Zufall, daß es der rivalisierende Kollege Majakowski war, der aufschrie: «Gegen dieses Gedicht konnte nur mit einem Gedicht vorgegangen werden, nur mit einem Gedicht.» Das tat er. Er tat aber auch etwas anderes. Er erschoß sich aus denselben Gründen fünf Jahre später. Übrigens mit derselben Pistole, die er einst revolutionär – «Vorwärts, Genosse Mauser» – besungen hatte. Und verabschiedete sich – womit? Mit einem Gedicht.

> Wie man so sagt –
> «der Fall ist jetzt erledigt»,
> das Liebesboot
> ist an der Welt zerschellt.

Doch wie hieß das Gedicht? «An Alle». So hatte Lenins Triumphtelegramm gelautet, mit dem er der Welt die gelungene Revolution 1917 verkündet hatte.

«An Alle!», das war gleichsam die grausige Spiegelschrift, Kassiber aus einem Riesenzuchthaus, des Dichters Jessenin gewesen; «An Alle!» – das war die entsetzliche Antwort des Revolutionssängers Majakowski. Sie hatten einander Echo-Kassiber zugesteckt; und sie gellend einer sich dumpf gebenden Welt zugestellt. Nicht erwähnt habe ich in meinen zwei Eingangssätzen, daß das alte Wort «Kasife» auch «amtliche Papiere» bezeichnet. Wahrlich, die beiden an- und ausgedeuteten Gedichte sind «amtliche Papiere». Sie waren nicht leise geschmuggelt, sie waren geschrien.

Geschmuggelt indes waren die letzten Gedichte des 1958 gestorbenen DDR-Kulturministers Johannes R. Becher, als junger Star des frühen Insel Verlages hochgelobt zum Beispiel von Harry Graf Kessler, nach vielen Konversionen kommunistischer Exilant in Moskau – und zunehmend enttäuscht in der DDR, so verbittert, daß er sich Ehrungen und Beerdigungszeremonien testamentarisch verbat. Er, der zeitlebens pompös Gefeierte, Nationalpreisträger und Morphinist, Politbüro-Mitglied mit eigenem in Westberlin zugelassenem Wagen für die Strichjungen vom Savignyplatz: Er hatte den Weihrauch der Funktionäre als Stickluft erkannt. Kurz vor seinem Tod hatte er seiner Frau Lilly

Aufzeichnungen übergeben, die sie – so rasend dreht sich das Rad Geschichte – mit Hilfe der sowjetischen Wissenschaftlerin Tamara Motylova vor einem Mielke-Zugriff heimlich nach Moskau schaffte. Der frühere Katholik legte die Beichte ab über vergiftete Selbstumarmung:

Ein Dichter war ich wohl
doch schon früh verderbt schrieb ich nur das Genehme …

Wollen wir das getrost, doch ungetröstet, Kassiber nennen. Einer von Bechers Nachfahren, der 1933 geborene Lyriker Reiner Kunze, schrieb dann so traurig wie präzise die, wie er es nannte, «Sechs Variationen über das Thema ‹die Post›»:

Auch die Briefe, die wir
schweigen, werden
durchleuchtet

um fortzufahren:

Nackt
ließen sie ihn stehn
im scheinwerferkegel, meinend

entblößt zu haben
den menschen.

Das Buch durfte in der DDR nicht erscheinen. Es fiel nicht aus den vergitterten Fenstern auf das Pflaster der Arbeiter.

Am anderen Ende der Welt, wo unsereins lauter Audrey Hepburns in weißen Cadillacs spazierenfahren wähnte, übertönten jedoch auch Polizeisirenen die Stimme der Dichtung. Als 1947 der damals 21jährige Allen Ginsberg sein großes Poem

«Howl» schrieb, war es in USA nicht publizierbar. Es dauerte lange, bis «Das Geheul» Gehör fand, als ein couragierter New Yorker Verleger in der Nummer eins seiner Avantgarde-Zeitschrift es abdruckte. Hören Sie ein paar Zeilen von dem, was ich ein blasphemisches Gebet nenne, rasend in seinem Menschenmitleid, obszön in seiner Güte.

> Ich sah die besten Köpfe meiner Generation zerstört vom Wahnsinn, hungrig hysterisch nackt,
> wie sie im Morgengrauen sich durch die Negerstraßen schleppten auf der Suche nach einer wütenden Spritze.
> Hipster mit Engelsköpfen, süchtig nach dem alten himmlischen Kontakt zum Sterndynamo in der Maschinerie der Nacht,
> die armselig und abgerissen und hohläugig und high wach hockten und rauchten im übernatürlichen Dunkel von Altbauwohnungen, in Jazz-Meditation schwebend über dem Häusermeer der Städte,
> die dem Himmel ihre Hirne entblößten unter der Hochbahn und mohammedanische Engel taumeln sahen auf Mietskasernendächern in Strömen von Licht,
> die durch Universitäten gingen mit verklärten wissenden Augen und Halluzinationen hatten von Arkansas und mystischen Blake-Tragödien zwischen den Scholaren des Kriegs,
> die von den Akademien relegiert wurden als Irre und weil sie obszöne Oden kritzelten auf die Fenster des Totenschädels …

Hören, sagte ich: Wenn einer von Ihnen Zeit dazu hat, möge er sich die Schallplatte / CD besorgen, auf der Allen Ginsberg selber seine große Wehklage spricht; er wird dann besser, als ich es vermitteln kann, verstehen, daß wir es mit einem Palimpsest zu tun haben, einer Schrift über der versteckten Notenschrift eines Chorals.

Vom schallenden Geflüster der Literatur zum Wispern der Eingesperrten. Da muß, so peinlich es anfangs klingen mag und so exemplarisch es dann doch ist, von mir die Rede sein; von autobiographischen Erfahrungen. Ich war sehr jung, noch keine zwanzig, da verlegten wir im Ostberliner Verlag Volk und Welt (dessen Stellvertretender Cheflektor ich später wurde) das Buch «Die letzten Stunden» von Harald Poelchau. Er war der Anstaltsgeistliche gewesen, der die von den Nazi-Schergen ermordeten Männer des 20. Juli in den Tod begleitet hat. Und zuvor Dutzende Kassiber für deren Angehörige unterm Talar herausschmuggelte. So zum Beispiel die geheimen Briefe, die Helmuth und Freya von Moltke einander schreiben konnten, von September 1944 bis Januar 1945 an den Wachen im Gefängnis Tegel unter Einsatz seines Lebens vorbei. Ich mochte ihn, als wäre er mein väterlicher Freund. Indes er aber der wirklich enge Freund meines Vormunds und Pflegevaters war – ein damals knapp 30jähriger Pastor aus dem protestantischen Widerstand; gläubiger Christ – auch mein Religionslehrer –, Marxist, Jungkommunist. Es gab ungerade Lebensläufe in der Nachkriegszeit, Sprachbanalitäten à la «zielführend» oder «nachhaltig» noch nicht. Die Absurdität jener Zeit wollte es, daß dieser Pastor Hans-Joachim Mund, mein Vormund, eine Art Nachfolger seines Freundes Poelchau wurde, der ihm bei seinem schweren Entschluß zur Seite stand, ihn beriet, ihm Hilfe bot. Der schwere Entschluß: In einem inoffiziellen Konkordat hatten sich die Leitung der protestantischen Kirche *in persona* des Propstes Grüber und das Politbüro der SED darauf geeinigt, daß ein Geistlicher sämtliche politischen Haftanstalten der DDR (nach meiner Erinnerung 15) besuchen, dort Gottesdienste feiern und – der wesentliche Vertragspunkt – unbeaufsichtigte Sprechstunden für Häftlinge abhalten durfte. Es gab im ganzen Lande nur eine einzige Person, auf die man sich einigen konnte: den kommunistischen Pastor Mund, Mitarbeiter gar des ZK der SED (mit Sonderausweis, der ihm das Nacktbaden mit seinem Mündel an der Ostsee erlaubte), schließlich hoher Offizier der Volkspolizei ohne Uniformzwang, aber mit entsprechenden Papieren. Dieser Mann hat schier Unermeßliches auf sich genommen, geleistet.

Das fing mit scheinbaren Banalitäten an, einer in der Sprechstunde geschälten Orange (etwas, das die oft schwerkranken Häftlinge nie je gesehen hatten), die er dann wie zufällig mit der Bibel über den Tisch schob – bis, ja eben, bis zu den Kassibern, Hunderte von mit rostigen Nägeln beschriebenen Zetteln, Papierfetzen voller Krakel, die ein abgebrochener Fingernagel, getränkt mit Läuseblut, «geschrieben» hatte. Die Gefangenen werden wohl nicht gewußt haben, daß mehr als zwei Jahrhunderte vor ihnen ein anderer Insasse versteckte Papiere mit Lichtputzschere, dem Dorn einer Kleiderschnalle oder Gabel beschrieben hatte: Christian Friedrich Daniel Schubart, eingesperrt auf dem Hohenasperg. Von ihm, unzähligen anderen Geschundenen und ihrem Schicksal in Finsternissen gibt die schlechterdings großartige Ausstellung Zeugnis, die heute zu eröffnen ich die Ehre habe.

Auch indem ich Zeugnis von jenen in den tuberkuloseverseuchten Karzern ablege, von den Verschwundenen spreche, die ein sozialistisch sich nennender Staat zermalmte. Nur wenig Hilfe konnte man ihnen angedeihen lassen. So hatte sich Anfang der 50er Jahre in Westberlin – dorthin konnte ich ungehindert mit S- oder U-Bahn fahren – ein Ring von Helfern gebildet, an der Spitze stand Margarethe Lachmund, die Chefin der Quäker. Sie besorgte die Orangen, die Schokolade, die Zigaretten (die sich der Kommunistenpfaffe, selber Nichtraucher, in der Sprechstunde anzündete, um sie dann «aus Versehen» auf dem Tisch liegenzulassen) – und sie kümmerte sich um jenes «Thema ‹die Post›», die Briefträger FJR nach Zehlendorf gebracht hatte.

Manchmal ging das auch schief. Als ich bei einem Hamburg-Besuch an der Tür der vor kurzem aus der Haft entlassenen Mutter von Kempowski klingelte und sagte «Ich bringe einen Brief Ihres Sohnes aus Bautzen» (wo Walter Kempowski einsaß), ließ sie mich nicht ein – sie hielt mich für einen Stasi-Spitzel.

Walter Kempowski saß in Bautzen mal im Verhör-Eiskeller, mal in Einzelhaft – dann wurde er Chorleiter für die Gefangenengottesdienste von Pastor Mund.

Das aufschreiende nächtliche Erwachen des bald nicht mehr kommunistischen ZK-Pastors, sein Umsichschlagen, schweißnaß, sein stundenlanges Schweigen und dann das Hervorbrechen von Horrorberichten (die hier nicht mehr hingehören), habe ich nie vergessen. Da ich ihn auf vielen dieser Schreckensreisen begleitete, bis spätabends auf die Rückkehr eines Schreckgespensts gewartet habe, Mündel und Lebenspartner, bin ich Mahner des Nicht-Vergessens. So, wie ich viele Jahre seinen winzigen Talisman gehütet habe. Das war ein kleines Kreuz, gebastelt aus Haaren, Draht, einigen wenigen Holzsplittern – daran hing ein ganz kleiner Jesus, der war mal ein Löffelstiel gewesen. Das hatten ihm als Dank, aus Dankbarkeit Häftlinge nächtens zusammengeklebt; mit Sperma. Es war ihr Geschenk.

Darf ich das einen Kassiber nennen? Fast auch jenes Stück von der Kerkertür Voltaires, der 1717 als 23Jähriger unschuldig elf Monate lang in der berüchtigten Bastille inhaftiert war? Schubart soll sie – er starb 1791, vier Jahre zuvor freigelassen – noch als Souvenir an das am 14. Juli 1789 erstürmte Pariser Stadtgefängnis erhalten haben.

Was also ist ein Kassiber?

Er ist Notruf und – falls erhalten – Zeugnis, das uns zum Erinnern zwingt. Die Gebildeten unter meinen Verächtern hier im Saal, die Mehrzahl also, kennen die zwei Eingangssätze, mit denen Thomas Mann sein machtvolles Gedächtnis-Epos, die Joseph-Romane, einstimmt: «Tief ist der Brunnen der Vergangenheit. Sollte man ihn nicht unergründlich nennen?»

Nein, wir sollen «gründeln», forschen, tief nach Brunnen und versiegten Quellen suchen. So denke ich, daß nicht zuletzt auch Briefe Kassiber sind, «Ausweispapiere», um noch einmal die Etymologie zu strapazieren, wie das eingedeutschte hebräische *Kasife* auch verstanden sein will. Ausweise oft einer inneren, subjektiven, tief existentiellen Verzweiflung; der Schreiber solcher Briefe weist sie aus – im Sinne einer Ausstülpung. Auch, wenn diese Briefe nicht durch Gitter geschoben, sondern zur Post gegeben werden. *Pars pro toto* erinnere ich an die glanzvoll-gräßlichen, hoffärtig-verzweifelten Briefe von Joseph Roth an Stefan Zweig, der emigrierte Jude an den Juden im Exil. Im Jiddischen hat das Wort «Elend» auch die Bedeutung «Fremde». So haben wir diese Zeugnisse des Elends aus der Fremde zu lesen; Geheimschrift eines unerbittlich in sich und seine Überzeugungen Eingekerkerten. Zu bitten (um Rat, um Hilfe, um Geld) wußte Joseph Roth sehr wohl. «Bittlich» war er nicht.

Tief berührend auch die seltsam friedlichen Briefe des liebevoll um seine beiden Kinder (denen er aus Plötzensee schreibt) besorgten Vaters, des jüdischen Architekten Pali Meller – mal sogar die Grammatikfehler der Kleinen korrigierend, mal Märchen erzählend wie eine Streicheleinheit und mal, einen Tag vor Silvester 1942, gleichsam von sich selber Abschied nehmend: «Ich kann stündlich hier abgerufen werden ins Ungewisse. Aber ich kenne keine Angst.» 1943 verreckt der wegen «Rassenschande» zu sechs Jahren Zuchthaus Verurteilte im Zuchthaus Brandenburg; zuvor geht noch dieser Gruß an die 11 und 7 Jahre alten Kinder Paul und Barbara: «Bald habe ich Geburtstag und werde keinen Gutenmorgenkuß von Euch haben. Aber geschenkt wird nichts! Heb ihn mir gut auf – eines Tages komme ich und hole mir alle versäumten Küsse ... Bis dahin bleibt es bei Papierküssen – und davon schickt Dir diesmal 365 Stück Dein Dich liebender Papa.»

Die Geschichte eines anderen Brief-Konvoluts, fast – da Jahrzehnte unpubliziert – könnte man von einem Samisdat sprechen – ist zumindest bizarr; wenn nicht auf der Kippe zur Katastrophe, als die Walter Benjamin den Lauf der Geschichte sah.

Kurt Tucholsky, seit 1929 in Schweden lebend und trotz der Scheidung 1933 mit Mary Tucholsky weiter in Briefkontakt (die Scheidung geschah einvernehmlich zum Schutze der Frau, die mit diesem Namen in Berlin wohnend extrem gefährdet war; Tucholsky galt den Nazis als Staatsfeind Nummer 1), schrieb ihr kontinuierlich, gar um politischen Rat bittend. Ich erspare Ihnen und mir heute abend eine Analyse jenes erschütternden Abschiedsbriefes des Todgeweihten; Abschied von Mary, Abschied von der Welt. Der Text bräuchte einen eigenen Interpretations-Essay. Was ich erzählen will, ist ein Kassiber-Schicksal. Mary Gerold, wie sie sich nun nannte, blieb im Fokus der Gestapo. Vernehmungen, zwei Hausdurchsuchungen. Bei der ersten erschienen zwei SS-Männer. Als gründliche Deutsche durchwühlten sie Schreibtischfächer, Nachttisch-Schubladen, das Bett. Mary Gerold aber hatte sämtliche Briefe Tucholskys aufbewahrt. Sie lagen in ihrem Kleiderschrank. Als die schwarzen Herren den zu ihrem verzweifelten Entsetzen öffneten, reckte die große blonde Baltin sich auf und herrschte die Satrapen an: «Sie wollen doch wohl nicht in der Wäsche einer Dame wühlen?» Bizarr sagte ich eben? Tatsächlich bekamen die Wühler rote Köpfe. Sie machten den Kleiderschrank wieder zu.

Als ich Jahrzehnte später nach langem Kampf (Mary wollte nach dem Motto «Das ist privat, das geht niemanden etwas an» die Briefe verbrennen) – etwa 1960 – die Originale aus ihrem Rottacher Knusperhäuschen in meinen VW packte, habe ich diese stolze und oft auch harte Frau das einzige Mal weinen sehen. Und als ich auf dem Münchner Hauptbahnhof zum Schlafwagen ging, neben mir der Dienstmann mit der Karre, auf der dieser Koffer voller Leben lag, das Leben zweier Menschen und das Leben der ganzen Weimarer Republik: da, ich schäme mich nicht, schossen auch mir die Tränen in die Augen. Ich transportierte mehrere hundert Kassiber.

Nun ein kleines Atemholen.

Ich weiß ja, wo ich bin: im Süden Deutschlands, dort also, wo man auch den Genüssen des Lebens zugeneigt ist. In Frankreich ist es üblich, bei längeren Diners nach einem eher schweren Hauptgang zur bekömmlichen Erleichterung ein Sorbet zu servieren, es kitzelt den Gaumen und weckt die Neugier auf das nächste Gericht. Lassen Sie mich für einen kurzen Moment nach Frankreich schweifen und Ihnen ein Sorbet servieren.

Madame Pompadour geht in den Tuilerien-Gärten spazieren. Es folgt ihr ein strammer Grenadier. Der gibt ihr einen kräftigen Klaps auf den Popo. Der Grenadier wird eingesperrt. Er besticht einen Wärter. Die mächtige Mätresse erhält einen winzig gefalteten Zettel: «Madame, wenn Ihr Herz so hart ist wie Ihr Hintern – dann bin ich verloren.» Der zum Postillon avancierte Wächter bringt ein Billet in den Karzer: «Monsieur, wenn Ihr … so hart ist wie Ihre Hand – venez demain.» Sie sehen, meine Damen und Herren, es gibt auch frivole Kassiber, die zu einem – so darf man wohl annehmen – vergnüglichen Ende führen.

Es gibt – gleichwohl Erotisches vorführend – auch weniger Galantes zu erzählen. Zwölf Meter lang und elf Zentimeter breit ist die Papierrolle, auf die einer der berühmtesten Kassiber der Literaturgeschichte geschrieben worden ist: «Die 120 Tage von Sodom», die Geschichte von vier Libertins, die 120 Tage lang die unterschiedlichsten Sexualpraktiken mit unterschiedlichsten Partnern ausprobieren; darunter ihre Töchter. Der Autor hieß Marquis de Sade, 1772 zum Tode verurteilt, weil er angeblich zwei Prostituierte mit aphrodisierenden Bonbons zum Analverkehr gezwungen habe. Er saß nach mißglückter Flucht gen Italien seit 1777 in der Festung Vincennes, ab 1784 in der Bastille. Die Endlos-Rolle bekritzelt er auch von hinten, versteckt sie. Ungewiß bleibt, ob er durch das Rohr, mittels dessen er aus dem Fenster in den Festungsgraben urinieren mußte, auch Teile seiner «unanständigen Botschaft» retten konnte. Jedenfalls blieb die heute weltberühmte Schrift im Privatbesitz einer französischen Familie erhalten.

Mein Begreifen unseres Hauptworts indes ist nicht so ergötzlich. Ich sehe weniger ein Feuerwerk der Lustbarkeiten als vielmehr hochschießende Notraketen. Verquere Dialektik: Manchmal kommen die nicht *aus* Kerker, Zuchthaus, Folterlagern – sondern zielen *in* sie hinein. Sehr genau erinnere ich mich unseres unbedarften Erstaunens, als der frisch an die Humboldt-Universität berufene Professor Kantorowicz dem Studenten gefälschte gelbe Reclam-Hefte aus seinem Privatarchiv zeigte; da stand Goethe oder Schiller auf dem Umschlag, der innen gedruckte Text aber war jeweils eine Zusammenstellung antifaschistischer Pamphlete, die Emigranten in Paris verfaßt und auf diese Weise nach Deutschland hinein verschickt hatten. Unsere fabulöse Ausstellung zeigt unter der Rubrik «Maskiert» andere solcher Tarnschriften, die alliierte Flugzeuge im Krieg abgeworfen haben und die erst einmal durch Titel wie «Soldatenblätter für Feier und Freizeit» oder «Die Nähmaschine, ihre Behandlung und Reparatur» unverfänglich schienen – bis ein Leser dann Anti-Hitler-Reden von Thomas Mann oder ein Brecht-Gedicht darin entdecken konnte.

Keineswegs will ich es mißverstanden wissen als Höflichkeit gegenüber dem Ehrengast dieses Abends, meinem Kollegen Liao Yiwu, wenn ich hier sein Gedicht «Massaker» nenne: Das ist ja Mahnung wie Warnung in das Riesengefängnis China *hin-*

ein. Dort wird es versteckt werden müssen wie einst eine tapfere Freundin des rumänischen Dichters Oskar Pastior dessen antisowjetische Lagergedichte versteckte; und durchaus wollen wir eingedenk bleiben seines Satzes «Mir ist die Sprache zerbrochen im Lager». Doch Sprache ist nicht nur das Geschriebene. Nun falle ich aus dem strengen Gesetz der Etymologie: Sprache ist auch das *gesprochen* Überlieferte; *oral history* nennt man den Ursprung aller Literatur. Was ich hier wiedergebe, ist der mündliche Bericht einer 1943 Zwölfjährigen über ihren jüdischen Vater und die nichtjüdische Mutter:

> Meine Mutter hat um Papa gekämpft wie eine Tigerin, eine heulende und kreischende Kindertruppe eingesetzt. Ihr eigener Vater hatte dem Schwiegersohn und den Enkeln verboten, das Haus zu betreten, und als sie in Panik eine Nacht Unterschlupf für sich und ihren Sohn bei einer Cousine suchte, stellte deren Mann ihr die beiden Pappkoffer vor die Tür und schob sie samt meinem Bruder hinaus. Meine Mutter hat – als das Wort «Mischehen Rosenstraße weitersagen» durch eine Februarnacht des Jahres 1943 wisperte – mehrere hundert Frauen alarmiert und ist mit denen zu dem ehemaligen Haus der Jüdischen Gemeinde gezogen, zwischen Littenstraße und Spandauer Straße, unter der S-Bahn durch zum Hackeschen Markt: die einzige wirkliche Demonstration in der Nazi-Zeit. Die Frauen kämpften um ihre jüdischen Männer – eine schweigende kleine Armee in Kopftüchern und mit Henkeltaschen; die Straßenbahn bimmelt – sie weichen nicht; Polizei kommt – sie schwappen in die Heidereuter Gasse, in die Burgstraße, in die Spandauer Straße. Der mitternächtliche Bombenangriff, bei dem die Hedwigskirche, die Münze, die Reichsbank zerstört wurden, beendete die grause Szene. Der Spuk war vorbei, um Platz zu machen dem nächsten.

Bürgschaften aus den USA, Affidavits, Visa: Mal war das eine verfallen, mal kam das andere zu spät. Und als alles da war, abgeschickt von einer jüdischen Hilfsorganisation aus Farmingdale in New Jersey, und meine Mutter in die damalige Friedrich-Ebert-Straße rast, die nun Hermann-Göring-Straße hieß: ist die Botschaft geschlossen. Deutschland hat den USA den Krieg erklärt. Aber sie wußten das nicht. Jüdische – auch «jüdisch versippte» – Familien durften kein Radio haben, keine deutsche Zeitung abonnieren. Manchmal gingen sie zum Ullstein-Schaukasten am Hackeschen Markt und lasen den Aushang. «Ich wäre nicht geblieben», wie leicht sich das sagt. Wohin? Mit was für Geld? Palästina – für viele war das eine Wüstenei. «Wir waren und wir sind Deutsche», dachten und sagten viele. Sie wollten sich von biertrunkenem Pöbel nicht ihre Heimat absprechen lassen. Aber in Wahrheit waren wir ausgesetzt und Aussätzige. Der «Jüdische Kulturbund» war aufgelöst, das Feigenblatt für eine Nation, die sich anschickte, die Welt zu erobern, nicht mehr nötig. Der letzte Auftritt der jüdischen Schauspieler fand in der Oranienburger Straße 31 statt: Da durften sie die Mitgliederkarten der nun verbotenen Jüdischen Gemeinden sortieren und die Listen für Abholen und Abtransport anlegen, unter ihnen auch der letzte jüdische Chefredakteur in Berlin, Leo Kreindler. Zu ihm trat der SS-Obersturmbannführer Brunner und sagte, «So, und nun setzen Sie Ihren Namen noch als letzter auf die Liste, dann ist sie fertig.» Kreindler hatte Glück – er starb in derselben Sekunde am Herzschlag.

Und Papa wird zur Zwangsarbeit in einer Wäscherei und Färberei abkommandiert, das war die «Freiheit», die meine Mutter ihm erstritten hatte. Kügler & Kruse reinigen und flicken die zerschossenen, blutgetränkten Uniformen von Deutschen, Franzosen und Russen, damit sie wiederverwendet werden können. Auf dem Weg bis S-Bahnhof Lichten-

berg trägt Papa *seine* Uniform – den sechszackigen Stern. Nie hat dem von Schwerstarbeit zermürbten Mann auch nur jemand einen Sitzplatz angeboten, eine Zigarette, irgend etwas. Und Herr Kruse hatte diese schöne deutsche Gemütlichkeit: «Frieha warn meine Kundn fast allet Judn. Da wer ick dem hier schon nischt tun, wenna orntlich arbeetet. Aba Zucka inn Arsch pust ick ihm ooch nich.»
Mein Vater schleppt die schweren Uniformpakete, damit Eure Soldaten wieder wohlgekleidet in andere Länder einfallen können. Mein Vater, der Jude, steht an Maschinen, die man Juden gestohlen hat, und arbeitet, ein Sklave für die deutsche Wehrmacht. Und mein Vater, als die ersten Fremdarbeiter beim gutmütigen Herrn Kruse ihr Blut aus Jacken, Hemden, Hosen waschen dürfen, ist der Dolmetscher. Towarischtschi ist das erste Wort, mit dem er die Verhungerten, Verlausten, Abgerissenen begrüßt. Er hat das Wort nie vergessen. Und ich auch nicht. Es heißt: Genossen.

Wollen wir das gelten lassen als Kassiber? Ich bitte darum. Denn schon das geflüsterte «Rosenstraße-Weitersagen» ist einer, ist das Raunen Verdammter.

Ihr Wort als Hoffnung zur Freiheit ist damit selber ein kleines Stück Freiheit. Das wuchert in gar verschiedenen Genres. Bei einem berühmten Dichter des arabischen Mittelalters lesen wir: «Dem Wort des Herrschers widersprechen wollen, heißt seine Hand im eigenen Blut baden. Wenn er am hellen Tage sagt: ‹Es ist Nacht›, so sprich: ‹Hier sind der Mond und die Plejaden.›»

Ein anderes Beispiel: Während der Diktatur in Haiti führten Wanderschauspieler, die beim Erscheinen einer Polizeistreife jederzeit in der Menge untertauchen konnten, Szenen wie die folgende in den Straßen der Hauptstadt auf. Ein Polizeioffizier hält lauthals einem Verhafteten dessen Vergehen vor: «Man wirft dir vor, dein Geld den Polizisten nicht freiwillig zu geben. Du sollst dich geweigert haben, dem großen Chef die Stiefel zu lecken. Du wirst beschuldigt, die Wahrheit gesagt zu haben.» Straßentheater also. Doch an welche Theateraufführung erinnert uns das? Ganz gewiß an Bertolt Brechts wohl einziges autobiographisch gefärbtes Stück über Galilei; dessen Discorsi sein Schüler Andrea hinter Virginias Rücken aus dem Hause trägt, ermahnt mit dem Satz: «Gib acht auf dich, wenn du durch Deutschland kommst, mit der Wahrheit unter dem Rock.» Warum gaben wir bei Rowohlt dem tapferen Lektor Bernt Richter den Spitznamen Galilei? Er hatte in seiner Unterhose des widerständigen Robert Havemanns Manuskript «Dialektik ohne Dogma» aus der DDR herausgeschmuggelt, das wir dann verlegten. Die verschlungenen Schleichwege in die Freiheit schlängeln sich von Haiti über den Ostberliner Schiffbauerdamm bis in den Iran. Einer der führenden Autoren der iranischen Gegenwartsliteratur, Ali-Akbar Saidi Sirjani, der an den Folgen der Haft starb, schrieb bereits lange vor seiner Verhaftung eine Kurzgeschichte, die das eigene Schicksal vorwegnahm. Wir erfahren in dem Text eine fiktionale Wirklichkeit, also Wahrheit. Ein Schriftsteller wird von der Polizei abgeholt. Bevor sich die Gefängnistore hinter ihm schließen, richtet er an seine Frau eine Bitte; sie ist einen Satz lang:

> Wenn Du mich morgen im Fernsehen siehst, wie ich meinen Verrat und meine Verbrechen gestehe, alle meine Lügen bekenne, mit denen ich die frommen Gläubigen irregeleitet habe, und meine geheimen Kontakte zum Ersten Sekretär der Russischen oder der Amerikanischen Botschaft gestehe und die Summen nenne, die ich für meine Spionagetätigkeit erhalten habe, dann – versprich es mir heute und hier – darfst Du nichts davon glauben und nicht öffentlich gegen mich auftreten.

Wer nicht schon in der Brecht-Premiere fror, friert jetzt.

Es gibt keine Genre-Grenzen für das, was wir unter Kassiber zu verstehen haben. Auch ein Film kann das sein. Etwa Volker Schlöndorffs «Das Meer am Morgen», der kürzlich in die Kinos kam. Wer aber bei dem so behutsam wie entsetzlich ausgezirkelten Bericht über die Erschießung der 150 französischen Geiseln, von Hitler persönlich angeordnet als Rache für das Attentat auf einen Offizier der Nazi-Okkupanten in Nantes, der Jüngste ein 17Jähriger: Der Abschiedsbrief von Guy Môquet, ermordet im Oktober 1941, ist heute in allen Schulen Frankreichs Pflichtlektüre – wahrlich, ich sage euch: Wer beim Anschauen dieses grausigen Dokuments keinen Riß in der Seele bekommt: der hat keine Seele.

Sie sehen, meine Damen und Herren: Ich bin selber nichts als ein einziger Kassiber.

Rede, gehalten am 27. September 2012 im Deutschen Literaturarchiv Marbach zur Eröffnung der Ausstellung «Kassiber. Verbotenes Schreiben»; erschienen im Jahrbuch der Deutschen Schillergesellschaft, hrsg. von Wilfried Barner, Christine Lubkoll, Ernst Osterkamp, Ulrich Raulff, Bd. 57, Marbach a. N., 2013.

HINTERGLASMALEREI. ERZÄHLBILDER

Erzählbild Brecht

«Ich bitte Helli, folgendes zu veranlassen»

Über den Briefwechsel von Bertolt Brecht und Helene Weigel

Zuvörderst ein Intim-Leporello; kleiner Wegweiser für verworrene Lebenswege. Im Juli 1917 verliebt sich der 19jährige Brecht (der sich noch forsch Bert nennt) in Paula Banholzer, der er mehrere Kosenamen verleiht: Paul Bittersüß, Bie; er hat gleichzeitig zwei weitere Liebesabenteuer. Im Juli 1919 kommt beider Sohn Frank zur Welt (der 1943 als deutscher Soldat an der sogenannten Ostfront fällt). Seit 1920 lebt Brecht mit Marianne Zoff zusammen, die er im November 1922 heiratet; die gemeinsame Tochter Hanne wird im März 1923 geboren (wir Späteren kennen sie als Hanne Hiob – sie überdauerte die Nazizeit in der Obhut des Ufa-Stars Theo Lingen). Kurz nach der Geburt lernt Brecht bei Freund Feuchtwanger die junge Schriftstellerin Marieluise Fleißer kennen, mit der er ein Verhältnis beginnt. Das berühmte Gedicht «Erinnerung an die Marie A.» – und hätte Brecht nur dieses eine wundersame Meisterwerk verfasst, er wäre damit bereits im Olymp der deutschen Literatur –, dieser Erinnerungszauberspruch galt keiner dieser diversen Geliebten. Es war Marie Rose Aman – eine der «Nebenfrauen» zu Bie –, der er es ungenannt widmete; die fast unheimliche Melodie erinnert durchaus an die spätere «Ballade vom ertrunkenen Mädchen» – «die Gott allmählich vergaß; erst ihr Gesicht, dann die Hände und ganz zuletzt ihr Haar». Hier singt Gott Brecht. Daher der verwehte Abschied an «Marie A.»:

Und auch den Kuß, ich hätt ihn längst vergessen
Wenn nicht die Wolke dagewesen wär
Die weiß ich noch und werd ich immer wissen
Sie war sehr weiß und kam von oben her.
Die Pflaumenbäume blühn vielleicht noch immer
Und jene Frau hat jetzt vielleicht das siebte Kind
Doch jene Wolke blühte nur Minuten
Und als ich aufsah, schwand sie schon im Wind.

Nun will die Fama, daß Brecht dieses Gedicht im D-Zug geschrieben habe. Das tat er gelegentlich, nachgewiesen ist es von der «Ballade vom armen BB». Aber die Legende will noch etwas anderes überliefern: Es sei der D-Zug München–Berlin gewesen, der Brecht zu Helene Weigel trug.

Auftritt Helene Weigel. Die aus begütertem Wiener Hause stammende Schauspielerin – sie beschäftigte schon als junge Unbekannte ein Dienstmädchen – lernt Brecht durch Vermittlung des Jugendfreunds Arnolt Bronnen im September 1923 in Berlin kennen; kurz vor Erscheinen der Buchausgabe von «Trommeln in der Nacht»: «Bie Banholzer» gewidmet. Brecht wohnt häufig bei Helene Weigel in ihrem Atelier in der Berliner Spichernstraße 16 (das sie ihm ab Februar 1925 überläßt). Im März 1924 gibt es auf Capri zwischen den Eheleuten Marianne Zoff/Bertolt Brecht eine Auseinandersetzung – Marianne wirft ihm Untreue vor, die Brecht vehement leugnet. Vier Wochen später besucht ihn Helene Weigel in Florenz: schwanger. Am 3. November 1924 wird Sohn Stefan geboren (der Hegel-Forscher stirbt 2009 in New York). Im selben Monat lernt Brecht seine neue Geliebte Elisabeth Hauptmann kennen, der er zu Weihnachten 1925 das Hauptmanuskript von «Mann ist Mann» schenkt. Am 22. November 1927 wird die Ehe mit Marianne Zoff geschieden, im April 1929 heiraten Weigel und Brecht (am 28. Oktober 1930 wird Tochter Barbara geboren, die bis auf den heutigen Tag das Brecht-Imperium leitet). Brecht hat gefunden, was er für sein später so benanntes «gestisches Theater» braucht und was es eigentlich nicht gibt: einen bewegten Spiegel, der in Mimik, Vokalisierung und Körperhaltung sein Denken ver-lebendigt. Schon 1928 schrieb Alfred Kerr über Helene Weigel als Leokadja Begbick in Brechts «Mann ist Mann»: «Frau Weigel, Marketenderin, tut sich hervor: durch einen festen Dauerschrei; straffes Gegell; Peitschenton; Schenkelprofil; Prallsprung. Wacker.»

Falls Sterne geboren werden können: Hier ist eine interstellare Konstellation geboren, die der bewundernswert akribisch edierte Briefband dokumentiert. Die erstmals komplett vorgelegte Korrespondenz Brecht/Weigel gleicht einer Rhapsodie: anschwellend, zart, abschwellend, dräuend, aufgischtend, mal dröhnen Kommandos wie Pauken, mal wispern die Schlagzeugbesen und mal streichelt der Violinbogen. Wir erleben das Wunder einer Lebensliebe ohne Lebenslüge. Da Brecht selber zeitlebens auf eindrucksvolle Weise biblisches Vokabular verwendete, ist es vielleicht nicht frivol, von einer biblischen Bindung zu sprechen: an die Frau, die er liebte und betrog; die Schauspielerin, die er bewunderte und beherrschte; die Gefährtin, der er vertraute wie wohl keinem anderen Menschen. Helene Weigel war Bertolt Brechts Lebensmensch. Sie gehörten einander; unauflöslich ineinander verwoben im unzerstörbaren Spinnennetz aus Zartheit, Haß, Verfallenheit und Beutegier.

Allerdings – wie in allen Beziehungen Brechts zu Frauen, deren (Mit-)Arbeit er wie selbstverständlich in Anspruch nahm – «gehörte» die Weigel ihm etwas mehr als umgekehrt er ihr. Schon ganz früh ist der Ton seiner Briefe harsch-verlangend: Helene Weigel hat «Schwamm und Bürste» zu ordnen, Briefe (an Piscator und Herbert Ihering) abzuschreiben, «ruf auch sogleich Ullstein an» oder «erkundige dich» oder «schicke mir» oder «bitte hinterleg die genaue Adresse des Schuhmachers für mich» klingt die Tonleiter dieser seltsamen Liebesgregorianik. Selbst für den inzwischen 8jährigen Sohn Frank, das kränkelnde Kind von Paula Banholzer, muß Frau Weigel einen Arzt besorgen; und wenn Brecht aus Augsburg avisiert: «ich werde zu Deinen letzten Proben da sein», finden wir in den mustergültigen Anmerkungen den Hinweis: «Brecht ist nicht anwesend bei den Endproben (zu Molières ‹George Dandin› im Theater am Schiffbauerdamm, in welchem Stück Helene Weigel die Claudine spielt).»

Wer als Leser in diesen Briefen lebt, lebt in einem Liebes-Zickzack; auch in einem existentiellen Chaos. Tatsächlich gibt es, auch nach der Heirat, auch nach der Geburt des zweiten Kindes, keinen gemeinsamen Haushalt – fast nie auch nur einen gemeinsamen Aufenthaltsort. Ist Brecht in München, bleibt die Weigel in Berlin. Ist Brecht in Berlin (wo er ab November 1928 in der Hardenbergstraße 12 eine eigene Wohnung hat; alleine, mit einer Haushälterin), urlaubt die Weigel in Bayern. Selbst während der ersten Arbeit an der «Dreigroschenoper» in Saint Cyr (zusammen mit Kurt Weill im Frühsommer 1927) war Helene Weigel nur ganz kurz dabei; sehr rasch reiste sie an den Ammersee (wo Brecht, man wird das nicht politische Weitsicht nennen dürfen, noch 1932 ein Haus mit großem Grundstück erwarb). Bald gehen wieder Briefe hin und her; gelegentlich auch gespickt mit den typisch «listigen» Mogeleien des Stückeschreibers, der seiner Frau aus Le Lavandou nach Berlin versichert, Elisabeth Hauptmann wohne entfernt von ihm in einer Privatpension. Der bis zur Lakonie stets unpolemisch-akribische Herausgeber Wizisla merkt dazu an, Brecht und die Hauptmann «wohnten zusammen in einer hübschen Villa».

Zweierlei fällt fast schmerzend auf in dieser Korrespondenz. Brecht berichtet zwar unentwegt und oft detailliert von seiner Arbeit, von Projekten, Proben, Verlagsverhandlungen – aber die

Weigel bezieht er in dies ihm Wichtigste nicht ein (fragt auch eher nach seinem Rasierapparat als nach ihrer Schauspielerei). Am 31. August 1928 findet im Berliner Theater am Schiffbauerdamm unter der Regie von Erich Engel die sensationelle Premiere der «Dreigroschenoper» statt mit der noch heute legendären Besetzung mit u. a. Lotte Lenya, Ernst Busch, Erich Ponto, Rosa Valetti und Harald Paulsen. Ob Helene Weigel überhaupt anwesend war, geht aus den Briefen nicht hervor. Brecht ist nun ein sehr berühmter, auch ein wohlhabender Mann. Der erste Brief nach diesem Ereignis bezieht sich auf – einen Einrichtungsgegenstand: «Der Sessel muß aber schwarz, genauer gesagt: grün sein, darauf bestehe ich!» Das ist das zweite, sich durch die Jahre kontinuierlich durchziehende Element. Wenn der fast durchweg sachliche – auch schon mal besorgt nach Gesundheit oder den Kindern sich erkundigende – Ton der Briefe ins Herzliche wechselt («Ich küsse Dich»): dann ist es eher die Zärtlichkeit, die man einer Mutter, vielleicht einer Schwester entgegenbringt. Keine Spur von Begehren, von Entbehren körperlicher Wärme, von Sehnsucht nach der Frau namens «Helli». «Die Weigel», wie Brecht sie zeitlebens nennen wird, und deren Kunst, deren Gesicht, deren Schauspielerhände er später in eindringlichen kurzen Zeilen bannen wird – die Weigel ist hier eine Art Kinderbewahranstalt. Ein Kamerad ohne Leib.

Typischerweise ist es immer eine Geliebte, mit der Brecht das ihm Kostbare teilt: seine Kunst. Als er sich im November 1931 in die Amateurschauspielerin Margarete Steffin verliebt, wird sie sofort – bis in die Jahre des Exils in Dänemark, Schweden und Finnland – seine enge Mitarbeiterin und wohnt bald in unmittelbarer Nähe von Brecht in Berlin. Ein Bruch droht, Helene Weigel erwägt die Scheidung. Sie zieht nach Zehlendorf, dann nach Unterschondorf. Ein grußloser Brief – nur mit «b» unterschrieben – zeigt die entstandene Kluft und Brechts reichlich härenen Versuch zu einem rechtfertigenden Kitten:

Liebe Helli,
ich schreibe, statt zu sprechen, weil das leichter ist, gegen das Sprechen habe ich eine solche Abneigung, das ist immer ein Kämpfen. Für gewöhnlich ist es bei uns so: aus kleinen psychischen Verstimmungen, die viele Ursachen haben können und meist unaufklärbar sind, teils Mißverständnisse zur Ursache haben, teils nur die Müdigkeit oder Gereiztheit, die durch die Arbeit, also von außerhalb kommt, entsteht dann eine große undurchdringliche Verstimmung. Ich komme dann nicht heraus aus einem unlustigen und sicher quälenden Ton und DU machst abweisende oder tragische Gesichter. Ich habe nun oft gemeint, man sollte sich bemühen, das Körperliche nicht nach dem Psychischen zu richten, da es die naivere und unbelastetere Verständigung ergibt. Und auch ist es fast immer ein Mißverständnis, wenn man das Körperliche (wenn einmal etwas nicht klappt) als Ursache nimmt. Ich weiß von mir, daß ich Dir immer nah stehe darin, auch über Verstimmungen hinweg, auch während derselben. Wenn es nicht so scheint, vergiß nicht, ich lebe gerade (und meistens) in schwieriger Arbeit und schon dadurch ohne rechte Möglichkeit, mimisch usw. mich auszudrücken, und fürchte Privatkonflikte, Szenen usw., die mich sehr erschöpfen.

Erschütternd an diesem Dokument ist nicht nur der Zwist, sondern auch das Datum: 1. Januar 1933. Es gibt noch einen ähnlichen Brief vom folgenden Tag – und dann ist man im Exil.

Da haben wir es mit einem weiteren – ich zögere nicht zu sagen: befremdlichen Phänomen zu tun. Die Politik hat in dieser Korrespondenz voller Schnack über Schauspieler, Sottisen über Kollegen, Ehrgeizflügen ins Elysium Berlin nicht die geringste Rolle gespielt. Was ein pazifistischer Mahner wie Tucholsky, ein Bürger wie Heinrich Mann («Wer Hindenburg wählt, wählt

Hitler, wer Hitler wählt, wählt den Krieg») längst dräuend heraufziehen sahen: Der Marxist Bertolt Brecht sah gar nichts. Er sieht noch immer nichts. Die Familie ist, auch in diesem Fall auf getrennten Wegen via Prag, Wien und Zürich, am Tag nach dem Reichstagsbrand geflohen; sie bleiben auch lange getrennt, die Post geht mal von Lugano nach Wien, mal von Paris nach Carona, im September 1933 arbeitet Brecht mit Margarete Steffin in Sanary-sur-Mer am «Dreigroschenroman», während Helene Weigel zu einer Rundfunkaufnahme nach Moskau reist. Brechts erster Brief aus dem Pariser Exil betrifft Preise für Fleisch, Butter, Zucker, Kaffee.

Für den Leser der Briefe flimmert ein altes, zerschlissenes Karussell, auf den Pferdchen immer dieselben Gestalten, nur die Musik quietscht. «Ich küsse Dich, liebe, alte Helli, es ist schlimm, daß ich nicht da bin», schreibt Brecht aus Paris nach Moskau und fügt hinzu «Der Roman ist fast ganz fertig» – den er mit Margarete Steffin an seiner Seite schreibt. Selbst als schließlich die tapfer-rührige Weigel mit Hilfe von Karin Michaelis die bekannte skandinavische Fluchtburg errichtet hat – Brecht kauft im August 1933 ein Haus im dänischen Svendborg –, wird noch geschummelt. Er sei noch in Dünkirchen, teilt er seiner Frau Mitte Dezember 1933 mit, «ich komme also erst am 18.»; ungesagt bleibt, daß er mit Margarete Steffin in Dünkirchen ist und mit ihr zusammen das Schiff nach Dänemark nimmt.

Als Europa unter den Stiefeln der Nazi-Armee zusammenbricht, geht die Flucht weiter; im Mai 1941 gelangt die gesamte Brecht-Familie nach einer langen Reise durch die Sowjetunion von Wladiwostok aus mit korrekten Einwanderungsvisen in die USA. Vom Kriegsausbruch 1939, zuvor vom spanischen Bürgerkrieg, auch von den Moskauer Stalinprozessen (immerhin war Brecht 1935 in Moskau, seine Berichte lesen sich eher wie aus einem Filmatelier), vom deutschen Überfall auf die Sowjetunion: kein Wort. Ein Unbefangener müßte den Eindruck gewinnen, Brecht habe seinen Schreibtisch nur eben mal in einem anderen Land aufgestellt. Nur einmal, als Helene Weigel sich während ihres Prag-Aufenthalts doch wieder von Brecht lösen will, gelingen ihm weniger karge Zeilen: Er lobt ihre einzigartige Schauspielkunst. Sie ist Instrument, nicht Frau.

Ansonsten sind das alles im engeren Sinne keine Briefe, so man einen Brief als andere Form des Gesprächs versteht. Es sind Mitteilungen. Auch jetzt, im amerikanischen Exil – Brecht ist sehr oft in New York, Helene Weigel bleibt in Santa Monica – im Ton «Ich fühle mich Dir sehr gewogen» vor allem Wünsche des großen Manitu: nach Fotos, Manuskriptabschriften, Liedtexten; es darf auch schon mal ein Mantel oder eine Krawatte sein. Überdeutlich wird: Bertolt Brechts Erotik, besser gesagt: seine erotische Spannkraft fließt in seine Arbeit ein. Daher die alles überwölbende Schönheit so vieler Gedichte. Er ist weltabgewandt. Er ist sein eigener Kosmos. Anfang 1943, es tobt die Schlacht um Stalingrad, Wendepunkt des Mord- und Raubkrieges, weiß er von einem schönen Brecht-Abend in New York zu berichten, bei dem nach einer Laudatio von Wieland Herzfelde u. a. Elisabeth Bergner und Peter Lorre rezitieren. So «weltabgewandt» indes ist er nicht, daß er nicht seine diversen Affären fortsetzt – Erotik und Sexualität sind ja zweierlei. Ein erschütternder Brief (einer der wenigen *von* Helene Weigel) ist abgedruckt: Eine seiner Geliebten, Ruth Berlau, hatte im September 1944 ein Kind von Brecht bekommen, das kurz nach der Geburt starb:

> Lieber Bert,
> jetzt muß ich Dir schon einen Brief schreiben, weil es mir selber närrisch vorkommt, daß ich nein sage, wenn Du mit mir schlafen willst, und außerdem erstaunt mich Dein sofort auftretendes neubelebtes Interesse, wieso, nur wegen dem nein? Ich bekomme meine Gedanken nicht in eine richtige

Ordnung, es ist auch nicht geordnet, was in meinem Kopf vorgeht, öfters schon kamst Du auf einen Punkt zurück, der so aussieht, Du kannst und willst nicht eine deklarierte mit Stempel versehene Ehe führen, das war sie auch nie und ich hab sie nie verlangt ... das ist schon ein Fußtritt von besonderer Heftigkeit. Ich bin nicht unempfindlich, wenn Du Dein Leben so ändern willst, kann ich es nicht.

Der Krieg ist vorbei. Wie ein Abschluß-Gong tönt vor dem Aufbruch nach Europa der End-Satz von Brechts letztem Brief aus New York: «Sei freundlich, ich mag dich.» Oder ist es der Notenschlüssel für die Jahre, die nun kommen? Die Jahre der fabulösen gemeinsamen Erfolge, überstrahlt vom Glanz der Brecht-Inszenierungen am Berliner Ensemble, dessen Stimme die Stimme der Weigel war? Der europaweit bewunderten «Mutter Courage», die nicht nur den legendären Karren über die Bühne zog, sondern als Frau Intendantin gleich auch das ganze Theater. Wer je diese Aufführungen sah, bliebt geprägt für sein ganzes Theater-Liebhaberleben. Wer die Briefe liest, sieht jedoch auch eine andere Regie walten: die der Firma Brecht & Co.; in der war Helene Weigel das «& Co.». Tatsächlich ist dieser Teil des Briefwechsels fast ausschließlich eine Geschäftskorrespondenz, verblüffenderweise von der Lebensgefährtin oft per Anrede «Lieber Brecht», manchmal gar an «Herrn Brecht» geführt, von ihm nicht selten mit dem lapidaren «b» unterschrieben. Der Briefband schließt mit einem tief berührenden Dokument, in strenger Nüchternheit abgefaßt wie eine Regieanweisung, drei Jahre vor dem Tod des Dichters, der nichts, auch das eigene Ende nicht, dem Zufall überlassen wollte:

Ich bitte Helli, folgendes zu veranlassen:
1) daß der Tod sichergestellt wird,
2) daß der Sarg aus Stahl oder Eisen ist,

3) daß der Sarg nicht offen ausgestellt wird,
4) daß er, wenn er ausgestellt werden soll, im Probenhaus ausgestellt wird,
5) daß weder am Sarg noch am Grab gesprochen, höchstens das Gedicht «An die Nachgeborenen» verlesen wird,
6) daß die Totenwache, wenn eine solche gewünscht wird, nur von Schauspielern gehalten wird,
7) daß keine Musik gespielt wird,
8) daß das Grab im Garten in Buckow oder im Friedhof neben meiner Wohnung in der Chausseestraße liegt und nur den Namen Brecht auf einem Stein hat.

Danke, Helli!
brecht

November 1953
Berlin

*

Entwurf zu einem Menschen
Über Brechts Arbeitsjournale 1

Man könnte sagen, die beiden Bände Arbeitsjournale sind – ein Brechtsches Hauptwort – der Entwurf zu einem Menschen; zu einem, der von sich sagte: «In mir habt ihr einen, auf den könnt ihr nicht bauen.» Dieses Lieblingswort Brechts birgt ja in sich bereits den Begriff Arbeit. Denn Arbeit war das intimste Lebensgesetz des Stückeschreibers, nicht nur in den zwei Jahrzehnten seiner Notate, dort aber authentisch vorgeführt.

Hervorstechendes Merkmal dieses Lebens ist eine nahezu genießerische Lust am Denken: Die Arbeit an einem Theaterstück – erstaunlich, in welch kurzer Zeit, manchmal Tagen, meist nur wenigen Wochen, die ersten Fassungen oft fertig waren – ist immer auch das Nachdenken über die Möglichkeit des Stückeschreibens überhaupt. Brechts Überlegungen zum «Messingkauf» zum Beispiel haben ihre eigene Dramaturgie – kaum überraschend, wenn eine Eintragung acht Jahre später den «Verdacht» bestätigt, der beim faszinierten Verfolgen dieses Prozesses entstand: «Mehr oder weniger fertig mit ‹kleines Organon für das Theater›; es ist eine kurze Zusammenfassung des ‹Messingkaufs›.»

Schon 1940 im finnischen Exil beginnt Brechts theoretische Auseinandersetzung mit den formalen Forderungen des Aristotelischen Theaters, mit dessen Illusionspostulat und der daraus folgenden Gefahr der Irreführung; denn Illusion und Identifikation können auch ganz in die Irre laufen – wenn Kausalitäten nicht logisch erklärt und aufgedeckt werden. Bleibt das Prozeßhafte verborgen, kann es nicht zur Demonstration von Ursachen kommen, kann es kein Theater der Veränderung geben: «im prinzip ist es möglich, mit einer vollständig irreführenden darstellung eines vorgangs aus dem leben ein komplettes theatererlebnis herbeizuführen.» Brechts Forderung nach Ent-Täuschung findet sich bereits in diesen frühen Eintragungen zum «Messingkauf», so präzise wie glanzvoll formuliert. Und zwar nicht als beiläufiger Kladdenmonolog, sondern als deutliches künstlerisches Credo. Es ist fraglos Brechts verlängerte Antwort auf die Realismus-Rezepte von Georg Lukács, zu dessen Studie «Marx und das Problem des ideologischen Verfalls» es verächtlich heißt: «die rede ist wieder von realismus, den sie jetzt glücklich so heruntergebracht haben wie die nazis den sozialismus.»

Die literaturtheoretischen Überlegungen ziehen sich konsequent durch alle Eintragungen der beiden Jahrzehnte; keineswegs geht es Brecht in erster Linie um die individuelle Schwierigkeit, in mörderischen Zeiten Literatur herzustellen – eine kurze Notiz nur gibt solcher Nachdenklichkeit Raum: «daß solche kriege sein können und daß immer noch literarische arbeiten angefertigt werden können. der puntila geht mich fast nichts an, der krieg alles; über den puntila kann ich fast alles schreiben, über den krieg nichts. ich meine nicht nur ‹darf›, ich meine auch wirklich ‹kann›. es ist interessant, wie weit die literatur, als praxis, wegverlegt ist von den zentren der alles entscheidenden geschehnisse.»

Dagegen ist das Nachdenken über die Begriffsabgrenzung Naturalismus / Realismus bis in die späte Nachkriegszeit beherrschend («der unterschied ist immer noch nicht geklärt», 30. 3. 1947), es wird das Schaudern vor der Pflichtkür sowjetischer Heldenliteratur unverhohlen ausgedrückt («noch einmal keine eigene klassik habend, werden nun wir die russische zu ‹verarbeiten› haben, denke ich schaudernd», 26. 12. 1947). Das deutsche Stanislawski-Buch ekelt Brecht an, wie ihn schon 1942 die naturalistische Schönfärberei gewisser sowjetischer Filme und Stücke frappiert hatte.

Den Ton der Debatte sowjetischer literarischer Historiker empfindet er bereits 1938 als «erschreckend unproduktiv, gehässig, persönlich autoritär und servil zugleich». Aber Brecht hat keineswegs nur solche Abfertigungsgesten zur Verfügung; seine Auseinandersetzung mit Schdanow etwa ist ernst und nachdenklich, und seine Eintragung vom 2. März 1948 erinnert in ihrer Knappheit und Brisanz zugleich an den berühmten Marx-Satz aus der Einleitung zur «Kritik der politischen Ökonomie», in dem von den Schwierigkeiten die Rede ist, zu verstehen, wieso denn griechische Kunst – geknüpft an gewisse gesellschaftliche Entwicklungsformen – für uns noch Kunstgenuß, Norm und Muster sei:

> zur frage, warum kunstwerke, entstanden in vergangenen *gesellschaftsstrukturen*, immer noch wirkungen auf uns ausüben: noch die klassenlose gesellschaft wird vermutlich die grundzüge der westlichen historischen strukturen im doppelsinn

‹aufgehoben› haben. wie der menschliche fötus die niedrigeren phasen durchläuft und aufhebt. interessant, wie der moderne bürgerkrieg etwa die sklavenheere ‹zurückbringt›! die hauptwirkungen scheinen sich zu konservieren, wo die hauptwendungen, entscheidungen, umwälzungen, katastrophen stattgefunden haben.

Brechts Überlegungen sind Modelle für historisch-materialistisches Denken. Darum, beispielsweise, ist er in der Lage, eine ebenso glanzvolle wie einleuchtende, schlicht: richtige Einschätzung Hitlers zu geben (nachdem auch er ihn anfänglich kaum zur Kenntnis genommen hat). Endlich wird von einem Autor geleistet, was man generell vermißt von Karl Kraus bis zu Kurt Tucholsky: eine Klassenanalyse. Nicht mehr der Teppichbeißer, der toll gewordene Kommis, der «nach Hose riechende» Anstreicher Schicklgruber; endlich hat einer das Stück begriffen, das hier gespielt wird und nicht «Von Morgen bis Mitternacht» heißt:

> Ganz abgesehen davon, daß hitler mir als großer Mann durchaus willkommen ist, d. h. daß mir eine revision der bürgerlichen vorstellung von großem mann (also von bürgerlicher größe, von dem, was ein großer bürgerlicher politiker ist oder sein kann) akut zu sein scheint, weshalb ich ohne weiteres bereit bin, H(ITLER) als großen bürgerlichen politiker zu behandeln ... man bekämpft hitler nicht, wenn man ihn als besonders unfähig, als auswuchs, perversität, humbug, speziell pathologischen fall hinstellt und ihm die anderen bürgerlichen politiker als muster, unerreichte muster, vorhält; wie man ja auch den faschismus nicht bekämpfen kann, wenn man ihn vom «gesunden» bürgertum (reichswehr und industrie) isolieren und «allein» beseitigen will, würde man ihn goutieren, wenn er «groß» wäre?

Brechts Klarsicht, auch über die «ausweglosesete aller Klassen, das Kleinbürgertum», ist zugleich das Erarbeiten einer eigenen politischen Position. Hier ist die Quelle für seine Urteile und Verurteilungen politischer Haltungen seiner Exilgefährten. Brecht war total isoliert, lebte nahezu vereinsamt. Die Notizen sind, was seine Umwelt – etwa die USA – betrifft, durchweg enttäuschend. Die USA, wie vorher und nachher jedes andere Land, das heißt jede andere gesellschaftliche Realität, existieren in seinen Aufzeichnungen nicht. Das Exil besteht aus Kampf ums tägliche Brot, ernsthafter Arbeit an eigenen Plänen und banalem Klatsch à la «Kortner entlarvt, Lang … Nürnberg haßt Lorre». Grotesk diese Conciergeperspektive bei so einem kühlen Kopf; die Villa von Max Reinhardt, die Automobile von Thomas Mann, der Garten von Charles Laughton, die elegante Geliebte von Remarque – keine sehr ergiebigen Charakterisierungen. Das ist nicht Haß auf die besitzende Klasse (die Brecht gar nicht kennt), das ist offenbar Neid.

Und der führt dann zu den zahllosen Banalangriffen, ob gegen Thomas Mann oder Max Horkheimer, alle leicht zu widerlegen. Nicht darum geht es im Grunde. Zu fragen ist nicht, ob Hermann Kesten wirklich Einblick in ein Manuskript verwehrt wurde – es wurde nicht; Kesten war Lektor bei Allert de Lange und hatte Brecht einen relativ hohen Vorschuß verschafft «und sonst gar nichts». Zu fragen ist, ob Brechts *politische* Attacken berechtigt sind – das «Reptil» Thomas Mann einerseits, das etablierte und vermögliche Haupt der US-Emigration; der «Speikübel» Johannes R. Becher andererseits, einflußreiche Nummer 1 der Sowjetemigration. Mit beiden Kollegen und ihrem jeweiligen Lager verbanden Brecht intime Feindschaften. Zwischen beiden steht er aber nicht nur literarisch: Thomas Manns angebliche Forderung, eine halbe Million Deutsche müßten getötet werden, ist ihm bestialisch, viehisch, kalte Züchtigung. Gleich dagegen, nur zwei Monate später (10. 11. 1943), findet sich die erste Eintragung, in der von dem «entsetzlichen opportunistischen Quark» die Rede ist, den er in Bechers Reform des Nationalismus sieht: «der stinkt von nationalismus. wieder wird der nationalismus der hitler ganz naiv akzeptiert; hitler hatte nur den falschen, becher hat den richtigen.»

Das sind nicht nur zwei Formen von Klassizismus, die Brecht literarisch zuwider sind, sondern auch zwei ihm widerliche Formen, die Frage nach Sünde und Sühne der Deutschen zu stellen. Genau an diesen Stellen finden sich die entsetzlichen Eintragungen über das Bombardement deutscher Städte: «das herz bleibt einem stehen, wenn man von den luftbombardements berlins liest. da sie nicht mit militärischen operationen verknüpft sind, sieht man kein Ende des Kriegs, nur ein ende deutschlands.»

Jetzt sind häufiger und häufiger Bilder von den Trümmerwüsten Hamburgs und Berlins in das Journal eingeklebt; denn wie eine eigene Zeitung, eine Privatvariante der einst von ihm geschätzten AIZ («Arbeiter Illustrierte Zeitung»), die vor allem Freund Heartfields Fotomontagen prägte, wirkt es gelegentlich – Fotos, Zeitungsartikel, Karikaturen sind optische Argumente dieses schweigenden Gesprächspartners, so etwa die AP-Nachricht, das vollständige Wegradieren Berlins würde jeden US-Bürger 18,75 Dollar kosten.

Hier liegt neben der kunsttheoretischen Debatte das zweite – gäbe es das – Zentrum dieses Dokuments; in Wahrheit sind beides eben zwei Aspekte derselben Sache, ist *ein* Zentrum: Brechts Politik- wie Kunstbegriff. Ob bei der heftigen Diskussion später über das «Faust»-Drama des Freundes Hanns Eisler, ob in den Notizen zur Barlach-Ausstellung oder schließlich seine Bemerkung zum 17. Juni 1953 (Brecht wollte seinem geplanten Stück über den Aktivisten Hans Garbe einen Akt über den 17. Juni einfügen): Sein Politikbegriff ging auf in seinem Ästhetikbegriff. Deshalb nicht: «Heimat, deine Sterne.» Deshalb:

«Deutschland, bleiche Mutter». Mutter ist im Sinne von Blochs Materiebegriff «matrix – mater» Brechts Topos für Revolution, also Veränderung – auf dem Theater wie in der Realität.

Das kann man artistisches Prinzip nennen, es hat aber leicht auch etwas Künstliches – genau das, was er anderen, vorzüglich Adorno und Horkheimer, vorwarf: etwas Tui-haftes. Alles ist bei Brecht Denkspiel. Er hat in seinem Leben nie einen Arbeiter gesehen (außer Bühnenarbeiter). Der Begriff kommt lediglich in Vermutungs- oder Hoffnungsverbindungen vor: «die arbeiter, höre ich ...», «die arbeiter sollten doch ...» Der Mann, der sich so amerikanisch gab, vom Sorabaya-Johnny bis zur Chicagoer Weizenbörse, der so gerne vom Kai sang und von Bilbao, hat nie Chicago gesehen (das nun «nebenan» lag), geschweige denn irgendeine Börse der Welt, einen Hafen, eine Fabrik. Egon Erwin Kisch war in die Fabriken, Puffs oder Dschunken gekrochen – BB hat sie besungen. Er konnte nicht einmal Englisch. Zwar spricht die erste amerikanische Eintragung bereits flott von einem gemieteten «flat» – aber am Tage vor seiner Abreise aus dem ungeliebten Land, im traurigen Verhör vor dem US-American Activities Committee, radebrechte er; nicht, wie es eine alberne Weihefama will, aus «List». Tatsächlich haben wir es mit einem «umgedrehten» Lehrstück zu tun, einer Inszenierungs-«Verdrehung» im Sinne der Oscar Wildeschen Ästhetik: Der zufolge ahmt ja das Leben die Kunst weit mehr nach als die Kunst das Leben.

*

Schwierigkeiten beim Sprechen der Wahrheit
Bertolt Brecht vor dem Komitee zur Untersuchung unamerikanischen Verhaltens

Als Uraufführung von Brechts «Leben des Galilei» wird oft Joseph Loseys Inszenierung vom 30. Juli 1947 in Los Angeles genannt, in der Charles Laughton den Galilei spielte, obwohl bekanntlich schon im September 1943 Leonard Steckel am Schauspielhaus Zürich die sogenannte erste Fassung des Stükkes inszenierte (und selber die Hauptrolle spielte), das Brecht im dänischen Exil 1938 / 39 geschrieben hatte. Dieser Vorzug, den man so häufig der amerikanischen Aufführung angedeihen läßt, hängt vielleicht nicht nur mit dem Namen Charles Laughton zusammen, sondern wohl auch mit der Tatsache, daß Brecht mit Laughton gemeinsam eine zweite, die sogenannte amerikanische, Fassung des Stückes schrieb und daß es diese Fassung war, die – von Brecht selber rückübersetzt – ihm als Text für seine Einstudierung des Stückes zur berühmten Aufführung vom 15. Januar 1957 im Theater am Schiffbauerdamm diente. Die Brecht-Schülerin Käthe Rülicke hat seinerzeit im 2. Sonderheft von «Sinn und Form» einen aufschlußreichen Aufsatz über die Unterschiede zwischen den drei Fassungen sowie Brechts Kommentare dazu veröffentlicht.

Was wenig bekannt und durch eine sensationelle Schallplatte der amerikanischen Folkways Records Corporation erst nachzuholen war, ist, daß Bertolt Brecht selber, auf den Tag genau drei Monate nach der Aufführung im Coronet Theatre von Los Angeles, den Galilei spielte. Der Text allerdings war nur zu Teilen von ihm, das Theater war kein Theater, sondern ein Raum im Old House Office Building in Washington, D. C., und die Regie hatten Funktionäre des HUAC (zu deutsch: des Komitees zur Untersuchung unamerikanischen Verhaltens).

Die Schallplatte also bringt den unwesentlich gekürzten Text vom Verhör des Bertolt Brecht – und es ist kein Hörspiel! Mit Recht spricht Eric Bentley, der die Platte vorstellt und Zwischenkommentare gibt, von einer Brechtschen Tragikomödie (ein Begriff, den Brecht typischerweise in seinen Anmerkungen zum «Galilei» erörtert). Versucht wäre man, nach mehrmaligem Anhören der Platte, von einer kläglichen Tragödie zu sprechen. Die *dramatis personae*: Brecht wurde am Donnerstag, dem 30. Oktober 1947, verhört (und verließ 24 Stunden später die USA). Vor ihm waren im Rahmen einer Art «Filmwoche» unter anderem verhört worden: die Hollywoodproduzenten Jack L. Warner, Louis B. Mayer und Walt Disney, die Stars Gary Cooper und Robert Montgomery, die Drehbuchautoren Ring Lardner, Alvah Bessie und Dalton Trumbo (Verfasser eines der hervorragendsten Antikriegsromane: «Süß und ehrenvoll»). Unter den Beisitzern des Komitees fällt ein Name auf: Richard M. Nixon. An dem Namen des Vorsitzenden, Mr. G. Parnell Thomas aus New Jersey, fällt auf, daß er zwei Jahre später im Zusammenhang mit einem Bestechungsskandal auftauchte: Der Vorsitzende dieses Ehrengerichts wurde ins Gefängnis geworfen. An Mr. Stripling, der das Verhör führt, fällt auf, daß er überhaupt nicht weiß, wen er verhört. Kein Brecht-Schauspieler könnte so blechern-hohl, unbeteiligt und doch «ganz Anklage» den Beklagten aufrufen: In der Art, wie Stripling beginnt, «Mr. Bertolt Brecht», liegt bereits alles, vor allem der Ausgang des «Gesprächs». Und der arme BB? Was fällt an ihm auf? Nichts. So sehr nichts, daß der Wunsch, nicht aufzufallen, wie eine Fanfare durch den Sitzungssaal gegellt haben muß. Zaghaft, leise, verschüchtert erscheint der Mann, den man lieber als «Jahrhundertkerl» sähe, kein Dimitroff, der die Ankläger zu Angeklagten macht, sondern ein des schneidenden Dialogs nicht fähiger Grübler, eher ein Hedonist fast, ein Galilei, zu dessen Zeiten «es schimpflich geworden war, etwas zu entdecken».

Brecht hat sich ja immer geweigert, die Gestalt des Galilei als moralische Fragestellung zu erörtern, selbst in seinem Text «Preis oder Verdammung des Galilei?» weicht er aus, stellt ebenfalls zögernd die Frage, beantwortet sie aber nicht:

> Es wäre eine große Schwäche des Werkes, wenn die Physiker recht hätten, die mir – im Ton der Billigung – sagten, Galileis Widerruf seiner Lehre sei trotz einiger ‹Schwankungen› als vernünftig dargestellt mit der Begründung, dieser Widerruf habe ihm ermöglicht, seine wissenschaftlichen Arbeiten fortzuführen und der Nachwelt zu überliefern. In Wirklichkeit hat Galilei die Astronomie und die Physik bereichert, indem er diese Wissenschaften zugleich eines Großteils ihrer gesellschaftlichen Bedeutung beraubte.

Andererseits weiß man, daß er gerade an der 13. Szene, der Schlußszene (der Bühnenfassung; im Buch ist es Szene 14), immer wieder gearbeitet hat, er notierte schon am 23. November 1938 in seinem Tagebuch: «Die einzigen Schwierigkeiten bereitete die letzte Szene.» Er erzählt auch später von der kalifornischen Aufführung, daß diese Szene besonders berührt habe, also das Bild vom schmatzenden, löffelnden Greis, der sich aufgegeben hat und die «Discorsi» nur noch aus Eitelkeit herausgibt. Brecht ist so eingeschüchtert, daß er nicht einmal sein Geburtsdatum richtig sagen kann, daß er – nach mehr als sechs Jahren Aufenthalt in den USA – bereits nach drei Antworten um einen Dolmetscher bittet; der Verfasser von «Sorabaya Johnny», von «Happy End» und «Mahagonny», der Shakespeare-Bearbeiter und Joseph-Conrad-Verehrer spricht tatsächlich ein nur mühsam verständliches, gebrochenes und falsches Englisch, muß den Dolmetscher – ist Sprache Denken? – nach dem Wort «Agitator» fragen.

Natürlich benutzt Brecht diese Schwäche ganz bewußt; es ist

ohnehin das Komische an dieser Tragödie und das Häßliche zugleich, daß man hört, wie ein kluger Mann schlau sein will, was ihm schließlich im Verlauf des Verhörs nur an unwichtigen Punkten gelingt, während mühelos über die Runden kommt ein vollkommen dummer Mensch, der nicht nur nichts von Brecht und Literatur versteht, was verzeihlich wäre, sondern auch nichts von Politik, Faschismus oder Marxismus, was ihn zwei Jahre nach dem Krieg in einem Komitee, das die Röteln im amerikanischen Movie-Business herausröntgen will, untauglich macht. Aber auch sprachliche Schwierigkeiten sollten nicht zu Dialogen führen, die einer Ergebenheitsadresse, zumindest einer Beteuerung bedenklich nahekommen:

> Mr. Stripling: Mr. Brecht, did you ever make application to join the Communist Party?
> Mr. Brecht: I do not understand the question. Did I make …
> Mr. Stripling: Have you ever made application to join the Communist Party?
> Mr. Brecht: No, no, no, no, no, never.

Man hat nicht den Eindruck, daß Brechts in diesem Fall sehr berühmte Dialektik dic Herren Verhörer wirklich von der Überzeugung abbringen konnte, es mit einem gefährlichen subversiven Element zu tun zu haben. Da doch die Segel gesetzt waren, da Brecht ja ohnehin vorhatte, Anfang November zu reisen, und auch nicht amerikanischer Staatsbürger war oder werden wollte, warum dann Beteuerungen, die, das Wort sagt es, immer überzahlt werden? Der Streit um die Zeile «Du mußt die Führung übernehmen» in «Lob des Lernens» aus seiner Bearbeitung von Gorkis «Mutter» klingt müßig: ob es nun *you must take over* oder, wie der auch nicht gerade brillante Übersetzer vorschlug, *you must take the lead* oder richtig *you must take the leadership* heißt – so neutral, wie es der schlaue Angeklagte plötzlich will, klingt es nie und wollte er's ja auch nie klingen lassen. In den Ohren eines Amerikaners mußte sich diese Zeile besonders umstürzlerisch ausnehmen, geschrieben von einem, der bei der Einreise versichert hatte, er wolle die Regierung nicht stürzen; daß der Vers schon aus dem Jahr 1932 stammte, war kein mildernder Umstand. Als ihm eine scheußliche, weil den Reim erhaltende, dem Wortsinn nach richtige Übersetzung des Solidaritätslieds vorgelesen wird und man ihn fragt: «Haben Sie das geschrieben?», sagte er: «Nein. Ich habe ein deutsches Gedicht geschrieben, das sich von diesem aber sehr unterscheidet.»

Beide Gedichte übrigens waren in den USA schon seit Jahren in der hier von Brecht verleugneten und verleumdeten Fassung auf Schallplatten der Timely Recording Company verbreitet, ohne Protest des Autors. Andererseits hat das mit großem Apparat arbeitende Komitee offenbar keine Ahnung, daß zum Beispiel im Film «Kuhle Wampe» gerade dieses Eisler/Brecht-Lied von Ernst Busch gesungen wurde und daß der Film, ohne Beanstandungen, unter dem Titel «Whither Germany» in den USA gelaufen war.

Mag sein, daß man ein solches Verhör Jahrzehnte später ungerecht beurteilt, daß Brecht es schließlich als lästigen Unsinn empfand, den man umgehen sollte wie den Schutzmann, wenn die Parkuhr abgelaufen ist. Er kann das nicht als Teil seiner Biographie angesehen haben, er war bei weitem nicht der berühmte Mann, als den man ihn heute als Dialogpartner in dieses Gespräch hineinprojiziert. Aber was hätte es wirklich gekostet, auf die Frage «Have many of your writings been based upon the philosophy of Lenin and Marx» mit «ja» zu antworten? Brecht sagt glatt nein. Das heißt, er sagt nicht glatt nein, sondern fügt dem Nein Erklärungen über die generelle Wichtigkeit des historischen Materialismus für einen modernen Dramatiker bei. Um das einzusehen, muß man natürlich kein

Marxist sein. Wie weit er sein Florett durchbiegt, diese Mischung aus gelegentlich zu eleganter Schläue und Attackentrotz gibt ein Text wieder, den Brecht (wohl mit seinen Anwälten) für die Verhandlung vorbereitet hatte und den der zwar Zuwendungen, aber nicht Einwänden offene Vorsitzende mit der geistlosen Bemerkung nicht zuließ, es sei «a very interesting story of German life, but ...»

In dem Text heißt es unter anderem:

> Meine Tätigkeit, selbst die gegen Hitler, war immer rein literarisch und vollkommen unabhängiger Natur. Als Gast der Vereinigten Staaten von Amerika habe ich mich jeglicher politischer Tätigkeit, die dieses Land betrifft, selbst in literarischer Form, enthalten. Übrigens bin ich kein Drehbuchautor. Hollywood benutzte lediglich eine Geschichte von mir für einen Film, «Hangmen also die», der die Nazibarbarei in Prag zeigt. Ich kann mir keinerlei Einfluß vorstellen, den ich innerhalb der Filmindustrie hätte haben können, weder politisch noch künstlerisch. Da ich aber nun einmal vor das Komitee zur Untersuchung unamerikanischen Verhaltens zitiert worden bin, fühle ich mich auch berechtigt, zum ersten Male ein Wort über amerikanische Angelegenheiten zu sagen: Wenn ich auf meine Erfahrungen als Stükkeschreiber und Dichter im Europa der letzten zwei Jahrzehnte zurückblicke, so möchte ich sagen, daß das große amerikanische Volk viel verlieren und viel riskieren würde, wenn es irgend jemandem erlaubte, den freien Austausch von Gedanken auf kulturellem Gebiet zu unterbinden oder die Kunst zu gängeln, die frei sein muß, um Kunst sein zu können. Wir leben in einer gefährlichen Welt. Die Menschheit ist in der Lage, unglaublich reich zu werden, ist aber im ganzen noch in tiefer Armut. Wir haben große Kriege über-

stehen müssen, noch größere sogar scheinen immanent und einer von diesen kann durchaus die gesamte Menschheit vernichten. Mag sein, daß wir die letzte Generation der Spezies Mensch sind. Glauben Sie nicht, daß in dieser Situation jede neue Idee sorgfältig und in Freiheit geprüft werden sollte?

Köstlich und gräßlich zugleich, wie die arrogant-bellende Stimme des Lese-Ringers Stripling Brecht über die «Maßnahme» ins Kreuzverhör nimmt, ungenau liest, Stellen ausläßt und nur auf die Frage hinauswill, ob es ein Stück über den Mord an einem Kommunisten durch drei andere Kommunisten ist. Was Brecht nicht wußte, war, daß Mr. Stripling vier Wochen zuvor Hanns Eisler über dieses Stück verhörte und dieser die Frage bejaht hatte. Brecht hingegen, nach Story, Thema und Helden des Stücks befragt, spricht von einem ganz anderen, von «Der Jasager», das ja dasselbe Nô-Spiel zur Grundlage hat; das aber wiederum merkt Mr. Stripling nicht. Mit derselben «überführenden» Impertinenz fragt Stripling nach Tretjakow, dessen Namen er nicht einmal aussprechen, nur buchstabieren kann, obwohl sein Stück «Brülle, China» unter dem Titel «Roar China» am Broadway gelaufen war. Unter feist bestätigendem Gefeixe des Publikums liest Stripling etwas vor, das er als Interview Tretjakows mit Brecht ausgibt und das Brecht als strengen Marxisten «belastet». Der Aufsatz in «Internationale Literatur», Heft 5, Moskau 1937, zeigt allerdings deutlich, daß es sich keineswegs um ein Interview handelt, sondern um einen Aufsatz Tretjakows; er zeigt außerdem, daß Stripling Passagen wegließ, ohne darauf hinzuweisen. Was aber vor allem nicht gesagt wurde, war, daß Tretjakow noch 1937 in Moskau wegen Trotzkismus angeklagt wurde und «verschwand».

Ein gespenstisches Schattenboxen, nur – «den im Schatten sieht man nicht»; denn natürlich gibt es gesammeltes Material, und die Frage «Wann haben Sie Hanns Eisler gesehen?» ist rhetorisch, weil Datum und Uhrzeit vom Verhörenden – Resultat einer offenbar langjährigen Überwachung – genau angegeben werden. Verwunderlich, daß Brecht nicht die Geduld riß und er nicht sagte: «Wenn Sie's so genau wissen, warum fragen Sie mich?» Aber das ist wohl Literatur, wohlgedacht und wohlgesetzt; es ist leichter, den «Mantel des Ketzers» zu schreiben und Situation wie Verhalten unter der Inquisition zu erinnern, als vor der Inquisition zu stehen. Man muß sich ja vergegenwärtigen, daß bereits der Name Eisler damals ein Tabu-Wort war, denn des Komponisten Bruder Gerhart Eisler war von seiner Schwester Ruth Fischer in den USA als «gefährlichster Terrorist, der imstande wäre, der GPU Frau, Kind, Schwester und engste Freunde auszuliefern», denunziert worden. Gerhart Eisler – er galt als Verbindungsmann der Internationale zur KP der USA – wurde wegen Paßvergehen und Verächtlichmachung des Kongresses verurteilt; er floh an Bord eines polnischen Schiffes illegal aus den Vereinigten Staaten (und lebte später als Propagandastar und Leitartikler der «Berliner Zeitung» in Ostberlin). Der 1964 verstorbene Hanns Eisler hatte viele Texte von Brecht musikalisch interpretiert («Sinn und Form» widmete ihm zu Lebzeiten ein Sonderheft, wie nur Brecht und Becher) und galt als einer seiner engsten Mitarbeiter und Freunde. Er hatte auch die Musik zu «Hangmen also die», dem einzigen Film geschrieben, der von Fritz Lang 1942 in Hollywood nach Motiven von Brecht gedreht wurde.

Die Frage nach den Brüdern Eisler und nach dem sowjetischen Vizekonsul in San Francisco, Grigory Kheifets, war höchst bedrohlich, denn Kheifets wurde mit J. Robert Oppenheimer in Verbindung gebracht, übrigens am selben Tage in einem anderen Verhör desselben Komitees; es war quasi der Beginn des Falles Oppenheimer. Ob der das «Kleine Organon» des Bertolt

Brecht gelesen hatte? Dort endet der Abschnitt 63, in dem der «Galilei» behandelt wird, so: «Eine bedeutsame Prüfung steht bevor, und macht nicht jedes Versagen ein weiteres Versagen leichter?»

*

Das grosse Weib Welt
Über Brechts Arbeitsjournale 2

Brechts Stärke wie Schwäche – und das Arbeitsjournal führt beides eklatant deutlich vor – war seine Privatmoral. Das ist das Merkwürdige, Beunruhigende, ja gelegentlich Verstörende dieser Bände aus dem Nachlaß: Die Antwort auf die Frage «Wer war Bertolt Brecht?» wird verweigert. Das Motto, «daß diese aufzeichnungen so wenig privates enthalten, kommt nicht nur davon, daß ich selbst mich für privates nicht eben sehr interessiere ...» – ist das nun wieder Mimikry, oder stimmt es einfach? Das Ergebnis, Musterbeispiel großer Prosa, war fraglos zur Veröffentlichung gedacht: Das Gegenteil anzunehmen hieße, ein unzumutbares Quantum Naivität bei Schreiber wie Leser vorauszusetzen. Deshalb liest man so bohrend, forscht so hartnäkkig die Verstecke des Mannes aus, dessen Anna Fierling vor der eigenen Tochter warnt: «Die leidet an Mitleid.» Das ist die verletzliche Behutsamkeit, die Brecht hat: – *auch* hat? Schon seine Bemerkungen zu Dichtern wie d'Annunzio oder Pound lassen aufhorchen. Qual, tiefer fast als erträglich, zeigen die künstlich-lapidaren zwei Worte «gretes todestag». Abschied von der geliebten Margarete Steffin.

Gedanken zu sich, morose Gedanken gar, hängen bei Brecht immer mit Natur zusammen; in seinem Werk sind Naturbegriffe immer Kurzchiffren für gesellschaftliche Prozesse, ob Baum, Wasser, Pferd; meist im Gedicht übrigens. So ist es auch kein Zufall, daß aus der privaten Eintragung «was ich gerne mache, ist das wässern des gartens … man entdeckt so viel grünes in der erde, wenn man erst einmal zu gießen anfängt» das Gedicht «O Sprengen des Gartens, das Grün zu ermutigen» wurde. Von solcherlei Genesis gibt es wenig im Arbeitsjournal, eher von Fluchtgedanken, die keinen Herrn Ziffel quälen, eine andere Flucht meinen:

> ab und zu einen großen bomber über mir, sehe ich eine kletterpflanze und denke: für sie gibt es keinen determinismus, angenommen, sie benützt ein system von gründen, ein mann kommt, streckt einen arm aus und bindet sie an einen draht – einmal in ihrem leben. so etwas kann in ihrem system nicht als determinierung vorkommen, ich denke dann: das sind morose gedanken, stehe auf, eine zigarre zu holen.

Zu diesen beiden Stichworten, «morose Gedanken» und «Zigarre», hat Carl Pietzcker mit seiner Studie über Brechts Herzneurose «Ich kommandiere mein Herz» eine aufregende Untersuchung vorgelegt. Pietzcker ist Äußerungen des jungen Brecht und denen vieler Zeugen seiner frühen Jahre nachgegangen, die zweierlei dokumentieren: daß Brecht schon früh (und zeit seines Lebens) unter qualvollen Herzattacken litt – und daß er ein wahrhaft ausgeknobeltes System von Maßnahmen entwickelt hatte, sich zu schützen. Das beginnt beim Anhören erregender Musik – und endet bei der Liebe: schon als Junge will er bei der Matthäuspassion in «wildes Koma gefallen» sein; Hanns Eisler berichtet: «Er konnte überhaupt nichts anfangen zum Beispiel mit Beethoven … Man muß wissen, daß Brecht eine Art Selbstschutz hatte. Er hat sich mit Musik nur soweit eingelassen, als er sie gebraucht hat.» Das Wort «Musik» wäre austauschbar – Brecht hat sich mit *allem* nur soweit eingelassen, wie er es gebrauchen konnte: Politik, Schreiben, Frauen.

Pietzcker führt sehr einleuchtend das Baumaterial des Brechtschen Systems vor:

> Schuldgefühle können zum «Herzkrampf» führen. Wenn «Mittel» versagen, mußte Brecht kräftigere suchen. «Mein Appetit ist zu schwach. Ich bin gleich satt!! Die Wollust wäre das einzige, aber die Pausen sind zu lang, die sie braucht! Wenn man den Extrakt ausschlürfen könnte und alles verkürzen! Ein Jahr vögeln oder ein Jahr denken!» Sein «Appetit ist zu schwach»: Selbst wenn beim Essen keine aggressiven Tendenzen drohten, der Esser stieße an dessen Grenze, und so an die der unbegrenzten Einheit mit dem Objekt. Nur einmal kann er ja, indem er essend stirbt, die Wahrnehmung jener Grenze meiden. Auch kann er diese Einheit mit sich selbst essend nicht herstellen: «Alles ist nur halb / ich äße mich gerne selber.» Da sind «Vögeln» oder «Denken» schon wirksamere Mittel. Er kann seine ohnmächtige Passivität verlassen und aktiv die Einheit mit einem guten Objekt herstellen, das er beherrscht: die Frau oder, was weniger gefährlich ist, die eigenen Gedanken, oder gar schreibend: das eigene Werk. Doch wenn seine Aktivität nachläßt, die Einheit mit dem Objekt zerbricht und das von Größenphantasien getragene Hochgefühl zerstiebt, erfährt er auch hier die erschrekkende Leere der «Pausen», seine Ohnmacht und Verlassenheit: «Es ist zuviel Pause zwischen den Sternenhimmeln», Essen, «Vögeln», «Denken» und auch Schreiben sind keine zuverlässigen Mittel. Dennoch sucht er vor allem bei *Frauen* und im *Schreiben* Schutz vor Angst. Sie waren seine wichtigsten «Mittel».

Beide müssen gehärtet werden. Das Härte- und Kälte-Konzept Brechts – fast in der Nähe von Nietzsches «Was mich nicht umbringt, macht mich stärker» – ist ein Angriff auf die Welt aus Angst vor der Angst. Schon der 18jährige notiert, als er wegen Herzkrämpfen das Zimmer hüten muß: «Man wird stark, wenn man einsam ist und das beste Verhältnis zu den Menschen ist: weit weg.» Das entspricht einer späteren Szene, wie Brecht eine seiner Geliebten, Ruth Berlau, begrüßt – und dabei zurücktritt. Und das wiederum entspricht dem ästhetischen Credo; beziehungsweise produziert es: «Ich fühle nur, wenn ich Kopfschmerzen habe, nicht wenn ich schreibe, dann denke ich nämlich.» Die Kausalität: Herzphobie, weil Herz als Einbruchstelle von Ängsten – anerzogene Kälte («Finsternis») – Schutzbedürfnis («Fühlte er sich beim Spielen bedrängt, lief er schnell ins Haus und rief nach der Mama») – Konflikt um Abhängigkeit und Bindung – gestische Verfremdung statt Beteiligtsein ist sehr einleuchtend. «Soweit er in der Abwehr der für ihn bedrohlichen Gefühle kontraphobisch reagierte, wurde Brecht zur Betonung des Willens, des Intellekts und der Gefühlskontrolle getrieben», schreibt Pietzcker.

Politisch heißt das, stets *neben allem* zu stehen. Brecht war so uninteressiert an der Münchner Räterepublik – «Während der Kämpfe um Augsburg und München beschäftigte er sich mit der Neufassung seines ‹Baal›» – wie am Kapp-Putsch – «Am Abend ging er zu Karl Valentin ins Kabarett und wälzte sich vor Lachen»; das referiert sein Biograph Werner Mittenzwei. So nahm Brecht Hitler als eine besondere Gaudi Münchens und probte am Tage des Hitler-Putsches, 9. November 1923, in den Kammerspielen «Das Leben Eduards des Zweiten von England». Am 17. Juni 1953 probte er (mit Benno Besson) «Don Juan» von Molière. «Er ist aber nur interessiert an sich selbst, an Bert Brecht», summierte George Grosz einmal.

Eine eigenartige «Engführung»: Natur wie gesellschaftliche Prozesse sind das Verdrießliche – und aus diesem ihn Aufstörenden rettet Brecht sich zu sich; zu Hause im Chaos. Martin Esslin hält eine Begebenheit fest, die diesen komplizierten Ablauf wiedergibt:

> Was die Schönheiten der kalifornischen Landschaft betrifft, so erzählt ein Freund Brechts, er habe ihn einmal auf eine Spazierfahrt im Auto eingeladen; während der Wagen auf der Küstenstraße in atemberaubend schöner Landschaft vorbeifuhr, saß Brecht mürrisch und stumm neben ihm. Aber als der Wagen einige der weniger respektablen Vororte des Hafens von Los Angeles, ein Gewirr von Schuppen und Baracken, erreichte, erhellte sich Brechts Antlitz sofort. Mit einem glücklichen Lächeln sagte er: «Was für eine herrliche Landschaft!» Und er meinte dies durchaus ernst.

Die Welt – gleich, ob als «gegebene», vorgefundene Landschaft oder als «gemachte», hergestellte Gesellschaft – ist für Bertolt Brecht in jedem Fall gleichsam zu wirklich, da mehr als ein Gedankengebäude. Sie konfrontiert ihn mit Risiken, die es zu fliehen gilt.

Wesentlich intensiver, «intimer» eben, prägt dieses Bedürfnis nach risikoarmen Beziehungen Brechts Verhältnis zu Frauen. Pietzcker analysiert:

> Wie die Finsternis, so sollte auch die «Kälte», die ja oft mit ihr zusammen erscheint, vor der eigenen Aggression schützen: «Ist das Objekt kalt und gleichgültig, so fühle ich mich nicht abhängig von ihm und werde in meinem Autonomiebedürfnis nicht behindert; so muß ich auch nicht aggressiv werden.» Deshalb stellte Brecht die «Kälte» aktiv her («Und er verbat sich zitternd alles Weinen»; «es ist mein Wille»), zer-

störte «wärmende» Zusammenhänge und zog sich angesichts des nun «kalten» Objekts auf die sichernde Position seiner Vereinzelung zurück: «Der warme Wind bemüht sich noch um Zusammenhänge ... Ich komme sehr vereinzelt vor.» Auch vor der gefährlich lockenden Wärme des Objekts soll eigene «Kälte» also schützen: «Marianne ... heiratet jetzt mich ... Aber wenn ich mich in die Schale zurückziehe (und Eisluft abfließt), fällt sie um und hat blaue Hände, kann nicht mehr heran.»

Das läßt sich direkt ins Werk übersetzen:

Und das große Weib Welt, das sich lachend gibt
Dem, der sich zermalmen läßt von ihren Knien
Gab ihm einige Ekstase, die er liebt
Aber Baal starb nicht: er sah nur hin.

Es gilt wohl für beide Lebensbereiche – die ästhetische Summe hieß dann «gestisch» –, für Erotik wie Revolution: Er sah nur hin.

Erkennbarer noch als an dem bisher Angeführten wird das an Brechts wohl erotischster Ballade, seinem erotischsten Stück: Baal. Die vielfachen Variationen und Änderungen von Gedicht-«Choral» und Stück/Lehrstück nehmen weder den Ausgangspunkt – Baal, jene semitisch-phönizische Gottheit, Urprinzip des Bösen im Alten Testament – noch den Fliehpunkt zurück. Es geht jetzt nicht darum, daß bestimmte «auffällige» Worte – etwa jenes von Tucholsky als prätentiös abgewehrte «ungeheuer oben» aus der «Erinnerung an die Marie A.» – wiederholt auftauchen; alle diese Gedichte verdanken sich derselben Entstehungszeit, die beiden vielleicht wichtigsten, ebenjene «Erinnerung an die Marie A.» und die «Ballade vom armen BB» wurden im D-Zug zwischen München und Berlin geschrieben, und das heißt in der auch örtlich fixierten Unentschiedenheit zwischen zwei Frauen. Jenseits solcher literaturhistorischer Details ist festzuhalten eine einheitliche Bewußtseinsebene jenes

> Ich, Bertolt Brecht, bin aus den schwarzen Wäldern.
> Meine Mutter trug mich in die Städte hinein
> Als ich in ihrem Leibe lag. Und die Kälte der Wälder
> wird in mir bis zu meinem Absterben sein …

Nicht mehr im Leibe des Weibes: Das Böse ist entstanden, das Verworfene. Wichtig ist nicht die mögliche Identität des Baal mit jenem «männlichen Vamp namens K. aus Pfersee bei Augsburg», den Brecht einmal erwähnt und über den Germanisten nach wie vor streiten und rätseln. Die Frage nach der «Möglichkeit Baal in der Wirklichkeit Brecht» ist interessant. Der «Choral vom großen Baal» ist so gut Biographiegedicht wie die «Ballade vom armen BB»:

> Als im weißen Mutterschoße aufwuchs Baal
> War der Himmel schon so groß und still und fahl
> Jung und nackt und ungeheuer wundersam
> Wie ihn Baal dann liebte, als Baal kam.
>
> Als im dunklen Erdenschoße faulte Baal
> War der Himmel noch so groß und still und fahl
> Jung und nackt und ungeheuer wunderbar
> Wie ihn Baal einst liebte, als Baal war.

Nun nimmt aber eine eigenartige Szene die Mittelstelle des Stückes ein; man kann getrost von der Schlüsselszene sprechen – jener nämlich, in der Brecht (der Liebe einst eine Schwäche nennen soll) ein seltenes Mal sagen läßt «Ich liebe dich». Baal sagt es zu Eckart. Es ist eine frauenfeindliche Szene: «Ich mag kein Weib mehr.» Ihr folgt unmittelbar die «Ballade vom ertrunkenen Mädchen», ein Meisterwerk, das sich zusammensetzt aus den Begriffen und Elementen Flüsse und Schwimmen, azurner Himmel, sehr wundersam und Sterne und ein Gott, der allmählich vergaß. Und das wiederum auf Rimbauds «Flotte très lentement, couchée en ses longs voiles» der Ophélie verweist. Bezeichnenderweise findet sich in der zentralen Szene von «Im Dickicht der Städte», im großen Abschlußgespräch zwischen Shlink und Garga derselbe Satz, warnend: «Nimm dich zusammen, ich liebe dich.»

Gewiß, «dem Stück fehlt Weisheit», wie Brecht 1954 sagte, und es ist nicht überflüssig, sich zu erinnern, daß wir es mit vorrevolutionären Arbeiten zu tun haben. Es verrät sich hier doch mehr, ein Strukturelement offenbar: ob die monologische Anlage der Psalmengedichte «Gesang von einer Geliebten» und «Gesang von der Frau»; ob Klage und Warnung, daß «bitter bereut, wer des Weisen Rat scheut – sagte das Weib zum Soldaten»; ob die Dirne Evelyn Roe, die wie alle Dirnen Brechts «eigentlich rein» ist, Gefährten eher wie Hanna Cash oder doch jedenfalls Copain wie Barbara und die Seeräuber-Jenny – ein großes Ideal von Unschuld, Demut und Tugend prägt Brechts Frauengestalten. Es ist eher die Idee einer Frau als ihre konkrete Gestalt: «Doch ihr Gesicht, das weiß ich wirklich nimmer.» Im «Gesang von einer Geliebten» heißt es ähnlich: «... sie verschwand wie die Wolke, wenn es geregnet hat, ich ließ sie ...», nicht viel anders im «Gesang von der Frau»: «... seitdem habe ich sie nicht mehr gesehen, und einzig von ihr blieb der kleine Schrei ...»

Brechts Frauengestalten sind Ideenträger, Hoffnungsziele. Sie sind alles: Dirne oder Heilige, Mutter, Kämpferin und Genossin; eines sind sie nicht: Frauen. Es gibt im Brechtschen Œuvre keine Erotik. Carl Pietzcker faßt das in einem niederschmetternden Satz zusammen: «Die Spaltung des Frauenbildes hat *als* Spaltung eine Verachtung wirklicher Frauen zur Voraussetzung.» Und er führt diesen Gedanken sehr genau aus:

> Als «Mittel» hatten die Frauen unterschiedlichen Aufgaben zu genügen. Er idealisierte die als gutes Objekt erfahrene, auch körperlich «wärmende» Frau («Er vergötterte mich so sehr, daß es mir peinlich war», schreibt Bie), er distanzierte sie oder er entwertete sie zur Hure. Diese Spaltung des Frauenbilds zieht sich durch sein Werk: Als eine weitere Variante kommen dort die idealisierten und weitgehend entsexualisierten Jungfrauen und Mütter hinzu wie Johanna Dark, Pelagea Wlassowa, Grusche oder Shen-te. Die sexuell nicht anziehende Frau lockt den Mann weniger in den Strudel der frühen Symbiose. So konnte Helene Weigel, nachdem die Sexualität zwischen den beiden kaum eine Rolle mehr spielte, wenigstens zeitweilig zum verläßlichen guten Objekt werden. Ruth Berlau berichtet: «Als ich einmal über einen Menschen sehr enttäuscht war, weil er nicht hielt, was wir uns von ihm versprochen hatten, nahm Brecht einen Bleistift und zeichnete mir auf: Von einem Menschen kannst du zum Beispiel so viel erwarten, von einem anderen so viel und einem dritten nur so viel. Du darfst nie beleidigt oder enttäuscht sein, wenn deine Vorstellungen nicht erfüllt werden. Dann hast du Vorurteile gehabt. Wenn du *einen* Menschen hast, auf den du dich hundertprozentig verlassen kannst, dann hast du viel. Zwei solche Menschen gibt es nicht.» Für Brecht war dieser eine Mensch die Weigel … Brecht war an und für sich einsam. Er mußte sich schützen – zu allen Zeiten, nach allen Seiten. Er hatte wirklich nur die Weigel, auf die er sich völlig verlassen konnte. Um sich vor narzißtischer Kränkung zu schützen («Du darfst nie be-

leidigt oder enttäuscht sein»), benutzte er Anteile der Frauen, nicht jedoch die ganze Person, als «Mittel» gegen seine «Verlassenheit». Helene Weigel hatte bald den Part der asexuellen wärmenden und nährenden Mutter zu übernehmen, süddeutsch-österreichisch zu kochen, ein Heim einzurichten und zu sichern. «Daß Brecht während seines ganzen Exils nicht auf das gewohnte häusliche Leben verzichten mußte, war dem Verständnis, dem Geschmack, ja der Aufopferung Helene Weigels zu danken.» Sie führte wohl auch die Rolle der Dienstmädchen, der verläßlichen Maries fort, die Brecht auch später im System seiner Bemutterung unterbrachte. Er konnte es in Ostberlin noch vervollkommnen: Die Frau, die ihn dort versorgte, hieß mit Familiennamen «Mutter». «Frau Mutter, bringen Sie bitte das Essen!» – was konnte ein alternder Muttersohn sich Schöneres wünschen.

Das findet seine genaue Bestätigung in den Beschreibungen von Marieluise Fleißer, ob in ihrer Novelle «Avantgarde» oder in ihrer Brecht-Erinnerung «Frühe Begegnung». Brechts nicht nur koketter Männlichkeitswahn, seine Haltung, in Frauen allenfalls Echo, Spiegel, Gegenüber – nie aber Partner zu sehen, charakterisiert die Gefährtin aus Ingolstadt im spröden niederbayerischen Tonfall treffend. Das Begriffsmaterial des nur scheinbar fiktiven Berichts ist Bestätigung des Vermuteten: die Frau als «gewünschter Fänger für seinen Ball», als «brauchbar» oder bestenfalls «nicht störend», als Gegenspieler, den man «bricht». Dieses sonderbar dialektische Verhältnis zu Hoffnungspotential und von Beginn an verachtetem Ziel, so es erreicht ist – das ist nicht nur das Spiel des Liebhabers, der das Schwangerwerden seiner Freundinnen haßt: Es ist auch das Konzept, gedankliche wie moralische Verhaltensweise: Wem «viel lieber als das Gewordene das Werden war» – wer also das

Zeugen akzeptiert, die Geburt nicht –, der will möglicherweise mitarbeiten an einer besseren Welt; die Welt selber will er nicht. Mit einem nahezu klassischen Satz hat die Fleißer das dechiffriert: «Im Endziel suchte er den Menschen zu helfen. In der Handhabung war er ein Menschenverächter.»

Brecht saß immer «von den Menschen sehr entfernt», identisch mit einem Ziel, einer Sprache, einem Partner war er nie; identisch war er mit sich: Der frühe Brecht «ist Baal», heißt es im letzten Absatz von «Frühe Begegnung».

Jene «Nützlichkeit» der Frau ist für den, der nur sich selber sucht, am perfektesten manifestiert in der Schauspielerin. Sie ist die – weiblich-humane – Variante dessen, was in homosexueller Literatur der Spiegel ist: Austräger eigener Ideen, Verwirklichung eigener Gesten, Erweiterung des Selbst: «Schauspielerin mußte man sein, daß er sich unmittelbar durch die Frau ausdrücken konnte. Das war die wahre Ergänzung für so einen Mann, das brauchte er wesentlich. Damit fing er wirklich was an, und das brachte ihn fort, denn dann konnte er sich körperlich sehen», heißt es bei Marieluise Fleißer. «Sich sehen.» Ein spröder, rational ausbalancierter Vorgang eher, nicht intim. Der Erläuterungscharakter des Mimischen, Gestischen in Brechts Theatertheorie, sein Horror vor Identifikation, ist hier bereits angelegt. Und ebenso ist hier angelegt jene «Große Kooperative» – sein Leben mit Helene Weigel.

Die Manie, Verträge zu schließen – im Nachlaß fanden sich 50 000 Blatt Vertragstexte, mehr als Manuskripte, und Marianne Zoff erinnert sich an den Ehevertrag: «Er wollte fremdgehen dürfen, ohne daß ich mich darüber aufzuregen hätte, und ich sollte ihm treu sein» –, ist ein anderes Zeichen für das Instrumentalisieren von Frauen; «daß seine engsten Mitarbeiter an den Stücken fast ausschließlich Frauen waren, ergab sich aus seinem Umgang mit ihnen», sagt lakonisch Werner Mittenzwei, «eine Trennung zwischen der Arbeit und dem Privaten, dem Intimen, ließ sich bei ihm nie erreichen». So schrieb Brecht an seine frühe Geliebte «Bie», «Du mußt mir gehorchen»; «Ich war sein persönliches Eigentum», berichtet sie; er nennt entsetzliche Szenen mit Ruth Berlau «Spesen des Lebens» oder empört sich über die sterbenskranke Margarete Steffin: «Jetzt kann sie nicht im Krankenhaus liegen, denn ich brauche sie.» Mal darf die eine nicht am Mittagstisch Platz nehmen, mal muß die andere im Garten in einem Zelt kampieren, mal reist er mit allen dreien (Margarete Steffin, Ruth Berlau und Helene Weigel). Als Käthe Reichel einen Selbstmordversuch unternimmt, war er «bestürzt und gekränkt».

Die Frau also ein «Mittel»; das kann sie sein als asexuelle Mutter, als weiblicher Körper, als Mitarbeiter, als politischer Hoffnungsträger – manchmal (zum Beispiel in der DDR, wo Brecht kaum Kontakt zur Außenwelt hatte) als Zeitungsersatz. Präzise analysiert Carl Pietzcker:

> Aber der Liebende, der bei ihr Wärme sucht, gerät in «unangenehme Zustände», «in zusammenhanglose Träumereien», er verliert die Kontrolle, denn hinter dem guten droht das böse Objekt aufzutauchen. Sind die Frauen «vollgesogen», singt Baal, «wie Schwämme mit Liebe, dann werden sie wieder Tiere, bös und kindisch, unförmig mit dicken Bäuchen und fließenden Brüsten und mit feuchtklammernden Armen wie schleimige Polypen».
> Dem, der das böse Omen liebt, droht der Untergang. Das hat Brecht besonders in der Verschiebung auf homosexuelle Beziehungen ausphantasiert; an der Liebe seines Bargan zum Beispiel, der «nur weil er etwas haben wollte, dem er nützen konnte, sich an diesen Aussatz gehängt hatte und alles sein ließ für ihn und wohl noch froh war, daß es kein guter Mann war, den er liebte, sondern ein böses gefräßiges Kind, das ihn ausschlürfte wie ein rohes Ei, mit einem einzigen Zug: so

konnte es jedem von uns gehen, mitten im Licht wurde man überfallen, so unsicher sind wir alle auf diesem Stern.» Den in der Liebe drohenden Umschlag in solch ein zerstörerisch fressendes Objekt gilt es zu meiden.

*

Vervielfachung und Kühle
Über die Tagebücher Brechts

Wie eine – paradoxe, weil «vorweggenommene» – Zusammenfassung seines Lebens lesen sich Brechts Tagebücher der Jahre 1920 bis 1922. Es ist eine Prosa wie Eisblumen, zu deren Entstehen es bekanntlich einiger Kälte bedarf. Und die, kommt man ihnen zu nahe, zerstört werden. Diese Brecht-Notate zu Brecht sind beides zugleich: Annäherung und Entfernung. Sie atmen etwas Schwebendes, Dünnes, Gläsernes. Ein junger Mann, der im Schlafzimmer einen Gipsabguß seines eigenen Gesichts hängen hat und der dies Gesicht gleichzeitig «ein kreditiertes Versprechen» nennt; der, hat er Kopfweh, fragt: «Wer ist das, der da Kopfweh hat?» Eine ständige Spannung zwischen Sprödigkeit und Güte, nachtschwarzer Einsamkeit und glimmendem Hoffen, Hohn, Haß und Freundlichkeit. Texte gleich Brechts großen Gedichten. Die dramaturgische Vivisektion des eigenen Lebens – und, wie eine haarfeine Nadel jede Erschütterung anzeigend, der eigenen Kunstleistung. Noch sehr viel eindringlicher als im «Arbeitsjournal» – weil vorsichtiger, witternder – offenbart sich in diesen frühen Aufzeichnungen die hautenge Dialektik zwischen Brechts Lebens- und Kunstbegriff. Es gibt einen einzigen Satz, der in diesen Notizen zweimal auftaucht, gleichsam die Achse des Buches: Meier-Graefes Diktum über Delacroix, bei ihm habe ein heißes Herz in einem kalten Menschen geschlagen. «Und das ist im Wesentlichen eine Möglichkeit der Größe», heißt Brechts Kommentar. Das klingt, zumal gefolgt von einem Beschwören der Ethik der *Technik* in der Kunst, wie ein Bekenntnis – scheinbar; denn dieser Gestus des Entzingelns statt sich zu umzingeln, der Entfernung statt Annäherung, des kühlen Reservats durchzieht das Buch. Einerseits. Und andererseits eine Haltung großer Trauer. Sie ist es, aus der Brechts Kunst entsteht. Es bleibt wie unnütze Tage, «leer ausgespieene Pflaumenhäute». Es bleibt wie bei dem Grau der Vergeblichkeit. Es führt, immer wieder und immer neu errungen, zu etwas, das sich wohl nur im Paradoxen begreifen läßt: Ratio des Gefühls, Betroffenheit des Hirns. Jener Verkrochenheit ins Vergebliche – «Es gibt keine Sprache, die jeder versteht. Es gibt kein Geschoß, das ins Ziel trifft» – steht eine Traurigkeit entgegen, die produziert; eine positive Trauer:

> Man hat seine eigene Wäsche, wäscht sie mitunter. Man hat nicht seine eigenen Wörter, und man wäscht sie nie. Am Anfang war nicht das Wort. Das Wort ist am Ende. *Es ist die Leiche des Dinges.* Was ist der Mensch für ein merkwürdiges Geschöpf! Wie er Dinge in seinem Leib tut, in Regen und Wind herumtrabt, aus Menschen junge kleine Menschlein macht, indem er mit ihnen verklebt und sie mit Flüssigkeit anfüllt, unter Wonne ächzen! Lieber Gott, laß den Blick durch die Krusten gehen, sie durchschneiden!

Um diese beiden Pole kreisen die Eintragungen, deren sprachliche Dichte geradezu bestürzend ist: Inseleinsamkeit, Leben als Entziehungskur, Kälte; und eine große Schwäche – für Leben, für Nähe, für Zeugen. Dem deklarierten Nicht-Mitleid, der songhaften Härte «ich habe keine besondere Wertschätzung für die Leute» steht sofort die Rücknahme entgegen: «Warum kann ich nicht über Leute schreiben, die ich liebe?»

Denn wie stark Brecht lieben konnte, das zeigt etwa die Beziehung zu seiner ersten Frau Marianne Zoff und der Kampf um ihr Kind. Kein Zufall, daß der entscheidende Satz «Der Geschäftsmann ist Idealist in der Rede, Zyniker in der Tat, der Literat umgekehrt» im Zusammenhang mit ihrer Geschichte fällt. Diese intensive Liebesbeziehung, anders als die zahllosen Geschichtchen und Affären, die in den Tagebüchern aufgezählt sind, und anders auch als die schmerzende Nichtbeziehung zu Bie Banholzer, der Mutter seines ersten Sohnes Frank, zeigt jenen Brecht, von dem Arnolt Bronnen einmal sagte: «Er vervielfachte sich dauernd.» Brecht war wie ein Kind, er wollte alles haben, möglichst alles auf einmal – was er sah, wovon er hörte. Frauen, Glück, Rauch, Liebe, Ungebundenheit, Gebundenheit, Geborgenheit, Einsamkeit: «Freilich, ich will Timbuktu und ein Kind und ein Haus und ohne Tür und will allein sein im Bett und mit einer Frau im Bett, die Äpfel vom Baum und das Holz vom Baum und keine Axt führen und den Baum mit Blüten, Äpfeln, Blattwerk in Großaufnahme vor meinem Fenster! Und einen Knecht zum Düngen dazu!»

Diese sinnliche Unersättlichkeit zügelt Brecht durch – Nerven. Seine Moral besteht aus Fühlern, seine Beobachtungsdistanz ist die einer Spinne, die die Welt verpuppt und verdaut, indem sie ein so hauchfeines wie kunstvolles Netz um sie garnt. Wenn er das Medium zwischen Zuschauer und Bühne «die Sehnsucht zu sehen» nennt, dann ist eben jene artistisch-zeremoniöse Distanz früh formuliert, die später das Wort «fremd» zum Inhalt bekommt. Das ist auch die «Vervielfachung» – und das ist, wie diese Tagebücher zeigen, immer aufs engste verbunden der Erfahrung.

Wie der Analyse des eigenen Lebens. Bestimmte Bibelworte, sagt Brecht, gingen einem unter Schauern unter die Haut – wie bei der Liebe. Leben gerinnt zu Kunst, nein: wird gerinnen gemacht, durch Kühle. Als Arnolt Bronnen – die zeitweise intime

Freundschaft der beiden Männer fand ihren Niederschlag in «Im Dickicht der Städte» – nach der jagenden Niederschrift des Stückes zu ihm sagte: «Bert, das bist du. Aber Du bist durch ein Gestrüpp von Rimbaud, Baudelaire und Villon hindurchgekrochen, Fetzen von Dir, von diesen hängen durcheinander. Was wolltest Du sagen?», meinte Brecht: «Den letzten Satz. Das Chaos ist aufgebraucht. Es war die beste Zeit.»

Und der Satz von den Bibelworten fällt nach einer großen reflektorischen Passage über Schwäche und Stärke, über biegsame Leute und Entweder-Oder-Menschen, die «trieben alles zum Äußersten, sie haben Haltung aus Angst vor ihren gläsernen Herzen. Kurz: es sind arme Leute.» Das liest sich fast wie das Ergebnis einer bewußten Komposition – wann immer sich Definitionsversuche zu Kunstproblemen finden, stehen sie in unmittelbarer Nähe erbarmungslos-scharfer Analysen; meist der eigenen Person.

Jener Satz von der Beziehung zwischen Zuschauer und Bühne etwa genau vor dem aggressivsten Portrait eigener Verlogenheit und Eitelkeit, Schnödigkeit gegen eine Frau. Heraus siebt Brecht – «für *einen* starken Gedanken würde ich jedes Weib opfern, beinahe jedes Weib» – stets das Artefakt, wobei er das Kulinarische keinen Augenblick außer acht läßt, sich etwa als zu unreif für einen Roman bezeichnet, der ein gewaltiges Freßfest aller Sinne voraussetze. Das ist es wohl auch, was ihn die eigene Kunstproduktion wesentlich als Prozeß, nicht als Resultat sehen läßt. Schon der Jüngling findet hier Formulierungen, die sich fast wörtlich im «Organon» des reifen Schriftstellers finden; schon der junge Mann begreift sich lediglich als einen, der Vorschläge machte: «Ich habe kein Bedürfnis danach, daß ein Gedanke von mir bleibt. Ich möchte aber, daß alles aufgegessen wird, umgesetzt, aufgebraucht.»

Aber er sieht auch, daß das Wesen der Kunst Einfachheit, Größe *und* Empfindung ist – das Wesen ihrer *Form* Kühle. Wie eng ineinandergezwirnt das ist, zeigt das hochpathetische Wort, das Brecht in seinen Tagebüchern, ein einziges Mal, benutzt. Er setzt es ein zu einem Stück von Shakespeare, das ihn «ergriff».

«Ich bitte Helli, folgendes zu veranlassen»: DIE ZEIT, 53 / 8. 11. 2012;
Schwierigkeiten beim Sprechen der Wahrheit: «Süddeutsche Zeitung», 98 / 24. 4. 1965;
Das große Weib Welt; Entwurf zu einem Menschen; Vervielfachung und Kühle: basierend auf einem Artikel in der ZEIT vom 5. 2. 1988 sowie auf undatierten Schreibmaschinen-Abschriften frei gesprochener Rundfunksendungen.

Erzählbild Grass

Erfolgs- und Skandalautor

Eine Gratulation

Die meisten kaufte der Romancier Wolfgang Hildesheimer: Als Mitte der fünfziger Jahre bei den Tagungen der Literatur-Gruppe 47 ein ziemlich struppiger Bursche auftauchte – es hieß, er habe nicht das Geld für die Anreise –, bot der in den Pausen eigene Zeichnungen und Lithographien aus. Die erste Erwähnung findet sich im «Tagesspiegel» von 1955: «Einen neuen, als ‹kräftig, vital und bravourös› apostrophierten Ton brachten die Gedichte des Berliner Bildhauers Günter Grass.»

Zwei Jahre später war es Joachim Kaiser in der «Frankfurter Allgemeinen Zeitung» – diesmal nach der Lesung aus einem Stück –, dessen absolutes Gehör den Ton einer großen Begabung erkannt hatte: «Kraft, fast brutale Kraft, verrieten zwei Akte des Dramas ‹Onkel, Onkel› von Günter Grass ... Die Situationen sind absurd, hart gewordene Alltagssprache legt hier Sentimentalitäten und Mordsituationen frei. In der surreal-berlinischen Welt von Grass wird der ‹Glaube an den Menschen› brillant zerschlagen.»

Da lebte der 30Jährige, der über genau eingeteilte 300 Mark im Monat verfügte, mit seiner Frau Anna in einer winzigen Zweizimmerwohnung der Pariser Avenue d'Italie. Das «Atelier» war ein feuchtes Kellerloch, Heizkeller zugleich, in dessen Ofen die erste, zweite, dritte Fassung einer Prosa-Arbeit verbrannt wurden – einer von mehreren Arbeitstiteln war «Der Trommler». Der epische Versuch ging zurück auf ein langes Gedicht über einen Maurer, der sich dem Wohlstand verweigerte und in seinem Ekel oben auf einer Säule ankettete, versorgt von einer schimpfenden Mutter mit dem Henkelmann. An den metaphernbeladenen Säulenheiligen erinnerte sich Günter Grass später: «Dieses lange Gedicht war schlecht gelungen, hat sich mir nur in Bruchstücken erhalten, die allenfalls zeigen, wie stark ich gleichzeitig von Trakl und Apollinaire, von Ringelnatz und Rilke, von miserablen Lorca-Übersetzungen beeinflußt gewesen bin. Interessant alleine blieb die Suche nach einer entrückten Perspektive.»

Vorerst hockte der Vater von Zwillingen in seinem Kellerloch, hungerte sich Tuberkulose in die Lunge (die er später ausheilte), schrieb Einakter und Gedichte, verdrängte das Bild eines dreijährigen Jungen mit einer Blechtrommel, den er auf einer Reise zwischen kaffeetrinkenden Erwachsenen in selbstvergessener Verlorenheit gesehen hatte, und verwarf eine zwischen Heuschrecken- und Hühnerzeichnungen entstandene Kafka-nahe Erzählung «Die Schranke». Die Zeitschrift «Akzente» druckte ein paar Gedichte, der Talentsucher Heißenbüttel sendete als Hörspiele deklarierte Szenen im Süddeutschen Rundfunk; eher unbemerkt war 1956 ein 64 Seiten schmales Broschurbändchen mit Gedichten, drei Prosaskizzen und Zeichnungen erschienen – welches immerhin Wortgebilde von so zarter Härte vorführte, wie wir sie Jahrzehnte später, im soeben erschienenen Band «Fundsachen für Nichtleser», wiederfinden werden:

Denn die Kreide hat recht.
Und der Tenor, der sie singt.
Er wird den Samt entblättern,
Efeu, Meterware der Nacht,
Moos, ihren Unterton,
jede Amsel wird er vertreiben.

Dann kam die Explosion. Das, was Grass fünfzehn Jahre danach in der ihm eigenen Lakonie summierte: «Nun war ich berühmt und mußte beim Schreiben nicht mehr die Heizung mit Koks füttern. Schreiben fällt schwerer seitdem.»

Auf der Tagung der Gruppe 47 in Großholzleute 1958 liest der 31Jährige zwei Kapitel aus der unfertigen «Blechtrommel». Grass erhält ohne erwähnenswerte Widerrede den begehrten Empfehlungsbrief namens «Preis der Gruppe 47» (damals 5000 Mark). Joachim Kaisers Testat über die Textpassagen läßt die Verleger Schlange stehen, und als der Luchterhand Verlag 1959 die Trophäe auf den Markt bringt, beginnt der Triumphzug eines Romans (bis heute mehr als vier Millionen Auflage), den Hans Magnus Enzensberger «Wilhelm Meister, auf Blech getrommelt» nennt.

Es beginnt aber zugleich, was den rasch weltberühmten Grass – dem so unterschiedliche Schriftsteller wie García Márquez, Nadine Gordimer oder Salman Rushdie bescheinigen werden, von ihm gelernt zu haben – sein Leben lang verfolgen wird: erboste Angriffe, Denunziationen, Haß. Neben Band 1 des Wörterbuchs der Preisungen – «unbändige Vitalität», «poetische Kraft», «Genialität der Erfindung», «erzählerisches Naturtalent», «Genie der Fabulierkunst» – ließe sich als Band 2 ein ebenso pralles Lexikon der Schmähungen stellen: «trübe Schmutzflut», «Freude am Sexualpathologischen», «ekelerregende Fäkalienphantasie», «sadistische Wollust» und «bedenkenlos-obszöne Angriffe auf die Kirche», schallt es aus FAZ, ZEIT, «Christ und Welt».

Von jetzt an ist Günter Grass ein Erfolgsautor und ein Skandalautor. Allein mit seinem Portrait als Titelbild internationaler illustrierter Blätter könnte man ein Zimmer tapezieren; die Rezensionen seiner Bücher füllen mehrere hundert Leitzordner. Doch ob man ihm nachsagt, er sei publicitygeil, oder ob man 1968 in Berlin den Kritiker der Studenten«revolte» bei aufgedrehtem Licht aus einem Theater weisen will; ob man ihm in den Mund legt, er sei als Gleicher zu Gleichem wegen Thomas Mann nach Lübeck gezogen, oder ob der «Spiegel» ihm bis nach Kalkutta eine Art Spion ins Nachbarhaus pflanzt: Kein Mittel ist zu mesquin, Günter Grass zu attackieren.

Eine hübsche, gar nicht so kleine Anthologie der Schmähungen würde genug Schneidendes auch von Kollegen enthalten, von Wolf Biermann bis Peter Weiss, der nicht nur bei der Berliner «Marat»-Premiere beleidigt in seinem Tagebuch notiert, Grass sei «in der Pause böse an mir vorbei. Nahm mir das Stück übel», sondern sich auch noch zehn Jahre später empört: «Grass (unter andern): weil sie meine politische Einstellung ablehnen, lehnen sie auch meine literarischen Arbeiten ab.»

Lassen wir mal den branchenüblichen Neid und Friedrich Sieburgs lockeres Diktum, wer nicht unter Literaten gelebt habe, wisse nicht, was Haß ist, beiseite. Trotzdem bleibt die Frage: Warum so viel Haß auf Grass?

*

Ein Mann, der den Zierat nicht braucht
Ein Geburtstagsgruß

Die Tinte wird dick, will man noch einmal über Günter Grass schreiben, den *primus inter Pares* der deutschen Nachkriegsliteratur; Arbeiten über ihn – Interpretationen, Angriffe, Lobpreisungen wie üble Nachrede – füllten, würden sie zusammengefaßt, weitaus mehr Bände als sein Werk.

Es ist also alles gesagt? Nicht ganz und nicht alles. Ich will versuchen, die Figura zu zeichnen, die hinter diesem großmächtigen Schaffen von Gedicht, Prosa und bildender Kunst steht; nicht den Mann, der Säle füllt, Radioprogramme und Fernsehsendungen. Den Günter Grass, der – vom Rummel befreit –

viele Abende (mit Ute) allein seinen Rotwein trinkt, Pfeife raucht, nur einen Gast zum Gespräch; oft wochenlang «in die Pilze geht». Den Kollegen also. Seltsam, wie der zu verschwinden droht hinter dem Blitzlichtgewitter einer abziehbildgierigen Öffentlichkeit. Günter Grass nämlich war – und ist – ein anteilnehmender Kollege, ein Schriftsteller, dem Leben und Arbeit anderer Autoren wichtig sind. Meßbares Indiz dafür ist, wieviel von seinem Vermögen er verschenkt hat; immer an die schreibende Zunft: ein Haus für Schriftsteller; Stipendien; Förderpreise. Es fiele schwer, einen anderen Künstler zu benennen, der den Begriff von Teilnahme und Verantwortung so mit Leben erfüllt hat. Der Marxist Brecht hat sein Geld, die Revenuen aus seinem geldklingelnden Urheberrecht, familiär vererbt wie eine Vorstadtapotheke.

Nun kenne ich Grass seit etwa vier Jahrzehnten – eine schwierige, belastbare, nie unstrittige Freundschaft –, und ich kann bezeugen, wie oft und wie leise er geholfen hat. Einen unbekannten Autor machte er bekannt, einem ohne Verlag verhalf er zur Publikation, einen in der Krise hat er ermutigt. Nicht nur ist er ein gerecht Lesender, dessen Neugier und Kunstverstand sich durchaus öffnen wollen fremder Arbeit – der Arbeit von Hubert Fichte wie der von Johannes Bobrowski oder von Heißenbüttel, Schreibtemperamenten weit weg von dem seinen. So horchte man stets auf, wenn er sich die Tarnkappe des Kritikers überzog, bei den Tagungen der Gruppe 47 das Wort ergriff: sehr leise, sehr genau urteilend; verurteilend habe ich ihn nie erlebt. Es sprach der Handwerker vom Handwerk.

Wenn jedoch von Grass und der Gruppe 47 zu berichten ist – und es sollen nun nicht die wilden Feste heraufbeschworen werden, bei denen mehr als Wasser getrunken wurde –, darf daran erinnert werden: Nie hat der anfangs arme und unbekannte Günter Grass vergessen, was er dieser Mischung aus Club und

Klüngel zu verdanken hat. Vornweg dem moderaten Regisseur Hans Werner Richter, der nie den Tambourmajor geben wollte. Zeitlebens hat Grass ihm die Treue gehalten; hat seinem hochgeachteten *copain* mit dem schönen Blatt «Heinrich Bölls Schreibmaschine» die Reverenz erwiesen; hat sich trotz dessen kaktusstachliger Widersetzlichkeit nie abgewandt von Uwe Johnson, die Ehre des schreibenden Antipoden bis über den Tod hinaus verteidigt. Selbst eine aggressive Mimose, hat Grass die Zornvulkane des von ihm bewunderten Romanciers mit geradezu liebevoller Geduld über sich und andere speien lassen.

Wen er schätzt – und das heißt bei Grass immer: wessen Arbeit er schätzt –, den nimmt er gar vor sich selbst in Schutz; der kann Martin Walser heißen oder Hans Magnus Enzensberger, die drei einander gewiß keine Groupies. Ich weiß, wovon ich spreche. Unsere Freundschaft begann mit einem Streit, mit meiner wilden Attacke auf sein Stück «Die Plebejer proben den Aufstand», in dem ich seinerzeit weniger eine gültige Parabel über die Verwucherungen politischer Moral sah als eine Verunglimpfung des mir – damals – fast sakrosankten Bertolt Brecht.

Recht betrachtet, blieb eigentlich Streit das Bindemittel dieser Beziehung: Sowenig er akzeptieren mochte, daß ich als Herausgeber der Taschenbuchreihe rororo-aktuell Rudi Dutschke und Daniel Cohn-Bendit verlegte, sowenig verstand ich seine Dreingabe als politischer Redenschreiber. So taten wir über die Jahre hinweg viel gemeinsam Gegensätzliches.

Wie schade: Eine Zeitung kann man zwar rollen, sie ergibt aber kein Kaleidoskop; in dem sähe man die vielfarbigen Gläser spitz, schräg, glattkantig, gezackt ineinanderstürzen, jede Drehung ein anderes Portrait – grantig und freundlich, jäh und milde, verächtlich und verstehend, mal großspurig, mal großmütig. Günter Grass, ein ganz einheitlicher Mensch? Das glaube ich eigentlich nicht. Aus dem Uneinheitlichen, den Schründen und Klüften, wächst ja das Verstörende. Kunst. Die zu feiern, also ihn, ist wieder einmal Anlaß.

*

Scham und Schande
Rede über die Calcutta-Blätter

Jedes Kunstwerk hat eine eigene Farbe. Wenn Sie an Matisse denken, denken Sie an Blau, wenn Sie an Franz Marc denken, an Rot, was natürlich nicht heißt, daß alle Bilder von Matisse blau und alle Bilder von Franz Marc rot sind. Aber ein farblicher Grundtenor, ein Grundmotiv herrschen vor: wie bei Chagall das erschreckende, fromme, betende Weiß.

Beim Günter-Grass-Zyklus, von dem wir heute noch einmal Kenntnis nehmen und zu dem ich ein paar Worte sagen möchte, ist es das Schwarz. Und zwar nicht nur, weil die Blätter vor allen Dingen schwarz gemalt sind, sondern weil der Impetus seines Zeichnens schwarz ist. Die ersten Zeilen des großen Gedichts, das ja Bestandteil dieser Calcutta-Arbeit ist; es ist eine Art – heute sagt man modisch: Gesamtkunstwerk, zu dem auch der Prosateil des Buches gehört, das erste Wort dieses Gedichts lautet: Schwarz. «Schwarz ist die Göttin. Fledermäuse lösen sich schwarz aus Bäumen, die schwarz vorm Mond stehen.»

Das ist nicht nur poetische Metapher, sondern das ist Hereinholen von Wirklichkeit. «Zunge zeigen», heißt ja, wie ich übrigens auch erst durch diese Arbeit von Günter Grass gelernt habe, ein Zeichen von Scham. Nun ist das fast Raffinierte an Grass' Arbeit in diesem Fall, daß er Scham umwendet in Schande. Scham ist ja eigentlich ein passivischer Begriff. Grass schafft es mit einer dialektischen Volte, das Umdrehen von Scham in Schande, nämlich die Schande der anderen, die Schande der Täter. Das heißt:

Zorn und Trauer. Nicht nur Trauer, sondern Zorn bis zum Aggressiven hin. Diese Menschen, die er uns zeigt, sind einander abhanden gekommen, und das hat irgend jemand getan, und nicht zufällig sehen Sie auf vielen der Blätter im Hintergrund einen Schornstein, in Industrie-Unternehmen.

Hier ist Menschen, die *prima vista* Müll sind, etwas angetan worden, sie sind zu Müll gemacht worden, und es ist deutlich zu sehen, durch wen: die Spuren des Kolonialismus. Wenn heute das Modewort «globalisieren» leicht abgegriffen klingt, kann man hier sehen, daß es schon eine Weltökonomie zu Zeiten des 19. Jahrhunderts gab. Nicht immer war alles ganz falsch, was Karl Marx gesagt hat: Von «globalisieren» – übrigens interessanterweise in dieser vokabulären Prägung – ist schon bei Karl Marx die Rede.

Nun, Günter Grass hat nicht Karl Marx gelesen, als er in Indien war. Sehr interessant, was seine Lektüre war, was den Moll-Ton noch einmal in ihm so sehr bestimmt hat: Es war Lichtenberg und es war Schopenhauer. Das sind ja wahrlich nicht die feixenden Optimisten der deutschen Literatur und der Philosophie, sondern es sind düstere Kalligraphien im Geiste, und daß Grass sich zu dieser Zeit mit denen so intensiv beschäftigt hat, ist natürlich auch ein Echo auf sein Erlebnis Bundesrepublik. Denn als er nach Indien ging – keineswegs flüchtend und sich vergrabend, alles Quatsch, alles von Journalisten erfunden, die Koffer waren lange gepackt, bevor die Verrisse der «Rättin» erschienen, der Plan war lange gefaßt –, war ein Movens durchaus der Verdruß an den Zuständen in der Bundesrepublik. Das ist eine hochinteressante Spiegelung, die Sie immer wieder durchscheinen sehen können in diesen Blättern, der Verdruß, was hier passiert, gegengespiegelt mit dem, was unsere Welt, unsere hochindustrialisierte Welt diesen Menschen angetan hat.

Und das bedeutet, daß der Ton, wenn man mal bei Zeichnungen von Ton sprechen darf, der der Epiphanie ist. Es ist sehr interessant, daß Grass einmal fast im Gebetston sagt «Müll unser», eine böse Umwendung des «Vater unser». Aus diesem Gefühl heraus baut er ein Golgatha von Krötenmenschen und sagt «Schwärze zu Schlußverkaufspreisen». Das hergestellte Elend ist für ihn ganz wichtig. Ich meine, wenig zu übertreiben, wenn ich sage, daß das Ensemble seiner Calcutta-Notate, das echte Tagebuch, die Blätter und das Gedicht, fast Günter Grass' politischstes, direktestes Buch-Kunstwerk sind.

Ich lese Ihnen einen Brief vor, einen unveröffentlichten Brief, den er mir sehr kurz nach der Ankunft dort geschrieben hat:

Lieber Fritz,
nun schlafen wir also unterm Moskitonetz, laufen in luftigen weißen Pyjamas mit Jonnas herum, fahren zum Markt mit der Fahrradrikscha, essen Linsenbrei und Fladenbrot und schwitzen von früh bis spät. Unser gemietetes Gartenhaus liegt etwa 20 Kilometer südlich von Calcutta, doch per Vorteisenbahn sind wir in 40 Minuten im Stadtzentrum. Diese Eisenbahn hat es in sich: ständig überfüllt, verrottet und verdreckt, hebt sie dennoch die Kastenunterschiede der hiesigen Gesellschaftsform auf; die gutsituierte Brahmanen-Frau steht zwischen «Unberührbaren», niedliche Schulmädchen zwischen Lumpenkinder gemischt. Jeden zweiten Tag fahren wir in das lärmige Riesendorf Calcutta, in dem die Kolonialpaläste und -häuser von Jahr zu Jahr mehr vergammeln. Tags darauf erholen wir uns dann auf unserem «Landsitz», der von einem Gärtner mit Frau betreut wird, die Gärtnersfrau putzt das Haus, sonst haben wir zum Glück kein Personal, wie es hier üblich wäre, etwa Koch und Diener, übernehmen müssen. Auch in Baruipur stehen armselige Hütten neben zum Teil ruinenhaften Kolonialvillen, doch ist hier alles zwischen Wasserteichen grün umwuchert. Wir sind weit und breit die einzigen Europäer; wie überhaupt Calcutta kein Ort

für Touristen ist. Ab Mitte Oktober soll sich das Klima bessern, weniger feucht und heiß. Doch bis dahin werden wir für eine Woche ans Meer nach Puri, in den benachbarten Bundesstaat Orissa reisen. Auch andere «Ausflüge» sind geplant, nach Bangladesh und nach Birma und, falls die politischen Unruhen dort aufhören, nach Darjeeling, wo der Tee, den wir gedankenlos trinken, herkommt.
Es stimmt, lieber Fritz, wir sind weit weg, und manchmal, wenn sich Ute und ich in aller Liebe schweißdurchnässt sehen, kommen wir uns verloren vor; als hätten wir uns freiwillig in die Verbannung begeben. Andererseits fordert mich diese Strapaze, weil sie so unausweichlich ist.
Einige Zeichnungen sind entstanden. Ich führe mein Tagebuch. Außerdem lese ich viel; als kühlende Erfrischung: Lichtenbergs Sudelbücher.
Am Morgen, zum Frühstück, liegt pünktlich «The Telegraph» vor, eine recht gute Tageszeitung, in der die Bundesrepublik nur im Sportteil in Gestalt von Boris Becker vorkommt. Und da uns bis heute noch keine Post erreicht hat, ist uns Deutschland in doppelter Ausfertigung ziemlich abhanden gekommen. Nein, lieber Fritz, wir laden Dich nicht ein, hierher zu kommen; das ist kein Ort für Dich! Aber schreib uns bitte. Solltest Du aber trotzdem kommen wollen: wir haben ein Gastzimmer mit Ventilator und einen Kühlschrank, in dem immer Obstsaft und Obstsalat kalt stehen.
Ute und ich, wir umarmen Dich. Grüß bitte Gerd und die Wunderlichs und Frau Schulze und sonst niemand.

Dein Günter.

Eigentlich ein ergänzendes Dokument, wenn Sie so wollen, weswegen ich mir erlaubt habe, obwohl es ja eigentlich ein Privatbrief ist, es Ihnen vorzulesen – eine Ergänzung wie ein Blatt von dem Papier, auf dem er gezeichnet hat.

Nun aber zur «Kunst». Leid kann man ja eigentlich nicht schön machen, und über diesen Prozeß ist sich Grass durchaus im klaren gewesen. Es gibt einen Satz bei ihm, in dem er sagt: «Die letztmögliche Schönheit stellt alles, was anerkannt als schön gilt, in Frage.» Und das heißt, Günter Grass hat gleichsam ein umgekehrtes Verfahren gewagt. Er hat sich, ich sage das jetzt mal kühn, in die Tradition der George Grosz oder Otto Dix, des frühen van Gogh mit seinen Bauernbildern, von Millet oder von Menzel gestellt, die ja alle unschön gearbeitet haben, die ja alle der Fratze dieser Welt, der Erbarmungslosigkeit dieser Welt ihre Tür geöffnet haben. Nicht «Les Demoiselles d'Avignon» – immerhin ein Bordellbild, also nicht gerade der Tee-Salon zu Bremen, aber doch durch Kunst geschönt: womit ich hier keinen kleinen attackierenden Essay über Picasso einfließen lassen will. Max Frisch hat einmal über das Guernica-Bild von Picasso gesagt: Was schließlich übrigbleibt, ist ein schönes Bild. Das ist die Gefahr der Annäherung an Wirklichkeit, indem man sie schönt.

Dieser Gefahr hat sich Grass willentlich und absichtlich, und in jedem Strich deutlich zu erkennen, widersetzt. Er hat gewagt, häßlich zu zeichnen. Nicht nur das Häßliche, sondern häßlich. Die Krähen, die auf die Ratten einhacken, sind wirklich häßlich. Es ist kein Bild, um es sich übers Buffet zu hängen; links und rechts ein kleiner Silberleuchter, das würde vielleicht etwas unpassend sein. Es sind Gravüren, die ins Gewissen gehen, eigentlich durch das Auge als Medium hindurch, die aber das Gewissen aufrühren wollen und das auch tun. Das ist die Stärke dieser Blätter, das ist auch die Größe des ganzen Gesamtkunstwerks. Der Zorn, der gar nicht so sehr auf Komma und Semikolon und die linke Linie, die von oben nach unten gleitet, achtet, sondern alles, was an attackierender Empörung vorhanden ist, ins Kunstwerk hereinholt und es nicht glättet.

Das ist das Bemerkenswerte, womit wir es hier zu tun haben.

Den Müll umschichten, das ist es, was Grass getan hat. Er hat den Müll uns eigentlich umgeschichtet vor die Füße geworfen. Hat gesagt, so ist diese Welt und sie ist ein Stück von euch. Sie ist nicht von Gott gemacht und sie ist nicht vom Himmel gefallen und sie ist nicht ein Zufall und sie ist nicht so, weil Millionen Inder nur faul, dumm und dreckig sind, sondern sie ist gemacht, sie ist ein Produkt, und wir, wir Europäer (heute würde man mindestens die Amerikaner noch dazuzählen) haben es gemacht.

Und Grass war sehr genau dabei. Ich bitte Sie, wenn Sie unten sich die Blätter noch einmal angucken, mit welcher Technik er das schafft. Er hat mit Möwen- und Rohr- und Taubenfedern gearbeitet, das war sein Zeichenmaterial. Er hat nicht den Pinsel genommen – auch, auch den Bleistift gelegentlich, aber er hat vor allem und absichtlich ein hartes Instrument, ein hartes Material gewählt, um die Härte dieser Realität uns deutlich zu machen, uns zu verstören durch das, was zerstört worden ist. Das, so scheint mir, ist die grandiose, erschreckende, umstülpende Leistung dieser Arbeit. Deswegen kommt er zu der Schlußformel, «Zunge zeigen, ich». Zunge zeigen, Scham, Schande, die Scham der Menschen ist unsere Schande, und Zunge zeigen heißt: ich, ich auch.

Auch ich, Günter Grass, gehöre dazu. Wir alle. Es ist ja keiner, der sagen kann, ich bin der gute Mensch von Sezuan, ich habe mein Scherflein getan. Selbst der, der es vielleicht getan hat, der vielleicht ein indisches Kind adoptiert (das kriegt dann, gaube ich, 30 Dollar im Monat, und damit hat man sein Gewissen beruhigt). Nein, Zunge zeigen heißt auch: Ich auch.

Und deswegen freue ich mich über Günter Grass. Ich wollte Sie, nicht wissend, daß das auf dem Plakat abgedruckt ist, besonders auf ebendieses Blatt hinweisen, das jetzt auf dem Plakat da ist – der Kopf ist ab. Es gibt ja das Wort «Wer keinen Kopf hat, kann ihn auch nicht verlieren». Grass hatte viel Kopf, und in dem Kopf sitzt Gewissen, und er hat dort seinen Kopf verloren. Eines der eindringlichsten Blätter ist, wie mit der Sichel sein Kopf abgeschlagen wird. Das war das Lebensgefühl von Günter Grass in dieser Schattenreise, den Schatten seines eigenen Landes hinter sich, in die Düsternis und Schwärze dieser Schatten hinein. Er hat auch den eigenen Kopf dort nicht nur riskiert, sondern verloren und wiedergefunden.

*

«Ich habe mich verführen lassen»

In «Beim Häuten der Zwiebel» befragt sich Günter Grass schonungslos

Das Leben eine Werkstatt. Was hier vorliegt, ist ein gar seltsames, hochgemut trauriges Buch, Legende vom Erfolg durch Versagen, widerborstig-garstig, schockierend und (dadurch) zutiefst berührend. Keine «Besonnte Vergangenheit», keine «Jugenderinnerungen eines alten Mannes». Ein Kontobuch – um die frühe buchhalterische Erfahrung des Kleinbürgersohnes aus dem Kolonialwarenladen und die von Grass gerne noch heute betonte Rechenhaftigkeit zur Metapher zu dehnen; unter dem Strich steht mit schwarzer Tinte die Summe: «Ich war als Hitlerjunge ein Jungnazi. Gläubig bis zum Schluß.» Da trug der Panzerkanonier – der sich zuvor vergebens freiwillig zur U-Boot-Waffe gemeldet hatte – jene Runen am Uniformkragen, von denen ihn bei Kriegsende («Sonst kriegst du gleich einen Genickschuß») ein Kamerad vorsorglich befreite, indem er ihm eine andere Jacke «organisierte». SS-Mann Günter Grass. Es sträubt sich die Feder, so einen Satz aufs Papier zu bringen. Mit einer Rigorosität, wie ich sie sonst nur von Jorge Semprúns schonungslosem Abrechnungsbuch über seinen Irrweg zum fanatischen Kommunisten kenne, gibt sich hier einer kein

Pardon – wie man uns sonst so häufig in selbstmitleidigem Schluchzton die Ohren zuzuschmieren suchte. Die trotzige Ungebärdigkeit, die wir aus Büchern und Reden von Grass kennen – letzthin in seiner furiosen Ansprache auf dem PEN-Kongreß –, erspart er dem nicht, den er «jenen Jungen» nennt, «der anscheinend ich war» und den er – «keine Zweifel haben meine Kinderjahre getrübt» – als «leicht zu gewinnen» schildert. Dieser «Junge meines Namens» hat nie gefragt (etwa nach Verschwundenen), hat immer wieder «das Wort ‹Warum› verschluckt, nicht ausgesprochen ... wenngleich der Name Stutthof abschreckend in aller Munde war». Der Name Hitlers war ihm «heilig», an ihn wurde geglaubt, bis alles in Scherben fiel (und noch ein Weilchen, im Kriegsgefangenenlager, danach).

Grass gibt Rechenschaft, bohrend, brennend mit dem rotglühenden Eisen namens Erinnerung; rechtfertigen tut er nichts: «Um den Jungen und also mich zu entlasten, kann nicht einmal gesagt werden: Man hat uns verführt! Nein, wir haben uns, ich habe mich verführen lassen.» Grass schrubbt und schrubbt – aber keine Reinwaschung will ihm handhabbar sein; nur deutlicher wird sein Schandmal, das er uns vorzeigt – «mein Schweigen dröhnt mir, beim Häuten der Zwiebel, in den Ohren». Die Schmach, der er sich ohne die kleinste Persilschein-Schummelei stellt, wird eines Tages zur schöpferischen Energie. Geheimnisvolle Dialektik der Kunst. Das ist die zweite Ebene dieses Buches. Davon wird noch zu berichten sein.

Zuvor aber eine Bedenklichkeit, von der ich selber nicht weiß: ist sie besserwisserisch-banausisch oder notwendig: geht sie nicht gar an der Pflicht eines Kritikers vorbei, über eine Grenze hinweg. Sei's drum. Ich muß einbekennen: Ganz verstehe ich diese Dummheit nicht; auch wenn Grass sie ohne Beschönigungsschnörkel einbekennt. «Blind für alltäglich werdendes Unrecht im nahen Umfeld der Stadt» – wie ging denn das, bei einem 1940 immerhin 14Jährigen, kein Baby also, mehr Jüngling schon denn Junge? Ich bin vier Jahre jünger, war also 1939 – als «seit 5 Uhr 45 zurückgeschossen» wurde – wirklich ein achtjähriges dämliches Gör, in dessen mulschigem Gehirn sich der Krieg ausmalte als Aufmarsch hübsch farbig gekleideter Soldaten (Bleisoldaten?) auf dem Tempelhofer Feld; und doch habe ich den Aufschrei des gartensprengenden Vaters nicht überhört «Das Ende beginnt». Verstanden habe ich nichts, noch nicht; doch als meine ältere Schwester – gleichaltrig mit Grass – mir zu baff-kuhmäuligem Erstaunen erklärte, andere Staaten, man nenne sie Demokratien, hätten keinen Führer, hakelte doch etwas in meinem Kopf. Auch in meiner Familie hörte man nicht unentwegt BBC, gar Thomas Manns Reden «An die deutsche Nation» (ich hätte gar nicht gewußt, wer Thomas Mann ist), und mein Herr Offiziersvater war wahrlich Lichtjahre entfernt von auch nur kritischer Einrede (vor uns), geschweige denn auch nur dem Hauch eines Gedankens namens Widerstand. Unredliche Geschichtsschummelei wäre das. Aber in jeder Familie gab es doch irgendeine Tante, Cousine, einen Onkel, irgendeinen Bahnbeamten im Bekanntenkreis, der / die dem Grass-Prinzip «Habe ich wieder mal keine Fragen gestellt» nicht folgte? Es gab gar Kinder-Abzählreime «... dann kommst du ins KZ»; es gab kleine Blinzel-Witze «Mama, wer klingelt da jetzt abends? – Ess-Ess, mein Kind und mach dir keine Sorgen.» Das, und vieles andere habe ich, der vier Jahre Jüngere, gehört, geschmeckt, gerochen, nicht begriffen, aber wahrgenommen.

Auch ich habe die Sondermeldungen gehört; auch ich habe die Wochenschauen mit den siegreichen Panzern in Afrika oder in Rußland gesehen; auch ich habe all die Ufa-Filme (oft heimlich, weil zu jung) angeschaut, von denen Grass berichtet – und war begeistert von Willy Birgel in «Reitet für Deutschland», weniger von «Stukas» mit Carl Raddatz, weil ich den entfernten Verwandten nicht mochte – aber in diesem gläubigen Applaus-

Rausch war ich nie eingehüllt, niemand, den ich kannte: kein Schulkamerad, keine erste Knutsch-Anette, kein gefürchteter Vater. Endsieg erhoffen? Wie funktionierte denn das, angesichts der in rauchenden Trümmern versinkenden Städte (Grass hat sowohl Dresden als auch Berlin in Schutt und Asche gesehen, er beschreibt es eindrucksvoll); angesichts der sehr bald eintretenden Kunsthonig- und Wurstersatz-Kümmerlichkeit; der allenthalben mit einem Bein, mit leerem Jackenärmel, mit der Blindenbrille in Straßenbahnen und Omnibussen Humpelnden; der viele Zeitungsseiten füllenden Anzeigen «Für Führer Volk und Vaterland auf dem Felde der Ehre gefallen. In stolzer Trauer ...» Ich erinnere mich sehr genau an die schallende Ohrfeige des Vaters, als ich «Quatsch» gesagt hatte, «wie kann man denn stolz sein, wenn einer tot ist» – da war ein älterer Schlittschuhlauf-Freund in Kurland gefallen, und ich war lange Abende bei der fassungslos weinenden Mutter gesessen.

Nun war Grass ja seit seinem 15. Lebensjahr fast immer kaserniert, nix Ku'damm-Cocktails neben eben noch brennenden Häusern, nix Wannsee-Bad «Für Juden verboten»; vielleicht hat er, eingesperrt in die dumpfe Kameraderie und eingesetzt schließlich in (erschütternd erzähltem) grausigem Fronteinsatz, nie einen Menschen mit Judenstern am Mantel gesehen – es muß eine Miefretorte gewesen sein. Aber kam nicht mal ein Kamerad vom Urlaub zurück und berichtete von der Not in Hannover, München oder Cottbus? Eine remarquehafte Szene, wie er einem eben noch hilfreichen Gefreiten, nun die Beine zerschossen, in die blutig zerfetzte Hose greifen muß, ob er «noch ein Mann» sei. Den Pimmel eines Gemetzelten in der Hand – und an Führer und Endsieg glauben, mit nunmehr 17 oder 18 Jahren? Grass ist von geradezu wütender Ehrlichkeit; aber seine bis über des feigen Massenmörders schmähliches Ende, das er noch hinnahm als «im Kampf um die Reichshauptstadt gefallen», bis über das Kriegsende hinausreichende Gläubigkeit ist schwer zu verstehen. Ohne einen Tupfer von Schminke gesteht er ein, daß es so war, er so war; aber *wie* und *warum*?

Nun geschieht aber etwas Wundersames, das «Beim Häuten der Zwiebel» zu einem wichtigen, einem glücklich gelungenen Buch macht. Ihm, dem meisterlichen Erzähler, gelingt, was man – wenn ich nicht irre – in der Naturwissenschaft eine «Doppel-Helix» nennt: In immer neuen Kurven, Ausbuchtungen, Schleifen führt er vor die schwärende Wunde, Schande. Er gibt preis, wie tief eingekerbt, stets bewahrt, stets sich dessen bewußt, diese verbogene Jugend sein Werk geprägt hat. Wie er die falsche Währung «Gläubigkeit» umgemünzt hat ins Wort, ob Gedicht oder Prosa:

> Ich bereits angejahrt, er unverschämt jung; er liest sich Zukunft an, mich holt Vergangenheit ein; meine Kümmernisse sind nicht seine; was ihm nicht schädlich sein will, ihn also nicht als Schande drückt, muß ich, der ihm mehr als verwandt ist, nun abarbeiten. Zwischen beiden liegt Blatt auf Blatt verbrauchte Zeit.

So gelassen wie minutiös – für Philologen dereinst eine Wonne – gibt er uns Auskunft, welcher Bildfetzen vom am Oxhöft-Kai liegenden ehemaligen KdF-Schiff «Wilhelm Gustloff» eines Tages seine Novelle «Im Krebsgang» gebären wird; welch und wessen schief schepperndes Ritterkreuz die berühmte Szene in «Katz und Maus» nähren soll; welche ausgeleierten Redewendungen eines Unteroffiziers sich in den Materniaden der «Hundejahre» wiederfinden; wie die fetten Ratten in den Unterständen der Acht-Komma-acht-Geschütze ihm «auf Länge eines Romans gesprächig» wurden; wie zum «Störtebeker» umgetauft in der «Blechtrommel» der Anführer einer Bande Jugendlicher auftaucht, von der nur das Gerücht zu ihm gedrungen war:

> Vom Hauptbahnhof, auf der Mottlaubrücke und Speicherinsel, im Vorfeld der Schichauwerft und längs der Hindenburgallee kontrollierten die Feldgendarmerie und die Streifen-HJ zivile Personen, Fronturlauber und immer mehr streunende Mädchen, die für gewöhnliche Landser und höhere Dienstgrade mehr als ansprechbar waren. Vor Deserteuren wurde gewarnt, von einer Bande Jugendlicher Abenteuerliches gemunkelt: Einbruch im Ernährungsamt, Brandstiftung im Hafengebiet, Geheimtreffen in einer katholischen Kirche ... All das, Unglaubliches sagte man jener «Stäuberbande» nach, die mir späterhin, als ich endlich Wörter auf Abruf genug hatte, einige Kapitel lang wichtig werden sollte.

Zwar mißtraut Grass der Erinnerung, von der er skeptisch sagt, sie horte mit Vorliebe Schrott; aber Töne, Bilder, Geruch, gar kleine Szenen der kostümierten Liliputaner einer im Bunker schutzsuchenden Artistentruppe zwischen verängstigten Kindern und Verwundeten auf Tragbahren: das hat sich fest eingedrückt in die Wachsplatte namens Gedächtnis: «Geführt wurde die Gruppe, die als Fronttheater unterwegs war, von einem kleinwüchsigen Greis, der als Clown auftrat. Aus leeren bis gefüllten Gläsern, die gereiht standen, zauberten seine den Gläserrand streichelnden Finger Musik: jammervoll süß. Er lächelte geschminkt. Ein Bild, das blieb.»

Das Private ist Rohmaterial. Eines Tages wird es geformt werden. Der junge Grass war kein reflektierender Mensch, selbst dem Satz «Und dann sah ich die ersten Toten» folgt die Feststellung «Keine Gedanken, nur Bilder bleiben ... Der Bildersammler sieht mehr, als er fassen kann.» So ist das Buch, dem Grass eine Genrebezeichnung verweigert, auch ein Tagebuch. Präzise und authentisch. Es gibt ohne Scham, aber voller Bedenken die Lauf-Bahn eines Taugenichts wieder – und das Entstehen eines Künstlers; Zwiebelhaut für Zwiebelhaut. Oft weiß er nicht, ob

Wiedergegebenes gar Nachgeliefertes ist, versteht er das eigene Wegsehen, Schweigen, Fragenunterdrücken nicht; aber die Technik der Retrospektive – es erzählt uns ja derselbe 80Jährige vom 18Jährigen – gestattet, auf ingeniöse Weise, das eigene Werk zu skelettieren (nicht etwa, Gott behüte, zu interpretieren). Dem begeisterten Koch – großartig die Szene, wie den hungernden Kriegsgefangenen papierene Genüsse von einem ehemaligen Wiener Chefkoch vorgegaukelt werden: «Heut, bittscheen, nehmen wir Schwain durch» – dem «Butt»-Autor und Aalgenießer darf man wohl sagen: Er gibt uns die Gräte seines Oeuvres; selbst die erwähnte Sequenz blieb ihm ja abrufbar, wir finden sie im Roman «Örtlich betäubt», in dem statt des wienerischen «No, das gibt Krustchen kestlich» ein Studienrat namens Starusch dilettiert.

Ich zögere nicht zu sagen: Das Buch hat etwas Ergreifendes; es greift nach uns. Selbst da, wo es sich einem Abschnitt nähert, den unsereins als Zeitzeuge miterlebt hat, bleibt es ohne Aha-Effekt, bringt es im Leser etwas zum Schwingen; etwa in der zartzurückhaltenden, dadurch besonders intensiven Erzählung von der großen Liebe zu Anna, der dann bald ersten Frau von Grass. Dieses Kapitel, in seiner diskreten und berührenden Innigkeit erinnert an das noble Marilyn-Monroe-Kapitel in Arthur Millers Memoiren «Zeitkurven». Chapeau.

Aber auch, wenn dieser Schriftsteller sich rückbesinnt auf die Schwierigkeit der Verwandlung von gelebtem Leben im Rohzustand in einen Text, wenn er sich des eigenen schlenkernden Leichtsinns erinnert nach dem ersten großen Erfolg – «Ach, wie leicht sind mir zu Beginn der sechziger Jahre die Wörter von der Hand gegangen, als ich bedenkenlos genug war, die Fakten Lügen zu strafen und mir auf alles, was widersinnig sein wollte, einen Reim zu machen. Schleusentore standen offen. In Kaskaden stürzte seitenlang gebändigter Wortfluß» –: Da vibriert es; das ist, was man den Grass-Magnetismus nennen möchte. Da kann man bocken (wenn er den Streit zwischen Sartre und Camus falsch etikettiert; es ging nicht um Sisyphos, es ging um den Gulag, den Sartre leugnete); da kann man stutzen (wenn er einbekennt, anfangs in der Bundesrepublik nicht gewählt zu haben, noch in der frühen Pariser Zeit an Politik nicht interessiert); da kann man den Poeten bewundern (wenn er vom verwundeten Soldaten erzählt, der, im Nichtraucherabteil rauchend, nach schnippischer Ermahnung einer rheinischen Dame, sich sein Taschenmesser ins Holzbein hiebt); da kann man Schüttelfrost bekommen (wenn angedeutet wird, die Mutter habe sich den vergewaltigenden Rotarmisten zum Schutz der Tochter angeboten) – eines kann man bei Günter Grass nicht: gleichgültig bleiben. Er ist eine Herausforderung. Mit diesem Buch hat er sich selber herausgefordert, sich gehäutet. Und wenn seine Summe ist, er habe von Seite zu Seite und zwischen Buch und Buch gelebt, so klingt das etwas zu literarisch. Nein, er hat mit seiner Selbstverletzung gelebt, mit einem existentiellen Riß, von dem dieses Buch, von dem seine Bücher Zeugnis geben: «Es verging Zeit, bis ich in Schüben begriff und mir zögerlich eingestand, daß ich unwissend oder, genauer, nicht wissen wollend Anteil an einem Verbrechen hatte, das mit den Jahren nicht kleiner wurde, das nicht verjähren will, an dem ich immer noch kranke.»

*

Ein behutsamer Freund

Dem Lyriker und Nobelpreisträger zum 80. Geburtstag

Die New Yorker, berüchtigt für ihre Spottsucht, fragten mit großstädtischer Chuzpe angesichts der überinstrumentierten Zeremonien, die Jackie Kennedy zur Beisetzung des 35. US-Präsidenten inszeniert hatte: «And is Nurejew dancing?» Ein wenig wird man schon daran erinnert, liest und hört man von den Feierlichkeiten zwischen Göttingen, Danzig, Lübeck und Hamburg, die zum 80. Geburtstag von Günter Grass ausgerichtet werden, Radioübertragungen, Fernsehaufzeichnungen, Museumsausstellung und Rede des Bundespräsidenten inklusive. New York ist groß, Norddeutschland ist klein. So nölt man hier auch nur: «Werden die Kinder schulfrei kriegen?»

Da steht man als Gratulant etwas primel-primanerhaft bekniffen. Doch gratulieren möchte man. Möchte ich durchaus. Aber wie macht man das? Soll ich noch einmal den Siegeszug der «Blechtrommel» nachzeichnen, den von mir (was mich von meinen feineren Kollegen unterscheidet) hochgeschätzten «Butt»-Roman analysieren, ein weiteres Mal die eigenwillig-gelungenen Sonette preisen, erzählen vom jahrzehntelang ächzenden Stolz dieses Sisyphos und seiner Trotzkraft, der er immer wieder so Erstaunliches wie Bewundernswertes abrang? Das gigantische Werk ist so viel, so ausgiebig (auch von mir) und in so zahlreichen Ländern interpretiert worden – es schiene eher ein Purzelbaum denn Ehrerbietung, die Kunstfertigkeit von «Katz und Maus», das raffinierte Tableau von «Das Treffen in Telgte» zu bekränzen. Herr Lehrer, die «Iphigenie» hatten wir schon …

Da nun aber der Schriftsteller in den nächsten Tagen und Wochen auf so vielen Bühnen sich darbieten wird, will ich mal einen Grass aus den Kulissen ziehen, den das grelle Rampenlicht verblüffenderweise noch gar nicht erfaßt hat. Da ist nämlich einer, der Anteil nimmt am Schicksal anderer, an ihren Nöten, Sorgen, abgesunkenen Hoffnungen. Thomas Manns befremdliches Diktum bei der Konkurrenz-Nachricht von Hermann Hesses «Glasperlenspiel», es sei immer «unangenehm», sich daran zu erinnern, «daß man nicht allein auf der Welt» – ein solcher Ausspruch wäre dem heutigen Lübecker Wahlbürger wohl fremd. Dieser Grass, behutsamer Freund, verbirgt sich zumeist. Man findet ihn versteckt in Briefen, etwa wenn er dem Gefährten der frühen Pariser Zeit, Paul Celan, nicht nur dankt für so manchen Bildungsklassiker, sondern auch das Glück wünscht:

Wettingen, am 27. 4. 59

Lieber Paul,
immer wieder, und möglichst weit weg von meinen Fahnenabzügen, habe ich in Deinem Gedichtband gelesen. Ohne daß es am Ende dieses Satzes eines gewichtigen Ausrufezeichens bedarf, glaube ich in dem Gedicht «Engführung» ein großes Gedicht unserer Zeit, womöglich Dein großes Gedicht erkannt zu haben. Man muß lange rückwärts schreiten, bis zu den Elegien des späten Rilke oder gar bis «Offenbarung und Untergang», wenn man sich ähnlichem Atem aussetzen will.
Ich wünsche Dir, daß hier und dort die Größe dieses Gedichtes erkannt und auch laut wird.
Zu den Grüßen meiner Frau, Dir und Deiner Frau, mein freundlicher Gruß, Günter

Derlei kann manchmal eine kleine diskrete Hilfsbereitschaft sein – dem jungen Nicolas Born bot Grass einen Kredit an –, und es kann eine große berührende Beharrlichkeit sein; als nach Jahren der kollegialen Nachbarschaft in Berlin (und gemeinsamen, vom «Blechtrommel»-Autor mitfinanzierten Amerikareisen) der unvermeidliche Bruch mit Uwe Johnson eintrat – unvermeidlich, weil dieser vom Jugendfreund Bierwisch bis zu den Kollegen Enzensberger, Walser und Frisch sich mit jedem selbstgerecht überwarf –, da schrieb Grass ihm traurig, aber nicht lockerlassend, er werde trotz allem das Werk des Störrischen hochhalten.

Das geht ziemlich weit. Aber wer, wie so viele Grass-Kritiker, zunehmend gerne den bärbeißigen Wüterich sieht, ein verzerrtes Riesenschattenbild des Nobelpreisträgers an die Menetekelwand malt, der darf erinnert werden: So schrecklich viele Schriftsteller gab es nicht, die ebendieses Nobel-Preisgeld verschenkten. Gewiß, der auflagenverwöhnte und in ich weiß nicht wie viele Sprachen Übersetzte ist kein armer Mann. Aber der Auflagenmillionär García Márquez, «Gabo» der Castro-Freund, lebt auch nicht in den Favelas. Jean-Paul Sartre, der für sein hochgemutes Ablehnen des Preises gefeiert wurde, ließ später beim Nobelpreiskomitee heimlich eruieren, ob man ihm nicht ohne Aufsehen den Geldbetrag zukommen lassen könne. Um es einmal mit unvornehm lauter Stimme zu sagen: Dieser Günter Grass, gelegentlich mit Sportjournalistenhäme verfolgt – «Verschimpfierung» sagte Thomas Mann dazu –, hat über viele Jahre hinweg anderen Schriftstellern geholfen. Er trägt keine Tausend-Euro-Schuhe (was ja nicht verboten wäre), wie der «Spiegel», wie so oft aus Jagdlust verzerrt, fälschlich zu berichten weiß. Dieser Günter Grass hat ein Haus gestiftet, in dem junge Autoren mit einem Stipendium arbeiten können. Er hat aus seinem Honorarbeutel den inzwischen renommierten Döblin-Preis finanziert – neben verschiedenen anderen Preisen. Gibt es derlei aus dem Erbe (oder zu Lebzeiten) Thomas Manns? Der war ja, wie man hört, nicht direkt ein Sozialfall. Auch vom hochtönenden Marxisten Bertolt Brecht lässt sich Vergleichbares nicht berichten; der hat sein Urheberrecht testamentarisch aufgeteilt und vermacht wie eine Parfümeriekette mit angeschlossenem Buchvertrieb. Seine Erben steckten in rasender Antikapitalismus-Wut einen hohen zweistelligen Millionenbetrag in die eigenen Täschchen, als sie den «Nachlaß» veräußerten. Der auch nur lütteste Preis für Nachwuchsdramatiker existiert nicht.

Nun mißt sich der Wert eines Schriftstellers gewiß nicht an seinen Kontobewegungen. Die Wortbewegungen zählen.

So wäre also zu fragen, ob denn der Wortfallensteller Grass, ob sein Werk grundiert ist von dieser Haltung der Anteilnahme. Wenn eingangs gesagt wurde, dieser Dichter «verbirgt» sich – so stimmt das nämlich nicht. Keineswegs waren es Gesten jenseits der Literatur, wenn er, Gast in Hans Mayers legendärem Leipziger Hörsaal, den entgeisterten DDR-Kulturfunktionären «Schöne Grüße von Uwe Johnson» entbot; sowenig es gönnerhaft war, als er den frisch ausgebürgerten und weithin unbekannten Hans Joachim Schädlich bei mehreren Lesereisen «ins Schlepptau» nahm, um ihn vorzustellen (die Beziehung ging später, wie man weiß, in die Brüche). Dieser Günter Grass wrang aus dem verkündeten «Prinzip Zweifel» durchweg auch jenen Selbstzweifel, von dem er immer wieder Kunde gab: «Aber graustichig ist mein Traum.» Schon früh heißt es in einem Gedicht: «Schon ist Gefühl zu haben ... unheimlich irgendwie», wenig später fügt er dem die Zeile an: «Aber uns gab es doch: ich und du – wir.» Es zieht sich eine seltsam zögernde, leise Spur des sich Anbietens und Ausbietens durch das Werk, immer getragen von jenem Aufbegehr, ohne das Literatur wohl nicht entstehen kann:

> Neu und entsetzt
> sehe ich meinen Abfall
> und wie die Linien wackeln.

Überinterpretation sollte man es nicht nennen, wenn man da erinnert wird an das leicht befremdliche Gebot: «Du sollst den Nächsten lieben wie dich selbst.» Was ja ins Alltäglich-Grobe übersetzt heißt: keine Liebe ohne Eigenliebe. An der, fraglos, hat es Grass nie gemangelt; auch nicht an Selbstinszenierung. Doch da er Künstler ist, gelang es ihm immer wieder, aus seinem Garn ein Lasso zu knüpfen; das nutzte er, um uns einzufangen. Aber ein Lasso – außer im Trickzirkus – steht ja nicht allein in der Luft, am Ende hängt immer der, der es wirft: einer von uns. Grass weiß genau, daß er mitgefangen ist: «Ab vierzig sollten alle Männer wieder gesäugt werden: öffentlich und gegen Gebühr, bis sie ohne Wunsch satt sind und nicht mehr weinen, auf dem Klo weinen müssen: allein.»

Wer sich aber so als mit-gefangen, als mit-trostbedürftig sieht, der will auch Trost spenden. Im Falle Grass heißt der Trost auch Trotz. Es ist das Aufbäumen gegen das Böse um uns herum – gegen das, was er, mal zetervernarrt, mal wahrlich im Recht, für das Böse hält. Ich glaube, daß seine gelegentlich quälende Interventionswut, diese höchst merkwürdige protestantische Katholizität, dort ihre Quelle hat. Ob er nun einen Politiker – die Politik – attackiert oder unsereinem, etwa dem geachteten Kritiker Joachim Kaiser, vorschlagen (wenn nicht gar vorschreiben) will, worüber er demnächst ein Buch zu schreiben habe: Es verdankt sich stets dem nicht enden wollenden Versuch zum Selbstbildnis. Die Grass-Gebärde des «Du sollst» (oder «Du sollst nicht») wird stets vollzogen von der Hand des Zeichners, der sich selber bannt. Deshalb sind so viele seiner Gedichte Bann-Sprüche im doppelten Sinne des Wortes:

> Mit ihrem Tuch nahm sie den Schweiß ab
> und überlieferte sein Gesicht.
> Ich zeichne bei Ebbe, damit die Flut,
> dies, das, Dich und Dich in den Sand.
> (Könnte ich wie der Staub,
> bis ich mich nicht mehr verstehe.)

Es gibt aber kein Selbstbildnis von Rembrandt bis van Gogh, in das *Welt* nicht miteingeschrieben ist, und sei es eine Zornesfalte, ein dem Kummer abgetrotztes Lächeln. Der Mensch ist immer Welt. Die mag es ohne ihn geben, ihn gibt es ohne sie nicht. Also ist es ein Dreiklang: Sich-Aussetzen, Ausgesetzt-Sein, Sich-

Einsetzen. Für meine Ohren ist es dieser Dreiklang, auf den die Arbeit von Günter Grass hört.

Wenn dem so ist, bleibt Wirkung nicht aus. Und die hat zumindest zwei Namen – Erfolg und Echo. Ein hartnäckiges Gerücht will, daß der Erfolg nicht gänzlich vorbeigegangen ist an Günter Grass. Das Echo – man weiß, es verzerrt den Ruf – ist fast selber Gerücht; zu immer neuem Erstaunen vielfältig bösartig. Steht die Sonne tief, werfen selbst Zwerge lange Schatten – so ähnlich steht es bei Karl Kraus. Nicht, als habe der (zu?) früh Berühmte keine Widerworte provoziert, oft auch fleißig verdient. Er ist ein dünnhäutiger Elefant. Der kann nicht nur trampeln und trompeten, sondern er hat auch ein ungewöhnliches Gedächtnis, und – so sagen die Zoologen – er ist fürsorglich; er tut etwas für die Kunst (wie Brecht noch harmlos bemerkte): Er liefert Elfenbein. Viel Elfenbein, viel Neid. Den hat Elefant Grass mit nicht selten allzu erhobenem Rüssel sich eingeholt.

Es gibt hinreichend viele seiner Kollegen – nicht nur die von ihm albern verschrienen «Sekundär»-Kritiker –, die den *primus inter Pares* nicht als «gleich», gar als *primus* werten mögen. Künstler mögen Wertskalen nicht; dazu gibt es köstliche Sottisensammlungen. Übrigens nicht nur Künstler. Gut möglich, daß mit ähnlichen Distanzvermessungen Grass andere Schriftsteller verletzt hat; er, der Verletzliche, könnte im hohen Alter ja mal darüber nachdenken.

Darum will ich mich durchaus nicht herummogeln. Nur: Mogeln, das eben ist Günter Grass' Sache nicht. Ich, der ich ihm seit über vier Jahrzehnten in höchst streitbarer Freundschaft verbunden bin, habe ihn dabei jedenfalls nicht ertappt – sofern man unter Mogeln versteht, sich ins Abseits zu stellen. So kann ich auch nicht, um den Teufel bei den Hörnern zu pakken, sein so wütend zerriebenes «Zwiebel»-Buch als Mogelei ansehen. Ja, unrecht hat er seitenweise in diesem Buch; so viel unrecht, wie das Leben es hat – seines, das er aufblätterte, und das

Leben aller Pharisäer-Armeen. «Ich suche ein Wort für Scham», endet sein Gedicht «Drei Fragen». Mir scheint, das Wort hat er gefunden, Wörter dafür – kurz vor seinem 80. Geburtstag. Her mit den Primeln? Her mit den Wünschen für das Glück? Alles Gute, Günter Grass!

*

Fazit am Abend
Ein Gespräch

Deutschlandradio Kultur: Herr Raddatz, es verbindet Sie eine jahrzehntelange Freundschaft mit Günter Grass. Worauf begründet sich diese Freundschaft, was schätzen Sie an Günter Grass?

Fritz J. Raddatz: Ich muß zuerst sagen – und das hilft uns vielleicht, wenn ich voran einen herzlichen Glückwunsch dem Kollegen, dem Autor, dem großen Schriftsteller ausrichten möchte –, daß ich nicht mehr befreundet bin. Das war einmal, aber wir sind auseinandergeraten. Das gehört hier eigentlich nicht hin, aber ich wollte das zu Beginn der Korrektheit halber sagen.

Deutschlandradio Kultur: Sie haben sich in der langen Zeit, in der Sie befreundet waren, gegenseitig aus den Manuskripten vorgelesen. War das manchmal auch so wie eine literarische Werkstatt?

FJR: Ja, es war die Gruppe 47 *en miniature*, und das waren immer besonders fruchtbare und angenehme Abende, zumal der sogenannte große Grass durchaus kritikoffen war. Manchmal sogar auch noch nach Erscheinen eines bestimmten Buches: etwa ein langer Abend, an dem ich ihm vorwarf, was ich an dem Fontane-Roman «Ein weites Feld» mißglückt finde; also er war keineswegs nur der große liebe Gott, der meinte, alles richtig gemacht zu haben.

Deutschlandradio Kultur: Grass hat sich ja diese Sprache, die sein Werk auszeichnet, sehr hart erarbeitet, sehr autonom auch in den ersten Jahren in Paris. Was macht diese Sprache für Sie aus, was macht diese Sprache für Sie besonders?
FJR: Also – es ist sowohl Phantasie als Genauigkeit, und beides formt ein großes Werk – sowohl in den frühen Gedichten, sagen wir mal in «Gleisdreieck», aber auch noch in «Novemberland», also den fünfzehn Sonetten, ganz wundersame Gedichte, als auch in den gelungenen Prosa-Arbeiten. Nun ist natürlich nicht alles Gold, was glänzt, und alles ist nicht gelungen, bei keinem Autor der Welt. Aber nehmen wir mal die Erzählungen «Katz und Maus» oder «Treffen in Telgte» oder den von mir besonders für gelungen erachteten Roman «Der Butt», da löst Grass diese seltsame und – vor allen Dingen im «Butt» – geradezu märchenhafte Melange aus Phantasie, aus Nacherzählung von Vorgefundenem, das Aushöhlen vorgefundener Formen und das Ganze in neue Form gießen ein.
Deutschlandradio Kultur: Die «Blechtrommel» ist ja tatsächlich Grass' berühmtestes Buch. 1958 trat er bei der Gruppe 47 auf, um daraus, aus dem damals noch unveröffentlichten Manuskript, vorzulesen, und nach allem, was man weiß, waren alle Anwesenden wie elektrisiert. Was ist so besonders gewesen damals an diesem Buch?
FJR: Es gab zu der Zeit mehr den realistischen Roman als diesen barockstrotzenden, fabulierenden Prosafluss; das war etwas ganz Neues. Daß er gleichzeitig die Politik, schon der ganz frühe, eher noch junge Günter Grass, ich glaube dreißig war er, schon die Politik mit einflocht, das ist sozusagen der neue Grimmelshausen für uns alle gewesen, der schließlich auch den Dreißigjährigen Krieg einflocht. Deswegen der einhellige Beifall nach der Lesung und – mit wenigen Ausnahmen – auch der einhellige Beifall in der deutschen und später in der internationalen Kritik.

DEUTSCHLANDRADIO KULTUR: Man hat es ihm sehr übelgenommen, daß er erst 2006 eingeräumt hat, daß er Mitglied der Waffen-SS war. Haben Sie ihm das damals auch übelgenommen, daß dieses Eingeständnis so spät kam?
FJR: Ja, ich habe ihm das übelgenommen, und an einem langen, langen, nicht ganz ohne Alkohol verbrachten Abend haben wir uns darüber unterhalten. Ich habe ihm *mehr* vorgeworfen – oder *mehr* übelgenommen, daß er meinte, er habe die ganze Zeit von nichts gewußt, die ganze Zeit, bis noch fast nach dem Krieg an den Endsieg geglaubt. Das fand ich törichter und schlimmer als diesen Irrtum eines 17Jährigen, sich in die SS ziehen zu lassen.
DEUTSCHLANDRADIO KULTUR: Sind es denn auch diese politischen Dinge gewesen, die zum Zerwürfnis geführt haben zwischen Ihnen beiden?
FJR: Ja, es sind politische, vor allen Dingen unterschiedliche Bewertungen der Vereinigung der beiden deutschen Staaten gewesen, aber ich will noch einmal sagen: Das, was man jetzt vor allem bei Grass, an Grass rügt und ihm mit zum Teil harscher, ich finde manchmal überzogener Kritik entgegenhält, seine gewiß abstrusen und manchmal starrsinnig-hartnäckig verteidigten Irrtümer, machen nicht gänzlich den Autor Günter Grass aus. Das wäre so, als würde man heute Bertolt Brecht nur beurteilen anhand seiner banalen und unangenehmen Stalin-Gedichte; kein Mensch käme auf diese Idee. Also Literaturgeschichte schreibt sich anders. Es mag sein, daß es das journalistische Gewerbe ist, das jeweils etwas aufgreift oder aufpickt, das sich am Tage oder vorgestern anbietet oder angeboten hat, aber Literaturgeschichte urteilt nach anderen Maßstäben.
DEUTSCHLANDRADIO KULTUR: Sagen Sie das jetzt auch mit Hinblick auf das Gedicht «Was gesagt werden muss»?
FJR: Das sage ich genau auch über dieses Gedicht, das ich unangenehm, falsch und schlecht finde. Aber auch das ist nicht

die Gräte eines großen Werkes. Ich gebe Ihnen ein anderes Beispiel: Ezra Pound wird heute von Hemingway bis Joyce oder umgekehrt von Joyce bis Hemingway und bis zur Gegenwart als einer der ganz wichtigen modernen Poeten eingeschätzt und gefeiert. Niemand käme auf die Idee, nur die Rundfunk-Ansprachen von Ezra Pound im Mussolini-Radio als das unmittelbare Wesen und den Kern seines Werkes zu bezeichnen. Das ist töricht.

DEUTSCHLANDRADIO KULTUR: Was wünschen Sie Günter Grass zu seinem 85. Geburtstag heute?

FJR: Ich wünsche ihm vor allem, daß es mit der Gesundheit besser wird oder einigermaßen vorangeht. Ich bin sehr besorgt um den Menschen, ich halte ihn immer noch für einen – mal mir nahe gewesenen – Freund, und ich weiß, daß er vieler Autoren Freund und Helfer war, so wünsche ich ihm, daß es ihm gut-, oder gar bessergeht, wenn möglich.

Erfolgs- und Skandalautor: DIE ZEIT, 42 / 10. 10. 1997;
Ein Mann, der den Zierat nicht braucht: DIE ZEIT, 43 / 17. 10. 2002;
Scham und Schande: Rede, gehalten in der Stadtwaage Bremen zur Eröffnung der Calcutta-Ausstellung von Günter Grass am 29. Mai 2002; veröffentlicht in: «Die Welt», 12. 10. 2002;
«Ich habe mich verführen lassen»: DIE ZEIT, 17. 8. 2006;
Ein behutsamer Freund: DIE ZEIT, 42 / 11. 10. 2007;
Fazit am Abend: Telefoninterview zum 85. Geburtstag von Günter Grass, gesendet von «Deutschlandradio Kultur», 16. 10. 2012.

PORTRAITS

Sex bei offenem Fenster

Über eine heimliche Obsession William Faulkners

William Faulkner, der große amerikanische Schriftsteller, hatte eine heimliche Obsession: Sie hieß Meta und war Scriptgirl. Das Drama einer Leidenschaft, das nur in Hollywood spielen konnte – doch ohne Happy-End.

Es ist Frühjahr 1936, der spätere Nobelpreisträger steht in Larry Edmund's Bookshop und fragt nach seinem drei Jahre zuvor erschienenen Gedichtband «A Green Bough»; er will es einer schlanken jungen Frau schenken, der blonden Sekretärin des Regisseurs Howard Hawks. Der Verkäufer runzelt die Stirn: «Faulkner?» fragt er ratlos, «William Faulkner? Nie gehört den Namen.» Zu dem Zeitpunkt hatte der neben dem Roman «Sartoris» und zwei Bänden mit Kurzgeschichten die bedeutenden Romane «Schall und Wahn» und «Licht im August» publiziert. Sie waren *out of print*, weder im Buchhandel lieferbar noch beim Grosso-Haus oder beim Verlag zu bestellen. Der hilflose Verkäufer fand schließlich ein Exemplar des allgemein als anstößig empfundenen Romans «Die Freistatt», den Faulkners Verleger im Jahre 1930 mit dem Bemerken abgelehnt hatte: «Großer Gott, wenn wir dies drucken, kommen wir beide ins Zuchthaus!» Eine der zentralen Szenen ist die Vergewaltigung eines jungen Mädchens mit einem Maiskolben – viele Jahre später, auf einem dieser vielgehaßten literarischen Empfänge, fragte eine beflissene Dame nach dem autobiographischen Gehalt des Romans: «Und welche Figur sind Sie, Mr. Faulkner?», worauf er antwortete: «Ich bin der Maiskolben, Madam.» Ob ausgerechnet dieses Buch das rechte Geschenk für eine junge Dame war?

«For you, Miss Meta» – mit diesen Worten gab er den Band

seiner Begleiterin, sie waren nach einem Essen in dem eher bescheidenen Restaurant Musso & Frank am Hollywood Boulevard, einer Flasche Wein, einem Cassoulet toulousain, noch spazieren gegangen. Die wohl dramatischste Beziehung in William Faulkners Leben hatte begonnen, gewiß seine intensivste Liebe.

Nach einigen vorangegangenen Aufenthalten in den MGM-Studios von Hollywood – Faulkner nannte die verhaßte Geldarbeit «Hurerei» – hatte ihn in akuter Geldnot ein Angebot von Howard Hawks erreicht, das Drehbuch für «A Road to Glory» umzuschreiben. Er hatte sich nach seiner Heirat mit dem Erwerb des später berühmten Rowan Oak – eines prächtigen, aber verfallenen «Ante-bellum-Herrenhauses» in Oxford, Mississippi, das zwar enormen Grundbesitz und die obligaten weißen Säulen, aber keine Elektrizität, kein Wasser, keine Heizung und marode Wände hatte – übernommen. Schon 1932 war er Mitarbeiter für Howard Hawks bei einem Film mit Joan Crawford und Gary Cooper gewesen. Nun war er zurück an den widerlichen Milch- und Honigtöpfen der Traumfabrik. «Er betrat das Vorzimmer in den Twentieth-Century-Fox-Studios, ein kleiner Mann mit raschen Bewegungen in einem Tweed-Anzug, der nicht recht saß, und er schaute mich an, einen langen Augenblick, voller Überraschung, als habe er eine sorgsam vorbereitete Rede vergessen oder als habe er jemand anderen hinter dem Schreibtisch erwartet; dann sagte er: ‹Ich bin William Faulkner, und ich glaube, Mr. Hawks erwartet mich.› – ‹*Der* Mr. Faulkner?› – ‹Ich glaube, genau der, Ma'am. Jedenfalls wüßte ich von keinem anderen. Sie sind aus den Südstaaten, nicht wahr? Ich erkenne das an Ihrem Tonfall.› – ‹Mr. Faulkner, ich bin nicht nur aus den Südstaaten, ich bin in Mississippi aufgewachsen.› – ‹Ich nehme das als gutes Omen, daß ich an meinem ersten Hollywood-Tag jemanden aus dem Süden treffe.›» Später wird er diese erste Begegnung mit Meta Carpenter sehr genau zusammenfassen: «Als ich da an der Tür stand und Dich sah, wußte ich blitzartig: Das ist die Frau deines Lebens.»

Als junger Mann hatte er das von Estelle Oldham, Tochter einer alteingesessenen Südstaatenfamilie, gedacht. Doch Estelle wurde an einen wohlhabenden Karrierejuristen in Honolulu verheiratet, wo sie – bald Mutter zweier Kinder – ein luxuriöses Leben führte, ausstaffiert mit teuersten Seidenroben, kostbarem Schmuck und einem Dutzend Dienstboten. Zwei Jahre später kommt Estelle zurück, getrennt von ihrem Mann, der sie unentwegt betrog, eine depressive Alkoholikerin, die nun auf William Faulkner setzt, denn nur eine neue Ehe kann Reputation und Normalität wiederherstellen. Die Ehe wird geschlossen – Reputation und Normalität stellen sich keineswegs ein. Es ist ein von Beginn an zum Scheitern verurteiltes Paar. Er, der die Ehe wohl aus einer Mischung von Gentleman's Noblesse und jenem fast kindlich-unstillbaren Bedürfnis nach Zärtlichkeit eingegangen ist, das ihm später einmal ein Arzt bescheinigen wird; sie, die in ihrer Trauer um zerschlissene Gloire und entschwundenen, von Personal umspielten Reichtum nur Geld ausgeben kann ohne Gedanken daran, woher es kommt – beide schwere Alkoholiker. Ein zerfetztes Paar – er eingesunken in die schwarzen Phantasien, aus denen er sein grandioses Werk schaffen wird; sie ertrunken in Träumen der Verlorenheit – zieht in das Gespensterhaus, wo man sich morgens im Freien unter der Pumpe waschen muß, wo der Hausherr mit einem alten Diener eine Treppe baut, Fenster einsetzt oder Holz fällt und wo die Hausfrau bald ein wenige Tage später sterbendes Kind gebiert. Die zweite Tochter Jill, geboren im Juni 1933, bedeutet das Ende der Ehe; seit ihrer Geburt berühren die Eheleute einander nicht mehr. Das ist der Moment, in dem Faulkner nach dem Strick Hollywood greift, von dem er nicht weiß, ist es das rettende Seil oder die würgende Schlinge.

Und da saß die knabenhaft schlanke, 28jährige blonde

Schönheit im Vorzimmer des rettenden Engels namens Howard Hawks. Schon am zweiten Tag taucht er derart schwankend im Studio auf, daß zwei Assistenten des bereits berühmten Regisseurs ihn schleunigst ins Hotel schaffen.

Am nächsten Tag ist Faulkner nüchtern, munter, frisch rasiert, in der einen Hand die Pfeife, in der anderen mehrere Blatt seines ersten Filmdialog-Entwurfs. «‹Miss Meta, ich wäre überglücklich, wenn Sie mit mir heute Abend ausgehen würden.› Wäre es irgend jemand anderes als William Faulkner gewesen, hätte ich eine beliebige Verabredung vorgeschützt, ein Konzert, für das ich bereits Karten hätte, eine Einladung zum Tanz. Aber irgendwie brachte ich es nicht fertig, diesen so angenehmen, eleganten kleinen Mann anzulügen. ‹Tut mir leid›, sagte ich und schaute ihm in seine tiefernsten braunen Augen. ‹Einen anderen Abend vielleicht?› – ‹Tut mir leid, Mr. Faulkner.› Mit einem Lächeln, das ein ‹Na gut, aber nicht für immer› zu signalisieren schien, deutete er eine Verbeugung an, mit der er die Ablehnung akzeptierte, und verließ das Büro.»

Doch Faulkner, enerviert von Hollywood, dem leeren Geschwätz, das er auf gelegentlichen Partys mit Gary Cooper, Lillian Hellman oder Mary Pickford über sich ergehen lassen mußte in den Prunkvillen mächtiger Produzenten, die ihre schlechtbezahlten Autoren ganz unverblümt als «Remington-Sklaven» bezeichneten und deren Gattinnen beim Martini sagten: «Oh, Mr. Faulkner, können Sie mir einen oder zwei Titel Ihrer Bücher nennen?», Faulkner blieb hartnäckig. Nach wenigen Wochen hatte er gesiegt. Meta Carpenter ging mit ihm essen, er erschien mit einer weißen Gardenie in der Hand, bestellte jenen Wein für acht Dollar, jenes Cassoulet toulousain, und sang in ihrem kleinen Auto auf der Rückfahrt Lieder vom Mississippi und Jazz-Songs aus New Orleans. Als sie endlich allein sind, hat sich der Gentleman im Tweed in einen so rasenden Liebhaber verwandelt, daß Meta Carpenter geradezu erschrocken merkt, wie lange dieser Mann allein gelebt haben muß. «Wir liebten uns bei offenen Fenstern, der Wind von der See blähte die Vorhänge, und das Mondlicht bleichte das Gesicht meines Liebhabers, als er hinterher entspannt und friedlich neben mir lag. Es war das erste Mal, daß wir eine ganze Nacht für uns hatten ... In dem fahlen Morgenlicht konnte ich das erste Mal sehen, wie der Schlaf sein Gesicht veränderte. Wie schön er war.»

Doch der knapp 40Jährige ist nicht nur ein explodierender Liebhaber, der seine jahrelang ungelebte Sexualität gleich einer machtvollen Eruption über diese rasch hoffnungslos verliebte junge Frau schüttet – er ist auch der Schriftsteller, der sich in sein kunstvolles Schneckenhaus zurückzieht, sich in verwinkelte Einsamkeit verdunkelt. Er ist auch beim Lieben Schriftsteller: «Ich muß diese weiße Haut irgendwie beschreiben. Es ist kein ausgebleichtes Weiß, sondern sie ist überglänzt von Elfenbein und Alabaster. Noch nie habe ich eine Frau mit einer solchen Haut gesehen.»

Doch William Faulkner war auch voller Argwohn gegen die eigene Sexualität. «Ich hatte immer Angst davor, die Kontrolle über mich zu verlieren. Ich bin dann nicht mehr ich selber, bin irgendein anderer. Ich hatte lange Zeit große Schwierigkeiten mit Frauen, habe sie eigentlich nie überwunden.» Es scheint, als habe er die eigene Bisexualität, seinen so steten wie stets unerfüllt gebliebenen Traum vom Androgynen nicht begriffen. Liest man Faulkners Biographien, so sind die Beschreibungen des «Knabenhaften» der extrem jungen Mädchen, die er liebte, bewunderte oder später hinfällig anbetend nicht mehr erreichte, kaum zu zählen – knabenhafte Figuren, knabenhaft-zarte Brüste, knabenhafte Taillen – eine Galerie jugendstiliger Zwitterwesen.

Wie sollte eine junge Frau das verstehen, die sein stürmisches Begehren für Versprechen und Endgültigkeit nahm. Doch Faulkner, der nicht oft genug mit ihr schlafen konnte, schlief allein. Er unternahm keinerlei Anstrengung in Richtung auf ein Leben zu zweit; während sie von einem normalen Leben träumte, von Kindern, dem Rührei zum Frühstück und dem Dämmerdrink auf der Terrasse eines gemeinsamen Hauses – schrieb er die obligaten «Ich-vermisse-Dich»-Briefe nach Hause an Estelle. Streckenweise liest sich das Memoirenbuch dieser Hollywood-Liebe wie ein Hollywood-Drehbuch. Zumindest er scheute vor keinem Klischee zurück, das jeder Ehemann der verheimlichten Geliebten kredenzt: der Schulden, die eine Scheidung verhindern; der Frau, die ihn nicht versteht und zu viel Geld ausgibt; dem geliebten Töchterchen, das einer Trennung im Wege steht; der Reputation, die für seine Arbeit notwendig ist. William Faulkner macht keine gute Figur. Er spart beim Ausgehen mit der Frau, die er beschwört: «Ich möchte alles in dich hineinpumpen, was ich bin und habe.»

Jeder geschickt gemachte Hollywood-Film hat drei Akte. Der erste Akt ging dem Ende zu: «‹Wann fährst du zurück nach Oxford?› fragte ich ihn. ‹Nächste Woche, vermutlich.› Nervös räusperte er sich. ‹Und das muß sein?› – ‹Ja, Ma'am.› – ‹Also eine Woche› – ich mußte mich beherrschen, nicht loszuheulen. ‹Das ist also alles, was für uns noch bleibt.› – ‹Vielleicht ein Tag weniger oder ein Tag mehr. Je nachdem.› – ‹Ma'am?› – ‹Und was wird denn bloß aus uns?› – ‹Du wirst mir sofort schreiben!› befahl Bill geradezu. ‹Wie denn?› Schluchzen würgte meine Kehle. ‹Soll ich etwa auf den Umschlag schreiben: Mr. William Faulkner, Rowan Oak, Oxford, Mississippi, bitte komm in fünf Tagen sofort zurück zu Miss Meta Carpenter, Hollywood, California?›

Die Menschen begannen, in den Zug einzusteigen. Ein Schaffner rief: ‹Einsteigen, bitte!› Und Bill sagte: ‹Geh zurück zum Studioclub, Liebste. Warte um Gottes willen nicht, bis der Zug abfährt. Ich will nicht sehen, wie du am Bahnhof stehst und mir nachschaust. Verdammt noch mal, Meta, bitte geh. Oder ich werde in diesen verdammten Zug nicht einsteigen.›

Warum nur, wenn er mich doch liebte, hatte er nicht schon vor Wochen mit Estelle definitiv gebrochen? Was für ein Leben erwartete ihn denn dort in Oxford? Gott verdamme diese heilige Erde. Mit einer Frau, die sich in die Bewußtlosigkeit hineintrank und der man das eigene Kind nicht anvertrauen konnte. Was war das nur für eine Bindung an diese Estelle, war es Mitleid, waren es Verpflichtungen jenseits der Ehe? Ich bestrafte mich mit einer sadistisch gegen mich gerichteten Energie, indem ich laut gegen das Armaturenbrett meines Autos, gegen die durch meine Tränen wie zersplittert wirkenden Windschutzscheiben, gegen den leeren Sitz neben mir, gegen den Rückspiegel schrie: ‹Dieser William Faulkner will ja gar keine Scheidung. Er will sich überhaupt nicht meinetwegen von Estelle trennen!›»

Meta Carpenter wartete. Sie hatte ihn in Delirien, sich schreiend auf dem Boden wälzend gesehen – und geholfen. Sie hatte die Erzählungen über das vergötterte Töchterchen angehört – und verstanden. Sie hatte die bigotten Haßtiraden über die luxusverliebte trinkende Ehefrau erduldet – und verziehen. Womit sie nicht gerechnet hatte, war der Brief, der nur wenige Wochen nach der Abreise aus Hollywood eintraf. In dürren Zeilen teilte er mit, daß er noch diesen Sommer zurückkehren werde – mit Frau und Kind.

Im selben Sommer des Jahres 1936 traf William Faulkner in Hollywood ein, in einem eleganten neuen Ford, chauffiert von einem schwarzen Diener, die Familie in der teuer gemieteten Villa an den Pacific Palisades, betreut von einem schwarzen Dienstmädchen. Der erste Weg führte zu Meta Carpenter. «Ich spürte die jähe Erregung, mit der er sich an meinen Körper schmiegte, und hörte ihn aufgeregt wispern: ‹Meine Liebste, mein langbeiniges, schönmündiges Mädchen. Ich war viel zu lange von dir weg.› Wir liebten uns so rasend, daß wir uns nicht einmal vollständig auszogen, und dann schliefen wir aneinandergeklammert für einen Moment lang ein. ‹Es hat sich nichts geändert›, murmelte Bill, ‹gar nichts.› – ‹Nein.› – ‹Wir sollen es niemals zulassen, daß sich etwas zwischen uns ändert.› – ‹Sind sie schon unterwegs, deine Frau und deine Tochter?› Traurig nickte Bill. ‹Ich hab das so nicht gewollt. Ich hatte eigentlich vor, sehr rasch zu dir zurückzukommen, als mein Agent den Vertrag mit Hollywood machte. Dann wurde zu Hause alles immer fürchterlicher. Glaub mir, es war das letzte, was ich wollte, mit der Familie hier aufzutauchen. Aber ich mußte es tun.› Ich machte Ham and Eggs, genauso wie Bill es liebte. Obwohl ich tapfer versuchte, meine Verstörung darüber, daß Estelle hier in Hollywood auftauchen und damit ja in unser Leben und unsere Liebe eindringen würde, herunterzuwürgen, brachte Bill es zur Sprache: ‹Bitte zerbrich dir ihretwegen nicht den Kopf.› – ‹Ich will es versuchen.› – ‹Nichts darf uns wirklich berühren. Nichts, was nicht ausschließlich mit uns beiden zu tun hat.› – ‹Es ist nur, daß sie so schrecklich nah sein wird.› – ‹Nichts als eine geographische Angelegenheit.› Bill schob das beiseite und schloß mich fest in die Arme. ‹Ich bin kein Pantoffelheld. Ich bin, um das strikt und genau zu sagen, nur ein liebender Vater, der sein Kind beschützen will. Du glaubst mir doch?› – ‹Ja.›

Zwei Tage bevor Estelle mit der Tochter Jill ankommen sollte, klopfte er nachts an meiner Wohnungstür, und als ich schlaftrunken aufmachte, sah ich sofort, daß er betrunken war. ‹Bill›, sagte ich, halb im Schlaf, aber doch voller Protest, ‹es ist fast vier Uhr morgens, das ist wirklich keine Zeit für einen Besuch.› Seine Whisky-Fahne war abstoßend, er stand mit glasigen Augen in der Tür, schwankend und die Schultern rollend, als müßte er sich gegen Gespenster wehren. ‹Bitte, Bill›, sagte ich und sperrte die Tür gegen ihn. ‹Bitte, Bill, geh schlafen, ruf mich morgen an.› – ‹Meta, ich liebe dich.› Die Tür fiel ins Schloß, und ich drehte den Schlüssel zweimal um. Ich hörte ihn davonwanken und wie er mit vollem Gewicht in ein Gebüsch torkelte, wo er sich übergab; und ich dachte: ‹Mein Gott, was habe ich getan. Das ist doch William Faulkner, ich habe ihn rausgeworfen.›

Kurz vor der Mittagessenzeit traf ein Bote bei mir im Büro auf dem Studiogelände ein, der mir einen kurzen Brief überbrachte. Ich sei geradezu quälend in seinem Blut und in seinen Knochen und in seinem Leben. ‹Meta, Meta, geliebte, kostbare, sehr, sehr, sehr geliebte. Ich möchte Dir gute Nacht sagen, und ich möchte Dir diese Worte in Deine Hände legen und in Dein Herz pflanzen.›»

Der zweite Akt des Dramas beginnt, schon nicht mehr frei von Farce und Schmiere. Kurz nachdem das luxuriöse Haus bezogen ist, besteht Faulkner darauf, daß Meta Carpenter – als Camouflage zusammen mit einem eingeweihten Freund – das Ehepaar Faulkner zu einem Dinner besucht; was erstaunlicherweise die offenbar fast hypnotisierte Meta Carpenter akzeptiert, wenngleich sie selber nachsinnt, ob ihr Liebhaber damit wohl eine tief eingewurzelte Morbidität, einen genießerischen Sadismus befriedigen will. Als habe er sich die Rolle geschrieben, öffnet Faulkner die Tür, mixt kühl die Drinks, macht die beiden Frauen miteinander bekannt, und Meta Carpenter stellt nicht ohne Genugtuung fest: «Sie war eine kleine graue, ausgewrungene Frau in einem undefinierbaren Kleid. Wenn sie jemals schön gewesen sein sollte – und sie muß ja von einer gewissen Schönheit gewesen sein, zumindest, als sie ihren ersten Ehemann an sich band –, waren davon kaum noch Spuren zu entdecken. Dieser erste Eindruck wirbelte in meinem Kopf herum, die Entdeckung, daß sie eine blasse, traurige, verwüstete Kreatur war.»

Der Abend, an dem Estelle ihren Mann neckisch «Billy» nannte und davon plauderte, daß er ihr nun das Schreiben beibringe, war gespenstisch. Die Folgen waren es auch. Als kurz darauf William Faulkner seiner Frau die Wahrheit beichtet, bekommt sie einen hysterischen Anfall, droht, sich aus dem Fenster zu stürzen, beißt, kratzt ihn blutig, wirft eine wertvolle Puderdose aus dem Fenster und verlangt sein Versprechen, «deine Miss Carpenter nie mehr zu sehen». «Nein, das werde ich dir nicht versprechen», entgegnet er ihr diesmal mannhaft, «ich liebe diese Frau, und ich werde sie weiter sehen.» – «Dann vergiß nicht», schreit die empörte Estelle, «daß wir im 20. Jahrhundert leben! Du kannst deine Miss Carpenter behalten – aber ich werde deinen Namen behalten bis an meines Lebtags Ende.» Sie drohte, seinen gesamten Besitz und das Pflegerecht an der Tochter an sich zu reißen. Am nächsten Tag kaufte sie eine 125-Dollar-Robe und zerschnitt sie vor seinen Augen. Dialogschreiber William Faulkner – er betrat mit den Worten «Dies ist Estelles Handschrift» auf sein zerkratztes Gesicht weisend Metas Wohnung und wischte das Blut in ein Taschentuch – begann ein Abschiedsgespräch: «‹Ich glaube, sie wollte mich umbringen; oder sich. Immer bisher›, sagte Bill vollkommen hoffnungslos, ‹habe ich dir gesagt, daß ich ein Licht am Horizont sehe. Das ist erloschen. Ich werde nicht frei sein, Meta. Ich weiß jetzt, daß ich ganz bestimmt nicht freikomme. Nicht für eine sehr, sehr lange Zeit.› Ich starrte ihn fassungslos an. ‹Willst du mir sagen, wir haben keine Chance? Es gibt überhaupt keine Hoffnung, daß wir je zusammenleben können?› – ‹Keine›, sagte Bill still. ‹Keine, Ma'am. Zumindest nicht, bis Jill alt genug ist, um vor Gericht zu erscheinen und vor einem Richter auszusagen, daß sie nicht weiter mit ihrer Mutter, sondern lieber mit ihrem Vater leben will.› – ‹Aber wann wird das sein?› – ‹Vermutlich nicht, bevor sie zwölf Jahre alt ist. Das wird wohl das jüngste Alter sein, in dem sie ein solches Urteil selber fällen kann.› – ‹So lange?›

Alles Vertrauen, das mich aufrechterhalten hatte, zerrann zu Wasser. Das ganze Gebäude von Hoffnung, das ich errichtet hatte, brach zusammen. ‹Großer Gott, Bill, das sind ja noch zehn Jahre.› Tödliche Stille. Endlos. Dann kam sein ‹Ja, so ist es›.»

Bohrend und allmählich wurde mir in meiner Schlaflosigkeit klar, daß meine Liebesbeziehung zu William Faulkner zu Ende ging. Eine giftige Spinne hatte diesen seidenen Traum verspeist. Bill war in einer Sackgasse, aber ich auch. Ich konnte diese endlosen zehn Jahre nicht warten, bis vielleicht oder nicht eine zwölfjährige Jill irgendeinem huldvollen Richter erklärte, daß sie lieber mit ihrem Vater als mit ihrer Mutter aufwachsen möchte; oder auch umgekehrt. Ich würde dann weit über 35 sein, mein 40ster Geburtstag nur einen Lidschlag entfernt. Steinerne Mauern wuchsen um uns. Am Morgen war meine Entscheidung gefallen, mit William Faulkner zu brechen.»

Um die bildschöne junge Meta Carpenter hatte seit langem der in Hollywood gastierende deutsche Pianist Wolfgang Rebner, Sproß einer schwerreichen jüdischen Frankfurter Familie, geworben; sie hatte ihn stets abgewiesen. Jetzt kam seine Chance. Sie war eine sehr weibliche Frau, wollte heiraten, ein Heim, Kinder – und sie, die wenig von Nazideutschland, Hitler und dem drohenden Schicksal der deutschen Juden in ihrer Hollywood-Welt wußte, gab seinem Drängen nach. Faulkner, dem sie von ihrer bevorstehenden Heirat erzählt hatte, wünschte ihr Glück; aber ganz gab er nicht auf: «‹Ich gehöre zu dir, Ma'am. Ich fühle einfach, daß du zu mir gehörst und immer zu mir gehören wirst. Ich muß jetzt zurück ins Studio›, sagte er, fummelte in seinen Taschen nach dem Geld für den Kellner und vermied es, mich anzusehen. Am späten Nachmittag rief er mich an. ‹Laß uns zu dir gehen›, sagte er. ‹Nein.› – ‹Nein?› – ‹Ich schlafe mit dir nicht mehr.› Suchend blickte er mich an. ‹Wenn ich das so sage, Bill, dann meine ich es auch. Ich bin jetzt mit Wolfgang verlobt, und ich werde ihn heiraten.› – ‹Aber er ist weit weg, irgendwo, Tausende von Meilen.› – ‹Das macht doch keinen Unterschied.› – ‹Und ich bin hier.› – ‹Das weiß ich wohl, und das macht es für mich nicht einfacher.› Bill mokierte sich. ‹Mir scheint, du lebst in einem romantischen Traum.› – ‹Nenn es, wie du willst. Aber ich geh nicht mehr mit dir ins Bett.› – ‹Nicht einmal ein letztes Mal?› – ‹Nein.›»

Es beginnt die Höllenfahrt der Meta Carpenter. Nach ein paar Monaten, die sie noch einmal als Sekretärin für Howard Hawks arbeitet, der gerade einen Film mit Katharine Hepburn und Cary Grant dreht, heiratet sie Wolfgang Rebner. Sie reisen nach Deutschland. Das riesige Stadtpalais seiner Familie, regiert von einer so herrischen wie störrischen Großmutter, die über ein Heer von Dienstboten und Chauffeuren zu gebieten gewohnt war, gleicht einem Gespensterhaus. Draußen marschiert die SA. Drinnen ist niemand mehr. Wer es irgend geschafft hat von Freunden und Familienmitgliedern, ist ins Ausland geflüchtet. Das große Vermögen ist beschlagnahmt. Meta Carpenter befindet sich in einem Horrorfilm – ihr Mann wird aus seinem Lieblingslokal gewiesen, die Großmutter darf nicht auf den Bänken des Parks sitzen, den ihr Mann der Stadt Frankfurt gestiftet hat, Meta wird – kenntlich an Kleidung wie Make-up als Amerikanerin – angepöbelt. Das junge Ehepaar flüchtet nächtens über Holland zurück nach New York, wo der nun gänzlich mittellose Pianist vergebens auf eine Konzertkarriere hofft, stattdessen als mies bezahlter Begleiter von Starsolisten mit ihr in immer kümmerlichere Quartiere ziehen muß; ein ehemals verwöhnter, lebensuntüchtiger, nun greinend-deprimierter Flüchtling unter abertausenden.

Die Ehe wird in der Mühle der Exilmisere zermahlen. Meta flieht in einem jähen Entschluß zu ihren Eltern nach Arizona – sie unterbricht aber die Reise in New Orleans – für eine rasende Nacht mit William Faulkner, der sich auf und in sie stürzt wie ein Ertrinkender. Immer wieder spricht er wie in Trance die eigene Zeile aus «Wilde Palmen»: «Zwischen Gram und Nichts entscheide ich mich für den Gram.» Es ist ein Taumel von Liebesgestammel und entfesselter Sexualität – und es ist ein verschlingender Strudel, der beide noch einmal an entfernte Ufer schleudert; keine Lösung für keinen. Er kehrt zurück zu Estelle nach Oxford, sie kehrt zurück zu Wolfgang Rebner nach New York. Meta reicht die Scheidung ein. Sie lebt wieder in Hollywood, das trotz der Kriegszeiten boomt. Sie avanciert zum Scriptgirl und arbeitet für Bette Davis. Und die Zeit der Briefe beginnt wieder. Briefe wie Hilferufe. In ihrer groben Obszönität oft mehr Onanierspiegel denn Ausdruck der Sehnsucht: «Ich wiege jetzt 129 Pfund, und die will ich alle auf Dich stürzen – und so viel in Dich hineinstürzen, wie ich nur kann, kann, kann, kann, muß, muß, will, will, werde.» Der alte Magnetismus funktioniert. Und die alte Hoffnung flackert auf: vielleicht doch wieder Hollywood, vielleicht doch wieder ein Studiovertrag, vielleicht doch wieder Meta. «Eines Samstagabends, die Dämmerung war schon hereingebrochen, parkte ich meinen Wagen vor dem Haus – und da saß Bill, die Füße übereinandergeschlagen, auf der Treppe zu meinem Apartment, sein Gepäck neben sich.»

Der dritte Akt des Dramas ist Wiederholung – alles das gleiche, doch alles etwas blasser. William Faulkner – inzwischen gerühmt und anerkannt als einer der Großen der Weltliteratur zwischen Tokio und Paris, wo Jean-Paul Sartre ihn bald «unseren Gott» nennen wird – ist in den Fängen der Familie, des immer erweiterten, immer mehr Geld verschlingenden Besitzes und strangulierender Filmverträge, für die er nur mehr 300 Dollar pro Woche bekommt, ein Bruchteil des Honorars von 1936. Doch auch die Liebe zwischen William Faulkner und Meta Carpenter ist Wiederholung. «Wir hatten unsere Beziehung wiederaufgenommen, als habe sich nicht Zeit dazwischen gedrängt, als seien wir beide trotz der vergangenen Jahre unverändert, aber fast sofort wurde uns beiden klar, daß es nicht mehr dasselbe war und daß es nie mehr so sein könnte, wie es einmal war. Es war zuviel Zeit verstrichen. Keiner von uns beiden war mehr, was er einmal gewesen war. Ich war nun eine

Frau, die auf eigenen Füßen stand, die selbständig durch die Welt ging, die ihre Probleme selber zu lösen wußte; nicht mehr abhängig, nicht mehr unbehütet, nicht mehr ergeben. Ich war herausgewachsen aus der Zeit von niedlichen Puppen und Haarschleifen und Gummienten für meine Badewanne. Als ich damals mich in Faulkner verliebte, hatte ich die vernünftige, wenn auch etwas einfältige Erwartung, daß wir eines Tages heiraten würden. Jetzt hatte ich keinerlei Erwartung mehr. Ich bat um nichts und erwartete nichts. Er war mein Liebhaber, das war nicht genug, aber ich machte es mir so zurecht, daß es für mich genug war.»

Nur eines ist keine Wiederholung, sondern Steigerung: das Trinken. Faulkner verbringt den größten Teil des Jahres 1943 in Hollywood, gelegentlich von Meta Carpenter fürsorglich in einer Entziehungsanstalt in Cahuenga bei Yucca untergebracht, gelegentlich bei der Familie auf Rowan Oak. Anfang 1944 erhält er das Angebot zum Umschreiben von Hemingways Roman «Haben und Nichthaben», den Howard Hawks mit Humphrey Bogart verfilmt – an dem Meta Carpenter mitarbeitet. Nach sechs Monaten Unterbrechung war Faulkner wieder da, die letzte Wiederholung beginnt. «Während ich in Faulkners Armen lag, stellte ich mir vor, wie es wohl für Kriegsbräute gewesen sein muß, wenn ihre jungen Männer nach jahrelanger Abwesenheit wieder mit ihnen schliefen. Diese explosionsartige Erleichterung nach einer so langen Abstinenz, vermutlich eine seltsame Scheu und dann doch Initiative und Stürmischkeit.»

Es war die große Romanze, ein Liebesfilm in drei Akten. Und als die allerletzte Spule der Wiederholung sich drehte, war es eine Wiederholung zu viel: «An einem Wochenende trafen wir uns zu einem späten Abendessen, und Bill faßte endlich den Mut, mir zu sagen, was er mir wochenlang verschwiegen hatte. ‹Carpenter, ich bringe Estelle und Jill für den Sommer hierher.

Sofort, wenn Jills Ferien beginnen.› – ‹Für wie lange?› – ‹Den ganzen Sommer über.› Er knallte sein Glas auf den Tisch. ‹Ich habe bereits für die Familie ein Haus gemietet. Es macht überhaupt nichts aus, daß sie hier sind›, sagte Bill. ‹Zwischen uns kann alles so weitergehen wie bisher.› – ‹Bill, ich erinnere mich gut genug daran, wie es das letzte Mal war. Ich bin nicht bereit, das noch einmal mitzumachen. Dazusitzen und auf dich zu warten, wann du dich eventuell in der Nacht davonstehlen kannst. So lange auf das Telefon zu starren, als würde es davon anfangen zu klingeln und deine Stimme zu mir tragen. Nein, Bill.› – ‹Ich lebe nicht mit meiner Frau. Ich schlafe nicht mit ihr.› – ‹Das macht die Sache nicht besser.›

Er war sehr nachdenklich, als ich ihn in meinem Wagen in sein Hotel brachte. In seinem Sitz zusammengekauert, die Hände zwischen den Beinen verknotet. ‹Es ist noch früh›, sagte er, ‹komm doch noch mit mir rauf.› – ‹Nein, ich denke nicht daran.› – ‹Du willst offenbar wirklich nichts mehr mit mir zu tun haben.› – ‹Gute Nacht, Bill.› Als ich in der Wohnung ankam, klingelte das Telefon. ‹Meta, ich habe nachgedacht.› Ich wußte jetzt schon, was kam. ‹Ich sehe wirklich keine Möglichkeit, mein Versprechen zu brechen.› – ‹Das wär's dann wohl.› – ‹Ja, Ma'am.› Ich hielt den Hörer weit weg von meinem Ohr, damit seine Stimme entfernt, leise und liebevoll klingen sollte. ‹Ich weiß, Meta, daß du nicht mehr mit mir schlafen willst. Aber können wir uns nicht trotzdem weiter sehen? Eben ohne miteinander zu schlafen.› – ‹Nein, Bill.› – ‹Nicht in deiner Wohnung. Nur gelegentlich ein paar Drinks. Oder ein Abendessen oder irgend etwas.› – ‹Bill, ich glaube wirklich, es ist besser, wir sehen uns nicht mehr. Nie mehr.› – ‹Meta, Geliebte, was ist nur in dich gefahren?› – ‹Ich kann das nicht mehr aushalten. Bitte. Du mußt von jetzt ab deiner Wege gehen, und bitte laß mich meiner Wege gehen.› Sehr langsam legte ich den Hörer auf und hörte ihn noch protestieren, bevor der Klick die Leitung unterbrach. Eine Stunde oder auch zwei saß ich bewegungslos im Dunkeln. Dann wanderte ich ziellos durch die Wohnung. Wie in einem Nebel. Nahm sinnlos irgendwelche Dinge in die Hand, starrte an die Wand. Weinen konnte ich nicht mehr. Es war zu Ende.»

DIE ZEIT, 28. 10. 1999

Prophet des Zeitgeistes

Über Jean-Paul Sartre

Am 29. Oktober 1945 – zwei Wochen nach der Bildung einer Regierung durch Charles de Gaulle, in die er unter anderen den kommunistischen Résistancekämpfer André Malraux eingebunden hatte – erlebte Paris eine Sensation. Zu einem Vortrag mit dem abstrakten Titel «Der Existentialismus ist ein Humanismus» strömt in einen der größten Säle der Stadt nicht nur alles, was im intellektuellen Leben Rang und Namen hat, sondern es drängen solche Menschenmassen, ohne zu zahlen, an den Eintrittskassen vorbei, daß Stühle zu Bruch gehen, Besucher in Ohnmacht fallen und der Vortragende seinen Platz erst mit einstündiger Verspätung erreicht. Der Mann heißt Jean-Paul Sartre und ist «der neue Star», wie Hans-Martin Schönherr-Mann schreibt. Sartre ist ein 40jähriger Schriftsteller, dessen Roman «Der Ekel» Furore gemacht hatte wie sein noch unter deutscher Besatzung uraufgeführtes Stück «Die Fliegen». Er kommt gerade von einer zweimonatigen USA-Reise zurück, auf der ihn Präsident Roosevelt empfing, zwei neue Romane – «Die Zeit der Reife» und «Der Aufschub» – erscheinen in kurzer Folge, und der Verlegerfürst Gallimard hat für ihn eine eigene Zeitschrift «Les Temps Modernes» gegründet, deren Direktor er ist und in deren Redaktion er Albert Camus, Raymond Aron, Simone de Beauvoir und Maurice Merleau-Ponty bittet. Sartre ist wie ein Komet am Intellektuellenhimmel aufgeschienen, bald wird man ihn und seine Gefährtin Simone de Beauvoir «das Literatenstar-Paar des 20. Jahrhunderts» nennen; unser Autor summiert den jähen Aufstieg: «In den letzten Monaten des Jahres 1945 erlebten die Franzosen jedenfalls einen ungeheuren Sartre-Boom, der zwischen begeisterten Anhängern der neuen Philosophie und ihren kommunistischen, vor allem aber konservativen Kritikern auch in wüste Beschimpfungen ausartete.» Wohl wahr. Bereits 1948 wurde Sartres gesamtes Werk vom Vatikan auf den Index der verbotenen Bücher gesetzt.

Was war die Schockwirkung dessen, was alsbald als «Existentialismus» in aller Munde war und das – wie wohl nie zuvor und nie danach – mehr als Lebensform begriffen und praktiziert wurde denn als strenge Denkdisziplin? Die vielfach zitierbaren und variablen Denksprüche Sartres – «Frei sein heißt zum Freisein verurteilt sein»; «frei sein ist frei-sein-um-zu-verändern, um-zu-handeln» – wurden nach Jahrzehnten der Unfreiheit weniger nach-gedacht als nach-gelebt. Ein Philosophie-Tsunami war losgebrochen. Es war generell mehr ein Impuls: Elend, Zwang, Hunger, Folter, Kanonendonner – also Leben in Zwang – waren vorbei; und da kam eine Art Prophet, der die ersehnte, jetzt jäh angebrochene Zeit der großen Freiheit artikulierte. In tausend Rinnsalen verbreitete sich Sartres Gedankengut – bis in die Mode hinein (schwarze Lidschatten); bis in den äußeren Habitus hinein (ohne schwarzen Rollkragenpullover hätte man nicht Einlaß gefunden in die verräucherten Existentialistenkeller von Saint-Germain); bis zu den Chansons der schwarz gekleideten, schwarz frisierten Ikone Juliette Gréco, deren Stimme gar schwarz klang. Jener komplizierte Gedanke, daß Freiheit ein so anstrengender wie beängstigender Akt der Selbstschöpfung sei, der der Mensch zeitlebens sowohl ausgeliefert ist – «zur Freiheit verurteilt» nennt Sartre das – wie der sie stets sich neu erkämpfen muß: das fand europaweit eine geradezu epidemisch sich ausbreitende Säkularisierung – daß der Mensch aufgerufen sei, «sich zu machen, statt zu sein» zelebrierte man mit den kaum je verglimmenden schwarzen Zigaretten; auch da den Meister, der bekanntlich mindestens vier Päckchen pro Tag konsumierte, im Mißverständnis kopierend. Einer seiner wohl berühmtesten Sätze – «Die Hölle, das sind die Anderen» aus dem zehn Tage vor der alliierten Landung in der Normandie uraufgeführten Stück «Bei geschlossenen Türen» – führte zu einer rasenden Lust des Sich-Auslebens, wie es die rasch zum Idol gekürte blutjunge Erfolgsautorin Françoise Sagan in ihren barfuß gefahrenen Aston-Martin-Cabrios an der Côte d'Azur vorlebte.

Gewiß, politische Umwälzungen haben oft ihren Niederschlag in der Literatur gefunden – etwa die hymnischen Oden, mit denen Klopstock die Französische Revolution begrüßte; wie sie bis in die Banalität der Alltäglichkeit eindrangen – von den Sansculottes über die als Modeschmuck getragene Kokarde bis zum hochstehenden Kragen jener neu-aristokratischen oder bourgeoisen postrevolutionären *Jeunesse d'orée*, die ja zeigen sollte, der Hals ist nicht mehr frei für die Guillotine.

Doch der gravierende Unterschied besteht darin, daß die Aufklärung beispielsweise – auch wenn ihre Protagonisten Rousseau und Voltaire einander spinnefeind waren – ein Ensemble von Gedanken und Denkern bildete; der Raum dieses Artikels reicht nicht, die vielen Theorieströme, von D'Alembert über Condorcet zu Camille Desmoulins, nachzukartographieren, die sich da vereinigten (und sich in den eigenen Wogen ertränkten).

Ganz anders hier. Es war ein einziger, einzelner Mensch, der die neuen – meist unbegriffenen – Horizonte aufspannte. Ein gedrungener, häßlicher, schielender Kleinbürger, die Taschen zwar bald so prall mit großen Geldscheinen vollgestopft und derart unmäßige Trinkgelder verteilend, daß die Geschäftsführer von ihm besuchter Restaurants gelegentlich Simone de Beauvoir diskret deswegen warnten. Er lebte das einst von Picasso verkündete Ideal «zu leben wie ein armer Mann, der ganz viel Geld hat». Doch Sartre war kein Parvenu, er aß in zweitklassigen Restaurants wie La Coupole oder Brasserie Lipp, er saß tagaus, tagein in dem mickrigen Café Flore am Boulevard Saint-Germain – und schrieb, schrieb, schrieb. Er führte auch privatim ein eher klägliches, leicht unappetitliches Leben mit fast immer kurzfristig herbeikommandierten jungen Damen, die Simone de Beauvoir ihm «besorgte», nicht selten die Zugeführten vorher ausprobierend; in den zahlreichen Biographien, die ihm inzwischen gewidmet wurden, wird er als «schlechter Liebhaber» charakterisiert. Ein im ganzen eher kleines Leben in bescheidenen Mietwohnungen – denkt man an die schloßartigen Besitzungen von Sacha Guitry oder Maurice Maeterlinck in Nizza. Also keine Schlösser an der Loire.

Und schrieb und schrieb und schrieb. Es ist der wohl einmalige Vorgang, daß ein Mensch – selber wortsüchtig, wie er es so wunderbar in seiner Autobiographie «Die Wörter» aufgedeckt hat – mit Worten, mit Philosophie, mit Literatur Feuer in den Köpfen der Menschen entzünden konnte; bis zum heutigen Tage, da vor einer großen Pariser Sartre-Ausstellung Menschenschlangen sich ballen. Das war von jeher sein Literaturbegriff und seine Ambition, schon jener Vortrag des Jahres 1945 avancierte umgehend zur «Existentialistenbibel», die Broschüre wurde hunderttausendmal gedruckt und in 18 Sprachen übersetzt. Hans-Martin Schönherr-Mann zitiert die Sartre-Biographin Annie Cohen-Solal mit einem Satz über diesen frühen Anfang: «Eine ganze Jugend bewegt sich auf ihn zu: Sie ist von seiner Radikalität, der permanenten Überschreitung von Konventionen, vom Caféleben, von der Transparenz, dem Außenseitertum, das den Bourgeois schockiert, einfach hingerissen.»

In diesem Sinne – daher der Begriff *littérature engagée* – hat Sartre stets den Schriftsteller begriffen: und den Leser. Die Beziehung zwischen beiden verstand er als eine dialektische: die Möglichkeit, unsere Welt anders zu sehen, kritisch, die schafft der Künstler; damit ist Lesen ein schöpferischer, handelnder, zum Engagement führender – zwingender? – Vorgang. In seinem berühmt gewordenen Essay des Jahres 1964 «Was kann Literatur?» sagt er das ganz deutlich: «Der Autor schreibt eine Partitur, aber erst der Leser wird dieses Konzertstück aufführen; was der Autor hier macht, entgeht ihm immer, während der, der das Buch nimmt, es nicht kennt, jeden Satz als eine neue Erfahrung aufnimmt und ihn folglich in seiner konkreten Wahrheit erfassen kann, offensichtlich der Leser ist.»

Es war auch eine Freiheit, intellektuell zu töten, um sich selber zu gebären. In einem zeremoniösen Tanzschritt des Umgarnens verpuppte Sartre seine «Opfer», bis aus einer rasenden Pirouette ein neues Wesen entstand: Das hieß allemal Jean-Paul Sartre. Er hat den – durch seine und Cocteaus Interpellation aus dem Zuchthaus befreiten – Jean Genet in seinem eigenen Kot ersäuft; seine über alle Dimension hinausgewachsene Genet-Biographie war ein Fanal – und führte zugleich dazu, daß Genet nach seiner Freilassung nie wieder ein Buch schrieb: totgelobt. So hat Sartre auch den onanistischen Geiz Baudelaires so haargenau als frühkapitalistische Methode des Berührungsverbots analysiert, daß sich alsbald aus seiner Interpretation der Häscher und Näscher Sartre selber entpuppt. Wie er in seiner vielbändigen und dennoch unvollendeten Flaubert-Studie den gerühmten Romancier so perfekt umgarnt, bis dessen frappanter Satz «Madame Bovary – c'est moi» so klingt, als habe da – einer wörterreichen Autobiographie entsprechend – einer sagen wollen «Gustave Flaubert – c'est moi».

Sartres Philosophie der Freiheit strotzt – wie so viele der eigenen «freien» Entscheidungen – von Widersprüchen. In seinem besonders gelungenen vierten Kapitel hat Hans-Martin Schönherr-Mann das so eindrücklich wie plausibel interpretiert. Da in Sartres Konzept die Freiheit zugleich durch Einsicht und Verantwortung begrenzt wird, changiert der Begriff – da Einsicht und Verantwortung des einzelnen ja wechselnden Prozessen unterworfen sind. So waren Person wie Werk auch ständig wechselnden Akklamationen wie Attacken unterworfen. Ich erinnere mich, wie bei Jürgen Fehlings deutscher Erstaufführung der «Fliegen» in Berlin (1948 am Westberliner Hebbel-Theater mit der unvergeßlichen Joana Maria Gorvin in der Hauptrolle) in der Reihe vor mir ein wild applaudierender Wolfgang Harich saß (neben mir übrigens ein Funktionär der Kulturabteilung des ZK der SED, das damals noch Zentralsekretariat hieß); wenig später erschien das wüste Anti-Sartre-Pamphlet von Harichs Wunsch-Vater Georg Lukács, «Existentialismus oder Marxismus?», und wiederum wenig später saß der vom kommunistischen Kulturpapst Angeprangerte auf Moskauer Tribünen, von Ovationen begrüßt. Das mag ein Irrweg Sartres – einer von vielen – gewesen sein; ein Irrtum seitens der Gastgeber war es allemal. Denn Sartres politische Parteinahmen waren vor allem geprägt vom Haß auf den Kolonialismus – daher sein lebenslanger Kampf gegen de Gaulle: ein einzelner, nicht etwa ein Presse-Tycoon mit Archiven, Rechercheuren und Tausenden von Angestellten, war zum gefürchteten Gegner des Staates und dessen Oberhaupts geworden. Es war der Kampf eines Intellektuellen gegen die Macht, und auf dem Höhepunkt des Algerienkrieges zerbombte die OAS seine Wohnung gegenüber der Kirche Saint-Germain (wobei wertvolle Manuskripte verlorengingen); Boulevardjournalisten wie Geheimdienstler gaben sich ein Stelldichein vor Sartres Wohnungen, um in den Mülltonnen nach «belastenden» Zetteln zu fischen. Spätestens von jetzt an galt und gilt Jean-Paul Sartre als DER Intellektuelle *par excellence.*

Doch sein immer wieder neu definierter Freiheitsbegriff – «Während seiner gesamten Existenz hat Sartre nie aufgehört, sich neu in Frage zu stellen», sagte Simone de Beauvoir über ihn – war ja keine Predigt der Beliebigkeit nach dem Motto «Jeder darf alles»; er war vielmehr streng gekoppelt an den Begriff der Verantwortung und des Gewissens: also diametral entgegengesetzt dem marxistischen Determinismus. Mir scheint nach Jahren der Sartre-Lektüre überhaupt fraglich, ob er den Marxismus kannte, sich mit den klassischen Texten je ernsthaft auseinandergesetzt hat. Schon die Devise von Friedrich Engels «Freiheit ist Einsicht in die Notwendigkeit» hätte ihn schaudern lassen müssen. «Einsicht in die Notwendigkeit» hatten schließlich auch die Angeklagten der Moskauer Prozesse; sie waren also «frei», ihre Todesurteile zu akzeptieren. Derlei widerlief fundamental Sartres Entwurf von der Existenz des Menschen, seiner Möglichkeit zur Wahl bzw. der – von ihm beklagten – falschen Wahl; der falschen Freiheit. Hans-Martin Schönherr-Mann geht penibel auf Sartres, vorwurfsvoll gemeintes, Wort «mauvaise foi» ein, das mal als «Unwahrhaftigkeit», mal als «Unaufrichtigkeit» übersetzt wurde, zuerst einmal aber «Treulosigkeit» heißt; was bedeutet, daß der Mensch – leider – auch frei ist, sich selbst gegenüber treulos zu sein oder zu werden: die falsche Freiheit. Im Sartreschen – oft bis zur Unlesbarkeit von Heidegger beeinflußten – Sprachgebrauch heißt das «Geworfenheit». Sartres These, der Mensch ist nur Mensch, soweit er ein Bewußtsein von sich hat und aus diesem Bewußtsein ethisches Handeln ableitet, ist zwiespältig, um nicht zu sagen widersinnig; denn «Handeln» ist nicht ethisch *per se.* Insofern hat Sartre eine grundsätzliche Antinomie nie auflösen können: die *Freiheit von* läßt sich noch definieren und bis zum modischen Mißverständnis leben – Freiheit von Zwang, von Gewalt, von Gehorsam, von Unrecht, oft begangen oder geduldet. Daraus nährte sich die rasende Feier des epidemisch geschminkten Existentialismus in Tanzkellern, auf Chansonbühnen und im Theaterparkett. Aber Freiheit wozu? Wohin? Die Antwort darauf verweigert sein mäanderndes Werk und sein gelegentlich durchaus schlingerndes Leben. Freiheit auch zum Mord, wie sein bald von ihm selber verbotenes Stück «Die schmutzigen Hände» anheimstellte? Freiheit zum Leugnen des Gulag, wie sein mesquiner Essay-

Überfall auf den einstigen Gefährten Albert Camus sie feilbot? Freiheit zum gedankenlos-bedenkenlosen Besuch der deutschen RAF-Gefangenen in Stammheim, an der Nase herumgeführt von dubiosen Anwälten? Manchmal erinnern diese und andere Irrläufe des großen Schriftstellers an Max Webers frivoles Wort, dem zufolge ein Wegweiser ja auch nicht den Weg beschreitet, dessen Richtung er angibt. Das erinnert aber auch an die verblüffendsten Inkonsequenzen des Kirchen- und Armee-Hassers Voltaire, der sein riesiges Vermögen mit der Lieferung von Uniformstoffen an alle erdenklichen Armeen gemacht hatte – und bedenkenlos zu ernormem Zins Geld an die bekämpften Fürsten auslieh: nicht zuletzt an jenen Herzog Karl Eugen für seine protzsüchtige Hofhaltung, die Schiller floh. War Sartre also der Voltaire seiner Zeit?

Wir alle kennen de Gaulles majestätisch-herablassendes Wort auf schrille Attacken unseres *Maître penseur* «On n'arrête pas Voltaire»; einen Voltaire verhaftet man nicht. Da war Sartres *élan vital* noch nicht gebrochen. Zum Ende seines Lebens, viele Jahre, war jedoch der, der uns sehend gemacht hatte, ein blindes Wrack, verarmt; er mußte gar diskret (und übrigens vergebens) in Stockholm eruieren lassen, ob man ihm nicht ohne Aufsehen den Geldbetrag des 1965 hochmütig abgelehnten Nobelpreises zukommen lassen könne. Fast liest sich ein überlieferter Satz Jean-Paul Sartres wie eine Antwort auf de Gaulle: «Wir gehen umsonst zugrunde, der Mensch ist eine nutzlose Passion.»

«Welt am Sonntag», 19. 5. 2005

Höllenritt und Totentanz

Jean-Paul Sartre über Gustave Flaubert

Kein Buch – ein Tunnelsystem. Keine Biographie – eine Selbstdarstellung: Dies ist Jean-Paul Sartres wahre Autobiographie. «Die Wörter» scheinen dagegen Fingerübungen. Eingezeckt, verschraubt, unterbohrt, hineingekrochen fast wie ein Parasit, der den Stamm tötet und aushöhlt, um phantastische Blüten hervorzusaugen, von denen man nicht weiß, blüht der Baum wieder, oder sind es die Phantasieblumen des bösen Ausbeuters – was hier vorliegt, ist eine der grandiosesten Interpretationsleistungen der Weltliteratur, ein Meisterwerk: «Der Idiot der Familie, Gustave Flaubert 1821 bis 1857». Mit nahezu zwanghafter Besessenheit hat Sartre Jahre seines Lebens diesem Buch gewidmet, hat es *gegen den Vorwurf* überflüssiger, ästhetisierender Spielerei verteidigt und sich verwahrt vor dem Ansinnen, nur mehr protestierender Zeitgenosse zu sein: «Ich mußte dieses Buch schreiben»; denn mehr als alle Versammlungsreden, Straßenverkäufe von Pamphleten und Aufrufe ist dies eine Standortbestimmung. Eine der Literatur. Es ist nicht die Rede von einer Person, einem Genie (das auch). Es ist vielmehr der Versuch, die «Entstehung eines Genies» begreifbar zu machen – und damit das Entstehen von Kunst.

Die Urverletzung Flauberts war Liebesentzug. Aufgewachsen in einer Familie, deren Vater in ihm nur eine «Fabrikationsmarke» sah und deren Mutter «mehr blutschänderische Tochter als Mutter war; zwischen ihr und ihren Söhnen war nichts», herangezüchtet also eher, entschied sich das Kind Gustave bereits zur Verweigerung. Es funktioniert nicht, um sein Ich zu retten vor jener bürgerlichen Kleinfabrik, die sich Familie nennt.

Eben das Phänomen, das Sartre in den «Wörtern» an seiner *eigenen* Kindheit geschildert hat, wird hier vorgeführt: Der Kampf eines Heranwachsenden mit der Sprache, mit dem Wort. Was den jungen Flaubert inmitten einer Welt der Tüchtigen zum «Idioten» macht, ist die Ablehnung, das Handwerk des Lebens zu erlernen – sprechen und schreiben. Die Werkzeuge der bürgerlichen Emanzipation werden fortgewiesen. Kommunikationsbruch statt Verständigung; «unverständig» in beiderlei Sinn bleibt der junge Gustave, umgeben von Aufsteigern.

Sartres Analyse ist besonders luzide, wo er dieser schwierigen Dialektik nachgeht: «Nicht geliebt sein wird empfunden und verwirklicht als Unmöglichkeit, sich zu lieben ... das Kind mißfällt sich einfach.» Das führt zu einem gehetzten Selbst, Lebensüberdruß und fast vegetativer Passivität (Sartre diagnostiziert mit knapper Exaktheit etwa die Metapher des Pilzes in Briefen Flauberts); und das führt zu einer rasenden selbstzerstörerischen Aktivität am Rande des Sadismus, zu jener Aktivität des Hasses und der Bosheit, die in der Anekdote Sully-Prudhommes festgehalten ist, der sich nach einem Besuch beim alten, berühmten Flaubert dessen Diktum notiert: «Wenn man mir eine Gemeinheit berichtet, so macht mir das ebensoviel Spaß, wie wenn man mir Geld gibt.» Es ist jener Auto-Sadismus – Sartre nennt es «passive Aktivität» –, der ihn das Böse entdecken, aufdecken und lieben läßt; Sartres eigener vielzitierter Satz «Die Hölle, das sind die anderen» taucht in vielerlei Variationen hier auf, nicht zufällig liest man immer wieder Flauberts Satz «Die Welt ist die Hölle»:

> Gustaves Bestimmung ist es, zu schaden: Seine passive Aktivität setzt sich das Ziel, den Menschen zu vernichten durch Verweigerung jeglicher Komplizenschaft mit den Lebenslagen dieses gespaltenen Tieres, um hinter der Unbeständig-

keit des Komödianten das menschliche Vieh, das Schwein zu entdecken. Schaden heißt also demaskieren: Wenn er alle unsere armseligen Abwehrmanöver vereitelt und den Leichengestank in uns entdeckt hat, ergötzt er sich: Nicht daß er diesen Fäulnisgeruch um seiner selbst willen liebte; es gefällt ihm, daß unsere Art schlecht riecht.

Dieser Demaskierungsball, Höllenritt und Totentanz – das ist Literatur. Es ist Sartres erklärte Absicht, mit diesem Buch den Produktionsmechanismus aufzudecken, der aus dem Bösen das Schöne macht: Denn schreiben heißt, sich der Welt bemächtigen. «Er schreibt, weil er sich nicht liebt», heißt es bei Sartre. Es ist keine Verpuppung, sondern Ent-Larvung. Und es ist kein Zufall, daß Sartre zwei Autoren als Kronzeugen aufführt – Genet und Kafka. Diese Erinnerung trifft nicht nur den «Brief an den Vater», sondern auch jene Erzählung, die bereits im Titel den Existenzbegriff aller drei Autoren umfaßt:

> Tatsächlich wird sich Gustave nur dann unter die Mißgeburten einreihen, wenn diese scheinbar assertorische Behauptung – «du bist ein Idiot, ein *minus habens*» – ein Urteil in sich birgt. Franz Kafka, eine andere Mißgeburt, die gern Flaubert zitiert und sich ihm verwandt fühlt, hat das klar gezeigt in einer Novelle, die eben gerade diesen Titel trägt und die rechtliche Grundlage seines Verhältnisses zum Vater aufdeckt.

Die zentrale Kategorie aber, die Sartre in seiner großen Studie «Saint Genet – comédien et martyr» fruchtbar gemacht hat, ist ja das «Urteil»; *das* Akzeptieren der Verurteilung. «Du bist böse, Du bist ein Verbrecher, Du bist ein Außenseiter» macht das Wesen des Genetschen Werkes aus. Es ist ein einziger Beweis durch Überhöhung: «Seht, ich bin noch schlechter.» Das Wort vom passiven Aktivismus – wo wäre es wohl, bis in die Variationen der lust- und qualvollen Sexualität hinein, angebrachter als beim Schöpfer des «Querelle».

Sartres furiose, ja gleichsam forensische Interpretationskunst schnellt zwischen solchen Assoziationen hin und her. Es war die Rede von einem dialektischen Prozeß. Und dessen Verlauf innerhalb tausendfacher Widersprüchlichkeiten und Ungleichzeitigkeiten ist der Verlauf von Kunstproduktion. Das Akzeptieren von Urteil schafft Kraft zum Urteil. Die *impassibilité* schafft zugleich Energie zu Rache, Hohn und Strafe. Für Flaubert wird schließlich Gewissen nur das, was man die innere Eitelkeit nennt. Sich zu einem Anderen zu machen, ständig und immer wieder, gibt ihm die Möglichkeit zu einer «anderen» Wahrheit auch – einer vermittelten. Wenn Flaubert «ich» sagt, lügt er. Spielt. Arrangiert. «Wenn er die Wahrheit sagt», heißt es bei Sartre, «so geschieht das ohne sein Wissen.» Wahr ist er nur in einer fremden Figur. Deshalb heißt der berühmte Satz nicht: «Je suis Madame Bovary», sondern: «Madame Bovary, c'est moi.»

Flaubert ist aufrichtig, wenn er vegetativ bleibt – also eine andere Identität annimmt; erfundene Geschichten verlassen keinen Augenblick den Bereich des Wahren – aber spricht Flaubert von sich, so wird er der Tintenstrom des Tintenfisches sein, wie Sartre es in einem eindringlichen Bild zusammenfaßt. Es gibt Menschen, die lügen nicht – aber sie sind eine Lüge; *es* sind meist Artisten. Sie täuschen auch im Äußeren (man erinnert sich solcher Figuren aus dem Werk Thomas Manns, ihrer eau-de-cologne-duftenden Korrektheit als *Camouflage* der «feuchten Stelle»); lärmende Spaßvögel, deren Lustigkeit nur mehr eine gesteuerte Nervenkrise ist. Keine bevorzugte Schwindelei, sondern «Abwehr gegenüber den Menschen». Es ist ebendiese Verlarvung, die sie produzieren macht: je intensiver die Verletzung, desto verwinkelter der Kunstbau. Das ist das Zentrum der gesamten ästhetischen Theorie von Jean-Paul Sartre. Bereits in seiner Untersuchung über das «Imaginäre» hat er über den Gegensatz des Realen und des Kunstschönen reflektiert und eine Summe gezogen: «Deshalb ist es einfältig, Moral und Ästhetik zu vermischen.»

Sartre hat denselben Gedanken immer und immer wieder paraphrasiert, am einleuchtendsten wohl bei Untersuchungen zur bildenden Kunst: Real sind die Ergebnisse der Pinselstriche oder die Einfärbung der Leinwand oder ihre Körnung; gerade das aber ist nicht Gegenstand ästhetischer Wertung, und nicht zufällig kommt Sartre beim Einkreisen des Problems des Schönen, des Scheins und ihrer Beziehung zur Wirklichkeit in seinem Œuvre stets auf zweierlei zurück, gleichsam in einem ständigen Versprechen über Jahre hinweg, das er nun mit dem «Idiot der Familie» eingelöst hat: Sprache und Gustave Flaubert.

Eines der Hauptkapitel seines philosophischen Werkes «Das Sein und das Nichts» behandelt als «Die konkreten Beziehungen zu Anderen» Liebe, Sprache und Masochismus. Womit wir bei Flaubert wären. Dessen Kunstbau als Kommunikationsersatz mit den Anderen erwächst ja aus Liebesverlust, Sprach-Verweigerung und Auto-Sadismus. Und eben deswegen hat Sartre wiederum den Hauptteil seiner Untersuchung «Question de méthode» (die im Deutschen leicht irreführend «Marxismus und Existentialismus» heißt) Flaubert gewidmet. Diese fünf Flaubert-Analysen des Jahres 1960 sind die Keimzelle des nun (fragmentarisch) vorliegenden Buches, die Skizze des Freskos. Der Beginn gibt bereits die Zielvorstellung: «Der zeitgenössische Marxismus weist beispielsweise nach, daß der Realismus Flauberts in symbolisierender Wechselbeziehung zur sozialen und politischen Entwicklung des Kleinbürgertums des *Second Empire* steht. Niemals aber zeigt er die Entstehung dieser Wechselseitigkeit der Perspektiven auf ... Der Marxismus gliedert ein, aber er entdeckt sonst weiter nichts.»

Sartre geht auf genau jenes Problem ein, das mit dem Wort

«Ungleichzeitigkeit» angedeutet sein sollte: daß nämlich ein Kunstwerk – etwa «Madame Bovary» – seiner Zeit *voraus* zu sein scheint, weil es hinter ihr *zurück* ist, «weil sein Werk unter einer Maske einer von der Romantik angeekelten Generation die nachromantische Verzweiflung eines Schülers von 1830 ausdrückt». Der objektive Sinn des Buches ist nicht lediglich, wie Marxisten es gern begreifen, durch die Zeitumstände des Autors bedingt. Das reduziert den Menschen auf den Erwachsenen – als kämen wir erst an dem Tage auf die Welt, an dem wir unser erstes eigenes Geld verdienen. Es wäre der Ersatz von Natur durch Geschichte. Selbstentfremdung, Verdinglichung, Ekel, Haß und Selbstwertverlust aber erlebt schon das Kind.

Der Kreis schließt sich. Sartres Methode der Zergliederung einer Persönlichkeit ist gleichzeitig eine hochpolitische. Seine Erzählung «Kindheit eines Chefs», ohne Polit-Poster zu sein, war die Analyse des Faschismus. Sein Flaubert-Tableau, Genuß bereitend (auch in der meisterlichen Übersetzung) wie ein großer Entwicklungsroman, ist die radikalste Analyse des Bürgertums; und seiner Kunstproduktion. Radikal im Sinne von Karl Marx: «Radikal sein heißt, die Dinge an der Wurzel fassen; die Wurzel der Dinge aber ist der Mensch.» Radikal ebenso im Geiste des Sigmund Freud, der ebenjene tiefe Verklammerung von Libido, Aggressivität und Narzißmus erstmals benannte in seiner Theorie vom Über-Ich, das «sich zu Zwecken der Hilfeleistung selbst mit Libido erfüllen muß, dadurch selbst Vertreter des Eros wird und nun leben und geliebt werden will». Sartre hat die Kühnheit einer Synthese gewagt aus den Gedankengebäuden der beiden überragenden Denker; er hat einen gezeigt, der war Narziß, Onanist, Autist – und ein genialer Künstler. Er hat ihn ent-deckt als Antwort auf den eigenen Satz: «Wer schreibt, versteckt sich.»

Die Zeit, 9/25.2.1977

Theologe des Verbrechens

Zum Tod von Jean Genet

Ich gelange zur Liebe, wie man ins Wasser tritt, die Hände voraus, blind, meine zurückgehaltenen Seufzer erfüllen deine Gegenwart in mir mit Luft, in mir, wo deine Gegenwart schwer ist. Ewig. Ich liebe dich ... Stirb von meinen Händen. Stirb unter meinen Augen.

JEAN GENET, «Der Fischer von Suquet»

«Dieb! Du bist ein Dieb!» – Dieser Aufschrei seines Pflegevaters bestimmte das weitere Leben des damals zehnjährigen Findelkindes, ausgesetzt von unbekannten Eltern und von nun an bis an das Ende seines Lebens außerhalb der Gesellschaft lebend. Der französische Essayist Bertrand Poirot-Delpech faßte es in die frappante Formel: «Wie andere Kinder in diesem Alter sich vornehmen, Gitarrespieler oder Astronaut zu werden, so beschloß der zehnjährige Genet: ‹Ich werde Dieb.›»

Diese absurde Volte wurde zur Revolte des Jean Genet – der wir eine der schönsten und kompliziertesten Kunstleistungen der modernen Weltliteratur zu danken haben. Der Entschluß, Verbrecher zu werden, machte ihn zum Theologen des Verbrechens; seine Himmel waren die schwarzen Pfützen und seine Heiligen die Mörder, Huren, Schwulen. Sein Weihrauch die Giftdünste der Pissoirs. Genets Exerzitien sind Räusche und seine Gebete Verdammungen. Aber die erotischen Erniedrigungen des Päderasten und professionellen Risiken des Diebes haben (wie es Sartre formuliert) den Nimbus einer heiligen Aura.

Was ist geschehen mit einem Menschen, und wie wurde sein Schicksal Kunst? Jean-Paul Sartre hat es zu Beginn seines Tausend-Seiten-Essays «Saint Genet, Komödiant und Märtyrer» rhapsodisch gefaßt:

> Es gab früher in Böhmen eine blühende Industrie, die eingegangen zu sein scheint: Man nahm Kinder, schlitzte ihnen die Lippen auf, preßte ihnen die Schädel zusammen und setzte sie Tag und Nacht in eine Kiste, um ihr Wachstum zu verhindern. Durch diese und ähnliche Behandlungen machte man aus ihnen sehr amüsante und höchst einträgliche Mißgeburten. Um Genet zu machen, hat man ein subtileres Verfahren benutzt, aber das Ergebnis ist das Gleiche: Man hat ein Kind genommen und aus Gründen des sozialen Nutzens eine Mißgeburt daraus gemacht.

Die Wirklichkeit war eher etwas nüchterner: der 1910 in Paris Geborene verbrachte die ersten sechs Jahre seines Lebens in einem Waisenhaus, wurde dann von einer Bauernfamilie aufgenommen und landete mit 16 Jahren nach verschiedenen kleinen Diebstählen in der Besserungsanstalt Mettray. 1929 floh er in die Fremdenlegion, desertierte, und seit 1930 streunte er im Zuhälter- und Strichjungenmilieu durch Europa – mal im Marseiller Hafen, mal im Chinesenviertel von Barcelona. Zwischen 1937 und 1943 wurde er aus fünf europäischen Ländern ausgewiesen und vierzehnmal eingesperrt. 1942 entsteht das erste Gedicht des zu lebenslänglicher Haft Verurteilten, das er seinem Freund Maurice Pilorge widmet, dem «zum Tode Verurteilten» (der seinen Geliebten ermordet hatte, um ihm knapp tausend Francs zu stehlen):

> Ehrenkind so schön und fliederbekränzt!
> Neige dich über mein Bett, laß meinen steigenden Schwanz
> deine goldne Wange schlagen, höher, er erzählt dir,
> dein Liebhaber, der Mörder, glanzvoll von seiner Heldentat.

Hier schon sind alle Themen Genets vereint: die Feier von Mord und Homosexualität, die Dialektik zwischen Tod und Schönheit, die Umkehrung der Rolle von Täter und Opfer (und ihre heimliche Komplizenschaft). Es ist Jean Cocteau, der ihn bereits 1943 «den ersten Schriftsteller des Jahrhunderts» nennt; Jean-Paul Sartre vergleicht den 1944 erschienenen Roman «Notre Dame des Fleurs» mit dem «Ulysses» von Joyce. Das Buch ist eine schwarze Messe zur Verherrlichung des «ewigen Paares des Verbrechers und des Heiligen», dessen Hauptfigur Culafroy (!) zur Divine wird, die «große Perverse» also zur Heiligen, die Lust hat, auf des Liebhabers Mignon Brust eine Messe zu lesen.

Vier Jahre nach Erscheinen des Buches – «ein Homoporno in der diamantenen Sprache der Madame de La Fayette», wie ein Kritiker schrieb – verfassen Cocteau und Sartre, unterstützt unter anderem von Picasso, einen dramatischen Appell an den Staatspräsidenten Vincent Auriol:

> Herr Präsident, 15. Juli 1948 wir haben beschlossen, an Ihre hohe Autorität zu appellieren, daß Sie eine Ausnahmeregelung treffen hinsichtlich eines Schriftstellers, den wir alle bewundern und achten: Jean Genet. Wir wissen durchaus, daß sein Werk am Rande der Literatur steht und nicht jedermanns Sache sein kann. Aber das Beispiel von Villon und von Verlaine veranlaßt uns, Sie um Ihre Hilfe für einen sehr großen Dichter zu bitten.

Noch vor seiner Freilassung ist Genets Œuvre praktisch abgeschlossen. Unter anderem mit den Romanen «Miracle de la Rose» (1946), «Querelle de Brest» (1947) oder den Stücken «Les Bonnes» (1947) und «Haute Surveillance» (1949) – ein gigantisches Fresko der Verwerfung und Verworfenheit: «Dies ist ein Fest, dessen Teile nicht zusammenpassen, es ist die Feier von Nichts», sagt Genet. Oder *des* Nichts? Denn: Nie zuvor ist die Welt überzeugender verworfen worden; aber: indem sie einfach bejaht, angenommen wurde. Rimbaud wollte das Leben ändern und Marx die Gesellschaft. Der Findling von Mettray, der Häftling von Fontrevrault, der Freigelassene von Paris (der nie eine Wohnung, nie eine Adresse hatte) wollte gar nichts ändern. Genet akzeptiert das Böse – als die andere Seite des Schönen. Für ihn ist das Profane das Wunder – und das Wunder bleibt profan. *Se dé-humaniser,* sich entmenschlichen, heißt sich befreien, heißt sich dem Göttlichen anverwandeln. Affranchi – befreit – ist Divine, nachdem sie des Nachbarn Kind dazu brachte, vom Balkon zu fallen, «um alles Gute in sich zu töten. Nun war sie übermenschlich – das Gute in ihr war tot.»

Übermenschlich ist gleich unmenschlich, eine neue Qualität. So heißt der Leutnant auf Querelles Schiff, der als der skrupelloseste von allen geschildert wird, Seblon – ein Anagramm; richtig gelesen, ist es das Wort «Vornehmheit».

Hier nun liegt auch das politische Skandalon Genet – ob er nun imstande ist, die deutschen Bomberpiloten zu lieben, die Todesstrafe zu bejahen oder auf Seite eins von «Le Monde» über Baader-Meinhof zu jubeln; die können eben noch Black Panther geheißen haben, deren Kampf er in einem Interview applaudierte: «Aber was mich mit ihnen auf Anhieb verband, war der Haß, den sie der weißen Welt entgegenbringen, ihr Ziel, eine Gesellschaft zur zerstören, zu zerbrechen. Ein Ziel, das auch meines war, als ich sehr jung war; aber ich konnte die Welt nicht ganz allein ändern. Ich konnte sie nur pervertieren, ein wenig korrumpieren.» Und auf die Frage: «Sind Sie selbst voller Haß?», antwortet er: «Gegen die repressive Form der weißen Gesellschaft, ja.»

Das mag es sein, was Marieluise Fleißer den «rettenden Hochmut» nannte, der Genets verschütteten Rang beweist; das mag es *auch* sein, was Gabriel Marcel einen «beleidigenden Nihilismus» nannte; das war es gewiß, was die tumultartigen Proteste der Rechten provozierte, als 1966 das Théâtre de l'Odéon sein unschwer als algerische Paraphrase zu verstehendes Stück «Die Wände» spielte. Das alles ergibt ein Raster der Genetschen «Haupt-Worte»:

1. Autorität gibt es nur *in* einem Menschen, nicht außerhalb; die Gesellschaft hat keine. Die Wahl, der Sprung, die Entscheidung – ganz im klassischen Sinne des Sartreschen Existentialismus – liegt beim *Einzelnen.* Was der Mensch empfängt, muß er gewollt haben.
2. Der Begriff der Zärtlichkeit wird denunziert; er fällt bei Genet nur im Zusammenhang mit Blindschleiche, Vogel, Scharfrichter oder Henker; wahre Zärtlichkeit im Genetschen Kosmos kristallisiert sich an Begriffen der Härte: Glas, Stahl, Waffe, Metall, Messer, Muskeln, Penis. Zärtlichkeit also ist Tun, Aggressivität. Folgerichtig «existiert» bei Genet kaum der Ermordete, interessant ist der Mörder, der Täter, der im Koitus Aktive. Der Akt ist entscheidend – er ist die Chance zur Befreiung. Diese Befreiung vollzieht sich innerhalb eines Trinitätsmythos: der Mörder, der Mord, das Urteil. Das Urteil ist dabei nicht das Gesetz, sondern meist die «Übernahme» des Ermordeten: Querelle wird Vic – so wie er bislang in einer rücklaufenden Dialektik immer überwältigt wurde von der Persönlichkeit seines jeweiligen Opfers. So wird auch Notre Dame des Fleurs nach dem Mord heilig. Er hat ein Leben genommen, es ist jetzt in ihm, er hat es aufge-

nommen. Notre Dame des Fleurs hat sich entmenschlicht, kann erlöst, kann Gott werden.

3. Mord ist ein Akt momentaner Aufgabe der Persönlichkeit – und der Inbesitznahme, auch Entwertung des Opfers: Die Zofen wollen morden, *um Madame zu werden.* (Und im für Roland Petit geschriebenen Ballett «Adam Miroir» wird der ermordete Matrose zum mordenden Domino.) Erst als es den Zofen mißlingt, als die vorweggenommene, rollenhaft eingeübte Existenz der Madame ihnen verwehrt bleibt, als das Mordritual auf sie zurückschlägt, als Solange ihrer Schwester Claire den vergifteten Tee reicht, heißt es: «Jetzt sind wir Mademoiselle Solange.»

Hier findet sich der dritte Haupt-Satz Genets: Da Liebe das Bewußtsein von Trennung vermittelt, da in der Liebe unser Ich uns betrachtet, die Vereinigung also der Augenblick klar wahrgenommener Einsamkeit ist, ist Identität nur zu finden im Tod, im Mord, im Auslöschen eines anderen. Während Querelle sich koitieren läßt, denkt er an Tod und Mord.

Das Moment von Wahn und Verzückung, von Entäußerung und damit Neuentstehung erwächst erst aus der Verbindung von Eros und Tod: der Wunsch, den Toten zu verschlingen. «Pompes Funèbres», das düsterste Buch Genets, ist ganz dem Gedanken des Todes geweiht:

> Seit ich dieses Buch schreibe, das ganz dem Kult eines Todes geweiht ist, mit dem ich in engster Vertraulichkeit lebe, habe ich eine Art von Überschwenglichkeit kennengelernt, die mich unter dem Schleier des Alibis von Jeans Ruhm in ein immer intensiveres, immer verzweifelteres Leben, in immer größere Kühnheiten stürzt … ich bin trunken von Leben, von Gewalt, von Verzweiflung.

Die Dreiheit Leben, Gewalt, Verzweiflung – Stufen einer Entwicklung fast – gibt Kraft zu zerstören; und zerstören heißt neue Identität gewinnen. Wie der Liebesakt Zerstörung ist, so ist der Tod, auch der Mord, ein Liebesakt. Sich hinzugeben und gleichzeitig das zu lieben, was man verabscheut: Darin «liegt ein wenig ihre Heiligkeit begründet», sagt Genet über Divine. Worte und Begriffe sind bei ihm spiegelverkehrt, sind doppeldeutig.

Oben und unten sind in Genets Welt auf sonderbare Weise eins: *voler* heißt «stehlen» und «fliegen». Spiegelbegriffe: das heißt, Dinge und Welt spiegelnd begreifen. Das beginnt mit Genets Selbstverständnis. Er schlägt Schönheit aus dem Bösen, indem er den Spiegel gleichsam beschwört, ihn zwingt, zu spiegeln, was er, Genet, will. Sartre hat das den «Schlüssel» zu Genet genannt – zu dem Kind, das man davon überzeugt hat, im Tiefsten seines Selbst ein anderer als er selbst zu sein.

«Als Dieb wird Genet sich erwarten, wie die anderen ihn erwarten, mit *ihrer* Erwartung.»

Die Szene aus «Pompes Funèbres», in der Eric sein Spiegelbild erschießt, ist dafür ein klassisches Beispiel: «Seine linke Hand öffnete die Tasche, zog den Revolver, zielte auf Eric und gab Feuer. Zugleich mit dem Knall erscholl ein gellendes Gelächter. Es waren die fünf nach Hause kommenden Kameraden. Eine Salve dröhnte durch das Schloß. Alle fünf schossen auf ihre Bilder. Jeden Abend begann dieselbe Orgie, doch während die anderen auf ihr Herz zielten, schoß Eric auf sein Geschlecht, und manchmal auch auf das der anderen.»

Selbsthaß und Selbstliebe – dieses Moment des Identitätstauschs, der keiner ist – finden sich immer wieder bei Genet. Die Regulierung der Handlungsabläufe, der Kontakt beziehungsweise Nicht-Kontakt der Menschen untereinander ist bei Genet wesentlich bestimmt von diesem Spiegelmotiv, diesem scheinbaren Eintauchen in fremde Identität. Dabei haben seine

Figuren oft etwas Erstarrtes, Puppenhaftes, Zeitloses. Diese statuenhafte Starre – nicht flach, wie im Spiegel, sondern dreidimensional –, aus der manche seiner Gestalten zu pirouettenhaft tanzendem Leben erwachen, sind eine andere Variante des Spiegels. Sie kommunizieren nicht. Kein Wunder, daß einer von Genets eindringlichsten Texten den hochmütigen, in Einsamkeit und Freudlosigkeit verharrenden Skulpturen Giacomettis gilt; aber eben in jener Studie finden wir auch gleichsam Genets ästhetisches Credo: «An der Schönheit ist nur die Wunde ursprünglich, die jeder Mensch in sich hütet, einzigartig, für jeden verschieden, sichtbar oder versteckt – die er war und zu der er sich zurückzieht, wenn er die Welt für eine vorübergehende, aber tiefe Einsamkeit verlassen will.»

Nun ist das aber nicht nur ein Satz über Kunst; es ist zugleich Genets Begriff der menschlichen Existenz – als Wunde und als Verurteilung zur Einsamkeit. In Genets Radikalität birgt sich auch eine große Trauer. Berührung ist für ihn zugleich Zersetzung, Glück ist nicht nur das nie Erreichbare, sondern auch das gar nicht Erstrebenswerte. Im Buch von jenem Querelle, der durch seine Verbrechen vervielfacht wurde und dem jeder seiner Morde ein neues Gesicht gab, finden wir diese Passage des endgültigen Abschieds:

> Ich bin ein Gegenstand der Abneigung. Ich habe ihn zu sehr geliebt. Zu viel Liebe ist widerlich. Zu große Liebe durchwühlt die Organe und alle Tiefen – und was sie an ihrer Oberfläche ausscheidet, ruft nur Ekel hervor. Eure Gesichter sind Nachen, die nie zusammentreffen, aber still dahingleiten, ein jeder auf dem Wasser des anderen.

Genet hat früh von sich selber Abschied genommen – mit dem 1958 entstandenen Stück «Die Wände» hörte der 48jährige auf zu schreiben. Immer wieder hat er betont, daß Sartres Über-

Eloge, in der viele Interpreten das Sich-Erwehren gegen den Mächtigeren lesen wie in dem späteren Flaubert-Buch, ihn erschlagen habe. Es berührt heute sonderbar, mit welcher Unerbittlichkeit der Dramatiker Genet das Theater sah, als er schon längst aufgehört hatte, für die Bühne zu schreiben: «Das Theater ist ein Fest, das beim Sinken des Tages gefeiert wird, das ernsteste, das letzte, etwas, das unserem Begräbnis sehr nahe kommt.»

Ein Vierteljahrhundert später war Jean Genet tot; er starb am 15. April – auf den Tag genau sechs Jahre nach Jean-Paul Sartre.

Die Zeit, 18/25.4.1986

Ich bin von allem ein Teil – und nehme Anteil an nichts

Über Paul Bowles

Ein Leben wie ein Film; nur mit der seltenen Besonderheit, daß hier jemand alles in einer Person war: Komponist der Filmmusik, Scriptwriter, Regisseur und Hauptdarsteller: Paul Bowles. Der 1910 in New York Geborene war zuerst einmal Flüchtling – ohne Wissen der vermögenden Eltern segelte er ohne einen Pfennig in der Tasche nach Paris, wo in einer entlegenen Zeitschrift, «Transition», zur Verblüffung des Neunzehnjährigen eine Erzählung von ihm veröffentlicht wurde. Es war das zweite «Erst-Erlebnis», und beide riefen jene leicht gelangweilte Déjà-vu-Reaktion bei ihm hervor, die für Leben und Werk des Paul Bowles die Erkennungsmelodie werden sollte; das erste war der Anblick nackter Modelle in der School for Design and Liberal Arts gewesen, in der er sich zum Entsetzen des Vaters immatrikuliert hatte; «School of *what?*» hatte der entgeistert gefragt und hinzugefügt: «Kannst du mir bitte erklären, was ‹liberal art› ist?» Bowles erinnert sich an jene erste Stunde des Aktzeichnens mokant: «Ich hatte nie zuvor einen unbekleideten menschlichen Körper gesehen, weder weiblich noch männlich, und nach den ersten Wochen des Observierens dieser seltsamen Phänomene hatte ich keinerlei Bedürfnis, derlei je wiederzusehen. Mir war nicht klar gewesen, daß menschliche Wesen so abschreckend wirken konnten.»

Es ist diese Geste der herabgezogenen Mundwinkel, dieser Ton leichter Herablassung und diese Haltung der Distanz auch zur eigenen Person, die typisch sein wird für die Welterfahrung und die Arbeit von Paul Bowles.

Paris brachte drei prägende Lebenserfahrungen, die aber

Paul Bowles' Gelassenheit nie aus der Balance brachten. Er hatte seine erste homosexuelle Liebesbeziehung, die er kaltblütig absolviert, als ebenso belanglos und lächerlich charakterisiert wie seine frühere Sex-Beziehung zu Frauen; prägend aber wohl doch: Paul Bowles wurde in den kommenden Jahrzehnten eine Art Fixstern im Planetensystem der homosexuellen Kulturszene seiner Zeit – er schrieb die Musik für die meisten Tennessee-Williams-Stücke, reiste mit Gore Vidal, war befreundet mit Truman Capote, weihte Allen Ginsberg in die Magie der Drogen ein und sah William Burroughs' erste Versuche in seiner Wohnung in Tanger, Texte alogisch zu gruppieren. Tanger ist das zweite Stichwort: Es war Gertrude Stein, die ihn in Paris in ihren Kreis literarischer Freunde einführte und ihm schließlich eine Reise nach Tanger empfahl. Bei Gertrude Stein lernte er Ezra Pound kennen, aber auch, wie hochfahrend die Herrin von «Shakespeare and Company» ihre Gunst verteilte und entzog: «‹Ach, ich möchte Ezra nie mehr sehen›, sagte Gertrude Stein eines Tages zu mir, ‹es genügt schon, wenn er hereinschneit und hier für eine halbe Stunde herumhockt. Wenn er geht, ist der Stuhl zerbrochen, ist die Lampe zerbrochen› – ‹und die Teekanne›, ergänzte Alice B. Toklas. ‹Ezra ist ganz nett›, fügte Gertrude Stein hinzu, ‹aber ich kann's mir schlichtweg nicht leisten, ihn einzuladen. Das ist alles.›» So versuchte Bowles, seine literarischen Bekanntschaften auch außerhalb der Picasso-behängten Räume von Gertrude Stein zu machen, französische Autoren zumeist wie Bernard Faÿ, Julien Green oder Jean Cocteau, den er häufig besuchte.

Die dritte prägende Erfahrung war die Begegnung mit dem Komponisten Aaron Copland. Freunde hatten ihn empfohlen, und als Copland in Paris eintraf, wurde er dessen Schüler. Sie reisten zusammen durch Europa, Berlin, Zürich, Venedig, München und Hannover, wo Paul Bowles einem unbekannten Mann namens Kurt Schwitters dabei half, Unrat, Balken und allerlei

Abfall zu sammeln, aus dem das Etwas entstand, das später als Merz-Bau berühmt wurde.

Seine Bücher lesen sich so, als habe ein gebildeter, etwas müder, gelegentlich blasierter Engländer zum eigenen Zeitvertreib die Kultur gewählt. Die Welt des Paul Bowles ist ein raffiniertes Spiel mit Schönheit und Schein. *Unsere* – die wirkliche – Welt wird weggefiltert; ob Krieg oder Elend oder Rassenwahn oder Sexualität: In seiner 400 Seiten umfassenden Autobiographie «Rastlos» kommt derlei nicht vor – oder ist peinliche, gar abstrus lächerliche Banalität. Das Werk ist eine hochartifizielle Mischung aus luxurierendem Ennui und Bildung. So schuf Paul Bowles nicht nur die Musik zu Tennessee Williams' «Der Milchzug hält hier nicht mehr» oder «Die Glasmenagerie» und schrieb mit ihm zusammen das Drehbuch für Viscontis Film «Senso»; er komponierte auch für einen Film von Hans Richter, an dem unter anderem Marcel Duchamp, Man Ray und Alexander Calder mitarbeiteten, Sequenzen zu Max Ernsts Collagen «Une Semaine de Bonté» und eine Flötensonate nach Saint-John Perses «Anabasis». Mit Orson Welles arbeitete er an einem Marloweschen Faust, mit Salvador Dalí für das berühmte Ballett des Marqués de Cuevas, und Leonard Bernstein schrieb unter seinem Namen Musik für Broadway-Produktionen. Paul Bowles übersetzte Jorge Luis Borges und Ramón José Sender, Francis Ponge, André Pieyre de Mandiargues und Jean-Paul Sartre, von dem er eines seiner genüßlich-despektierlichen Portraits fixierte: «Als Sartre in New York eintraf, traf Jane ihn auf einer Party einen Tag bevor er mit seiner portugiesischen Freundin Dolores Ehrenreich zum Lunch kam. Als er seinen Mantel ablegte, hörte ich Jane sagen, ‹Wir haben uns gestern kennengelernt›. Sartre zuckte die Achseln und sagte: ‹Vielleicht. Hab' ich wohl vergessen.› Über Jane's ‹Ich nicht› wollte ich mich ausschütten vor Lachen.›»

Jane. Hier taucht das erste Mal der Name der Frau auf, die

wir heute als eine der bedeutendsten amerikanischen Schriftstellerinnen schätzen und deren Leben – nach ihrer Heirat mit Paul Bowles – seltsam flackernd durch seine Memoiren geistert: die lesbischen Liebesverhältnisse wie ihre Trunksucht wie ihr oft gänzlich verzweifelter Kampf mit den Worten. Ein anämisches Paar, das gemeinsam die halbe Welt bereist, das sich trennt, um zueinanderzufinden, dessen Auseinanderdriften reguliert wird von Sehnsucht. Sie waren ein Chagall-Paar.

Der Roman «Himmel über der Wüste» begründete seinen literarischen Ruhm, er gilt als Musterbeispiel eines amerikanischen Existentialismus. Das Buch mit dem verstörenden Motto von Eduardo Mallea «Das Schicksal eines jeden Menschen ist nur insofern ein persönliches, als es etwas zu gleichen scheint, das schon in seiner Erinnerung ist» ist eine Art Krimi aus Gleichmut. Paul Bowles' Stil ist Ausdruck seiner Weltsicht wie seiner existentiellen Erfahrung. Die Summe könnte ungefähr lauten: Ich bin von allem ein Teil – und nehme Anteil an nichts. Paul Bowles, der eine Insel bei Ceylon besaß, einen Palast in Marokko bewohnte, die Welt durchreiste von Rio de Janeiro bis Dresden, blieb zugleich – der große Unberührbare. So kann er mit derselben inneren Distanz Schwulentratsch erzählen auf dem Niveau irgendwelcher Friseurtunten – etwa wie Gore Vidal mit verstellter Stimme als Truman Capote bei Tennessee Williams anrief, um eine deftige Literaturintrige einzufädeln –, wie er eine Art Tagebuch der internationalen Kulturschickeria führt. Paul Bowles verläßt nie ein Hotel, ohne zu erwähnen, daß es das Palace ist. Und es ist dennoch das Unterfutter für Literatur.

Der Schriftsteller Paul Bowles gleicht einem Schachspieler, gleichmütig und schweigend vorm Kamin seine Züge setzend, sehr rasch, sehr leise – ob Königin, Bauer oder Pferd: Es sind alles seine Geschöpfe, aus irgendeinem afrikanischen Elfenbein erlesen geschnitzt. Er zieht, opfert und gewinnt. Das Bild des

Schachspielers könnte man anwenden für Bowles' gesamte literarische Methode, die seinem existentiellen Grundgefühl entspricht; nicht zufällig wählt er für den Roman «Das Haus der Spinne» diese Zeilen aus «Tausendundeine Nacht» zum Motto: «Für mein Gefühl gibt es nichts Köstlicheres, als ein Fremdling zu sein. Darum mische ich mich unter die Menschen, nur um ein Fremder unter ihnen zu sein, denn sie sind nicht von meinem Schlage.» Das ist das Raster seiner Literatur: die Begegnung der westlichen Zivilisation mit der arabischen Welt – die letztlich immer in der Nichtberührung verharrt. Jeder bleibt in seinen eigenen Obsessionen befangen, die eine Welt kann die andere weder durchdringen noch verstehen.

Das prägt die Struktur seiner Bücher. Ähnlich dem Schachspiel ist das Personal begrenzt, das Spielfeld genau abgezirkelt, und die Aktionen sind beliebig variierbar: Fast immer reist ein weißes Paar – gelegentlich sind es durch eine Triole verbundene drei Partner – durch Marokko, nach Fez oder Tanger, und gerät in undurchsichtige Situationen, in denen Handlungen und Motive der Araber unerklärbar, dadurch unheimlich sind. Wie die weiße Figur ihre Züge nur nach ihrer eigenen Logik machen kann, spiegelbildlich auf die Bewegungen der schwarzen Figur reagierend – aber stets an ihr vorbeiziehend –, so baut Paul Bowles seine Bücher in strenger Abfolge; auf Zug weiß folgt Zug schwarz – unbegreifbar der eine dem anderen.

Diese Ästhetik der gegeneinandergesetzten Bilder hat künstlerische Konsequenzen. Zum einen schafft sie eine Atmosphäre des Unheimlichen. Paul Bowles' Bücher sind dadurch spannend wie Kriminalromane, die ja ihre Vitalität aus dem Umbau von Logik beziehen, aus dem Aufheben normaler Kausalitäten. Wie man im Krimi – zumindest anfangs – nicht weiß, warum die Tante erschlagen, wie und von wem der Tunnel zum Tresor gegraben wurde – so bleiben die Motive von Bowles' Figuren undurchschaubar; diese Irritation setzt sich im Leser fort. Er wird in Situationen versetzt, die unentwirrbar und aussichtslos zugleich scheinen.

Und nun geschieht etwas Seltsames: Genau an dieser Methode scheitern die Romane. Was die dunkle Schönheit von Paul Bowles' Stories ausmacht, aus deren stets rätselhaftem offenen Ende man erwacht wie nach einem Haschisch-Traum, dieses zitternde Ausklingen von Worten, Sätzen in ein Nichts, von dem man nicht weiß, wie wird es enden: Das funktioniert nicht bei epischer Prosa. Die innere Rapidität der Kurzgeschichten verträgt das Lapidare – das den längeren Bau eines Romans zerstört. Der Roman braucht die Kausalität; ihr stilistisches Mittel ist der Dialog. Aber Paul Bowles setzt seine Schachfiguren sprachlos außer Zusammenhang, die Aktionen bedingen sich nicht, sondern fallen auseinander. Da ist ein schwer definierbares Gesetz der Kunst verletzt worden, das besagt: Jede Technik hat ihr Format. So undenkbar eine Max-Ernst-Collage im Format zehn mal acht Meter wäre (weil sie damit den Intimraum ihrer Unheimlichkeit verließe), so undenkbar ist eine Henry-Moore-Bronze als Handschmeichler (weil sie damit ihre haptische Magie verlöre). Die Kurzgeschichte darf – oder soll gar die Atemlosigkeit des Gespenstischen haben, sie hat – wie Paul Bowles' Story «Die leichte Beute» – die Finsternis eines Capriccios jenseits der Ratio.

Sie löst durchaus den von Bowles gerne zitierten Kafka-Satz ein, «An einem gewissen Punkt angelangt, gibt es kein Zurück mehr. Das ist der Punkt, der erreicht werden muß.» Dieses Verweigern von Ursachen wird im Roman zur Beliebigkeit; dieses Einsam-Machen von Menschen gerinnt im Roman zur Austauschbarkeit. Schach kann man ohne Partner spielen. Tennis nicht. Prompt verblaßt die Farbe der Romanbilder sehr oft zum Kostümstück; Fez und Burnus und Dschellaba bekommen etwas Kinohaftes. Paul Bowles' Technik, seine Figuren willkürlich verschwinden, auftauchen, abreisen, sterben zu lassen, bekommt einen Gestus des Herablassenden, Uninteressierten. Eben noch der gnadenlos scharfe Blick, mit dem er eine Leiche fotografiert – die Heldin aus «Himmel über der Wüste» verläßt ihren in der Wüste an Typhus erkrankten Mann: «Ein seltsames intensives Summen in ihrer Nähe ließ sie die Augen öffnen. Fasziniert beobachtete sie zwei Fliegen bei ihrem kurzen, heftigen Begattungsakt, der sich auf Ports Lippe abspielte.» Und wenige Seiten später bekommt der Roman etwas Karl-May-haftes, mit Kamelen, Krummsäbeln und der in – respektive ohne – Pumphosen verkleideten Frau, die in indolenter Behaglichkeit mal dem einen, mal dem eben nur als Zuschauer beteiligten anderen Araber mit lässigem Vergnügen zu Willen ist. Das Fremde wird touristisch, der Schock zur Verblüffung.

Der Autor Paul Bowles scheint ein Solist zu sein, Virtuose *eines* Instruments; daher das Meisterhafte seiner Erzählungen, quasi «ein-stimmige» Prosa, deren knappe Präzision William Burroughs hervorhob, die Truman Capote als die besten seiner Generation pries und von denen Gore Vidal gar sagte, sie gehörten zum Besten, was ein Amerikaner je geschrieben hat. Doch Burroughs deutete auch bereits die Gefahr des Chronisten an, jenes Element des Unbeteiligten; eine Haltung, die dem Dirigenten eines vielstimmigen Klangkörpers – also: eines Romans – schadet:

> In Nordafrika fand Paul Bowles das, was er als «reines lyrisches Glück» definiert, ein friedliches Glück, das sich aus seiner Perspektive von vollkommener Zurückhaltung herleitet. Wenige Schriftsteller halten sich aus ihrem Werk so unbedingt heraus wie «The Paul», wie Ahmed Yacoubi ihn einmal genannt hat. Diese Reserviertheit trägt aber zugleich auch eine gewisse Einschränkung in sich. Auf dem Stellenmarkt hat jeder Punkt seinen Preis, und der ist hoch: Mit Feilschen kommt hier keiner durch. Deshalb gibt es auch so wenige Schriftsteller – nur sehr wenige sind nämlich bereit zu zah-

len. Wenn ein Schriftsteller sich gänzlich in sein Werk hineinfließen läßt, kommt er irgendwann an sein eigenes Ende. Wenn er sich jedoch völlig aus seinem Werk heraushält, wird er zum Chronisten, und genau das ist Paul passiert. Er überliefert die Erfahrungen seiner afrikanischen Freunde. Im Spiel des Schreibens kann man nicht gewinnen: «Winner take nothing», sagt Ernest Hemingway und endete mit einer Ladung Schrot im Kopf.

Nun ist der Chronist ja beides: einer, der teilnimmt – und einer, der nicht teilhat. Das scheint Paul Bowles' gesamte Existenz bestimmt zu haben. Er spricht Spanisch und Arabisch, hat – im Auftrage der UNESCO – marokkanische Musik gesammelt und jene «mündliche» Literatur bewahrt, die ihm arabische Erzähler wie Mohammed Mrabet auf Band sprachen. Er hat mit ihnen Monate, vielleicht Jahre die Kif-Pfeife geteilt und im Dämmer auf den Kissen gehockt. Aber er war zugleich der Fremde, der im weißen Jaguar-Cabriolet spazierenfuhr oder noch heute seine Co-Autoren mit dem Ford-Mustang zum Markt schickt, ihm das Essen zu bereiten. Diese Attitüde verleiht manchen seiner Texte etwas Distanziert-Höhnisches; schlimmstenfalls wird es Kitsch – wohl zugleich Resultat eines angelesenen Fatalismus; denn der ist Paul Bowles ja nicht eingeboren wie seinen arabischen Freunden, er hat ihn vielmehr gelernt – er zitiert ihn, etwa aus dem Lied der Eule aus «Tausendundeiner Nacht»:

> Ich weiß, daß die Welt
> eine große Leere ist,
> ins Leere gebaut …
> Und darum nennen sie mich
> Meister der Weisheit.
> Ach, weiß jemand,
> was Weisheit ist?

Es ist die Sackgasse des unbeteiligten Erzählers. Dem gelingen fast immer bedrohliche Anfänge, er schneidet den Menschen ihre Schatten ab; durch diese Technik seiner situationistischen Prosa entsteht mit Aplomb eine Unheimlichkeit, die Sogkraft hat.

Die Eingangssequenz des Romans «So mag er fallen» ist einer der typischen Anfänge, das Motiv des Verlorenen, der inneren Bezugslosigkeit wie äußeren Ortlosigkeit, schneidet Bowles in einer Fugenkomposition gegeneinander, fallend, anschwellend, abnehmend, variierend. Dann, an einem bestimmten Punkt in jedem seiner Romane, unterbricht er das durch das Einführen einigermaßen obligater Figuren – fast immer skurrile, reiche, alkoholabhängige Amerikanerinnen mit schweren Brillantringen, großen Häusern, makabren Gewohnheiten. Diesen Wechsel von Schicksal zu Schickeria hat Bowles *expressis verbis* bejaht.

Paul Bowles' Romane liefern uns noch einer anderen Irritation aus: Sie wirken zu nahe an der Realität entlang geschrieben. Seine Memoiren liefern den Beweis für diesen Verdacht, man habe es streckenweise mit dem Logbuch eines Weltreisenden zu tun, fremd gemacht lediglich durch die pittoreske Kulisse, nicht durch Kafkas Fremdheit. Es gibt Dutzende von Situationen, Personen, Ereignissen, sogar Anekdoten, die sich geradezu wörtlich als Notat der Lebenserinnerungen wie als Einsprengsel in die erzählte Welt finden; etwa die Szene des magischen Tanzrituals am Ende des Romans «So mag er fallen». In seinem Nachwort zu diesem Roman hat Bowles übrigens selber über diese Dialektik von Wahrheit und Wirklichkeit nachgedacht und schließlich eingestanden, daß er vorhandene Modelle verschnitten hat.

Das ist ein so legitimes Mittel wie althergebrachtes Verfahren, dessen sich Tolstoi wie Flaubert, Thomas Mann wie Proust bedienten; die Literaturwissenschaft nimmt sich heute einen geradezu detektivischen Ehrgeiz, um zu entschlüsseln, wer nun die Urbilder für Anna Karenina oder Madame Bovary, den Senator Buddenbrook oder Monsieur Charlus waren, und die Nachwelt ist voll von empörten Petersburger Adligen wie beleidigten Lübecker Tanten, die sich portraitiert und karikiert fanden. Vielleicht ist es eine Frage der Entfernung, der Grenzüberschreitung.

Es ist wohl die ewige – unentschiedene – Streitfrage, ob Fotografie auch Kunst sei. In jedem Fall ist sie näher an der Realität. Jenen hauchdünnen Millimeter zwischen Apfel und Tisch, den Liebermann einmal als Wesen der Malerei definierte – sonst bliebe es eben ein Stück Obst auf einem Stück Holz und würde kein Bild: Den kann das Foto nicht erfassen. In diesem Sinne bleibt manches von Paul Bowles ein gleichsam geschriebenes Foto, eine O-Ton-Literatur, deren Minarett-Singsang vom Band läuft. Das hat dann der Beobachter aufgeschrieben. Paul Bowles war aber auch ein sehr genau bauender Künstler, der eigene Erfahrung kältete; dann hat er nicht aufgeschrieben, sondern *geschrieben.* Den hat er in einer Anekdote gefaßt, mit der er seine Lebenserinnerungen beschloß: «‹Auf Wiedersehen›, sagt der Sterbende zum Spiegel, ‹wir werden uns nicht mehr wiedersehen.› Als ich dieses Epigramm von Valéry in meinem Roman ‹Himmel über der Wüste› zitierte, schien es ein giftiges Stück Phantasie. Jetzt, da ich mich nicht mehr länger als ein Beobachter, sondern als Protagonisten ansehe, trifft es mich als Widerspruch. Zur Vervollständigung müßte der Sterbende seinem kleinen Abschiedsgruß drei Worte hinzufügen; und die wären: ‹Gott sei Dank.›»

Die Zeit, 44/26. 10. 1990

Weihnachten gingen wir zu Brecht

Lion Feuchtwanger im kalifornischen Exil

Die Tür öffnet ein kleiner Chinese mit beinern-zeitlosem Gesicht. Er bittet in perfektem Deutsch (mit leichtem k.u.k.-Akzent) ins Haus.

Das also ist es, und es ist mehr als ein Haus, ist ein sprechendes Fabelwesen, eine Mischung aus hoch auf den kalifornischen Felsen gestrandetem Schiff und Schatzkästlein, Feuchtwangers 1941 erbautes Haus in Pacific Palisades bei Los Angeles. Ein Haus, das erzählen kann. Durch den Mund des schönen, alterslosen Chinesen.

Es ist Lion Feuchtwangers drittes Haus. Das erste stand in Berlin im Grunewald, und als der Büchernarr die Bibliothek fertig eingerichtet hatte, mußte er weg; das war 1933. Der weltberühmte Autor des «Jud Süß», dessen über zwei Dutzend Romane in 48 Sprachen übersetzt und dessen Bücher in der Sowjetunion in mehr als zehn Millionen Exemplaren verbreitet sind (vor Goethe der meistgelesene deutsche Autor) und der mit Brecht gemeinsam das «Kommunistische Manifest» in Verse setzen wollte – Lion Feuchtwanger, EK I. Klasse-Träger des Ersten Weltkriegs, mußte als einer der ersten Exilschriftsteller Haus und Stadt und Land verlassen.

Er ging nach Südfrankreich, er kaufte ein Haus in Sanary-sur-Mer, er richtete eine kostbare Bibliothek ein, und als alles fertig war, mußte er fliehen. Er kam in eines der berüchtigten französischen Internierungslager, dorthin, wo Walter Hasenclever sich tötete und von wo Willi Münzenberg in den Tod floh. Seine so bezaubernd schöne wie energische Frau, Dollars im Rocksaum und Flirt in den Augen für die französischen Bewacher, floh aus dem Frauenlager Gurs, in das man sie gesperrt hatte, wo man von erschlagenen Ratten und gebrannter Gerste lebte – flüchtete ins amerikanische Konsulat in Marseille. Dort lag ein persönlicher Brief von Präsident Roosevelt: «Ich bitte herauszufinden, wo mein Freund, der deutsche Schriftsteller Lion Feuchtwanger, sich aufhält. Ich weise jede amerikanische Dienststelle an, jegliche erdenkliche Hilfe zu leisten.»

So parkte bald in der Nähe des Flusses, in dem die Häftlinge sich einmal in der Woche waschen durften, ein amerikanischer Diplomatenwagen, in dem ein selbstvergessenes Liebespaar sich küßte – Marta Feuchtwanger und ein Attaché, sie «kidnappten» ihren Mann, in Kleidern, Hut und Schleier entkam «unsere Schwiegermutter» durch alle Kontrollen, schließlich zu Fuß über die Pyrenäen und irgendwann nach Amerika.

Ein Haus erzählt. Die Wände, die Möbel, jeder Schrank atmet Geschichte. Unsere Geschichte. Die Geschichte der Deutschen. Man kann durch dieses 30-Zimmer-Haus wandern wie durch lebendig werdende Vergangenheit, in der Schuld und Farce, Anekdote und Schicksal so dicht nebeneinanderliegen. Zu einem besonders schönen Tisch sagt der alterslose Chinese: «Ja, das war auch Heinrich Manns Lieblingstisch», und zu einem zittrigen Bleistiftzettel: «Das ist einer der wenigen Briefe von Nr. 384 aus dem KZ Esterwegen: Carl von Ossietzky.» Da gibt es ein freundlich-bescheidenes Abwehrschreiben von Eleanor Roosevelt: «... aber ich habe doch nur das Selbstverständliche getan» oder den Dankesbrief des deutschen Schauspielers Alexander Granach, der in der Sowjetunion «verschollen» war und für den der «fellow traveller» Feuchtwanger bei Stalin persönlich (erfolgreich) interveniert hatte. Im kalifornisch üppigen, gänzlich verwilderten Garten, der sich in Terrassen den Berg hinunterzieht ohne ersichtliches Ende, steht ein derber, einfacher Holzstuhl neben einem ebenso schlichten Tisch: «Der Stuhl von Brecht, er war ganz billig, da saßen die beiden

Stunden um Stunden, und der von Feuchtwanger ist ganz zerfallen.»

Brecht liebte Feuchtwanger, neidete ihm nicht einmal Erfolg und Vermögen (fast alle Romane Feuchtwangers erschienen in den USA in Riesenauflagen und wurden von Buchklubs und Hollywood unter Lizenz genommen; er war der König eines Genres, des historischen Romans). Seit man dem jungen Mann in Augsburg, der nicht wußte, was er mit seinem ersten Stück anfangen sollte, geraten hatte, «gehen Sie nach München zu Feuchtwanger», bewahrte er ihm seine Freundschaft.

Feuchtwangers zahllose Verbindungen und Beziehungen halfen vielen Emigranten. Sein Haus war ihr Treffpunkt. Der einzige Ort, an dem die feindlichen Brüder Thomas Mann und Bertolt Brecht sich trafen, miteinander sprachen («Das Scheusal hat Talent», sagte der Romancier über den Stückeschreiber). Den einzigen Part, den Helene Weigel in Hollywood je spielen durfte – die stumme Rolle in der Verfilmung von Anna Seghers' «Das siebte Kreuz» –, hatte Feuchtwanger arrangiert; und zu ihm kam der im «Doktor Faustus» sich schmählich verraten fühlende Arnold Schönberg, um zu klagen. «Ich habe *keine* Syphilis!», war sein erster Satz; bekanntlich war seine Erbitterung so stark, daß Thomas Mann in der zweite Auflage des Buches eine vorsichtig erklärende Entschuldigung einrücken ließ:

> Es scheint nicht überflüssig, den Leser zu verständigen, daß die im XXII. Kapitel dargestellte Kompositionsart, Zwölf-Ton- oder Reihen-Technik genannt, in Wahrheit das geistige Eigentum eines zeitgenössischen Komponisten und Theoretikers, Arnold Schönbergs, ist und von mir in bestimmten ideellem Zusammenhang auf eine frei erfundene Musikerpersönlichkeit, den tragischen Helden meines Romans, über-

tragen wurde. Überhaupt sind die musiktheoretischen Teile des Buches in manchen Einzelheiten der Schönbergschen Harmonielehre verpflichtet.

Thomas Manns Haus lag unweit, er war häufiger Gast, er las aus unfertigen Arbeiten, und zu den Gästen zählten Chaplin und Billy Wilder und Einstein und Hanns Eisler. Neidlos ging es wohl nicht immer zu, Thomas Mann konnte einfach nicht begreifen, daß Feuchtwangers Josephus-Romane ein Riesenerfolg waren, Hollywood es aber rüde ablehnte, seine Josephs-Romane zu verfilmen. Man kennt die gewisse Kälte, mit der Thomas Mann (wie seine Tagebücher es exemplarisch vorführen) Menschen seiner Umgebung zu sehen und zu beurteilen pflegte; so ist wohl auch die Dünnlippigkeit zu verstehen, an die der junge Emigrant George Tabori sich erinnert:

> Eines Abends gingen wir zu Lion Feuchtwangers Haus, einer Villa, von so protzender Vollkommenheit wie Wahnfried. Als ein Akt der Rache, weil er nicht wie Mann den Nobelpreis bekommen hatte, las uns Feuchtwanger zwei extrem lange Kapitel aus seinem Goya-Buch vor, wobei er seine schrille Stimme kaum variierte. Thomas Mann allerdings wollte nicht mit sich rächen lassen und schlief mit halboffenen Augen ein, die kalte Zigarre zwischen seinen Lippen, die stets von den Spuren eines Magenpulvers gezeichnet waren. Als wir später zum Auto zurückgingen, wandte er sich mir zu: «Junger Mann», sagte er, «haben Sie die Perfektion der Einrichtung bemerkt, die 18 000 ledergebundenen Bücher, alle von ihm nicht nur gelesen, sondern auch verstanden und im Gedächtnis behalten; die abwechslungsreichen Schreibtische, einer, um im Liegen zu schrciben, ein anderer, um sitzend zu schreiben, ein dritter zum Stehen, und die prächtigen Schreibutensilien, die verschiedenen Schreibmaschinen, die

Batterie von Federn, Bleistiften, Radiergummis, die erlesene Qualität des Papiers, die raffinierte kleine Nische für die Sekretärin, immer zur Hand, der Blick über den Pazifischen Ozean, der Duft der exotischen Flora, diese riesige, diskrete, immer hilfreiche Frau, die mich an einen Indianerhäuptling erinnert, und was kommt bei all der Vollkommenheit heraus? Reine Scheiße.»

Die Bücher. Der neidige Thomas Mann hatte schlecht gezählt: Es sind zirka 40 000 Bände; alles Erstausgaben. Wohl die größte Privatbibliothek dieser Art auf der Welt. Ein Haus erzählt – und was es erzählt, im wienerischen Tonfall des Sherry kredenzenden Chinesen in schwarzer Seide, macht traurig und etwas frösteln: eine Insel Europa, ein Herzstück *unserer* Kultur, hinausgejagt ins Land der leckeren McDonald's-Hamburger und des Kunstrasens. «Sehen Sie, das ist eine Sophokles-Ausgabe aus dem Hause Michelangelos – mit handschriftlichen Notizen von ihm»; «hier ist Rousseaus ‹Discours sur l'origine›, geschenkt von Beaumarchais an Benjamin Franklin, als er Botschafter in Europa war»; «und das ist Benjamin Franklins handschriftliche Komposition ‹Quartetto a 3 Violini con Violoncello› – Feuchtwanger schrieb ja über ihn, Sie wissen – ‹Füchse im Weinberg›; ‹der Beaumarchais war ja auch ein Büchernarr – da hat er nun seine reiche Gräfin geheiratet, und sich dann ruiniert an der siebzigbändigen Voltaire-Ausgabe; sehen Sie, hier steht sie.›»

Es ist zum Weinen und zum Lachen. Jeder stellt sich ja sein eigenes Paradies vor – der eine vielleicht als ein Meer von Mousse-au-chocolat, der andere vielleicht als Non-stop-Surfen, ein Marathon-Bayreuth oder eine nie endende Marlene-Retrospektive; ich stelle es mir *so* vor, und hier ist es nun Wirklichkeit, 520 Paseo Miramar, Pacific Palisades, California: Die Hollingshed's Chronicle, denen Shakespeare seine Königsdramen entnahm, und das winzige Büchlein von Schillers Musenalmanach mit dem illustrierten Erstdruck der «Geschichte des Dreißigjährigen Krieges» und Flavius Josephus, «des hochberühmten jüdischen Geschichtsschreibers Chronik» und Alfred Kerrs «Gedichte gegen Verleger» (die kein solcher verlegen wollte), mit Johann Strauß' Vertonungen und und und. Das Haus erzählt, und man versinkt – auch in einer großen Traurigkeit. Das war auch einmal Deutschland, so etwas stand einmal in Berlin, und sie haben es doch auch *uns* weggenommen, so, wie sie aus Thomas Manns Haus einen SS-Puff und aus Heinrich Heine den «unbekannten Dichter» gemacht haben. Da steht man, in diesem Ledermeer aus Phantasie und Leid und Komik, aus Verlockung und Verderb und Hohn und Lächeln, Jahrtausende haben es erschaffen, auf daß die Menschen gereinigt würden, und einer hat es gesammelt mit sonderbarer Leidenschaft – und ein tausendjähriges Reich von zwölf Jahren hat es mit der Stahlrute zerfetzt und verjagt und vernichtet.

Denn nicht um die Bücher geht es. Die sind ja da – «Bei Erdbeben fielen die nie raus», flüstert der Chinese, «sie stehen zu eng» – und die University of California bekommt es alles, Haus und Bibliothek und Handschriften und Archiv und noch zwei Millionen Dollar dazu. Es geht um den Geist, der das trug, um das so störbare Gewebe einer großen Kultur, das sie uns zerrissen haben.

Ein Haus raunt. Es spricht noch, wenn es schweigt, wenn der Abend niedersinkt, die Sonne wie eine Sunkist-Reklame ins Meer zischt; da stand auf den Klippen über dem Strand, Abend für Abend, ein anderer Emigrant – Leonhard Frank – und sagte: «Dort drüben liegt Europa»; und niemand traute sich, ihm zu sagen, daß er «auf der falschen Seite stand» – denn dort drüben lag Japan … So spannen sie sich ihr eigenes Europa, eine Palisadenstadt aus Sehnsucht und Zorn, aus Heimweh und Richterspruch, der hieß «Lotte in Weimar» oder «Mutter Courage» oder «Der jüdische Krieg». «Exil» – einer der stärksten

Romane Feuchtwangers – hießen sie allemal. Er ist aus dem Exil nie zurückgekehrt; die eine (östliche) Hälfte Deutschlands bot ihm Nationalpreis und eine zwanzigbändige Gesamtausgabe – die andere (westliche) Hälfte nichts. «Ich für mein Teil habe mich bemüht, historische Romane für die Vernunft zu schreiben, gegen Dummheit und Gewalt, gegen das, was Marx das Versinken in die Geschichtslosigkeit nennt», schrieb er einmal. Die Farce deutscher Geschichtslosigkeit will's, daß sein Haus nun Sitz eines amerikanischen Forschungszentrums für die deutsche Exilliteratur wird, von seiner Frau gestiftet, unterstützt und finanziert; denn der alterslose Chinese mit dem Wiener Akzent und der seidenstarken Energie ist: Marta Feuchtwanger, 88, Weggefährtin mit den Dollars im Rocksaum, Bewahrerin seines Erbes, unermüdlicher Berichterstatter versunkener Zeit und elegante Hausherrin mit Schalk und Flirt im Blick noch immer.

DIE ZEIT, 52 / 22. 12. 1978

Er war eine Fackel

Über Carl von Ossietzkys «Sämtliche Schriften»

Aus alten Legenden und neuem Unsinn bereitete sich Deutschland eine neue verrückte Mixtur. Bismarck war trotz alledem eine Jahrhundertgestalt, Wilhelm II. – nun, ein nicht unbegabter Jahrmarktkünstler – wer aber ist Adolf Hitler? Wie groß muß die geistige Versumpfung eines Volkes sein, das in diesem albernen Poltron einen Führer sieht, also eine Persönlichkeit, der nachzueifern wäre! Wie groß muß die psychologische Unfähigkeit dieses Volkes sein, sein mangelnder Instinkt für Echtheit und Falsifikate!

«Die Weltbühne», 20. 1. 1931

Was für ein Mann. Was für ein Werk. Was für ein Leben (und was für ein Tod!). Diese in Vollständigkeit wie Akribie herausragende Edition der Arbeiten Carl von Ossietzkys führt erstmals so komplett wie komplex einen der führenden Köpfe der Weimarer Republik vor; einen ihrer klarsten Analytiker: eines ihrer spektakulärsten Opfer.

Der Mann

Zeitgenossen schildern ihn als hölzern. Dann war er zumindest aus hartem Holz. Andere als knöchern. Dann war er gewiß beinern-unbiegsam. Jener Wappenring, ein Erbstück der Familie, den Carl von Ossietzky sein Leben lang trug, wirkt wie ein Leitmotiv: Er zeigte einen abnehmenden und einen zunehmenden Mond: Ein Ossietzky muß bei jedem Mondwechsel, also immer, zum Kampf bereit sein. Sein berühmtester Kombattant, Kurt Tucholsky, fand nie Zugang zu ihm: Schon 1927 – kurz nachdem er ihn selber als Nachfolger Siegfried Jacobsohns zum «Weltbühne»-Herausgeber berufen hatte – schreibt er enttäuscht: «Der interessiert sich wohl nur für sich alleine ... Mir schreibt er nett, aber sehr wenig, geht auf nichts ein ... Von Anregung ist überhaupt keine Rede. Da entzündet sich nichts.» Und einen Tag später (am 11. 7. 1927): «Er antwortet fast garnicht, ich habe schon, glaube ich, vierzehn Tage nichts von ihm gehört – auf Anregungen, Vorschläge, Witze – nichts.» Das wird Jahre später Tucholsky nicht abhalten, sich vehement für den eingesperrten Kollegen einzusetzen: auch wenn der ihn zeitlebens distanziert per «Lieber Herr Doktor» anredete: Die Integrität stand nicht zur Debatte.

Ein großer Briefschreiber war Ossietzky in der Tat nicht. Schon die frühen Briefe an die umworbene, bald geheiratete Maud (in Indien geborene Tochter eines englischen Majors und einer indischen Prinzessin) schlingern zwischen für einen fast Dreißigjährigen erstaunlichem Kitsch – «Und als wir ... uns auf dem Sofa umarmten, in sinnloser Berauschung uns umarmten und gierig wie Verschmachtende unsere Küsse tranken» – und, ebenso verwunderlich, falschem Deutsch: «Es steht zwischen uns keinerlei»; «bereut habe ich niemals die Stunde, wo du in mein Leben tratest.»

Wozu einiger Anlaß gewesen wäre: Maud von Ossietzky war Alkoholikerin und hat ihrem Mann – zumal dem später so berühmten wie Verantwortung tragenden Journalisten – viel Ungemach bereitet. Der Mann, der bald im Scheinwerferlicht der Öffentlichkeit stand (und alsbald im Licht der Verhörscheinwerfer), konnte sich auf seine zu Skandalen, Szenen und Wüstheiten neigende Frau nicht verlassen – und hat es sie nie, nicht mit einer Silbe, entgelten lassen. Die Briefe und Eintragungen in das «Erinnerungsbuch» des Ehepaars Ossietzky, die hier in dem schlechthin mustergültig zusammengestellten Band VII «Briefe und Lebensdokumente» gesammelt sind, zeigen die Noblesse eines Charakters von beeindruckender Geradlinigkeit. Noch der KZ-Häftling tröstet seine Frau, umsorgt sie behutsam: kein Halbsatz der Klage. Respekt.

Das Werk

Der 1889 in Hamburg geborene, katholisch getaufte, protestantisch konfirmierte Carl von Ossietzky war früh ein Kämpfer. Seine ersten Bildungserlebnisse hatte der junge Hilfsschreiber und Bürogehilfe, der aus materiellen Gründen die renommierte Raumbaumsche Schule in Hamburgs Caffamacherreihe – wo heute der Unilever-Glaspalast steht – vor dem Abitur verlassen mußte, durch seinen Stiefvater, den elsässischen Bildhauer Gustav Welther, der Sozialdemokrat war; mit ihm hörte er August Bebel und Bertha von Suttner. 1911 schickte er an Rudolf Breitscheids Zeitung «Das freie Volk» seinen ersten Beitrag, von 1912 an war er – unter Hellmut von Gerlachs Chefredaktion – mit politischen Artikeln regelmäßiger Mitarbeiter. Mit 24 Jahren hatte er seinen ersten Prozeß wegen scharfer antimilitaristischer Artikel. Nicht zuletzt darin liegt das Spannende der Dramaturgie dieser Edition: Ossietzkys Weg ist ein spiralförmig sich entwickelnder.

Ein Meilenstein war wohl der Bruch mit dem bürgerlichen Pazifismus; aus dem im Herbst 1919 unter anderen mit Tucholsky und Emil Gumbel gegründeten Friedensbund der Kriegsteilnehmer formte er den Aktionsausschuß «Nie wieder Krieg», dessen dritte Kundgebung am 1. August 1920 im Berliner Lustgarten zu einer Massendemonstration wurde – Hunderttausende nahmen teil. Ein Foto zeigt Albert Einsteins Frau, die eine Broschüre mit dem Titel «Nie wieder Krieg» verkauft (zu der Ossietzky einen Beitrag geliefert hatte – noch Jahre später nahm Göring Bezug auf diese Veranstaltung). Eine einzige Seite des Dokumentenbandes zeigt die Vielfalt – und die Verzahntheit – von Leben und Werk Ossietzkys: ein Brief an das Internationale Friedensbüro in Bern vom November 1919: das Impressum der Zeitschrift «Völker-Friede» – «verantwortlich für die Schriftleitung ist Carl von Ossietzky»; die Geburtsurkunde der Tochter Rosalinde (24.12.1919) und eine traurig-nachdenklich-beschwörende Eintragung im «Erinnerungsbuch».

Wenn man sich der Mühe unterzieht, die journalistischen Arbeiten aus diesen letzten beiden Monaten des Jahres 1919 (in Band I) dazu zu lesen, dann punktiert sich eine deutlich erkennbare Linie. Aus dem bürgerlichen Pazifisten wird ein militanter Kriegsgegner, der mehr und mehr Einsicht gewinnt in die ökonomischen Mechanismen und Strukturen des «Kriegsgewinns», der im sozialen Gebäude Mehrwert heißt und im politischen Leben der jungen Republik Reaktion. Anfangs noch ledern formulierend – «... Diskussion über die Auffindung aller Möglichkeiten zur dauernden Festigung des Friedens» –, wird Carl von Ossietzky bald zu einem der geschliffensten Analytiker und kompromißlosesten Verteidiger der Weimarer Republik. Der «Weltbühnen»-Ossietzky ist alles in einem: ein hochgebildeter Intellektueller, der sich mühelos zwischen Richard Wagner, Mehrings «Lessinglegende», einer fulminanten Piscator-Rezension und Literaturkritik bewegt – wo gäbe es heute einen Leitartikler dieser Spannweite? –: ein hartnäckiger Warner, der etwa zu Zörgiebels «Blut-Mai» 1929 diese Zeugenaussage druckt: «Gesehen habe ich, wie die Polizei ohne Sinn auf Menschen einschlug, die absolut mit politischen Kundgebungen nichts zu tun hatten. Es scheint mir, daß die Beamten es vorerst auf jüdisch aussehende Passanten abgesehen hatten»: ein furchtlos treffsicherer Formulierer, dem das Gemüsemarkt-Wort «ausgewogen» glücklicherweise noch fremd war und der sich nicht scheut, Hugenberg einen «größenwahnsinnigen Industriedespoten» zu nennen, den Nationalsozialismus «eine reich dotierte Improvisation der Schwerindustrie» und «Deutschland das Land, wo die großen Nieten immer wieder kommen» – ach, was gäbe man darum, wenn jemand uns heute ein Gewissen machte mit so schneidenden Formulierungen wie «Wir haben nur ein kleines Heer, aber einen großen Militarismus» oder «Herr Breitscheid ist eine Bettschönheit, er verliert, wenn er aufsteht».

Ossietzky war aber kein Verbal-Clown und seine «Weltbühne» kein Zirkus mit Feuerschluckern. Er war eine Fackel. Die leuchtete die Finsternisse, Heimlichkeiten und Machenschaften derer aus, die die Republik verdarben: ob sie – «ein Schlemihl, ein armseliger Nebbich» – wie Ernst von Salomon nur ein bißchen den Rathenau-Mördern halfen oder – «Wird in Deutschland nicht seit Jahren der Krieg gegen Polen geschürt?» (1931!) – ob sie schon 1931 die Weichen ins Unheil stellten: «Wir leben schon im militärisch-fascistischen Regime, für dessen Herbeiführung die Herren Schacht und von Seeckt, zwei Geschaßte, die allzu gern wieder ran möchten, verantwortlich sind.»

Was mit diesen acht Bänden vorliegt, ist eine Geschichte der Weimarer Republik *vu travers un tempérament,* um Zolas berühmte Formel zu paraphrasieren. Und es liegt auch vor ein abermaliges Zeugnis gegen das stereotyp-stumpfsinnige «Wir konnten es nicht wissen, wir haben nichts gewußt. Wer hat uns denn gesagt»: Das hier war alles gedruckt, Woche für Woche erschien das Menetekel an der roten Wand. Gewiß, die «Weltbühne» hatte eine kleine Auflage (15 000 in ihren besten Zeiten), und auch vergleichbare Publikationen wie das «Tage-Buch» des brillanten Konkurrenten Leopold Schwarzschild waren keine Massenblätter. Nur wer wollte, der hätte wissen können. Nicht-Lesen ist noch kein Qualitätsnachweis und kein Unschuldsbeweis.

Das gilt übrigens für Optanten jeder Couleur. Schon 1931 schrieb Ossietzky – Jahre vor den berüchtigteren Stalin-Prozessen – über den fragwürdigen (antisemitisch geprägten?) Prozeß gegen den international renommierten Direktor des Moskauer Marx-Engels-Instituts Rjasanow: «Die Moskauer Götter dürsten wieder ... Kenner halten die Schuld der Angeklagten mindestens für psychologisch unmöglich ... Die Grundlagen dieses Prozesses sind schwach, seine Motive ganz nebelhaft.» Ossietzky ist der klassische Parteilose, dessen Intellekt ihn zum Souverän macht: will sagen, der ohne Rücksicht auf Machtgruppierungen, Abonnenten, Anzeigenkunden, Interessenvertreter oder politische Parteien frei, also souverän urteilt. Das ist kein sich liberal nennender Einerseits-andererseits-Journalismus, sondern ein klares, meinetwegen radikales Weder-Noch: «Die KPD mag wohl eine radikale Partei sein, die ihre Impulse von einer revolutionär bewegten Epoche empfängt, aber eine Revolutionspartei ist sie nicht.»

Die Lektüre dieser fulminanten Leitartikel einer Wochenzeitschrift gleicht dem Anblick einer Wochenschau (mit der Rasanz eines Politthrillers): Großaufnahme allemal. Doch ist gleichsam Brechts Diktum befolgt, die Fotografie der IG Farben sage nichts über die IG Farben – hier wird mit schärfstem Mikroskop diagnostiziert, mit skalpellgenauem Wort skelettiert. So gut Ossietzky weiß, daß die KPD einer Revolutionsromantik ohne jeden realen Boden nachhängt, so präzise prangert er früh Hitler als gerissenen Industrieagenten an, der weiß, was seine Einbläser wollen, und der von den bürgerlichen Politikern nicht wirklich gebremst wird. «Der Politiker Brüning hat den Ruck nach rechts gewollt und statt dessen den Fascismus heraufbeschworen.»

Aber Ossietzky argumentiert nicht punktuell, sondern im historischen Kontinuum. Keineswegs sieht er den heraufziehenden Nationalsozialismus als Naturkatastrophe, vielmehr deutlich als Folge geschichtlicher Kausalität; er sieht die Wirkung, aber er kennt – und benennt – die Ursachen:

> Dieses Millionenheer, das sich dem Fascismus in die Arme wirft, fragt nicht, weil ihm nichts mehr zu fragen übrig geblieben ist. Desperat und kritiklos folgt es einer bunten und lärmenden Jahrmarktsgaukelei, weil nichts schlimmer werden kann als es bereits ist, so wie ein von den besten Ärzten aufgegebener Patient schließlich den Weg zum Kurpfuscher findet, der dem Krebskranken empfiehlt, eine Walnuß in der Tasche zu tragen … An dieser Partei ist nichts originell, nichts schöpferisch, es ist alles entlehnt. Sie hat kein eignes geistiges Inventar, keine Idee: Ihr Programm ist in aller Welt zusammengestoppelter Unsinn. Ihr äußerer Habitus und ihr Wortschatz stammen teils von den Linksradikalen, teils von Mussolini, teils von den Erwachenden Ungarn. Nur die Vereinsparole «Juda verrecke!» ist wohl in eigner Kultur gezogen.

Das Leben

Spektakulär, gar auf irgendeiner anderen als seiner «Weltbühne», verlief Ossietzkys Leben nicht: kein Glamour, keine Feste, keine (?) Amouren. Verglichen mit den Villen und Yachten und Landsitzen unserer heutigen Pressetycoone eine geradezu kärgliche Existenz: Erst sehr spät überhaupt eine eigene Wohnung, eigene Möbel, wenig Reisen, gewiß keine üppigen Diners bei Schlichter und keine Weinlieferungen von Rollenhagen – der langjährige «Weltbühne»-Chef hatte als Häftling kaum das

Geld für Briefmarken, Zeitungsabonnement und Zigaretten. Dabei war er gewiß kein lebensverachtender Robespierre, der den Dantons das Hühnchen verübelte; eher ein karger, disziplinierter Arbeiter mit einem – seltsamer Widerspruch – zugleich milden wie unbestechlichen Sinn für Gerechtigkeit, für Proportionen und für Anstand. Seine politischen Urteile tragen auch immer den leisen Hauch von Degout, ein unausgesprochenes «Das tut man nicht».

Carl von Ossietzky war so wenig Zentrum irgendeines intellektuellen, irgendwelcher politischer (mondäner schon gar nicht) Zirkel, daß er noch 1929 zwar Ludwig Renns «Krieg»-Roman rezensiert, aber mutmaßt, «heute ist er Kommunist, vielleicht Funktionär in einem süddeutschen Nest. Man weiß es nicht.» Man wußte es schon – immerhin war Renn Mitbegründer des Bundes proletarisch-revolutionärer Schriftsteller (BPRS) und von Beginn an Mitherausgeber der «Linkskurve». Ossietzky saß also nicht als Gast im «Romanischen» und auch nicht in irgendeinem germanischen Café. Dafür saß er bald anderswo: im Gefängnis.

Als auf jenen Artikel vom 12. März 1929 hin, den Walter Kreiser unter dem Pseudonym Heinz Jäger zum Thema «Windiges aus der deutschen Luftfahrt» in der «Weltbühne» publiziert hatte, die Jagd auf Ossietzky begann, handelte es sich natürlich nicht nur um diesen Aufsatz. Die dort angedeuteten Zusammenhänge waren ja allenthalben bekannt. Schon am 16. Dezember 1926 hatte der sozialdemokratische Abgeordnete Scheidemann sämtliche von der «Weltbühne» angeprangerten Skandale der Schwarzen Reichswehr, der Geheimbünde und der heimlichen Zusammenarbeit mit der Sowjetunion zu einem parlamentarischen Mißtrauensantrag gegen den Reichswehrminister zusammengefaßt: auf die im Wandelgang hinterher an Ossietzky gerichtete Frage «Sind Sie nun zufrieden?» antwortete dieser: «Sie haben das Richtige zur falschen Zeit getan.»

Der Prozeß, aus Gründen der Geheimhaltung nicht öffentlich geführt und in der «Weltbühne» deshalb auch nirgends erörtert oder gar analysiert, trifft Ossietzky in einer deutlichen politischen Entwicklung – und zwar nach links. Ein kleines Detail zeigt, was sich an Ossietzkys Leben geändert hat. Als er seine Haft antreten muß – am 10. Mai 1932, ein Jahr später, wird Goebbels vor der Berliner Universität seine literarische Hexenverbrennung zelebrieren –, geleitet ihn eine Delegation von Schriftstellern vor das Gefängnistor: Ernst Toller, Erich Mühsam, Hellmut von Gerlach, aber auch Arnold Zweig, Alfred Kantorowicz und Ludwig Renn.

Im Dezember 1932 einigten sich SPD, KPD und NSDAP auf ein Amnestiegesetz, und Rudolf Breitscheid setzte durch, daß es auch literarischen Landesverrat betraf. Ossietzky war frei, die «Weltbühne» vom 27. Dezember beginnt mit seinem Aufsatz «Rückkehr», einer Art Fortsetzung des großen «Rechenschafts»-berichts vom Mai, der mehr als das halbe Heft gefüllt hatte und eine Generalbilanz gewesen war, Glanzstück deutscher politischer Prosa, voller Melancholie, aber ohne Resignation.

Im selben Monat hatte Ossietzky auch jenen Artikel «Ein runder Tisch wartet» veröffentlicht, in dem er Sozialisten und Kommunisten beschwor, zusammenzugehen; er sah inzwischen in dieser Einigung die einzige Möglichkeit, das aufziehende Unheil abzuwenden. Links von sich sah er nur noch Verbündete. Aus praktischer Konsequenz war auch eine ideologische geworden – Ossietzky nannte sich Sozialist. Doch Konsequenz und Erkenntnis kamen zu spät. Und er wußte es. Auf der denkwürdigen letzten Mitgliederversammlung des Schutzverbandes deutscher Schriftsteller am 20. Februar 1933 in den Kammersälen an der Teltower Straße hielt er seine berühmt gewordene Rede:

> Wir wissen nicht, was im einzelnen geschieht. Aber das eine wollen wir uns heute gegenseitig in die Hände geloben, daß

> wir, ganz gleich wohin wir auch in den nächsten Tagen und Wochen verschlagen werden, in die Gefängnisse, Zuchthäuser, Konzentrationslager oder in die Emigration, uns selber treu bleiben werden. Wir werden keine Konzessionen machen und überall dort, wo ein Geßlerhut aufgesteckt wird, in schweigender Verachtung vorübergehen.

Eine Woche später, in der Nacht zum 28. Februar 1933, wurden alle Redner dieses Abends verhaftet. Ossietzky, gewarnt durch den SA-Diener Harry Graf Kesslers, nach einer bis tief in die Nacht währenden Diskussion, floh nicht. Die Mischung aus Stolz und Hilflosigkeit verrät auch, nach wie vor, tiefstes Nicht-Verstehen der Ereignisse.

In seiner knarzigen preußischen Haltung hatte Ossietzky vor, während und nach seiner ersten Haft keinen von denen zu schonen, auf deren Gnade er allenfalls angewiesen war – nicht den Reichswehrminister, nicht den Innenminister, nicht vor allem Hindenburg; wer Hindenburg wählt, wählt Hitler, war während des Wahlkampfs 1932 deutlich Ossietzkys Erkenntnis und Parole:

> Da kein sozialdemokratischer Kandidat vorhanden ist, muß ich schon für den kommunistischen stimmen. Wahrscheinlich werden viele, die ähnlich denken, ebenso handeln. Man muß festhalten: Die Stimme für Thälmann bedeutet kein Vertrauensvotum für die Kommunistische Partei und kein Höchstmaß von Erwartungen. Linkspolitik heißt die Kraft dort einsetzen, wo ein Mann der Linken im Kampfe steht. Thälmann ist der einzige, alles andre ist mehr oder weniger nuancierte Reaktion.

Es ist atemabpressend, diese verhängnisvollen Monate, ein auf den Abgrund zurasendes Rad, im Spiegel von Ossietzkys Analysen zu verfolgen: Man ertappt sich dabei, zu denken: «Hört denn keiner zu – liest denn keiner? Denkt denn keiner?»

Doch als Carl von Ossietzky in den Verliesen des KZ verschwand, sah auch (fast) keiner hin. Ja: die KZ, von denen bis auf den heutigen Tag geschwafelt und weißwäscherisch gesagt wird: «Davon wußten wir nichts.» Die das sagen, hatten sich offenbar entschieden. Sie fragten nicht, wo Erich Mühsam geblieben war, und sie lasen keine ausländischen Zeitungen, in denen ausführlich Ossietzkys Fall dargestellt war, zumal alsbald eine weltweite Kampagne für die Verleihung des Friedensnobelpreises an ihn begann: Man beschränkte also seine Lektüre auf den «Berliner Lokal-Anzeiger», der am 24. Mai 1933 wußte: «Die Häftlinge leben kaum anders als in der Kaserne» – eine Generosität, die dem «Berliner Tageblatt» Sorge machte. «Die gottesdienstliche Betreuung sowie der Unterricht und die Hausordnung entsprechen den Üblichkeiten eines Internats.»

Es gab auch anderes zu lesen. 1934 war Deutschland noch nicht abgeriegelt, man konnte reisen, es gab freien Postverkehr, es gab sogar Telefon. Deswegen sage ich: Es ist nicht wahr, daß man nicht hätte wissen können, wenn man hätte wissen wollen. Glaubt ihnen nicht, die sich zur Nicht-sehen-, Nicht-hören-, Nicht-sprechen-Attitüde entschlossen hatten. Es ist herzzerreißend, den Bericht zu lesen, der im Juni 1934 in der (Wiener) «Neuen Weltbühne» erschien:

> Ossietzky wurde als Landesverräter und, trotz rein arischer Abstammung, als Jude und Judensau besonders maltraitiert. Die Gefangenen traten auf dem Hof zum Dienst an. Carl von Osssietzky wurde im Laufschritt umhergejagt, mußte sich hinwerfen, aufstehen, wieder hinwerfen, wieder aufstehen. Betrunkene SA-Leute ließen sich das Vergnügen nicht nehmen, hinter ihm herzulaufen und Ungeschicklichkeiten Ossietzkys durch Schläge oder Fußtritte zu bestrafen. Oft ver-

mochte sich Ossietzky kaum noch zu erheben, stumm lag er da, ohne Protest, ohne seinen Schmerz zu äußern. Solche Augenblicke benutzte der Sturmführer Bahr, ihn mit den Füßen zu stoßen und zu brüllen: «Du polnische Sau, verrecke endlich!» Wenn sich Ossietzky erhob, wurde er wieder geschlagen und getreten. Einige Wochen wiederholten sich solche Szenen auf dem Gefängnishof.

Das Prügelpack – sie hätten auch Albert Einstein bespuckt und auf Thomas Mann eingedroschen und Bertolt Brecht in die Pfützen geschlagen – hatte doch Frau? Mutter? Cousine? Onkel? Denen haben sie immer nur von netten Skatabenden erzählt? Ich glaube kein Wort davon. Gerne wüßte man ja, was aus so einem Herrn Bahr nach 1945 geworden ist – vermutlich ein persilscheinweißer Geographielehrer, pensionsberechtigt: oder auch Stasi-Oberst. Diese Akten sollen ja geschlossen bleiben – «Nun hören Sie doch mit diesen alten Kamellen auf ...»

Die Akte Ossietzky ist offen. Sie umfaßt die acht Bände dieser Ausgabe. Und die Verleihung des Friedensnobelpreises 1936 war nur mehr ein Siegel. So tapfere Männer wie Knut Hamsun – noch 1929 hatte Ossietzky ihm zum 70. Geburtstag gratuliert – werfen all ihr Gewicht in die Waagschale, um die Auszeichnung zu verhindern.

Pathos ist in einer Zeitung nicht erlaubt, heißt eine eiserne Journalistenregel. Also erlaube ich mir Pathos: Als Carl von Ossietzky am 4. Mai 1938 starb, schwer krank entlassen in die Gruft eines Gestapo-überwachten Spitals und von einem Hochstapler um das Nobelpreisgeld geprellt, war es Mord. Sie haben einen der großen deutschen Publizisten umgebracht, einen, wie wir ihn vielleicht nach Börne nicht mehr hatten.

Die Zeit, 51 / 16. 12. 1994

Über Rolf Hochhuth

Zynismus ist nie das letzte Wort

Hochhuth ist ein Lyriker von Graden

Rolf Hochhuth ist ein anatomisches Wunder: Er hat zwei Herzen. Das eine gehört – in heute selten gewordener Sanftheit – den Erniedrigten und Beleidigten, denen sein zorniges Mitleid gehört. Das andere schlägt – in heute mehr denn je notwendiger Aggressivität – voll emphatischer Wut gegen die verlogen Mächtigen, ihren Mißbrauch von Wirtschaftsüberlegenheit und Gewissenlosigkeit; ein typisches Hochhuth-Diktum lautet: «Ihr Gewissen ist rein, weil nie benutzt.»

Nun liegt ein Buch vor, das all diese Herzrhythmen vereint, gleichsam den Temperament-Strom dieses Schriftstellers mal rasend, mal gemächlich am Leser vorbeirauschen läßt. Und weil dem Mann ja das Etikett des Bühnenwüterichs anhaftet, eines Thesendramatikers, der eine Spürnase für das jeweils Anstößig-Aktuelle hat, den aber sein Furor eher zuchtlos schreiben läßt – soll hier zuvörderst betont werden: Das Beste in dem Buch sind seine Gedichte. Rolf Hochhuth ist ein Lyriker von Graden, ein Kaltnadelradierer der Poesie – schmucklos, scharf ritzend, aber nicht ätzend, Schicksale oder Momente (will sagen Lebenssituationen; oft genug sind es die zum Tode hin) gleichsam in einem Brennglas einfangend. Wenn man die Leser um etwas bitten darf: Sie mögen das Gedicht «Drei Schwestern Kafkas» zu ihrer Erfahrung machen; schauerliche Lakonie, flammendes Menetekel.

Es wäre durchaus an der Zeit, daß sich ein Kompetenter einmal in einem gründlichen Essay darauf einläßt herauszukristallisieren, in welcher Tradition zwischen Rufgedicht, Apodiktikum, Ballade und lyrischem Lehrstück Hochhuth steht – und wo, wie er diese Tradition fortführt, also bereichert. «Politisch Lied ein garstig Lied» ist ja der Deutschen beliebte Abwehrhaltung, in jenem Kissen versinkend, auf das gestickt ist «Wo man singt, da laß dich ruhig nieder, böse Menschen kennen keine Lieder». Allein die drei großen B der deutschen Literatur – Büchner, Brecht, Benn – sind ein einziger Widerspruch gegen diesen Blödsinn; daß etwa Georg Büchner eine Art RAF-Mann *avant la lettre* war: wird ins Gefällige weggebügelt – der bedeutendste Literaturpreis trägt ja seinen Namen.

Seltsamerweise – der Band hat keinen Herausgeber; und so, kunterbunt und durcheinander, ohne innere *Figura,* sieht er auch aus – hat Hochhuth seine Gedichte verstreut zwischen (hier überflüssigen) alten Texten etwa zu Adorno, zwischen tagebuchähnlichen «Maximen und Reflexionen», die mal eine sehr hübsche Philippika gegen Jugendstillyrik und mal ein Abwatschen Adenauers durcheinanderschütteln («Jehört der nich in die Soffjet-Zone», hatte der über Thomas Mann gesagt). So liederlich, wie der Verlag das Buch dem Leser vor die Füße knallt, ist das empörende Zitat dann gleich zweimal zu finden. Auch Hochhuths eigene Verteidigung dieses Zettelkastenprinzips («Das Leben hat auch kein System») steht da auf schwankendem Boden: Das Wesen der Kunst – unter anderem – ist ja eben, daß sie durchaus *nicht* identisch ist mit Leben. Als bei einer Vernissage eine empörte Dame zu Franz Marc sagte «Pferde sind aber nicht blau», antwortete der «Das sind auch keine Pferde, das ist ein Bild». Kunst ist Struktur.

Rolf Hochhuth, ein rascher – und, glücklicherweise, oft rasanter – Schreiber, setzt sich mitunter diesem strengen Formgebot nicht aus, sondern sich darüber hinweg. In diesem Buch ist das hervorstechende Beispiel das Theaterstück, das dem Band den Titel gab (wieso nun auch noch ein Stück in diesem Potpourri?). Er nennt es «Tragikomödie», dieweil es eher eine grandios gedachte Farce ist: die in die eisigen Höhen des Absurden getriebene Fabel eines Mannes, dessen Vater im KZ ermordet wurde, denunziert, weil er den Hitlergruß verweigert hatte. Der Sohn will den Vater rächen – und sich, nämlich ins Irrenhaus, retten –, indem er tagaus, tagein «Heil Hitler» bellt, bei selbst für stramme Nazis unpassender Gelegenheit. Das ist ein brisant fabelhafter Einfall, changierend zwischen Karl Valentin und Charlie Chaplin, zum Weinen komisch. Ich sehe und höre Otto Sander uns einen kurzen Abend lang das Hirn mit diesem Entlarvungs-Gebelfer martern, ein vokabulärer Zahnarztbohrer, der den Nerv trifft, von so peinigender wie banaler Schonungslosigkeit.

Und was tut Hochhuth? Er verwässert seine Giftspritze. Er frönt seinem Laster – bekannt aus den zu kleinen Essays ausufernden Regieanweisungen vieler seiner Stücke –, daß ihm immer noch etwas einfällt: bei jedem König die Sottise einer Maitresse; bei jedem Staatsmann ein Nachäffer; bei jedem Unhold sein Sekretär Wurm. Hier nun, bei Stichwort Irrenhaus – bewacht von SS-Schergen –, fiel ihm Jakob van Hoddis ein, der frühexpressionistische Lyriker, Dichter des berühmten «Weltende», das noch in seinen Erinnerungen der greise Johannes R. Becher «damals unsere Nationalhymne» nannte. Prompt funktioniert das nicht: nicht dramaturgisch, weil man mit dieser hinzuaddierten Figur nichts anfangen kann; nicht politisch-moralisch, weil man – glaube ich – das grausige Schicksal dieses bedeutenden Dichters, längst im Wahn versunken und von den Nazis als «unwertes Leben» umgebracht, nicht «auch noch erzählen» darf. Jakob van Hoddis ist kein «auch noch». Es kommt mir vor, als läse / sähe ich ein Stück über das KZ Oranienburg, und, «eingeschnitten» wie in unserer verruchten Fernsehjauche, würde für dreieinhalb Minuten Erich Mühsam auftauchen, den seine Folterer über dem Klo erhängten.

Derlei tut nicht nur dem Opfer Unrecht – auf geheimnisvolle Weise, so kompliziert funktioniert Kunst, entlastet es die

Täter. Rolf Hochhuth ist der eigenen, wohl gemerkt: großartigen Idee in den Arm gefallen. Das oft zitierte Kunstgesetz – stammt es von Courbet? –, es müsse zwischen einem Apfel und dem Tisch, auf dem er liegt, ein hauchdünnes Millimeterstel «Nichts» bleiben, anders es kein Bild würde, sondern nur «Platsch, ein Apfel auf dem Tisch»: dieses artistische Gesetz will und will Hochhuth nicht einsehen; auch nicht, falls ich das als langjähriger Weggefährte hinzufügen darf, in nächtelangen Gesprächen.

So bleibt er ästhetisch störrisch, nennt eine Uniform «hühnerbraun» ohne Nachdenken, daß es Hühner vieler Farben gibt, lässt aus dem Volksempfänger – der eben dies nicht empfangen konnte – BBC-Nachrichten abhören oder versucht (in einem Theaterstück!) mit einem Nebensatz Franz Werfel zu widerlegen. Kein Lektor weit und breit. Doch wenn dieser Schriftsteller seine noch immer und immer wieder vorhandene Kraft sammelt, die für ihn so spezifische Energie – zusammengesetzt aus Trauer, Lebenszittern und der Fähigkeit, streicheln zu können – bündelt: dann gelingt ihm Gültiges. Es ist gewiß kein Zufall, daß über fünf eindringlichen Gedichtzeilen der Satz steht «Zynismus ist nie das letzte Wort»; den Satz lösen dann die Zeilen ein:

Befreit
Warum?
Die Friedhöfe liegen …
Grabsuche
Melancholie.

*

Der falsche Feind
Plädoyer für Rolf Hochhuth

Paul Spiegel, Präsident des Zentralrats der Juden in Deutschland, hat wirklich alles Recht der Welt, empfindlich zu sein, auch überempfindlich; er hat sogar gewissermaßen die Pflicht. Weht doch noch immer und immer wieder aufs neue ein übles Rüchlein durchs Land – und, wie jedermann weiß, bleibt es nicht immer beim Rüchlein. Zu oft folgen ruchlose Taten. Ein Dunst von Antisemitismus, nicht immer leicht «greifbar», wabert durch das vereinte Deutschland, und dem zu wehren ist unser aller Gebot.

Aber in dem Schriftsteller Rolf Hochhuth hat Paul Spiegel sich den falschen Feind ausgespäht. Man soll dessen Arbeit nicht einschränken auf das Drama «Der Stellvertreter», das die Weltöffentlichkeit wachrüttelte über die Versäumnisse des Vatikans während der Judenverfolgung im Dritten Reich; zahlreiche historische Studien haben inzwischen Hochhuths Vorwurfsthese bestätigt; sogar der Papst entschuldigte sich: Den Samen legte Rolf Hochhuth.

Doch könnte man, wäre man übelwollend, das als «Jugendstück» abtun, dessen Impetus der Autor nicht treu geblieben sei. Das wäre falsch. Hochhuths gesamtes Werk – ob die Erzählung «Eine Liebe in Deutschland», ob das jüngst entstandene, tief bewegende Gedicht «Drei Schwestern Kafkas», das an die drei ermordeten Frauen erinnert und dem er mahnend die Namen von sechs Vernichtungslagern voranstellt –, dieses Œuvre ist wie kaum ein anderes Erinnerung an Schuld, Versagen, Haß.

Nun hat Hochhuth einen Fehler begangen: Er hat einer Zeitung, die als rechtsradikal gilt, ein Interview gegeben – schon töricht. In diesem Interview hat er den höchst dubiosen englischen Historiker – man darf wohl sagen: Holocaust-Leugner – David Irving verteidigt, als sei das ein satisfaktionsfähiger Kollege – noch törichter. Irving, wegen seiner Infamien mit Einreiseverbot in die Bundesrepublik belegt – was Hochhuth ärgert –, ist fraglos ein Schmutzfink.

Wenn man der unappetitlichen Sache nachgeht, stellt sich allerdings heraus: Irvings ekle Bücher kennt Hochhuth gar nicht, und was für ein Blatt die «Junge Freiheit» ist, wußte er nicht. Peinliche Sorglosigkeiten, die aber in unserem «Schnell, schnell-kurz, kurz»-Gewerbe passieren. Es ist noch nicht sehr lange her, da unterlief dem Intellektuellen *par excellence*, Joachim Kaiser, derselbe Lapsus – er gab der auch ihm unbekannten Wochenzeitung ein Interview, die FAZ verdammte ihn in den Orkus. Wie man fast wöchentlich lesen und hören kann, arbeitet Joachim Kaiser dort weithin anerkannt und so redlich wie stets weiter. Auch Jürgen Habermas ist kein Antisemit; gleichwohl empfahl er dem Hause Suhrkamp (ebenfalls nach zugegeben flüchtiger Lektüre) ein politisch so anstößiges Buch, daß der Verlag es schleunigst zurückzog.

Wichtiger als derlei gewiß schwer zu entschuldigende Fahrlässigkeiten ist doch aber das Wort. Das Wort Rolf Hochhuths ist seit Jahrzehnten ohne Fehl und Tadel. Und – am wichtigsten – in dem inkriminierten Interview findet sich nicht einmal ein Halbsatz, der den Vorwurf rechtfertigte, Rolf Hochhuth sei eine Art Schallverstärker der Holocaust-Leugner-Bande. Vielmehr sagt er: «Ich habe selbst erlebt, wie die Juden meiner Heimatstadt deportiert worden sind. Das war doch der Hitler nicht allein! Dresden wäre ohne das, was in Auschwitz geschehen ist, nicht möglich gewesen ... Der Mörder ist der Mann des ersten Schusses – und dieser Mann war Hitler!» Selbst eine angebliche Pauschalverteidigung Irvings ist da nicht zu lesen, vielmehr spricht Hochhuth von «Irvings Wahn».

Wer Hochhuth kennt, weiß, daß er zugleich berserkerhaft zuschnappt, um dann den Degen zu senken, gelegentlich unfreiwillig komisch, honorig allemal. Auch ich hätte mir schneidende Antworten gewünscht, wenn die verbohrten Redakteure dieser Zeitung ihm entgegenhalten, Irving habe schließlich die Existenz von Gaskammern geleugnet, und ihn mit dem ganz und gar unerhörten Satz zitieren, in den Gaskammern seien «weniger Menschen umgekommen als auf dem Rücksitz Edward Kennedys 1969 (und das war eine Geliebte, die ertrank)». Hochhuths Replik, da habe Irving wohl «seiner nicht ganz unbritischen Neigung zum schwarzen Humor auf zynische Weise freien Lauf gelassen», ist ein Ausweichen in die Banalität und der Unerhörtheit des Diktums nicht gemäß.

Doch sei noch einmal betont: Man darf nicht ungelenke Sätze aus einem Interview einem Werk entgegenhalten, das insgesamt eine große Scham-Predigt ist. Eine kurze Glosse wie diese kann natürlich ein umfangreich einwandfreies Gesamtwerk nicht analysieren. Sie darf aber vielleicht an Paul Spiegel, dem mein allerhöchster Respekt gilt, wie an seine Gefährten appellieren, einen Mann nicht zu verfemen, dessen Gedicht «Auschwitz» mit dem Satz endet: «Die Trinität bleibt im Menschheitsgedächtnis: Auschwitz, Deutsche, Hitler.»

*

Der andere Hochhuth
Eine Gratulation

Ein Kenner nannte Rolf Hochhuth einmal den «Ossietzky der Bühne»: einen zupackenden Dramatiker, dessen «Stellvertreter» ein Welterfolg war, den er allerdings nie wiederholen konnte. Seine späteren Stücke sind dennoch immer ein trotziger Einspruch zu den Verwerfungen unserer Gesellschaft. Rolf Hochhuth ist aber auch ein Lyriker von Gnaden.

«Das ist kein Gedicht» – mit dieser seltsam hochgemuten Nicht-Begründung lehnen gelegentlich Redakteure und ihre

Kolleginnen den Abdruck einer lyrischen Arbeit von Rolf Hochhuth ab. Der «Spiegel», apart-niederträchtig, druckte einmal eines – als Leserbrief. Schickte man dem Magazin diese Zeilen, ginge es dem Autor wohl, als zu ungebärdig-proklamatorisch, ebenso:

> Wieder eine Nacht herabgestiegen
> Auf das alte, ew'ge Erdenrund,
> Wieder eine Finsternis geworden
> In dem qualmerfüllten Kerkerschlund.

Nun sind das aber Zeilen von Georg Büchner, und der ist zum Staatspreisdichter glattgehobelt, wenngleich kürzlich in einem glanzvollen Essay von Christoph Hein (sehr richtig) als «Mitglied einer terroristischen Vereinigung» charakterisiert; in Wahrheit sind die knappen Zeilen die Summe des politischen Menschenbildes von Büchner, von dem Friedrich Dürrenmatt sagte, «er sah den Menschen an sich selbst scheitern – überzeugt vom gräßlichen Fatalismus der Geschichte». Abgelehnt. Abgelehnt würde dann, konsequenterweise, auch Majakowskis «Vorwärts, Genosse Mauser» (es war, beiläufig, ebendiese Mauser, mit der der Dichter sich umbrachte), ein Autor, den sogar der Antipode Benn schätzte. Abgelehnt werden müßte dann gewiß auch Gottfried August Bürgers berühmte Schmetter-Zeile gegen das Gotteskönigtum «Du nicht von Gott, Tyrann!» wie arg vieles von Ezra Pound oder dem, dessen Name bereits Imperativ ist: Brecht.

Einem Kanon verweigerte sich jeder von diesen. In seinem soeben erschienenen furiosen Essay-Buch «Die Intrige» stellt Peter von Matt die zentrale Frage: «Wer bestimmt eigentlich, was in einem literarischen Werk gut und schlecht ist?» – und gibt eine Antwort, die schnelle Urteile ausschließt.

Wir dürfen daran erinnern, daß es unendlich viele Möglichkeiten und Formen der Lyrik gibt: das Ruf-Gedicht oder die Elegie, das Fürstenlob, das Faktennotat wie das Gelegenheitsgedicht, Protest oder Hymne, vor allem auch das Liebesgedicht; sogar das obszöne; Verlaine etwa, oft genug am Rande des Peinlich-Lächerlichen:

Und wenn auch nichts dich straffenmacht,
Ich bin von jenem Glied entzückt,
Das deiner Lende Leiste schmückt
Goldlichtbehaucht in düstrer Pracht
…
Das Ende schwillt ein bißchen bald
Und zeigt durchs Fleisch in süßer Blöße
Den Kauf von halber Daumengröße
Und eines Fischmauls runden Spalt, Den ich mit Küssen
  überdecke
In liebevoller Dankbarkeit. Erlaub, daß nun in
  Zärtlichkeit
Die Hand mit kühnem Griff sich recke, Um ganz die
  Kappe abzulösen
Derart, daß leuchtend rosablau
Der Kopf sich zeigt in freier Schau …

Fangen wir also bei der Verhandlung in Sachen Rolf Hochhuth beim Anfang an: Das Titelgedicht der soeben erschienenen «Drei Schwestern Kafkas. 100 Gedichte» ist Hochhuth pur, Aufschrei, Trauer und Schuldzuweisung; man muß gar nicht das schockierende Umschlagfoto der drei Ermordeten zu Hilfe nehmen (entsetzlich die Ähnlichkeit der jüngsten mit Kafka, Franz) im Kampf gegen die Kälte, die beim Lesen dieser Totenklage aufsteigt:

Drei Schwestern Kafkas
…
Wie Körner als einzelne, die zermahlen,
bleiben Menschen unsichtbar auf Tabellen.

Liest man jedoch, aber wer liest das noch!
vergast samt Familien Kafkas drei Schwestern,
«glücklich verheiratet» beschrieb die Mutter sie;
sieht Fotos – ist's, als sei man gestern

Ihnen begegnet, die wie Mann, Kindern nie,
noch in Hitlers Prag nicht, an Flucht gedacht …

Grabinschrift für Millionen und Inschrift, will sagen: eingeschrieben in unser nie nachlassend gepeinigtes Gewissen. Strenge Form, Zucht der Worte, umwegloses Mahnmal; wenn das nicht Dichtung ist, dann ist Schönbergs «Ein Überlebender aus Warschau» auch nicht Musik.

Dabei muß man wissen: Was Hochhuth hier rhythmisiert, ist keineswegs immer und vor allem Attacke und Anklage; wie man – bei all seiner gelegentlich wirrköpfigen Interventionslust – diesen Autor falsch liest, sieht man in ihm nur einen lauten Schreihals. Ganz im Gegenteil: Die innere Struktur seiner Arbeit ist Verzagtheit und Klage. Hochhuth ist kein Linker, kein Umstürzler; er ist Bewahrer – und nur, wo er Bewahrenswertes bedroht sieht, greift er ein und an. So wehrt er sich im «Plötzensee»-Gedicht gegen Schillers «Das Gräßliche bedecke ewiges Schweigen», indem er ent-schweigt:

Raubt's auch den Schlaf, ihr schlaft wieder ein.
Doch *ihre* letzte Nacht: wie «schliefen» die
hungernd an einen Mauerring Geketteten? Ein Bein
mit einer Bleikugel beschwert, weil ihre Zelle
aufblieb für Wärter, Pfarrer, «Richter» und Friseur.

Der Ton fassungsloser Trauer ist unüberhörbar. Seine Trauer sinkt zumeist ab in die Schwärze des Vergebens. Nicht zufällig ist Gottfried Benn Hochhuths meistzitierter Autor – er mißtraut wie jener dem Lauf der Geschichte, irgendeiner Fortschrittsidee gar; letztlich der Humanisierung des Menschen: «Will vergessen, was ich getan – und wie Menschen sind.» Fast wortgleich seinem jüngeren und zu jung gestorbenen Kollegen Thomas Brasch begreift er Leben als «Fahren im Kreis»; tief berührend sein Gedicht «Flut und Ebbe», das Thema der Sinnlosigkeit variierend in «Nur Welle und Spiel», dem er gleich drei Benn-Mottos voranstellt. Darin erzählt er uns – es gibt auch die Form des Erzähl-Gedichts – von Jacob Burckhardts Satz «Wir möchten, daß wir die Welle kennten, / Auf der wir treiben im Ozean» (also: ohne Freiheit der Entscheidung) und nimmt eingangs ein Autobahn-Graffito auf: «Du steckst nicht in einem – du bist der Stau!» So spricht kein Barrikadenstürmer, und so spricht kein Revolutionär; es sei denn, man erinnere sich des Wort-Ursprungs *revolvere* = zurückdrehen.

Geschichte ist in Hochhuths Begreifen Unheil, jene Katastrophe, wie sie bereits Walter Benjamin in seinem «Angelus Silesius»-Essay ausformuliert:

> Nur um *«aus»*zu
> leben – ist Geschichte! Und die Umwälzung der
>   Machtgewichte
> Hat nur einen Zweck: Potenzverschleiß. Fortschritt,
> Endziel gibt es nicht; ein Kreis

Hochhuth ist ein pessimistischer Aufklärer; wo er die Täter am Werk sieht, ob Diktatoren oder *shareholder*-besessene Bank-Bosse, die Tausende auf die Straße werfen, um ihren Profit zu erhöhen, ruft er Alarm. Eine Ideologie indes bietet er nicht an, beargwöhnt vielmehr jeglichen -ismus.

Hier nun gibt es einen dialektischen Sprung in Hochhuths Gedankenwelt, damit im Werk. Er sieht den einzelnen – trotz aller Skepsis – als verantwortlich, Täter als benennbar schuldig; das war schon vor vielen Jahren sein Disput mit Adorno. Er feiert aber auch das Individuum. Und hier geschieht etwas höchst Seltsames, gleichsam eine Entgleisung. Das Individuum in seiner kleinsten, genauesten, intimsten Form ist ja ein erotisches. Und da rutscht er aus, ab ins Banale, Grobe, Peinliche.

Zugegeben, es mag am Auge des Betrachters liegen, aber Hochhuths Angebot – sich auch noch auf Courbets krudes Bild «L'Origine du monde» beziehend –, zu «Trotze» das passende Reimwort zu suchen; sein läppischer Satz «Sex gibt selbst Arbeitslosen Kurzzeit-Energie» ist nur grotesk: Mit dem Schwebegebot für das lyrische Wort hat das rein gar nichts zu tun. Es liegt eine fast unheimliche Verwechslung vor: Eros ist das Sirren des Libellenflügels, nicht der erigierte Penis. Ich halte den folgenden Vers für nicht «gedichtfähig», für eine Mischung aus pubertär und Altmännergeilheit, den Titel «Eros» nicht verdienend:

> Schwer von der Hitze
> spannt mittags dein Schritt
> – wie die Brüste die Bluse – die hautstraffe
> Hose. Herausfordernd preist er
> dein Zentrum an.

Es wäre wohl Thema einer eigenen Untersuchung, warum auch ganz Große der Kunst beim Darstellen von Erotik versagen, ausglitschen in einer Art Sperma-Metaphorik. Heinrich Manns Zeichnungen sind tatsächlich nichts als «nackerte Weiber», wie sein entsetzter Bruder Thomas sagte, als man sie fand. Des genialen George Grosz' sogenannte erotische Blätter haben die sabbernde Überdeutlichkeit von Pissoir-Kritzeleien. Viele der

«Gedichte über die Liebe» des armen Brecht haben rein gar nichts mit Liebe zu tun, sind ordinärer Sing-Sang von «des Weibes Loch» oder das, was man im Englischen *wet dreams* nennt: «Komm, Mädchen, laß dich stopfen, das ist für dich gesund»; man wird auch diese Zeilen schwerlich in das Rubrum «große Lyrik» einreihen mögen: «Wie gut ist Schiffen mit Klavierbegleitung, wie selig Vögeln im windtollen Schilf.»

Rolf Hochhuth steht also nicht allein auf der Bühne des Plumpen. Doch «100 Gedichte», das ist auch ein hoher Anspruch. Er kennt wie kaum einer seinen Benn und dessen Satz, mehr als sechs gelungene Gedichte schaffe kein Autor. Insofern hat er sein Vorbild widerlegt: Dieser Band enthält wesentlich mehr als sechs geglückte.

Zynismus ist nie das letzte Wort: «General-Anzeiger Bonn», 24./25.4.2004;
Der falsche Feind: «Die Welt», 6.3.2005;
Der andere Hochhuth: «Welt am Sonntag», 26.3.2006

«Ich lehne mich auf, darum bin ich»

Eine Hommage für Siegfried Lenz

Es begann, wie es bei fast allen unserer Generation begann (sternenfern der jetzigen E-Mail- und Handy-Jugend): mit einer klapprigen Marineschreibmaschine auf einem Holztisch in einem «Zimmer mit Kochgelegenheit» – da war, 1949, Siegfried Lenz 23 Jahre alt, arbeitete als eine Art Feuilleton-Assistent in der britisch lizenzierten Zeitung «Die Welt» und schrieb – nicht abgelenkt vom süßsauren Linsengeruch aus der Kochecke – an seinem Roman «Es waren Habichte in der Luft»; es wurde ein Mißerfolg. Es folgten vielbeachtete Romane, seinen Lesungen bei der Gruppe 47 lauschte man mit dort seltener Anteilnahme – und fast zwanzig Jahre später, 1968, kam der ganz große Erfolg mit dem so wundersam-eindringlichen Roman «Deutschstunde»: ein Auflagenmillionär war geboren, dem sein von Beginn an treuer Verleger Thomas Ganske ein Nolde-Gemälde schenkte; der durch die Verfilmung des Romans ein noch größeres Publikum erreichte, berühmt nun und eine vielfach dekorierte Person der Öffentlichkeit; aber Siegfried Lenz – hier einer der schönen Widersprüche dieses Künstlers – blieb leise, bescheiden, wenngleich beharrlich. Eine «neue Regierung» forderte auch er in dem sagenumwobenen rororo-aktuell-Bändchen (mit dem diese Taschenbuchreihe 1961 aus der Taufe gehoben wurde), und man darf sich ins Gedächtnis rufen, daß des Schriftstellers Intervention von einem moralischen Impetus getragen war: «... eine der ungeheuerlichsten, wenngleich wohl bezeichnenden Entsprechungen war der Versuch der Emigranten-Diffamierung in dem Augenblick, als Willy Brandt zum Kanzlerkandidaten der SPD nominiert wurde. Die Erklärung eines CDU-Ministerpräsidenten – er wisse, was er drinnen tat, von Brandt aber wisse er nicht, was der draußen tat – war weit mehr als Entmutigung: Sie weckte Befürchtungen, die jedes Vertrauen ausschlossen. Hier erlebte die Moral eine ihrer schwerwiegenden Niederlagen.»

Durchaus konnte man Siegfried Lenz neben dem «Trommler», seinem Freund Günter Grass, fortan auf politischen Podien erleben; leise bedeutet nicht duckmäuserisch. Keiner von beiden indes gehörte zu den heute gerne als «wild» denunzierten sogenannten «68ern». Aber die Parenthese (sie biegt nicht ab vom Weg des Schriftstellers Siegfried Lenz) mag erlaubt sein: Die paar Eier auf Amerikahäuser – mir damals als «antiamerikanisch» zuwider – waren ja Kinderspiel, hat man ein von Guantánamo bis zu CIA-Flügen und dem total unsinnigen Irak-Krieg kriminell gewordenes Amerika vor Augen; der Ruf, der den Muff aus den Talaren herauspusten wollte, klingt wie ein Kinderlied angesichts der Tatsache, daß nie ein einziger Nazirichter in der BRD verurteilt wurde, daß eine der größten ihres Gewerbes, die Dresdner Bank, Hauptsponsor der SS, zutiefst in das Verbrechensräderwerk des Naziregimes verflochten war; selbst die als übelster Mißbrauch frühmarxistischen Denkens attakkierte «Stamokap»-Theorie der jungen Rebellen (Staat und Monopolkapital also eng verflochten) ließe sich anno 2006 neu überdenken, liest man von Massenentlassungen als Voraussetzung steigender Aktienkurse und dem Tages(!)gewinn von 100 Millionen Euro einer Ölfirma.

Was hat dieser kleine Gedankenausflug mit dem Romancier Siegfried Lenz zu tun? Ich glaube: sehr viel. Gewiß, Arno Schmidt hat recht mit seinem Satz (aus der Dankadresse zum Goethe-Preis 1973): «Der Schriftsteller soll alleine gehen.» Das tat auch Siegfried Lenz; aber er *lebte* nicht jenseits dieser Welt. Womit wir bei seiner literarischen Methode wären. Eine solche aber ohne ein Menschenbild, ohne einen Entwurf vom Menschen, gibt es nicht.

So wage ich, wohl wissend von der Fragwürdigkeit jeglicher Etikettierung, die Formel «Humanistischer Realismus». Damit ist gemeint: Das Humanum Siegfried Lenz ist immer Teil seines Werks; er ist immer innen drin in seinen Texten, nie ironiegekälteter Außenbetrachter der Begebnisse. Vom Briefträger, der Nolde «gemütlich» das Malverbot überbringt, bis zu jenem einigermaßen unheimlichen Arne (aus dem verwoben traurigen Roman «Arnes Nachlaß»), von dem der Berichterstatter ja selber sagt, er fühle sich «wie ein Eindringling in seine Welt, seine Tränen, seine verborgenen Hoffnungen» – immer und immer spüren wir einen Hobelspan von Wissen und Gewissen dessen auf, der uns diese Geschichten erzählt. Um ein kühnes (mag sein: altmodisches) Wort zu benutzen: Siegfried Lenz sperrt seine Seele nicht aus. Er will kein Mallarmé-Wortklöppler sein, der zierlich-artistische Tanzfächer mit Hieroglyphen dekoriert, die sich allenfalls auffächern lassen; erschließen nie. Auch das, fraglos, ist eine Spielmöglichkeit der Literatur. Es ist nicht die des Siegfried Lenz – er ist nicht vorwitzig genug, uns die Welt zu enträtseln; aber er versucht, uns Schlüssel zu geben für die tausend Ritter-Blaubart-Zimmer, hinter denen sich die Wirklichkeit verbirgt. Wirklichkeit und Wahrheit, wohl wahr, sind nicht identisch. Und Kunst, die, Gott behüte, Wahrheit zu künden sucht, ist (übrigens zumeist in Diktaturen üppig gedeihendes) Kunstgewerbe; *vulgo*: Trivialliteratur.

Das Vorgehen von Siegfried Lenz ist anders. Es ist eine Einladung «Komm mit auf eine wundersame Reise, träume mit mir, dich hinein in eine andere Dimension von Leben» – die darf man «Möglichkeit» nennen. Es ist ein Gemenge von Märchen, *oral history* und Lehrgedicht; es ist immer das Kunst-Lasso, das er nach uns auswirft, um ein klein wenig unsere Richtung zu ändern. Er gibt uns etwas ab von seiner Phantasie, wohl in der

Hoffnung, uns andere Augen einzusetzen, frei von dem Sand, den uns der Tag hineinstäubt. Deswegen nannte man Dichter einst Seher.

Manchmal benutzt Lenz entscheidende Stichworte wie «zierliche Nötigungen der Wirklichkeit» oder «Farbe bekennen». Das ist ein klein wenig, ein winziges Teilchen von dem, was der Sternengucker – meinetwegen: Sternendeuter – uns von seinem Kosmos zu erzählen weiß; eine Banausie wäre es, selber zu glauben oder glauben zu machen, der stünde außerhalb des Kosmos. Das tat Thomas Mann nicht, als er seinen Enkel Fridolin (im Faustus-Roman «Echo») sterben ließ – er gab einen Fetzen des eigenen Lebens ab, nahm uns eine Spur des unseren. Das tat der große russische Lyriker Joseph Brodsky nicht, als er seinem italienischen Freund Gianni Buttafavas das herrliche Gedicht «Vertumnus» widmete, an dessen Ende er ihm einen Liebeskranz bot, den er nicht winden konnte:

> Ich habe nichts womit ich dir einen Kranz
> winden, deine Stirn schmücken könnte am Ausgang
> dieses Jahres von extremer Dürre.

Das meint wohl Peter Handke, wenn er in einem Gespräch sagte, sein Erzählen sei «nicht nur Utopie, es ist auch real, das Realste überhaupt. Es ist ein Vorschlag, ein Traum von Geschichte.» Und das ist ganz gewiß der Impetus von Siegfried Lenz, der in einem Aufsatz bekannte: «Schreiben ist für mich die beste Möglichkeit, um Personen, Handlungen und Konflikte verstehen zu lernen» – und der im selben Kontext die Konsequenz zieht, daß Motive ihn nur aufrühren können, wenn es Motive von Fall, Flucht und Verfolgung, von Gleichgültigkeit, Auflehnung und verfehlter Lebensgründung seien.

So liest sich der Selbstentwurf dieses Künstlers; der ist nicht ohne Dorn und Zorn, keineswegs behäglich. Wenn Gottfried

Benn, der die minimste Schmeichelei wie das dicke Lob Friedrich Sieburgs freudetrunken schlürfte wie sein abendliches Bierchen, dekretierte «Erfolg ist immer ein Irrtum», dann ist das dummes Zeug. Siegfried Lenz' Erfolg ist durchaus nicht pausbäckiger Biederkeit zu verdanken. Nicht zufällig zitiert er gerne Metternichs Satz über Heinrich Heine – «Vortrefflich, ganz vortrefflich; muß man sofort verbieten» – und nicht ohne scharfe Zurechtweisung fertigt er die Zumutung ab, ein Talent habe sofort, stets und anstandslos den Forderungen irgendeiner Öffentlichkeit zu parieren: «Es wäre ein Oberkellner der Zeitgeschichte, von dem wir erwarten, daß er alle Bestellungen prompt ausführt, und jeder Besitzer von fünf Mark hätte obendrein das Recht, ihn zur Eile anzutreiben.»

Das ist das Bewundernswerte an der Arbeit dieses Autors: Er verwebt den essayistischen Trotz mit der epischen Melancholie. Er kann im Gespräch mit Manès Sperber wütend sagen «Ich lehne mich auf, darum bin ich. Das Nein zu den Zuständen der Welt» – und er kann das (im Roman «Heimatmuseum»), als fülle er eine Hohlform aus, ins Epische vertiefen: «Wenn Sie also glauben, daß Heimat eine Erfindung hochfahrender Beschränktheit ist, dann möchte ich Ihnen aus meiner Erfahrung sagen, sie ist weit eher eine Erfindung der Melancholie.»

Vielleicht ist hier zweimal ein sehr entscheidendes Wort gefallen: Melancholie. Mir scheint nämlich, als werfe die Sonne schräge Schatten über die Wortgespinste des nun Achtzigjährigen; als habe er sich einer Dunkelheit zu erwehren; als sei Literatur, die er einst Erkenntnismittel nannte – Kafkas Satz von der Axt «für das gefrorene Meer in uns» zu Hilfe nehmend –, ihm mählich auch zur Erkenntnis unserer Ohnmacht geworden. Mag gut sein, daß es auch am Schreiber dieser Zeilen liegt, dem sich plötzlich der Psalm 90,10 ins Gedächtnis schiebt: «Unser Leben währet siebzig Jahre, und wenn's hoch kommt, so sind's achtzig Jahre, und was daran köstlich scheint, ist doch nur vergebliche Mühe.» Doch schon in den nun zwanzig Jahre zurückliegenden Essays «Elfenbeinturm und Barrikade» finden sich Dunkelworte zuhauf, wird die Frage nach der Phantasie als möglichem Drohpotential gestellt, die Wehrlosigkeit des Geistes gegenüber den Realitäten ausgelotet. Wenn er andernorts Sartres politisch-philosophische Dramen als Vorbild nennt, setzt er dem sogleich ein Zögern entgegen: «Wo Herrschende ein gutes Gewissen zur Schau stellen, da geschieht es auf dem Grab einer freien Literatur.» Unsere Herrschenden, ob Bankbosse oder der dubiose Präsident Bush, haben ein geradezu peinigend reines Gewissen; rein, wie Rolf Hochhuth einmal schrieb, weil nie benutzt. Es ist das Anrührende wie Aufrührende dieses Romanciers, daß er uns bei aller Lust am prallen Erzählen das Menetekel nie erspart: «Deshalb wäre eine Welt von Gleichgültigen eine Welt von tatenlosen Zuschauern, die aus grauen Felsengesichtern von ihren Logenplätzen herabblikken, ohne Erschütterung, ohne Mitleid, Wesen, in deren Adern Lack ist.»

Ich umarme Siegfried Lenz für seine Menschlichkeit. Ich gratuliere Siegfried Lenz zu seinem Leben und Werk.

Die Zeit, 12 / 16. 3. 2006

Chronist der Epoche

Über die Tagebücher von Harry Graf Kessler

Für Literaturnarren, für Wißbegierige nach Geschichte und Geschichten ist ein Fest angesagt: Endlich erscheinen als integrale Edition die ins Reich der Legenden und Gerüchte abgesunkenen Tagebücher von Harry Graf Kessler – einer der farbigsten (ja, gewiß, auch schillernden) Figuren des ausgehenden 19. Jahrhunderts mit den Höhepunkten seiner ruhmreichen Tätigkeit auf mancherlei Gebiet der Kunst und Politik in den zwanziger Jahren bis zum bitteren Ende des Emigranten 1937. Was man aus einer vor Jahren unsorgfältig zusammengestellten Auswahl und dem schönen Marbach-Katalog des Jahres 1988 wusste, war durchaus angetan – über einige biographische Versuche hinaus –, nach «Mehr, bitte, mehr!» zu rufen. So verwinkelte wie glückliche Umstände versetzten das Marbacher Literaturarchiv schließlich in den Besitz der vielen (schwer leserlichen) Originalbände, die nun rühmenswerterweise mühselig transkribiert wurden und Band für Band einen Zeitzeugen allerersten Ranges zu Worte kommen lassen.

Schon die hier nur andeutungsweise zu skizzierende Vita dieses Mannes ist ein veritabler Kulturkrimi. 1868 in Paris als Sohn des wohlhabenden Hamburger Bankiers Adolf Kessler und der faszinierend schönen Mutter Alice geboren, die einem irischen Adelsgeschlecht angehörte, erlebte er eine Jugend zwischen preußischer Strenge, die an Musils Zögling Törleß gemahnt, Eliteschulen in Paris, Ascot, Hamburg, und dem Glanz jener hochkultivierten Mondänität des Fin de siècle, die schwer in heutige Begriffe zu fassen ist.

Die Mutter, eine begabte Sängerin und passionierte Laienschauspielerin, ließ sich im Garten ihres Pariser Stadtpalais ein eigenes Theater erbauen; alle Wohnsitze der Familie in Paris trugen erste Adressen; man reiste bereits nach New York oder London; Luxussuiten in den besten Hotels waren so selbstverständlich wie Kuren in Bad Ems oder Bad Gastein. Das den Sprößling viele Jahre hindurch kränkende Gerücht wollte wissen, Kaiser Wilhelm I. habe mehr als nur eine Schwäche für die schöne Alice Harriett Blosse Lynch gehabt, *vulgo*: Harry Graf Kessler sei ein unehelicher Sohn des Kaisers. Die Daten geben das nicht her, da man sich, offiziell jedenfalls, erst nach Harrys Geburt kennenlernte.

Ein geborener Graf war Harry Kessler nicht; aber wie ein Prinz wuchs er auf in einer Welt der Equipagen, des Personals, der prunkhaften Besitzungen – und einer früh (mit vier Jahren konnte er fließend lesen) von der Mutter vermittelten Bildung, die ihrem einzigen Kind Musik, Literatur, Malerei als seelische Nahrung bot. Frühe Einsamkeitsgefühle, gar einen frühen Selbstmordversuch schloß das nicht aus. Es schloß ein die hingebungsvolle Liebe zur Mutter – der einzigen Frau, wie er einmal bemerkte, die er geliebt hat bis zum Schmerz. Das mag die Beziehung (genauer gesagt: Nicht-Beziehung) zu Frauen des jungen und erwachsenen Mannes geprägt haben. Aus ironischen, distanzierten, abfälligen Bemerkungen über Frauen ließe sich ein hübsches kleines Kessler-Glossar zusammenfügen. «Cocotte» oder «das Weib» sind noch harmlose Bezeichnungen, irgendeine Gräfin Gneisenau ist bereits ein Exemplar «des Weibchens, das die Kunst als Bordell benutzt»; und er sieht sich oft, sehr oft in der Rolle des Joseph, bei dem «eine alte, abgedankte Cocotte die Rolle von Potiphars Frau spielt». An der Frau seines Freundes, des Kunstkritikers Meier-Graefe, weiß er zu verachten, «daß Frauen, selbst die gescheitesten, immer auch mit dem Geschlechtsteil urteilen».

In der Einleitung der vorliegenden Edition wird die Frage

nach Harry Graf Kesslers Homosexualität etwas leichthin, fast indigniert beiseite geschoben; fast so, als sei Homosexualität eine ansteckende Krankheit, jedenfalls ein Makel. Ganz so einfach ist das nicht. Denn wenn er selber auch, stets der diskret-elegante Mann von Welt, nie über ein gelegentliches, aber anonym bleibendes «Ich habe einen Menschen gefunden, für den ich alles gäbe» hinausgeht, so ist doch sein Verhältnis mit dem Radsportler Gaston Colin durchaus belegt, das wohl 1907 begann. Belegt durch die Skulptur «Le Cycliste», einer der apartesten männlichen Akte überhaupt, die er – Phase für Phase kontrollierend – bei seinem Freund Maillol bestellte. Zu der Zeit, und Jahre hindurch, war Graf Kessler der wichtigste Mäzen Maillols, und es ist fraglos, daß er dem von ihm fast abhängigen Bildhauer – frei nach dem eigenen Bekenntnis «Man wird in der Ästhetik nie wirklich weiterkommen, bis man nicht das Sexuelle in den Mittelpunkt der Betrachtung rückt» – diesen herrlichen Bronzejüngling wohl abgetrotzt hat. Das war die Zeit, zu der er mit dem damals 17jährigen Radrennfahrer und späteren Piloten reiste, mal auf das normannische Schloß der Mutter, mal nach Neapel, Rom oder Dänemark. Der Kessler-Biograph Peter Grupp zitiert Briefe des Sportlers, die in ihrem Überschwang – «Ich könnte nicht mehr ohne Sie leben … Ich lebe nur für Sie» – füglich Liebesbriefe genannt werden müssen. Noch 20 Jahre später heißt es: «Ich denke vor allem an viele Tage des Glücks.» So sonderbar es einem erscheint, daß der erwachsene Harry Graf Kessler, Erbe eines sehr großen Vermögens und in stets aufs erlesenste ausgestatteten Wohnungen oder Häusern lebend (das Haus in Weimar hatte er sich von van de Velde einrichten lassen), an den Wänden Monet oder Seurat, auf dem Schreibtisch eine in ihrer Figürlichkeit dem «Cyclisten» sehr ähnliche Minne-Bronze – so erstaunlich es also ist, daß er offensichtlich diese Maillol-Bronze nie besaß: so unverständlich-gschamig will es mich dünken, dieses Moment der Beglückung außer acht zu lassen.

Was in dem jetzt vorliegenden Band des «Tagebuchs 1892–1897» nicht unbedingt zur Debatte stand. Die Herausgeber haben auf wohltuende Weise in den Kameradschaften und Freundschaften des jungen Mannes, ab 1892 Einjährigen-Freiwilliger bei den Garde-Ulanen in Potsdam, nicht fragend herumgestochert «Könnte das ...?» oder «Ob das wohl etwas mehr ...?». Sie verweigern sich dem Bescheid eines amerikanischen Forschers von der «first great love affair», die Kessler 1893 mit dem Freiherrn von Dungern gehabt habe, und widersprechen auch dem Biographen Grupp mit seiner ähnlich präzisen Einschätzung. Sie geben in ihrer Einleitung ein möglichst auf Fakten und Daten eingeschränktes Bild; was – man lese die Entstehungsgeschichte der Zeitschrift «Pan» und Kesslers Engagement – nicht mit beschränkt zu verwechseln ist. Diese Edition zeichnet sich aus durch, falls das altmodische Wort erlaubt ist, Vornehmheit: Der Autor hat das Wort. Die Herausgeber wollen, daß wir nicht über, sondern von Harry Graf Kessler lesen. Und wahrlich, da gibt es genug Frappantes. Dieser verwöhnte junge Mann, der später einer der wichtigen Vertreter eines zum Sozialismus tendierenden Pazifismus werden soll, eines Tages Autor einer Rathenau-Biographie und Gastgeber eines der maßgeblichen Salons der Weimarer Republik, in dessen Speisezimmer Albert Einstein neben Josephine Baker saß, notiert bei seiner ersten Überfahrt nach New York – er ist Anfang dreißig –:

> Mit dem Schiffskommissar über die Maschinisten bei den neuen Dampfern; auf der City of New York haben sie wegen der Hitze den Dienst verweigert; auf ihrer ersten Reise sind sechs am Hitzschlag gestorben; während ihrer Schicht werden sie im Maschinenraum eingeschlossen. Auf den Schiffen der Ostasiatischen Linie müssen sie, während sie Kohlen ein-

> füllen, mit kaltem Wasser begossen werden; im roten Meer steigt die Temperatur im Maschinenraum bis auf 60 Grad. Auf manchen Schiffen, namentlich Cargoboats, haben die Maschinisten 14 Stunden Dienst täglich.

Egon Erwin Kisch läßt grüßen. Die wundersame Lesereise, auf die uns Harry Graf Kessler mitnimmt, hat so vielfältige Stationen der Wahrnehmung, daß eine Rezension dem gar nicht gerecht werden kann. Mal verwundert er sich über die Kleinheit (oft auch blättrige Schäbigkeit) der New Yorker Häuser, dann wieder über den praktischen Komfort der *business buildings*. Mal ist der europäische Adlige, kaiserlicher Garde-Offizier, in seinem Kastendenken verletzt angesichts der saloppen Rituale einer Demokratie:

> Dann zum Shakehands beim Praesidenten. Ein Jeder, der will, kann jeden Tag um Eins ins White House kommen und dem Praesidenten die Hand schütteln. Diese Caerimonie findet in einem grossen Saal im Westflügel des Gebäudes statt. Heute war es schlechtes Wetter; ganze Familien mit Kindern, die noch nicht laufen konnten, kamen herein, mit nassen Regenmänteln und triefenden Schirmen, die lange Zickzacklinien auf dem hellgelben Smyrnateppich beschrieben, Männer aus dem Westen, mit grossen Schlapphüten, dicke Ladeninhaber mit fleischigen Ring beladenen Händen und nassen Regenschirmen, kleine Mittelstands-Mädchen in den Ecken des grossen Saales kichernd, eine Versammlung, wie man sie sonst in Omnibuswartehallen zu treffen pflegt.

Und mal – das vielleicht sogar zu oft und störend – wird uns eine Art Kalender gesellschaftlicher Ereignisse aufgeblättert:

New York 1 Februar 1892 Montag.

Besuche. Abends im Eden Musée; der Cocoon.

New York 2 Februar 1892 Dienstag.

Mit G. Tinnis geluncht. Abends im Paderewski Konzert.

New York 3 Februar 1892. Mittwoch.

An der Bar Association gearbeitet. Besuch bei Mrs Goodridge. Abends Aufführung u Tanz im Berkeley Lyceum.

Ich komme hier zu einem Einwand, über dessen Berechtigung ich mir selber nicht schlüssig bin: Es ist die Frage nach der akribischen Vollständigkeit. Gewiß, ein frenetischer Leser ergötzt sich über jeden Tagebucheintrag, und hieße er nur: «Abends mit Veltheim u. Salm Skat.» Doch wenn derlei Nichtigkeiten Seiten und Seiten füllen: Will man das? Muß man es wissen – ein Ball, ein Diner, ein Kneipenabend, ein Empfang, ein Galopp im Grunewald, eine Jagd? Einerseits, das sei ohne weiteres zugegeben, wäre es ein leichtfertiger Rat an Verlag und Herausgeber, diese schließlich langweilenden Petitessen schlicht wegzulassen; man hörte schon das Geschrei «Zensur». Andererseits kann man auch Charme und Esprit gleichsam totbuchstabieren und Leser – Käufer ohnehin – abschrecken. Ich kann dieses Problem nur andeuten, eine Lösung habe ich nicht anzubieten. Wir erleben ja mit Freude, daß sich so mancher – oft kleine – Verlag der Ex-und-hopp-Dramaturgie des Literaturbetriebs entgegenstemmt; doch dann wieder steht man fragend-ratlos in seiner Bibliothek und überlegt: 11 Bände Soma Morgenstern; 9 Bände Walter Mehring; 16 Bände Franz Jung – besteht nicht Gefahr, daß ein Autor überediert wird, *recte*: begraben unter zu komplett angelegten Ausgaben?

So auch hier. Wir haben es zu tun mit einem faszinierenden Menschen, dessen Lebensentwurf Kunsthunger heißt und der schier unglaubliche Beobachtungen – oft kleine Essays – zur Kunst seiner Zeit dem Tagebuch anvertraut. Aber oft gelangt man zu diesen herrlichen Passagen nur durch eine Gasse von Stolpersteinen à la «Ball bei der Fürstin Anton Radziwill. Souper mit Marie Greindl. Cotillon mit der Comtesse Görtz.» Ja, ich weiß wohl: Auch das ist eine Farbe auf der reichen Palette, das mondäne Leben der Jahrhundertwende war durchaus Teil des Lebens von Harry Graf Kessler. Nur sind Farbtupfer auf einer Palette eben kein Bild. Ich gebe, *pars pro toto*, ein Beispiel: Auf «Meier-Graefe im Café de la Paix getroffen» könnte ich verzichten; der Eintrag reicht über sich selber nicht hinaus. Aber gleich danach entwirft der spinöse Beobachter Kessler eine Szenerie, die nicht nur haften bleibt, sondern geradezu Kulturgeschichte schreibt:

> Nach dem Frühstück wegen des Pan bei Verlaine. Mit einiger Mühe seine Wohnung in einem ärmlichen Arbeiterhause der rue St Victor über vier nach Katzen, Kohl und trocknenden Proletarierwindeln riechenden Treppen entdeckt. Durch eine dunkle Vorkammer, in der der Geruchssinn einen vermuten läßt, daß die warmen, wolligen an den Wänden hängenden Gegenstände, durch die man sich mühsam hindurchwindet, Unterröcke sind, tastet man sich zu der Thür des Einen Zimmers hin, das die ganze Wohnung des größten lyrischen Dichters Frankreichs bildet. Ich klopfe an und trete ein. Es ist ein richtiges Arbeiterzimmer, niedrig, dunkel, dürftig eingerichtet: zwei oder drei Strohstühle, ein großes Ehebett, das Bett Verlaines und seiner illegitimen Madame Verlaine, ein weißer Holztisch, der offenbar als Arbeits-Eß- und Küchentisch dient; an den Wänden vergilbte Fotografien und sentimentale Chromobilder – die Kunstgalerie der Madame. Ein großer farbiger Präsident Faure, der an die Decke geklebt ist, macht es wie Claudius im Hamlet «Il bouche un trou». Im Bett liegt angezogen und mit Pantoffeln an den Füßen Verlaine. Er steht auch zunächst nicht auf.

Der bizarre Sokrateskopf erhebt sich kaum aus den unordentlich verschlafenen Kissen.

Wie gut haben es meine Kollegen von der Theaterkritik – die können applaudieren. Das ist eine leicht lächerliche Vorstellung: Da sitzt jemand, liest und applaudiert – aber man möchte es, sehr oft. Ob über Ibsen oder die Fragwürdigkeit des demokratischen Prinzips, ob über der Menschen notwendige Sehnsucht nach einem Ideal oder über die Bigotterie des Premierenpublikums der «Weber» – dieser Mann ist sozusagen die Brüder Goncourt als Einzelperson. Er ist nicht nur ein brillanter Diarist, der auch keine Scheu vor Sottisen und Klatsch hat. Nicht ungerne gibt er Max Liebermanns Satz wieder: «Munch, wissen Se, det is ooch eener der besser jethan hätte Schuster zu werden.» Kessler ist auch der Chronist einer ganzen Epoche und einer Gesellschaft, deren Teil er zwar ist, deren wenig später mörderisch werdende Verwerflichkeit er aber früh, nämlich schon 1894, erkennt:

> Die Gräfin Hohenau ist weniger schön wie chic; vor der Thür stand ihr kleiner Ponywagen, den sie selbst fährt. Die Schubin erzählt A. v. Werner habe ihr gesagt er müsse jetzt alle seine jüdischen Bekanntschaften aufgeben, da sonst keine Offiziere mehr zu ihm ins Haus kämen, was wegen seiner Töchter nicht angienge und andrerseits seien doch die Juden die Einzigen die noch was kauften.

Da dreht einer ein mächtiges Kaleidoskop, splitternd fallen immer neue Farbplatten zu immer neuen Bildern zusammen, verführerisch, abstoßend, gleißnerisch, prunkend in Banalität und schwarz glitzernd den Untergang einer Epoche vorwegnehmend. Denn ein Tagebuchschreiber ist immer auch Regisseur, ein arrangierendes Subjekt – einer seiner Kollegen des 20. Jahrhunderts, Witold Gombrowicz, begann das seine mit den drei Worten «Ich Ich Ich». Ob es klug war, mit dem Harry Graf Kessler aus gerade dieser Epoche zu beginnen – fast zwei Drittel des Bandes erzählen von seinen Reisen in die USA und nach Mexiko –, stelle ich anheim. Vieles, was damals und für ihn so unerhört war, so verwunderlich, fremd, neu und gänzlich ungewohnt, ist für den heutigen Leser von aufhaltsamer Anciennität, bekannt aus zahllosen Bildbänden, Filmen, Fotos. Verführerischer wäre wohl ein Band aus der großen Zeit des «Roten Grafen» gewesen. Da Verlag und Herausgeber sich für eine asynchrone Publikation entschieden haben – dieser zuerst erscheinende Band ist der Band zwei der Edition –, wäre es gewiß verlockender gewesen, den eleganten linken Grafen kennenzulernen in seinem Berliner Salon oder seiner Weimarer Villa.

Doch genug der Beckmesserei. Wir alle, begierig wartend seit Jahren auf diese Edition, haben Grund zum Feiern. Schade, daß Sitte und Anstand es verbieten, Verlag und Herausgebern eine Kiste Champagner zu schicken. Verdient hätten sie es.

DIE ZEIT, 18/22.4.2004

Für Christa Wolf

Eine Laudatio

Jemand hat mir meine Freudefunken ausgetreten.
CHRISTA WOLF, «Die Strafe»

«Also gut, jetzt strenge ich mich an», heißt es in einer meiner Lieblingserzählungen von Christa Wolf: «Was bleibt.»

Lassen Sie es mich versuchen. Und lassen Sie mich sofort Kassandra bei den Hörnern packen, die sie nicht hat, die ihr aber angeheftet wurden von einer Literaturkritik, deren kritischen Vorwurf ich durchaus nicht teile. Jedes der beiden Hörner hat einen Namen – und ich möchte den jeweils umdrehen zu Ehrentiteln. Christa Wolf sollte sie mit Stolz tragen.

Der eine Begriff heißt Staatsdichterin. Ja, fürwahr, Christa Wolf ist die poetische Chronistin eines Staates, der hierzulande einst «Phänomen» genannt wurde und heute mit dem Epitheton «ehemalige» in den Orkus der Geschichte gekehrt werden soll; niemand indes spricht vom «ehemaligen» Kaiserreich oder der «ehemaligen» Weimarer Republik?

Ich spreche also von der DDR – und ich spreche in der Tat davon, daß niemand uns Würde wie Bürde dieses einzigen Versuches, ein sozialistisches Deutschland zu bauen, daß niemand uns den Anstand dieses Entwurfs wie den Weg ins Verirren, die Größe und Tragik der DDR mit so viel erlebter Intensität verdeutlicht hat wie Christa Wolf; wie und woran diese Tastschritte hin zum aufrechten Gang beim zerschlagenen Rückgrat endeten, kann nirgendwo, bis in die dünnen und empfindlich verästelten Nervenenden, besser erfahren werden als in ihrem

Werk: es ist das gar nicht hoch genug einzuschätzende Verdienst dieser Autorin. Nur großen Schriftstellern gelingt es, eine ganze Epoche zu erfassen, deren Puls und deren Infarkt so sinnlich erfahrbar zu machen, daß es unser Puls und unser Infarkt wird. An Thomas Mann darf man erinnern, an Balzac, der seine Figuren nach der «Enrichissez-vous»-Musik des Bürgerkönigtums zum Tanzen brachte. Ich habe in jungen Jahren in der DDR gelebt (und, wohl wahr, weiß, warum ich sie verlassen habe) – so kann ich aus eigener Sicht bezeugen, wie haargenau Christa Wolf erfaßt hat, was dieser Aufbruch an Größe, Emphase und Ehrlichkeit hatte; was es für Menschen waren, die dieses Wagnis zu ihrer Sache machten: Ich bitte Sie, vergessen Sie nicht, wie viele von ihnen Emigranten waren, Remigranten nun – den Häschern in knapper Not entronnen nach Kolumbien oder Mexiko, Moskau oder New York, nach Shanghai; den Häschern, die in Rauch verwandelten, wer ihnen nicht entkam: Häscher, die es sich alsbald in westdeutschen Chefsesseln bequem machten, ob in Ministerien, Vorstandsetagen oder Redaktionen. Weil diese Luft ihm den Atem abpreßte, floh der zurückgekehrte Alfred Döblin aus Deutschland ein zweites Mal.

Wir haben das, ich beschwöre Sie, mit einzugedenken, wenn wir DDR denken, wenn wir Christa Wolf lesen: hier Sieburg und Süskind und ein Cheflektor, der eben noch im SS-Rasseamt über das «jüdische Unheil» Papiere ausfüllte und nun – nicht mal eine Christa Wolf hätte sich das ausdenken können – sich als Betreuer des Werks von Hannah Arendt etablierte – dort Brecht und Seghers und Zweig. Nicht nur, fürwahr. Der Anstand gebietet, hinzuzufügen, daß zum Grausen der Rückgekehrten – man lese das in Brechts Tagebüchern nach – auch in der DDR etwa ehemalige Hitlergeneräle die neue Armee mit aufbauten. Prägung jedoch war das nicht. Die Prägung war eine andere. Erinnern wir uns der winzigen Szene in Stefan Heyms

Erinnerungen, wie er mit der Schuhspitze ein Häuflein Erde lockert: «Das müssen wohl meine Eltern sein.»

Unvergeßlich, von «Der geteilte Himmel» über «Nachdenken über Christa T.» zu «Kindheitsmuster» und den beiden Kassandrabüchern, die, ja, wie nenne ich es: Gefühlsgenauigkeit? Das Lebenszittern? Den Gedankenkrebs? – unvergeßlich das ganze große Prosagewebe, in das Christa Wolf all die Fäden und Farben einschoß, die uns eine Gesellschaft bis zum eigenen Herzflimmern erlebbar machen.

In einer glanzvoll gelungenen Stil-Balance zwischen lyrischer Sentimentalität und der nahezu leidenschaftslosen additiven Chronistenprosa, wie wir sie aus frühen Meistererzählungen der Anna Seghers kennen, ist die Totenklage der Wolfschen Ich-Erzählerin, die beim Nachlaß-Ordnen der mit 35 Jahren an Leukämie gestorbenen Freundin nach-denkt, eine großangelegte Reflexion über das Thema Individuum und Gesellschaft. Die angeblichen Funde, in unvollendeten Manuskripten oder abgebrochenen, nie abgesandten Briefen, vervollständigen nicht nur allmählich, Mosaikstein für Mosaikstein, ein «Leben zum Tode hin», sondern wirken umgekehrt zurück aufs Nachdenken der Erzählerin: auf Christa Wolf. In ihrem Selbstinterview beschreibt sie den Vorgang:

> … da ist kein «Stall» gewesen, der mich zum Abschildern reizte, da ist kein «Gebiet unseres Lebens», das ich als Milieu nennen könnte, kein «Inhalt», keine «Fabel», die sich in wenigen Sätzen angeben ließen. Zu einem ganz subjektiven Antrieb muß ich mich bekennen: Ein Mensch, der mir nahe war, starb, zu früh. Ich wehre mich gegen diesen Tod. Ich suche nach einem Mittel, mich wirksam wehren zu können. Ich schreibe, suchend. Es ergibt sich, daß ich eben dieses Suchen festhalten muß, so ehrlich wie möglich, so genau wie möglich? …

> Frage: So schreiben Sie also eine Art von posthumen Lebenslauf …
>
> Antwort: Das dachte ich zuerst. Später merkte ich, daß das Objekt meiner Erzählung gar nicht so eindeutig sei, Christa T., war oder blieb. Ich stand auf einmal mir selbst gegenüber, das hatte ich nicht vorgesehen. Die Beziehungen zwischen «uns» – der Christa T. und dem Ich-Erzähler – rückten ganz von selbst in den Mittelpunkt …

In diesem – mag sein, für DDR-Verhältnisse häretischen – Versuch, sich über sich selber zu verständigen, den eigenen Standort zu fixieren, geht Christa Wolf im selben Interview noch weiter, wenn sie auf die Frage «Wie kommen Sie darauf, daß das auch andere interessiert?» antwortet: «Ich bin dessen nie sicher.»

Und ebenso unvergeßlich ihr großer Prosa-Entwurf «Kindheitsmuster». «Auf der Suche nach der veränderten Zeit» könnte der Untertitel des Buches heißen; eine einzige, bohrende, forschende, prüfende Qualfrage: wie war das damals? Es ist die Frage nach dem «einfachen Faschismus». Eine Antwort, zögernd, ist es nur zu Teilen. Die Reise der gleichsam arriviert-bürgerlichen DDR-Familie ins Einst stellt sich diesem Wort in seiner doppelten Bedeutung: Einst kann Vergangenheit bedeuten wie Zukunft. Die Gegenwart liegt dazwischen. Sie zu bestimmen, unser Heute und Hier, kann nur gelingen, wenn Erinnerung begriffen wird als Ausforschung von Gewissen. Wo wir angelangt sind, kann nur markiert werden, wenn wir wissen, welchen Weg wir gegangen sind. Wenn wir Fragen stellen an die Generation, die «dabei war», als gesungen wurde «Freiheit ist das Feuer, ist der helle Schein, so lang sie noch lodert, ist die Welt nicht klein»; und wenn wir uns den Fragen stellen der Generation der Grass'schen Söhne aus dem «Tagebuch einer Schnecke»: «Hat das denn immer geklappt? Und was war das für Gas?»

Christa Wolfs Familie, die für 48 Stunden ins heutige Polen fährt – damit in die eigene Vergangenheit, «vor Ort» – umfaßt genau diese beiden Generationen; die denkbar einfachste Romankomposition. Erinnern heißt: Gerichtstag halten. Erinnern, das ist heute kein bloß artistischer Vorgang mehr, ist in sich ein qualitativ anderer Prozeß geworden als der Proustsche. Die Dimension jeder Recherche hat sich verändert; und je präziser sie künstlerisch artikuliert, desto genauer muß sie historisch sein. Hubert Fichtes nur vordergründig akrobatische Wortreihen sind in Wahrheit eine Sonde in genau diesen Geschichtsabgrund, so gut wie Paul Wunderlichs Satz zu seiner Arbeit an einem Joyce-Text: «Wo Joyce noch ‹schöne Jüdin› sagen konnte als bloßes Exotikum, denkt meine Hand Geschichte mit; die Brille einer schönen Jüdin wird bei mir zu Brillen, vielen Brillen, Sälen voller Brillen …»

Dem stellt sich Christa Wolf. Die Reise in den kleinen Ort des heutigen Polen, der früher seine Adolf-Hitler-Straße und seinen Hermann-Göring-Platz hatte und in dem das Lebensmittelgeschäft floriert, weil ja die Arbeitslosen von der Straße waren und keiner mehr anschreiben lassen mußte – das ist eine Reise in die Unerbittlichkeit; der Krämer und der Lehrer, die Jungmädelführerin und der Fuhrunternehmer, die Mutter, die die BdM-Bluse plättet und der Vater, der «Es zittern die morschen Knochen» für ein Lied hält: Kindheitsmuster. Diese banale Welt des Nazi-Alltags mit Ohm Krüger im Kino und der Plakette «Einer für Alle, Alle für Einen» an der Wohnungstür und der Straßensammlung mit dem lustigen Porzellan-Vögelchen, die der freundliche Spender sich ans Revers stecken konnte – aber die Tante, die nicht so richtig im Kopfe war, kam nicht mehr zum nächsten Napfkuchengeburtstag – diese Welt, nicht bevölkert von lauter Ilse Kochs, aber von Blockwarten und «Die-deutsche-Frau-raucht-nicht»-Nachbarinnen: wie läßt sie sich greifbar, begreifbar machen?

Attackiert – wird sie zum Pamphlet. Beschrieben – wird sie zur Volksempfänger-Nostalgie. Verhöhnt – wird sie zur Teppichfresser-Karikatur. Christa Wolf hat sich zu einer Methode entschlossen, die die moralisch unanfechtbarste ist. Sie erläutert.

Eben weil sie keine Panegyrikerin ist, niemandes Preislied je sang und keine Sozialhymnik zusammenklampfte, konnte sie mit störrischer Behutsamkeit – sie selber hat einmal gesagt «Welchen Faden ich auch berühre, es bewegt sich das ganze Netz» – beides leisten: das Wahre im Falschen herauslösen, weil sie das Falsche im Wahren nicht übersah. Sowenig Christa Wolf die Mater Dolorosa der DDR je wahr oder ist – so wenig blase ich hier die Posaune von Pankow oder singe im Chor der Ostalgiker. Aber es erbost mich, wenn unter DDR nur Stasi verstanden wird. So war es nicht. *Wie* es war – das können wir bei Christa Wolf lernen.

«Reden ist auch Kampf um Deutungsherrschaft», schreibt sie an anderer Stelle. Nein, ich möchte diese «Deutungsherrschaft» nicht, möchte sie weder mir anmaßen noch Ihnen zumuten. Ihr schon gar nicht. Vor allem möchte ich aus einer Dichterin nicht eine Politikseminaristin machen. Um der Literatur von Christa Wolf gerecht zu werden, erlaube ich mir ein paar kleine Blinzellichter.

Eine eigene Studie wäre es wert zu untersuchen, wann, wo und wie Christa Wolf den Begriff «Angst» einsetzt, etwa in dem Text «Was bleibt»; es gleicht der Architektur einer Fuge, wie sie in diesem so kurzen wie intensiven Text Angst anschwellen, abschwellen läßt. Genau das sind die Mittel einer Schriftstellerin: die Vergiftung von Seelen, die Verkrustung einer Gesellschaft vorzuführen. Es hat die Intensität von Lyrik: Die letzte Strophe eines Gedichts, hat Brecht einmal gesagt, entsteht im Kopf des Lesers. Christa Wolf erreicht unseren Kopf, weil sie denken kann; sie erreicht unser Herz, weil sie uns den Herzschlag der Menschen mithorchen läßt. Sie ist eine literarische Internistin.

Da ich «Blinzellicht» sagte, nur – *pars pro toto* – einen Satz von ihr, eine Erinnerung, wie sie nach dem Donner des 11. ZK-Plenums mit Anna Seghers ins Ostasiatische Museum floh: «In einem Jahr ist alles vorbei», hatte die Seghers zu ihr gesagt; «da habe ich gesagt: Nein, keinesfalls. Wir wetteten um einen Kaffee. Wir haben nie wieder darüber gesprochen.» Das schneidet wie eine Scherbe. Christa Wolf hat sie nicht gekittet.

Ich bin bei dem zweiten Nicht-Horn der Kassandra. Einen «Christa-Wolf-Sound» hat man ihr vorgehalten; ein vollkommen kunstfremder Befund. Getrost darf man sagen – und sollte *sie* sagen –: Ja, das ist, was man gemeinhin Stil nennt. Das ist, was von Caravaggio bis Matisse, von Gottfried von Straßburg bis Gottfried Benn, von Bach bis Billie Holiday, einen Künstler erkennbar wie kenntlich macht: der eigene Ton. Durchaus ist der Christa Wolf eigen. Und ich bewundere ihn. Er setzt sich zusammen aus Erinnern, Gemahnen und Trauer. Typisch für diesen Stil ist eine Echo-Technik, etwas Chorisches; Christa Wolf sieht sich in und mit ihrer Literatur als Teil einer Tradition.

Ganz bewußt nutzt sie literarische Klassiker, ob sie nun in eine Prosa-Sequenz die berühmte Gedichtzeile «doch jene Wolke blühte nur Minuten, und als ich aufsah, schwand sie schon im Wind» einmontiert; ob sie Zeilen von Wolf Biermann, Sarah Kirsch oder Stephan Hermlin aufnimmt wie einen Wort-Dank; oder ob sie jenen wunderbaren schmerzenden Satz von Heinrich Böll aufruft, der noch und gerade heute auf Litfaßsäulenplakaten stehen sollte: «Prometheus – das bedeutet: der Vorausdenkende – hat ja nicht das Feuer vom Himmel geholt, nur damit die Wurstbratereien ihr Geschäft machen können.»

Um deutlich zu machen, wie sehr recht Christa Wolf hat, wenn sie ihren Ton der Klage in Zorn umkippen läßt, gestatten Sie mir einen Einschub. Wenn sie die geradezu widerwärtige Entsorgung unserer Geschichte durch Umbenennung der Straßenschilder, die an ermordete Kommunisten erinnerten, illustriert mit dem Satz «aber einige deutsche Kampfflieger bleiben den Berlinern auf ihren Straßenschildern erhalten» –, dann möchte ich das, gleichsam um Christa Wolfs Einrede zu erden, mit einer kurzen Geschichte ergänzen:

In Paris lebt der mit mir befreundete Maler Rainer Küchenmeister, letzter Zeuge, Familienmitglied und damit Überlebender der kommunistischen Widerstandsgruppe «Rote Kapelle»; er erlebte die Verhaftung seines Vaters, dem mit dem Beil der Kopf abgeschlagen wurde; er kam in ein Kinder-KZ; er wurde nach dem Krieg – da benannte man in der DDR eine Straße nach dem ermordeten Kommunisten – Mitglied der Berliner Akademie der Künste; er erfuhr von der Umbenennung dieser Straße, für Rainer Küchenmeister – wie er mir schrieb – «die zweite Ermordung meines Vaters»; er trat protestierend gegen diese Ruchlosigkeit aus der Akademie aus. Die hehre Anstalt nahm widerspruchslos den Austritt an.

Bitte etwas mehr Christa-Wolf-Sound.

Der rüttelt nicht nur uns. Er hat, nachweisbar, die Schriftstellerin selber durch- und durchgerüttelt oder war, etwas genauer gesagt, Membran ihrer eigenen Erschütterungen. Das zeigen ihre Gespräche – so nenne ich die Briefwechsel etwa mit Brigitte Reimann oder Franz Fühmann – so gut wie das ganz ungeschmückt behutsame Nachdenken über geistige Partner, ob sie nun Kleist oder wie dessen Nachfahr Thomas Brasch heißen; ihm hat sie eine ihrer schönsten, innigsten Liebeserklärungen gewidmet. Sie bannt die eigene Verzagtheit, wie der da vor ihr sitzt, und er wird weggehen, und das erste Mal vermag sie nicht mehr zu sagen: «Bleib!»

Wobei dann doch daran erinnert werden darf, was Christa Wolf in einem Gespräch über ihren Text «Sommerstück» von 1989 schreibt, er trägt keine Genre-Bezeichnung: «Die Frage war, ob man in der DDR bleiben kann. Ich war lange unentschlossen. Wir haben lange die Möglichkeit wegzugehen erwogen. Ehrlich gesagt, wir wußten nicht, wohin. Wir sahen in keinem anderen Land eine Alternative.»

Das hat Ursachen. Und da jeder Schriftsteller auch gerne durch die Maske anderer spricht – nicht als Stimmenimitator, aber als einer, der den Fühlweisen von Vorbildern nachspürt, sie in die seinen ummünzt –, gebe ich meinen Zuhörern als Angebot zu ebendieser Ursachenforschung ein paar Sätze aus der Rede von Anna Seghers, die sie 1935 in Paris vor dem Kongreß zur Verteidigung der Kultur zum Thema «Vaterlandsliebe» hielt; übrigens ein Zitat im Zitat, denn es findet sich bei Christa Wolf:

> Fragt erst bei dem gewichtigen Wort Vaterlandsliebe, WAS an eurem Land geliebt wird. Trösten die heiligen Güter der Nation die Besitzlosen? Tröstet die «heilige Heimaterde» die Besitzlosen? WAS erinnert an das Scheitern so vieler bedeutender Schriftsteller an den unentwickelten Verhältnissen? In diese Reihe gehören die Besten: Hölderlin, gestorben im Wahnsinn; Georg Büchner, gestorben durch Gehirnkrankheit im Exil; Karoline Günderrode, gestorben durch Selbstmord; Kleist durch Selbstmord; Lenz und Bürger durch Wahnsinn. Das war in Frankreich die Zeit Stendhals und Balzacs. Diese deutschen Dichter schrieben Hymnen auf ihr Land, an dessen gesellschaftlicher Mauer sie sich die Stirn wund rieben. Sie liebten gleichwohl ihr Land.

Viele der Anwesenden werden im Gedächtnis haben, daß diese Formulierungen fast wörtlich denen von Kurt Tucholsky ähnlich sind, mit denen er sein Buch «Deutschland, Deutschland über alles» beschloß; der Aufsatz war überschrieben «Heimat». Da steht gegen Ende:

> *Ja, wir lieben dieses Land.* Und nun will ich euch mal etwas sagen:

> Es ist ja nicht wahr, daß jene, die sich «national» nennen und nichts sind als bürgerlich-militaristisch, dieses Land und seine Sprache für sich gepachtet haben. Weder der Regierungsvertreter im Gehrock noch der Oberstudienrat, noch die Herren und Damen des Stahlhelms allein sind Deutschland. Wir sind auch noch da.
> Sie reißen den Mund auf und rufen: «Im Namen Deutschlands ...!» Sie rufen: «Wir lieben dieses Land, nur wir lieben es.» Es ist nicht wahr.
> Im Patriotismus lassen wir uns von jedem übertreffen – wir fühlen international. In der Heimatliebe von niemand – nicht einmal von jenen, auf deren Namen das Land grundbuchlich eingetragen ist. Unser ist es. (...) Wir pfeifen auf die Fahnen – aber wir lieben dieses Land.

Nicht im Gedächtnis, aber im Gedenken sollten wir alle haben, daß wenig später nicht nur Stirnen sich wund rieben, sondern Schädel eingeschlagen wurden. Wenn ein Schriftsteller die Flamme dieses Gedankens wach gehalten, sie immer aufs neue entfacht hat: dann Christa Wolf. Da sie aber kein Sprechsteller ist, sondern eben Schriftsteller, Künstlerin, vermochte sie, diese haarfeine Sonde in uns zu senken, mit der sie nach Schuld fahndet, Schuld ahndet: in uns, in sich selber. Dem verdankt sie die Schönheit ihrer Sprache, die Bedeutung ihres Werks, eben diesen Sound, der Stil ist.

Immer ist Christa Wolf Teil dessen, wovon sie erzählt. Erschütternd geradezu in ihrer Dringlichkeit im «Sommerstück». Der schmale Band hat eine so meisterhaft eingehaltene Balance zwischen Außen und Innen, wie es ansonsten nur Lyrik leistet. Die Sätze so klar, durchsichtig und dennoch immer in der Schwebe belassen: schön und voll der unbestimmten Ahnung von Grausen, Ende, Tod.

Von der ersten Seite an, unmerklich fast zu Beginn, sirrt ein

Ton von Unheimlichkeit, sogar: Unwirklichkeit, in den Zeilen – als seien sie die Notenlinien einer Warnmusik: «Merkst du nicht, wie alles zum Zerreißen angespannt ist.» So deutlich meist ist das nicht – vielmehr stilistisch unendlich behutsam. Man liest sich über unsicheren Boden fort, spürt eine Vibration – nichts Quatschend-Weiches wie über einem Moor, sondern etwas kühl Singendes wie auf zu dünnem Glas. Christa Wolf hat Eis aus gefrorener Luft gegossen und damit vermocht, die Lektüre zu einer ganz tiefen Verunsicherung werden zu lassen.

Der Text entstand als eine Art «Verschlingung» von – mit? – «Kein Ort. Nirgends». Der Titel jener Kleist-Erzählung von 1979 war ja eine Abkürzung. Vollständig hieß das schon im Text «Unlebbares Leben. Kein Ort, nirgends». Was das Buch so bis zum Entsetzen eindringlich macht, ist, daß es auf jede Predigt, auf jeden Appell verzichtet; es ist ein Monolog: «Comment c'est». Das tanzt auf einen Abgrund zu, heitere Schritte ins Nichts, in Alter und Tod. «Altern ist Rückzug.» Christa Wolfs Menschen leben als ob.

Es bedarf ganz großer Kunst, so etwas ohne Bitterkeit und ohne Larmoyanz schreiben zu können, uns nur das dünne Blatt mit seinen feinen Äderchen zu zeigen und uns dennoch verstehen zu machen: Es ist losgerissen von einem Baum. Der mag andere Blätter treiben, tragen und abwerfen – sie kennen einander nicht. Sie – wir – haben keine Bedeutung: «Altern ist, übrigens, auch, daß du dich immer öfter zu dir sagen hörst: Es ist nicht wichtig.»

Unredlich wäre es, verschwiege ich einen tiefen Dissens mit Christa Wolf, ausgelöst durch die Aufdeckung ihrer – wenn auch kurzen – Zusammenarbeit mit der Stasi. Als das 1993 allenthalten zu lesen stand, habe auch ich mich in diese Debatte eingemischt – es war fast mehr als ein Artikel, eher eine Art offener Brief; zumindest ein Appell:

Es geht um das tiefste Wesen von Literatur. Das ist ja nicht wahr, daß Kunst nichts zu tun habe mit Gesittung. Derlei Proklamationen sind nett, weil frech und geeignet für schicke Interviews. Ernst sind sie nicht. Im Inneren eines jeden Kunstwerks, auch des wüstesten Mörder- und Schmutzstücks – von Shakespeare bis Genet –, ist ein Stück Unschuld, ein Gran Reinheit geborgen. Das Kunstwerk, das dieses zittrige Splitterchen Wahrheit nicht enthält – ist keines; eine hübsche Laubsäge-Arbeit, mag sein, ein Illuminationswunderchen, vielleicht; ohne Humanum keine Kunst. Die Rede ist nicht von Anstandsregeln. Auch die fickende Nonne kann ein großes Gedicht schreiben. Und die vielen Mimikry der Weltliteratur – Drogen, Süchte, Laster, Verbrechen gar – waren immer nur die Mäander des Minotauros: auf der Suche nach eben diesem unversehrten Kern. Die Lüge zerfrißt das Herz. Wenn aber Thomas Manns Satz gilt, «Schreiben, das heißt sein Herz waschen», dann kann man mit dem Herzkrebs der Unaufrichtigkeit nicht schreiben. Mogeln darf man im Abituraufsatz, nicht in der Literatur.

Proust mit den Dreyfus-Fälschern bei Austern im Ritz oder Sartre mit den Menjou-Élégants der Sûreté beim Pernod im Deux Magots: ist das denkbar?

Wie ging denn das, geschätzte Christa Wolf: Nachdem Georg Lukács verschleppt, Nagy ermordet und Walter Janka eingekerkert wurden, schreiben Sie – nun neckisch «Faszikel» getaufte – Zettelchen an die Firma, signieren mit «Margarete» und wollen den Namen vergessen haben, als könne, wer je Celans «Todesfuge» gelesen, den Namen Margarete vergessen? Warum, um alles in der Welt, taten Sie das? Man setzt sich doch nicht mit Geheimdienst-Satrapen an einen Tisch? Man macht doch keine Kumpanei mit Lumpen? Die machten ihren miesen Job – aber mußten Sie denn mitspielen? Und dürfen Sie sich wundern, wenn auch Gutmeinende sich – Sie – das entgeistert fragen?

Denn zweierlei stimmt nicht: Man «mußte» nicht; und die Stasi war kein «Material». Wie man sich zur selben Zeit (zu der verhaftet, gefoltert, geschlagen, auf Jahre eingesperrt wurde) mit diesen Verbrechern geruhsam unterhalten konnte: Es muß erlaubt sein, um Auflösung dieses Rätsels zu bitten. Das ist wahrlich kein Pappritz-Gesetz «Das tut man nicht». Es ist dies auch nicht die Jieper-Frage eines fährtenwitternden Journalisten – es ist eine Frage Ihres Selbstrespekts. Übrigens auch der Verantwortung Ihrer Arbeit gegenüber, die Sie mit solcher Treulosigkeit versehrt haben.

Mal abgesehen davon, daß Christa Wolf auch *Opfer* ihrer Herren Besucher wurde – mit Schächern redet man nicht. Bei Gefahr, sich gemein zu machen. Das Wort hat einen schaurig-schönen Doppelsinn.

Scham ist ein heikel Ding. Sie ist nicht zu verordnen. Obwohl man schon gerne wissen möchte, wie man sich fühlt, wenn einem jetzt «na, auch ertappt»-zwinkernd der kleine Zuträger Hermann Kant auf die Schulter klopft. Vielleicht läßt sich das noch wie Zigarrenasche vom Revers blasen. Nicht so leicht die Verwunderung: Ihr habt euch doch zu Aufbau-Helfern eines Verfolgungssystems gemacht – dem die eigenen Kollegen, ob Fuchs oder Loest, zum Opfer fielen; einem Walter Kempowski haben eure Wirte acht Jahre seines Lebens gestohlen. Das berät man bei Kaffee und Kuchen? Dieses ganze gigantische Gangstersyndikat der Mielke & Co. konnte ja nur funktionieren, weil allzu viele den weiland tapferen Satz der Brigitte Bardot «Moi, je ne marche pas» nicht sagten. Dieser Brutalo-Apparat, der schnüffelte und fotografierte, horchte, abhorchte, einsperrte, folterte; der Zigtausende ins psychische Elend stieß und Tausende ins physische, der lief reibungslos nur, wenn man sich ihm nicht sperrte. Einem Leutnant Paroch weist man die Tür – oder er kommt als Oberleutnant wieder. Auch das ist Dialektik: Auf schreckliche Weise hat Christa Wolf ihre eigenen Überwacher und Denunzianten gezeugt.

Diese meine Intervention habe sie, so sagte mir Christa Wolf später, am meisten von allen Angriffen verletzt. Um so nobler ihr 2003 erschienener, bewundernswert freimütiger Tagebuch-Band «Ein Tag im Jahr», in dem sie von sich selber Rechenschaft fordert, frappierend frühe Zweifel und Skrupel gegen die eigene Existenz eingesteht und jene Stasi-Affäre selber ihre «biographische Katastrophe» nennt. So darf man ein Fazit ziehen, das Respekt heißt.

Ich gebe Christa Wolf den Satz zurück, den sie einmal zu Friederike Mayröckers Werk prägte: «Ich glaube, ich habe es ordentlich gemacht» – darf bescheinigt werden.

Rede, anläßlich der Verleihung der Ehrenplakette der Freien Akademie der Künste in Hamburg an Christa Wolf am 25. November 2002.

Der Tod einer Instanz

Abschied von Heinrich Böll

Er war, was zu sein er haßte: das Gewissen der Nation; einen «mörderischen Terminus» nannte er das. Zugleich sagte er von sich: «Ich bilde mir ein, noch nicht ‹erkannt› worden zu sein; immer unter-, gelegentlich auch überschätzt.»

Wie paßt das zusammen? Oder, andersherum gefragt: Liegt in diesem Widerspruch vielleicht das Geheimnis des Heinrich Böll? Denn ein Geheimnis hatte er, es war der Nährquell seiner Autorität. In diesem Moment des Schocks, da der Siebenundsechzigjährige viel zu früh starb, darf das wohl gesagt werden: Sein Geheimnis war die Liebe.

Heinrich Böll liebte die Menschen. Ob in seinen unvergleichlichen Prosa-Miniaturen wie «Nicht nur zur Weihnachtszeit», ob in den Figuren der großen Romane – Adam und Leni, Schnier der Clown und Hedwig aus dem «Brot der frühen Jahre» – oder ob in dem skandalösesten seiner Pamphlete Ulrike Meinhof: Unter allem, was Böll je schrieb, lag eine Gebärde der Zärtlichkeit. Sogar in seinem Haß; denn wie jeder gute Christ wußte Böll auch zu hassen, noch im milder gewordenen Alter – von einem, der gequakt und geplanscht, der Meinungsmulm aufgewirbelt und Mediengrütze verspritzt habe, geht gleich im ersten Absatz seiner Anti-Boenisch-Streitschrift die Rede. Noch dieser «Haß» galt ja dem fehlgegangenen Menschen; auch dem noch galt nie Hochmut oder Häme, eher Mitleid. Es ist jene Haltung, die wir bei dem anderen großen Materialisten der deutschen Literatur mit der bittenden Geste kennen. Bei Bertolt Brecht.

Das klingt wie ein abenteuerlich herbeigezerrter Vergleich –

und war doch von Böll tiefernst akzeptiert. In einem seiner letzten großen Briefe an mich schrieb er:

> Ich gestehe, daß ich das meiste, was über mich zu hören, zu sehen, zu lesen war, nicht wahrgenommen habe – aus einem einfachen Grund: Ich will mich nicht so intensiv mit mir selbst beschäftigen, will nicht so ganz in die Krankheit verfallen, an der unsere Zeit wirklich krankt – die Egomanie. So viel Ruhm und Ruch dazu – da kann man leicht überschnappen … Sie haben schon recht mit dem «Materialisten» – nur muß man dann definieren, was man unter Materie versteht: Sprache ist Material, auch der, den man Gott nennt, ist materiell geworden, nämlich Mensch. Gewiß gibt es mehr Ähnlichkeiten mit Brecht, als manche Brechtomanen ahnen oder erkennen können, nur bin ich kein Bourgeois, auch nicht bürgerlicher Herkunft – sondern eben dieses Gemisch aus Proletariat, Bohème und verstörtem Kleinbürgertum. Material ist auch die Hostie, ist der Wein, was zwischen Liebenden ausgetauscht wird, ist Material …
> Ich bin müde, mein Lieber, krank, matt, erledige nur mühsam die laufenden Arbeiten. Jedes Aufstehen am Morgen fällt mir schwer, aber ich tu's dann doch: Ich stehe wirklich auf, und vergessen Sie nicht: daß ich, wann und durch wen weiß ich nicht einmal, metaphysisch geimpft bin. Brecht hätte das verstanden. In Moskau sagte mir einmal einer der vielen klugen Russen (der noch da ist) – Brecht wäre der letzte katholische, ich vielleicht der erste proletarische Schriftsteller. Da ist was dran. Hierzulande werden Moral, Ästhetik, Politik immer noch zu sehr getrennt.

In dieser schwarzen hilflosen Nacht liest sich das wie ein «zur Person» und Vermächtnis zugleich. Da steht es alles, wie aufgereiht, jedes Element, aus dem sich das Werk eines großen

Schriftstellers baute: eine seltsam weltliche Religiosität; eine ganz säkulare Metaphysik; eine robuste Volksnähe und die ständige Bekümmertheit um die öffentlichen Dinge, denen Böll sich nicht aufdrängte, die sich ihm aber aufzwangen. Rigorosität aus Gewissen.

Daher kam die Leuchtkraft seiner Literatur. Sie hatte etwas – geboren aus einer «Traurigkeit der Seele», wie er es einmal nannte? –, das dem Werk nur weniger Autoren innewohnt: integre Radikalität. Was Heinrich Böll schrieb, war nie *nur* Literatur. Das ist ein schwieriges Thema. Erfolg ist ja keine literarische Kategorie; es wäre sonst Konsalik ein großer Künstler. Aber, umgekehrt, ist Nicht-Erfolg auch noch kein Artistennachweis. In den Büchern des Heinrich Böll muß etwas nisten, was die Menschen brauchen. Er hat die Sprache für sie bewohnbar gemacht. Die seltene Identität von Autor und Werk ist ein Ereignis jenseits der geschmäcklerischen Zungenprobe. Heinrich Bölls Werk hat sich stets in der Balance gehalten zwischen der Phantasiehoffnung seiner Leser und dem Phantasieangebot seines Schöpfers. Böll selber hat ja diese Nicht-Verkunstung seiner Kunst definiert mit dem berühmt gewordenen, verblüfften Satz «Was – ich, und nicht Grass?», als ihn in einem kleinen griechischen Hafen die Nachricht vom Nobelpreis überraschte. Als die großen (hermetischen) Artisten der Nachkriegsliteratur gelten eher Paul Celan oder Arno Schmidt oder Uwe Johnson. Böll wurde gemeinhin die Rolle des kritischen Chronisten der Bundesrepublik zugebilligt, des Berichterstatters aus dem Land von Hunger und Wiederaufbau, Wirtschaftswunder und Remilitarisierung und schließlich jener Pershing-Rampe, gegen die der Nobelpreisträger in Mutlangen protestierte. Heinrich Böll ist der Balzac der zweiten deutschen Republik gewesen. Wie jener die Raff-Gesellschaft des Bürgerkönigtums portraitierte, so hat er den gigantischen Tanz des *Enrichissez-vous* der Nachkriegsära inszeniert.

Das ist der probate Begriff für die Kunst Heinrich Bölls: Er ist Regisseur. Er erfindet nicht. Er findet. Er fügt Vorgegebenes, «erinnertes» Material zusammen. Seine Romane und Erzählungen leben vornehmlich von einem Impuls: dem des Erinnerns. Es ist nicht Suche nach verlorener Zeit, sondern nach verratener Zeit. Zeit: das ist, was wir *getan* haben. Also keine psychologische, sondern eine historische Kategorie. Eine Menschheit ohne Erinnerung ist für Böll der Alptraum der Geschichtslosigkeit. Auf die Frage eines Interviewers «Sie verstehen Schreiben nicht so sehr als autobiographisch, sondern biographisch – im Sinne von Teilnahme an Zeitgeschichte?» sagte Böll ein einziges Wort: «Ja.»

Heinrich Böll ist kein psychologischer Schriftsteller und – bei aller großartig gelungenen Prosa – kein Autor des stilistischen Raffinements. Er ist ein Demonstrant. Indem er fragt, führt er vor – Verkrümmungen, Verfinsterungen und kleine Glimmfünkchen der Hoffnung. Die Kraft seiner Bücher wurzelt nicht im Ausloten individueller Strukturen, im Produzieren des abgründigen Einzelschicksals – sondern im beharrlichen Nachweis, daß die Gesellschaft das Individuum an den Rand drückt; es ist schuldhafte Existenz *per se.* Ein «Individuum» ist prompt Schimpfwort im deutschen Sprachgebrauch. Seine Leni ist keine Emma Bovary, eher eine Mutter Courage der Jetztzeit: nicht eine Gestalt, der unser Mitleid zu gelten hat, sondern eine Figur, die ihre Verwüstungen vorführt als solche, die die Zeit ihr angetan hat.

Selbst ein Essay über Thomas von Aquin (in der ZEIT 1983 publiziert) bediente sich dieser dramaturgischen Technik des fragenden Demonstrierens:

> Einen wie Thomas von Aquin würde ich gern fragen: nach Atombomben, Auf-, Ab-, Nachrüstung, nach der Christlichkeit christlicher Parteien, Drogen, Selbstmord, Leistungs-

zwang, Fernsehen, Familie, Geburtenkontrolle, Terrorismus, Aufstand, Revolte, Revolution. Immerhin gab er dem Mundraub volle Billigung: «Im Falle äußerster Not sind alle Dinge gemeinsam. Deshalb darf der, der solche Not leidet, vom fremden Gut zu seinem Unterhalt nehmen, wenn er keinen findet, der ihm freiwillig gibt. Aus demselben Grund ist es erlaubt, etwas von fremdem Gut zu nehmen und davon Almosen zu geben, natürlich auch anzunehmen, wenn dem Notleidenden anders nicht geholfen werden kann. Wenn es allerdings ohne Gefahr geschehen kann, muß zunächst das Einverständnis des Besitzers eingeholt werden, und dann muß man für den Armen, der in äußerster Not ist, sorgen.» Die Frage wäre: Gibt's nicht nur den Mundraub des einzelnen, auch den Mundraub ganzer Völker? Und wer hätte schon ohne Gefahr Somoza oder die Multis auch nur um ein Almosen angehen können? Die Antworten auf meine Fragen sind wohl *in nuce* in seinem Gesamtwerk schon enthalten, das man weiterdenken müßte. Die Vernunft, auf die er baute, die er voraussetzte, war wohl zu sehr die Vernunft mediterraner Prägung, Nachkomme der römischen *ratio*. Es gibt wohl mehr Vernunften oder Vernünfte als diese eine, die wir als unsere akzeptiert haben.

Wenn man das einen Essay nennt, so stimmt es nicht ganz. Auch birgt dieser Text nämlich eine Erzählung. Das ist ein zweites Geheimnis des Künstlers Heinrich Böll: Sein Menschenbild hat ganz direkte literarische Konsequenzen.

Seine Menschen sind nämlich allein. Das Werk ist förmlich durchsotten von Sätzen wie «Jeder auf dieser Welt steht außerhalb jedes anderen» oder: «Glück? Wir sind nicht geboren, um glücklich zu sein.» Bölls Konzept vom bindungslosen Menschen ist, ins Literarische übersetzt, ein un-episches Konzept. Die Schärfe und Gültigkeit der kurzen Form verdankt sich ja dem

Kunstmittel des Be-deutens, Hinweisens; das Eklatant-Plötzliche statt einer schwellenden, auf- und ab-ebbenden Entwicklung. Bölls Figuren sind zu ihrem Schicksal verurteilt. Seine Menschen sind Sünder ohne Schuld, Täter und Opfer zugleich – es wird ihnen etwas angetan oder zugefügt. Liebe ist es meist nicht. «Ich habe Angst vor der Liebe», heißt es in «Wo warst du, Adam?». «Warum, fragte er leise: weil es sie nicht gibt – nur für Augenblicke.» Böll selber hat einmal die Kurzgeschichte als die ihm liebste, reizvollste Prosaform bezeichnet. Genau betrachtet sind sogar die großen Romane lose verbundene Additionen kleiner Erzähleinheiten. Ihre Helden bleiben ohne Entwicklung.

Da schließt sich ein Kreis. Denn die Kurzgeschichte ist das Instrument – weltlicher Predigt.

Deshalb arbeiten Heinrich Bölls Essays, Pamphlete, politische Artikel so *prima vista* unmerklich mit Partikeln des Erzählerischen; denn auch sie sind ja weltliche Predigten. «Er hat nichts getan. Er lebt nur» – ist das ein Satz eines Romans, einer Erzählung, eines Gedichts oder einer «Teilnahme»? Er könnte gesagt sein über Solschenizyn, den er aus dem Gulag holte, oder über den zu dreimal lebenslänglich und zusätzlich fünfzehn Jahren Freiheitsstrafe verurteilten Ex-RAF-Mann Peter-Jürgen Boock, über den er dieses Gedicht schrieb:

Drei Leben
wo soll einer die hernehmen
wenn er nur eins hat
das erfordert
zwei Auferstehungen
oder zwei Wiedergeburten
kann ein Gericht die verordnen?
garantieren?
dreimal lebenslänglich
wo doch

real existierende Mörder
nur einmal lebenslänglich
ihre Pension beziehen

lebenslang dauert das Leben
nur einmal
dreimal
da verspricht das Gericht
mehr als es halten kann
Auferstehung Wiedergeburt
als was?
am besten uniformiert
als Mörder von Untermenschen
da lacht sich's am besten
ins Fäustchen
mit Pension
allen Progressionen unterworfen
rechtens

darauf kann man pochen
poch poch poch
poch gnadenlos-ungnädig
wo doch da einer gesagt hat
Gerechtigkeit ohne Barmherzigkeit ist grausam
da lachen doch nicht nur die Hühner
lach lach lach
lach dich ins Fäustchen
wenn du rechtens und rechtlich
von deiner Pension
dein Drittauto
anzahlst
es hat sich gelohnt
ein real existierender Mensch zu sein.

Es ist aber – nicht zufällig in Büchnerschem Tone – das Ende seines Romans «Das Vermächtnis». Ihm zugrunde liegt die so unnachahmlich Böllsche Kategorie des Mitleids, das sich so anhört: «Wenn ich einen alten Freund hätte, den ich wirklich gern habe, vielleicht sogar lieb, und er würde einen Mord begehen, blieb der natürlich mein Freund. Ich kann doch nicht als Person Urteile der Gesellschaft, die man objektiv richtig findet, übernehmen.»

Keiner Obrigkeit Untertan – ein Mann der Mühseligen und Beladenen. Heinrich Böll war kein Politiker. Aber er war für viele *die* politische Instanz der Bundesrepublik; obwohl – oder weil – der Bundeskanzler den Weg zu Ernst Jünger zweimal, den Weg zu dem Schwerkranken in der Eifel nie fand. «Was sagt Böll ...» – «Ich wende mich an Böll ...» – «Jetzt muß Böll ...» – wohl täglich fragten, riefen, sagten, schrieben das Eingesperrte und Ausgewiesene, Exilierte und Entrechtete; denen er fast immer half. Seine integre Humanität, seine Störrischkeit auch bewahrte dieses gleißnerische Ding, das wir Utopie nennen. «Wir dürfen uns nicht fürchten, zu weit zu gehen ...», hat er einmal gesagt, «und ich werde mir die Hoffnung auf diese Utopie nicht ausreden lassen.» Welche? Er benannte sie mit der ihm eigenen schmunzelnden Gelassenheit: «Eine profitlose und klassenlose Gesellschaft.»

Ein Träumer wohl auch. Doch wer nicht träumt, wird irre. Und eine Gesellschaft, die Träume nur als Wort der Werbung katalogisiert, droht wahnsinnig zu werden. Daran hat Heinrich Böll nicht nur sich, sondern uns ständig erinnert. Sein Welterfolg war auch Zeichen für unser aller Gier nach Hoffnung. Sie ist jetzt verschattet.

Die Zeit, 30/19.7.1985

Über Stephan Hermlin

Der Mann ohne Goldhelm

Zum Fall Stephan Hermlin

Der Werther ist nicht Goethe, Gustav Aschenbach ist nicht Thomas Mann, und auch der Ich-Erzähler des Romans «Hunger» ist nicht Hamsun; nicht einmal Flaubert, trotz des berühmten Spruches «Madame Bovary, c'est moi», ist mit seiner Figur identisch. Das lernt man – wenn man dort etwas lernt – im ersten Semester Literaturstudium. So einfach ist das.

So einfach ist das nicht. Literatur kennt viele Modelle und Spielweisen, zahllose – mal dem Autor fernere, mal weiter geschwungene – Horizonte. Heinrich Heine war durchaus der Mann, der – wenn es auch nicht «im traurigen Monat November» war – seine Reise in «Deutschland. Ein Wintermärchen» beschrieb, und die Frage nach der angeeigneten Vita, der eigenen oder fremden, war im Roman noch nie unredlich – ob nun Walther Rathenau für den Arnheim in Musils «Mann ohne Eigenschaften» Vorbild war oder Georg Lukács für den Naphta in Thomas Manns «Zauberberg». Es gibt hermetische Kunstwerke so gut wie durchlässige. Zu Becketts «Comment c'est» verböte wohl sogar die bei allen Dichterlesungen gefürchtete alte Dame sich ihre Frage «Ist das autobiographisch?» – zu Strindberg, bekanntlich, wäre sie so abwegig nicht. Und zu Genet ist sie geradezu geboten. Wer die eigene Biographie sehr direkt einschmilzt in sein Werk, muß erdulden, nach ebendieser Biographie befragt zu werden, nach Kurven, Schleifen, auch Unterschleifen. Daraus – auch daraus – besteht Literaturwissenschaft: ob der Essay über Virginia Woolf, der ebendiese Schleifspuren eines Lebens in «Die Fahrt hinaus» oder «Zum Leuchtturm» untersucht, ob die Heine-Philologie, die noch heute rätselt, warum der Dichter der «Loreley» zeitlebens sein Geburtsdatum fälschte, oder Ian Gibsons Lorca-Biographie, die erstmals offen die Homosexualität des Autors darlegte. Auch Wolfgang Hildesheimer schildert schonungslos, daß Mozart kein Herzchen war. Derlei hat zunächst einmal nichts zu tun, gar nichts, mit Verfolgung, Schmähung, Denunziation.

Stephan Hermlin ist ein – ich finde: großartiger – Schriftsteller, der sein gesamtes Werk mit seinem Leben aufs engste verwoben hat; von der unvergeßlichen «Ballade nach zwei vergeblichen Sommern» bis zur unverzeihlich schmähenden Erzählung «Die Kommandeuse». Für das Werk Gottfried Benns – «Ein armer Hirnhund, schwer mit Gott behangen» – ist es unerheblich, wie viele Tripper der Dr. med. weggespritzt hat. Für Stephan Hermlin – «Die Zeit der Wunder schwand. Die Jahre sind vertan» – ist es maßstäblich, daß er denen entrinnen konnte, die ihn wegspritzen wollten. Das ist die Gräte seines Gedichts.

Weil das so ist, weil er seinen Lebensweg exemplarisch machte für seine Literatur; damit für uns, seine Leser: ist es kein Akt einer kriminellen Energie, genau diesen Lebensweg zu erforschen. Nirgendwo in Corinos biographischer Studie sehe ich – mit diesem Wort, lieber Stefan Heym, sollte man sehr sorgsam umgehen – ein Element von Antisemitismus, ich höre kein Hepp-Hepp und lese auch keine Haßgesänge «zur Demontage eines weiteren Standbilds der DDR-Literatur», die ein mir unbekannter Jochen Laabs in der «Süddeutschen Zeitung» konstatiert. Was ich, zur eigenen Verblüffung, bei Corino erfahre, sind Fälschungen, mit denen Hermlin die eigene Vita geschönt, geschminkt, gezinkt hat. Es handelt sich keineswegs um unerlaubtes Ableiten biographischer Fakten aus einem literarischen Text. Es handelt sich um klare, nicht «literarisierte» Selbstaussagen Hermlins – noch 1990 hat er in einem Interview gesagt, sein Vater sei im KZ umgekommen; er hat immer und immer wieder – in Gesprächen, nicht nur in fiktiven Texten, zum

Beispiel in «Sinn und Form» 6/1971 – jene proustsche Hauslehrerjugend herbeifabuliert, die nun etwas kümmerlicher erscheint; er hat die Begegnung mit Céline keineswegs als Teil seiner Dichtung, sondern als reale Begebenheit geschildert («Sinn und Form» 2/1985). Vor mir liegen ganze Stapel von Zeitschriften, in denen Hermlin – unumwunden, eben nicht, wie es jetzt von FAZ bis taz erklingt, als dichterische Wahrheit – ge- und beschrieben hat, was so nicht gewesen ist.

Die Erzählung «Abendlicht», die ich im Gegensatz zu vielen meiner jüngeren Kollegen liebe, darf nicht auf ihren Wahrheitsgehalt überprüft werden, weil ja Dichtung wie Kafkas «Brief an den Vater»? Aber fast der gesamte Text von «Abendlicht» ist in vielfacher Variante vorher als deklariert autobiographischer Text publiziert worden. Abgesehen davon, daß mir Fortsetzungsabdrucke des «Briefs an den Vater» bislang unbekannt blieben: wenn es nun gar keinen Papa Kafka gäbe? Wäre es derselbe Text, läse man ihn ebenso? Es ehrt den wahrlich kenntnisreichen Klaus Wagenbach, der sich stets in erbitterter Freundschaft zu seinen Autoren bekannte – aber das Argument hinkt; er selber hat ja wahre Atlanten der Rückkoppelung von Kafkas Texten zu Kafkas Leben produziert. Der «Brief an den Vater» seismographiert sehr wohl eine wahre existentielle Not, eine wirkliche Angst vor einem realen Vater; er ist keine Erzählung.

Wir alle haben in unseren Bibliotheken mächtige Bildbände über Schnitzler, Musil, Thomas Mann, in denen Schreibtische, Revolver, Hausmädchen, Zeitgenossen in direkten Bezug zur Dichtung dieser Autoren gesetzt werden. Wieso soll das im Fall Hermlin unerlaubt sein? Als Hermann Kant (NDL 12/1979) «Abendlicht» rezensierte, es ganz selbstverständlich als unverhüllte Selbstaussage pries, lange «Ich»-Sätze als Auskunft über ein nobel-widerständiges Leben nahm, hat Hermlin sich nicht mit einem mickrigen «Spiegel»-Interview dagegen verwahrt, hat auch – seltsame Töne des sonst so leisen Friedrich Dieckmann (FAZ vom 12. Oktober 1996) – niemand Veranlassung gesehen, den «Mann der erhabenen Eigenschaften» gegen diese «Entlarvungsgeste» in Schutz zu nehmen.

Vielleicht darf man auch an einen kenntnisreicheren, seriöseren, im Gegensatz zu Kant luzid begabten Rezensenten erinnern, der gleichwohl «Abendlicht» als präzises Lebensrezitativ Hermlins begriff; der, durchaus rechtens und richtig, Hermlins Wehmut «Mittlerweile verschwanden allmählich aus meinem Leben die Verse» mit dem Satz kommentierte: «Als sich Hermlin auch dies eingestehen mußte, war die Quelle seiner lyrischen Dichtung verschmutzt.» Der Autor dieser ZEIT-Rezension heißt Hans Mayer. Gegen einen Großen wie Peter Ensikat käme er nicht an; der nennt das «Verwechslung von Lebenslauf und Literatur».

Wie wäre es denn, es stellte sich heraus, Jorge Semprún – gerade sein Werk ist ja eine einzige *biographie romancée* – war nie im KZ, nie im spanischen Widerstand? Wie wäre es denn, man erführe, Breyten Breytenbach sei nicht Jahre im südafrikanischen Zuchthaus eingekerkert, vielmehr Weinbauer am Kap gewesen? Man würde mit Sicherheit nicht literaturgenießerisch den Kopf wiegen und irgend etwas vom «autonomen Kunstwerk» faseln. Es gibt nun einmal literarische Texte, die beziehen ihre Würde aus ihrer Rückübersetzbarkeit in die Wirklichkeit – «Mein Ort» von Peter Weiss wäre auch in seiner gräßlichen Schönheit kein literarisches Dokument, wäre Peter Weiss nicht wahrlich bestimmt gewesen für diesen «Ort» namens Auschwitz.

Nun ist jemand ein «haßverzerrter Detektiv» (übrigens ein ehrbarer Beruf), der anderswo Biograph genannt würde: Die Mutter keine Engländerin, der Vater – glücklicherweise – friedlich verstorben, der Dichter selber nie im KZ gewesen und von seinem Kampf in Spanien (Kinderbilder indes sind vorhanden) nirgendwo eine Spur, bei keinem einzigen der so akribisch auch

Namen nennenden Kombattanten, die Michelin-Angabe eines Hotels in Barcelona als Auskunft – das hat mit dem Mann, mit dem Schriftsteller nichts zu tun? Genet immer im Reihenhaus von St. Cloud und nie im Gefängnis; Ernst Jünger nur in Pampuschen hinterm Ofen und nie im Schützengraben: das würden wir doch wohl ahnden? Und nach der Enthüllung, Heinrich Böll sei tatsächlich nie Soldat des Zweiten Weltkriegs, sondern stets Postbeamter im friedlichen Rhöndorf gewesen, würde nur mehr der pure literarische Karatgehalt von «Wo warst du, Adam» taxiert, scheint leicht abwegig.

Der Aufschrei klingt ein wenig nach gespaltener Zunge – als weiland mit seinem furiosen Einstandsartikel bei der FAZ Frank Schirrmacher die umgelogene rechtslastige Biographie von de Man entlarvte, war ihm Applaus sicher. «Destruktionswut», wie sie jetzt mundfertig der Ost-PEN-Präsident verkündet, wurde in dem Fall nicht unterstellt.

Gert Mattenklott, wägend und austarierend wie stets, schrieb anläßlich des ganzen Lärms:

> Verehrter Herr Hermlin: Wer war denn mit sich selbst je identisch und in den Visionen von sich selbst nicht immer am liebsten ein anderer und besserer? Ihre Leser werden Sie kaum weniger schätzen, wenn sich herausstellt, daß die Bilder, die Sie von sich haben, schöner sind, als das Leben sie wahrhaben wollte und will. Um so trauriger für das Leben. Ob Ihre Träume zu guter Letzt nicht doch wahrer sind als ihre Entzauberungen … wer weiß?

Das ist endlich eine Nachdenklichkeit, die der Sache gemäß ist; man mag ihr beipflichten oder nicht. Ich bin mir nicht so sicher wie mein Kollege. Eine Szene aus Hermlins Feder beispielsweise, die sich mir einst besonders einbrannte, ist mir nun doch vergiftet: Da steht er in den fünfziger Jahren im Kopenhagener

Museum vor einem Munch-Bild und reflektiert, das habe einst im Eßzimmer der Eltern gehangen, und die Nazis hätten es gestohlen; ein politisch-moralischer Blitz wie aus Brechts «Furcht und Elend des Dritten Reiches». Nun teilt aber das Museum mit, das Bild sei in seinem Besitz seit 1917. Wunderkerze statt Blitz.

Das ist zu fragen:

Stephan Hermlin hat gelogen. Hat das seine Literatur versehrt? Heikle Balance. Tatsächlich scheint mir, Wolf Biermanns schöne Wagenbach-Schallplatte «Chausseestraße 131» hörte sich anders an, erführe man nun, sie sei, statt in der stasiverwanzten Wohnung heimlich aufgenommen, in einer bequemen Müggelsee-Villa produziert worden. Einerseits. Andererseits: Brechts Ballade «Erinnerung an die Marie A.» bleibt eines der großen Gedichte deutscher Sprache, unbeschadet der peinlich zur berühmten «List» stilisierten Schäbigkeiten des Stückeschreibers, der nach Aussage mancher Zeitgenossen seine Gerissenheit öfter wechselte als seine Hemden. Das – mich – Peinigende an Hermlins Flunkereien ist deren Qualität; Abitur oder nicht Abitur, Chauffeure, Reitpferde oder geschwindeltes Studium – das interessiert mich nicht sehr. Es mag gar unter Freuds Kategorie der «vorgeschobenen Deckerinnerung» fallen. Es mag sogar dieses affige Goldlamé verantwortlich sein für so manch kunstgewerbliche Erlesenheit in verschiedenen Gedichten. Hermlin hat sich den Goldhelm aufgesetzt. Das Rätsel indes ist noch nicht gelöst – müssen wir umwerten, umfühlen, seit wir wissen, «Der Mann mit dem Goldhelm» ist nicht von Rembrandt? Lüge und Schmuck. Selig sei, wer frei davon. Das ist wohl noch zu rubrizieren unter dem Diktum: «There is no fiction except autobiography.»

Mit KZ indes spielt man nicht. Nicht mit Tod, nicht mit Illegalität. Da muß diesem Papperlapapp von «dichterischer Wahrheit» das schlichte Wort «Authentizität» gegenübergestellt werden. Das eine nur unredlich – dieses aber unreinlich. In alten Zeiten hätte man gesagt: «Schäme dich.»

Bleibt das große WARUM: Warum hat ein Mann von der Begabung, der Bildung, der – ja, auch – Geradlinigkeit eines Stephan Hermlin so ekligen Schmutz in sich hineingelassen? Nur einer kann da nicht spekulieren. Das wäre sein letztes großes Gedicht.

Doch mag ein persönliches Wort gestattet sein. Ich kenne den Mann seit 1949, in kurvenreichen Annäherungen und Entfernungen. Ich kann bezeugen, daß er für viele Menschen in der DDR – auch für mich – eine wichtige Figur war, literarisches Vorbild, Aufsprenger kultureller Verkrustungen, Orientierungsmöglichkeit; noch bis hin zu seinem emphatischen Nietzsche-Aufsatz, mit dem er sich gegen das neostalinistische Gekläff eines Wolfgang Harich verwahrte. Ich weiß auch, daß er vielen Kollegen geholfen hat, sie neidlos förderte, furchtlos für sie intervenierte. Da nun das Gespenst der Erpreßbarkeit herumgeistert (in der berechtigten Annahme, des unschuldigen Mielke unschuldige Mannen wußten Bescheid), möchte ich sagen: Davon glaube ich kein Wort. Stephan Hermlin war nicht zu erpressen. Das für unsereins Unverständliche – die Stalin-Gedichte in *faux marbre*, das Begrüßen des Mauerbaus, der Applaus zum Einbrechen der Warschauer-Pakt-Staaten in Prag – hat er aus eigenem Verstand getan. Man mag es historisch grotesk nennen, moralisch verwerflich, man mag es feige Arroganz nennen – es war sein ganz eigener, ganz einsamer aufrechter Gang. Wer das gekrümmte Rückgrat dabei sieht, soll auch nicht übersehen: Da ging einer, hätten wir ihn damals gekriegt, hätten wir ihn umgebracht. Wie sehr das Stephan Hermlins Existenz bestimmt hat, zeigt nicht nur der wichtige Sammelband seiner politischen Stellungnahmen, den Ulla Hahn bei Hanser herausgab; das zeigen genügend seiner Gedichte.

Unser Brot gewürzt mit Qualen,
Unser Wein berauschend wie Haß.
Wer soll unsern Wein bezahlen …
Am Boden liegt das Glas
Und das Brot gewürzt mit Qualen.

Das Gedicht heißt nicht zufällig «Ballade von den alten und den neuen Worten». So manches Wort von Stephan Hermlin ist groß. So manche seiner Wörter sind klein.

*

Zeuge und Zeugnis
Zum Tod von Stephan Hermlin

Was war nun das Besondere an ihm? Nachdenkend über Stephan Hermlin, trauernd, fällt es schwer, sein Bild zu schärfen. Ob es die geradezu ergreifenden Widersprüche waren, die den Charakter dieses Mannes wie seine Poesie prägten? Gemeint sind damit nicht die zugekleisterten Löcher in seiner Biographie, so blamabel wie unverständlich. Das wissen wir nun, es wurde hinlänglich erörtert; fair nicht immer: auch nicht von mir, der ihm im Laufe der Corino-Debatte fälschlich unterstellte, er habe den Einmarsch der Warschauer-Pakt-Truppen in Prag bejubelt.

Ich glaube, daß die Bedeutung des Menschen und Schriftstellers Stephan Hermlin darin lag, daß er Zeuge und Zeugnis zugleich war: für den Riß, der durch unsere Epoche ging, die manchmal geschönte, manchmal hinausgeschrieene Not – Menschen wie Hermlin waren verratene Verräter, mutige Opfer der Verfolger wie kleinmütig verfolgende Täter. Der eminente Einfluß – man darf das getrost Erfolg nennen – seines schmalen Werks auf eine Generation Schreibender, ob Volker

Braun, Christa Wolf oder Günter Kunert; der Respekt, den ihm die literarische Welt zollte von Pablo Neruda über Louis Aragon zu Ilja Ehrenburg und Anna Seghers: Derlei hat seinen tiefen Grund nicht in pfeifenrauchend edler Geste der Schweigsamkeit. Da gibt es einen tiefliegenden Kern. Der mag umhüllt gewesen sein – verborgen? – durch allerlei Mogelei, Attitüde, auch Feigheit; wer war schon sein Leben lang nur groß, anständig und mutig? Begabt noch dazu? Mir scheint, dieser Kern barg das Samenkorn tiefer, auch bitterer Einsamkeit. Die Anekdote, die er mir einmal, zurückkehrend von irgendeinem PEN-Kongreß, über Anna Seghers erzählte, meinte selbstverständlich ihn selber: In Stockholm, am Wasser stehend, habe die Autorin des «Siebten Kreuzes» ganz jäh, ganz unvermittelt, ganz Angst, ausgerufen: «Mein geliebtes jüdisches Volk!» Hermlins Schmucksucht war der Mantel um diese Angst, Hermlins Preisgesänge auf Solidarität, auf Banner und Marschtritt und Fanal waren – gelegentlich zierliche – Fluchten; Bitten um eine «Zeit der Gemeinsamkeit», wie eine seiner schönen Erzählungen heißt. In einer seiner Balladen liest man die flackernde Hoffnung:

> Einsam im Siege noch sein
> War unsere Wahl. Mit wildem Willen geladen
> Nach der unsäglichen Zukunft nur noch – und nie
> mehr allein.

Da lag Not. Elend, wie das mittelhochdeutsche Wort für Fremde heißt. Das haben seine Leser gespürt – einer zum Beispiel, der eben dem Elend entronnen war und der seinen Hunger nach Ernst, nach Trost bei Stephan Hermlin gestillt sah – so muß man Franz Fühmanns Brief an den Kollegen lesen:

> Als ich in den letzten Tagen des Dezember 1949 aus der Kriegsgefangenschaft entlassen wurde, bekam ich 1 Fahrkarte nach Weimar zu meiner Mutter + 50 Mark. Das war mein Vermögen.
> Für die 50 Mark kaufte ich mir als erstes in der nächsten Buchhandlung für etwa die Hälfte ein Buch mit dem Titel «Marx + Engels über Kunst + Literatur». Dann kaufte ich für meine Mutter + Schwester ein Mitbringsel in der HO, ich glaube ein Stück Butter und etwas Wurst. Dann hatte ich noch drei Mark Rest. Die wollte ich sparen, auf daß ein Vermögen daraus wachse. Dann ging ich nochmals in die Buchhandlung und blätterte. Dann las ich.
> Dann vergaß ich die Welt, die Zugabfahrt, meinen Vorsatz zu sparen. Dann kaufte ich das Buch. Es waren Balladen, zweiundzwanzig. Seitdem habe ich ein Vermögen.

Es heißt, der Mann war glatt. Er war wohl eher steinern. Doch Steine zeigen Verwitterungen, Spuren. Die zeigten sich, wenn Stephan Hermlin lachte: Er konnte nämlich gar nicht lachen; das Gesicht zeigte dann eine Lach-Maske. Die Augen lachten nie. So war er wohl kein einheitlicher Mensch, war immer beides – Stalin-Hymniker und Verteidiger der Poesie; Honecker-Freund, aber einer, der diese Telefonnummer unter anderem nutzte, um den Briefwechsel Gershom Scholems mit Walter Benjamin zu retten; Entdecker wie Beschützer junger Dichter – die er dann unflätig beschimpfte, nannten sie sich «Flüchtlinge»; ein Marxist, der Nietzsche verteidigte, und ein Bürger, der Genosse war, trotzig konsequent in seiner Inkonsequenz. Ich konnte dem meinen Respekt nie versagen.

In einer polemischen Replik auf meine Intervention während der Corino-Debatte (DIE ZEIT 43 / 1996) schrieb er: «Er behauptet, er würde mich seit langem kennen. Kennt er mich?» Nein. Wer könnte jemanden «kennen», der eben dekretierte,

Ossip Mandelstam sei friedlich in einem idyllischen Dorf auf der Krim gestorben, und – mit dem Tod des russischen Dichters in einem von Stalins Lagern konfrontiert – zugab: «Ich war schlecht informiert, weil ich schlecht informiert sein wollte.» Wie konnte ich jemanden «kennen», der mir schon in den sechziger Jahren vertraulich sagte: «Diese SED ist nicht meine Partei; aber wenn Sie diesen Satz veröffentlichen, werde ich leugnen, ihn je gesagt zu haben»?

Was ich kannte, war anfangs ein junger Intellektueller, der in den Muff der frühen DDR Luft einließ, der von Éluard, Aragon, Rafael Alberti sprach; der rasch etwas elegant wurde. War ein Mutiger, der den eigenen Mut floh. War ein Mann, der auf krummem Wege geradeaus ans Ziel gelangen wollte. Das Ziel war seine Literatur. Es genügt, die zu kennen. Dieses Ziel hat er erreicht. Ein Held mag er nicht gewesen sein. Helden sind uninteressant. Heldentum verweht. Ein Vers wie dieser nicht:

> Ich weiß noch, wie im Strom das Boot der Liebe sank.
> …
> Der Worte Wunden bluten heute nur nach innen.
> Die Zeit der Wunder schwand. Die Jahre sind vertan.

Von Stephan Hermlin bleiben genug Texte, die Aragons wunderbaren, an ihn gerichteten Satz rechtfertigen: «Die Zeit vergeht, das Herz geht zugrunde, es gibt keine Post mehr außer dem, was man schreibt.»

Der Mann ohne Goldhelm: DIE ZEIT, 43 / 18. 10. 1996;
Zeuge und Zeugnis: DIE ZEIT, 16 / 11. 4. 1997

Ein Fest fürs Leben

Über Inge Feltrinelli

Der Mann ist ein Mythos, seit seinem Tode zumal. Die Frau ist schon zu Lebzeiten eine Legende. Giangiacomo Feltrinelli, Erbe eines der größten europäischen Vermögen – die Mama wußte nicht, daß es außer Rolls-Royce auch noch andere Autos auf dieser Welt gab – gründete 1955 seinen Mailänder Verlag, der bis zur Stunde eines der kulturellen Zentren der Welt ist. Zuvor hatte er, aufgezogen auf den herrschaftlichen Besitzungen der Familie zwischen Gardasee und Tirol und mehrsprachig unterrichtet von Privatlehrern, mit 23 Jahren das «Istituto Feltrinelli» errichtet: ein junger Kommunist, von dessen üppigen Spenden jahrelang die KPI lebte, der auf der ganzen Welt Manuskripte oder Erstausgaben zur Geschichte der internationalen Arbeiterbewegung zusammenkaufte. Im Eingang des unweit der Mailänder Scala gelegenen Palazzo kann man noch heute die Fahne der «Commune» betrachten, wie in den hochmodernen Lesesälen Studenten aus aller Welt. Gleich zu Beginn war dem jungen Verleger dreifaches Glück beschert. Er konnte als willkommener Gast der Sowjetunion das Manuskript von Pasternaks «Doktor Schiwago» herausschmuggeln (der Bruch mit dem Kommunismus folgte *stante pede*); die Weltrechte kontrolliert das Mailänder Verlagshaus noch heute. Und er verlegte einen zweiten Bestseller – Lampedusas «Der Leopard».

Das dritte Glück bot ihm eine männliche Fee. Im Reinbeker Haus des Verlegers Ledig-Rowohlt begegnete er 1958 dessen Freundin Inge Schönthal, einer jungen Göttinger Schönheit, die ihre ersten Erfolge als Fotografin mit sensationellen Aufnahmen von Ernest Hemingway errungen hatte, die um die Welt gingen. An diesem Abend – es war ein Coup de Foudre – traf sie nun auf die «wirkliche Welt», so märchenhaft sie auch schien: den gut aussehenden, gebildeten Milliardär, der zwar mit Yacht und Schloß und Stadtpalais standesgemäß ausgestattet war, dessen hellwacher Intellekt aber den Büchern gewidmet war, mit denen er in das Rad der Geschichte eingreifen wollte. Ein deutscher Verleger – Kurt Wolff – nannte ihn später den «einzigen neuen Menschen», der ihm je begegnet sei. Sohn Carlo, heute so kundiger wie geschäftlich versierter Programmchef des Verlages, hat dem Vater und den Irrwegen von dessen Leben eine tiefberührende Biographie gewidmet unter dem Titel der Lieblings-Zigarettenmarke des exzentrischen Multimillionärs, «Senior Service». Ein Päckchen solcher Zigaretten lag auf dem Armaturenbrett des Wagens, der 1972 unweit der Leiche seines Vaters an einem Hochspannungsmast vor Mailand gefunden wurde. «Terrorist stirbt vor den Toren Mailands beim Sprengen einer Hochspannungsleitung» lautet damals die Schlagzeile des «Corriere della Sera».

Doch dieses Ende – der Unfalltod? oder Mord? das wurde nie aufgeklärt – nimmt die eigentliche Geschichte vorweg. Und das ist weitgehend auch die Geschichte der Inge Feltrinelli. Denn mit ihr gemeinsam wurde ein mächtiges Verlagsimperium aufgebaut; daß deutsche Autoren (in Italien sonst schwer durchzusetzen) sehr bald das Programm prominent mitbestimmten, ist fraglos ihrem Einfluß zuzuschreiben: Max Frisch und Rolf Hochhuth (wegen dessen «Stellvertreter» man Prozesse führen mußte), Günter Grass und Uwe Johnson. Hinter jedem erfolgreichen Mann steht eine schöne Frau – heißt ein berühmtes Wort. Hier konnte man dessen Wahrheitsgehalt überprüfen. Inge Feltrinelli hat sich die Jahre hindurch, die der Verlag blühte und gedieh, nie in den Vordergrund geschoben. Und es gibt genug Anekdoten, wie sehr Giangiacomo Feltrinelli

Boß sein konnte – ich habe das bei gelegentlichen Disputen mit ihm wahrhaftig miterlebt. Doch Inge hatte ihre ganz eigene Rolle gefunden. Es war nicht die der «Frau des reichen Mannes», und es war auch nicht die der Souffleuse. Diese Frau – ihren früh aus Nazideutschland emigrierten Vater hat sie nicht gekannt – zeichnet eine so seltene wie besondere Eigenschaft aus: Sie ist eine leise, zähe Katze, die genau weiß, wann sie Krallen zeigt, wann sie verschwindet, die Augen zuvor zu Schlitzen verengt. Katzen, wie man weiß, haben einen eigenen Lebensrhythmus, sie «gehorchen» nicht, sie hüten den Raum ihrer Existenz wie ein Nest. Inge Feltrinelli baute mit an dem gigantischen Autoren-«Nest», das alsbald ausgepolstert war für die internationale Kultur-Elite: Saul Bellow oder Albert Camus, Charles Bukowski oder Giannis Ritsos, Lawrence Durrell oder Nanni Balestrini, Ernst Bloch oder John Cage, Allen Ginsberg oder Edoardo Sanguineti – die Verlagskataloge sind gleichsam das «Who is Who» der Weltkultur von James Baldwin über Hermann Broch bis Nathalie Sarraute und Hubert Selby. Unzählige Fotos zeigen die beiden Feltrinellis im Kreise ihrer Autoren; vielleicht war er anfangs der Kopf – sie war die Seele des Verlages, sie vermochte es, mit Charme und Esprit (und gelegentlich reichlich Wein) auch Auseinanderstrebendes zusammenzuhalten; denn wer wüßte nicht, daß es in einem Verlag (oder einer Redaktion) Rankünen und Eifersüchteleien gibt, daß Autoren – jeder sein eigenes Sonnensystem – eher selten liebevoll einander begegnen. Peter Handke und Martin Walser wird man füglich nicht Freunde nennen mögen. Nur einer – eine – war die Vertraute: Inge. Der manchmal herrische, oft jähe, gelegentlich rasche Allianzen knüpfende wie aufkündigende Giangiacomo Feltrinelli wußte, was er an ihr hatte.

Bald nämlich mußte Inge Feltrinelli auch der Kopf sein. Der ehemalige Kommunist – übrigens bis zu seinem Tod mit Sitz und Stimme in mehreren Aufsichtsräten großer italienischer

Unternehmen – driftete gegen Ende der 60er Jahre in den Linksextremismus ab. Fotos zeigen ihn nun öfter mit Castro oder Che Guevara als mit Lyrikern und Romanciers. Er knüpfte Verbindungen zu den Studentenrebellen in Kalifornien oder Berlin; es heißt, er habe die deutschen 68er mit reichlichen Geldmitteln versorgt (angeblich, was nicht bewiesen ist, auch die Baader-Meinhof-Leute). Bewiesen immerhin ist, daß er nach dem Attentat auf Rudi Dutschke 1968 dessen Behandlungskosten übernahm, ihn nach der Entlassung aus dem Krankenhaus nach Mailand transportieren und dort auf liebevoll-solidarische Weise pflegen ließ. Ich selber erinnere mich noch an meinen Besuch dort, wo ein todkranker Dutschke im Krankenbett lag und Dienstmädchen mit weißer Schürze große Silberplatten servierten. Eine so makabre wie berührende kleine Molière-Inszenierung.

Der Verlag als Ideenträger interessierte den Inhaber immer weniger. Er wollte die Idee als Tat; beides reimte sich für ihn auf Umsturz. So setzte er seine – bald geschiedene – Frau als Verlagschefin ein; als «Statthalterin» auch für den noch minderjährigen Sohn, den eigentlichen Erben und Nachfolger. Es begann die große wie schwere Stunde der Inge Feltrinelli. Den Mann – bald tauchte er mit gefälschten Pässen und an wechselnden geheimen Wohnorten in den Untergrund ab – sah sie nur noch sehr gelegentlich zu kompliziert vor-verabredeten geheimen Treffen; das letzte, zur Regelung von Erbschaftsangelegenheiten in der Schweiz angesetzt, fand nicht mehr statt. Inge Feltrinelli, Mutter eines halbwüchsigen Sohnes, kommissarische Nachlaßverwalterin des Vermögens eines erst gesuchten, dann toten Terroristen – stand jetzt gänzlich alleine da. Wie die italienische Gesellschaft strukturiert ist, konnte sie sich zwar mit Agnelli oder Olivetti beraten – alle Verantwortung für Verlag und Sohn Carlo aber trug sie ganz allein.

Es ist ein Bravourstück allererster Ordnung, wie die Frau das geschafft hat. Sie war nun «il Presidente» (wie ihr Briefpapier noch heute ausweist) – aber Präsident von was? Feltrinelli Editore galt nach wie vor als allererste Adresse im Verlagswesen – aber wie überall in Europa, zumal im nicht direkt lesehungrigen Italien, kamen schwere Wetter auf. Der Katzenmut war nun gefordert. Ohne Zögern zum Beispiel beschloß sie, den sehr gefährdeten Sohn nicht etwa in einem vornehmen Schweizer Internat zu verstecken – sie schickte ihn weiter auf eine normale Schule (was dem Hochbegabten gut bekam). Sie ließ sich nicht in einer gepanzerten Limousine chauffieren, sondern fuhr – fährt noch heute – mit einem rot lackierten Fahrrad durch die Mailänder City. Natürlich war (und ist) es kein Leben auf Hartz-IV-Niveau, Verlagsräume und Wohnung in der vornehmen Via Andegari wurden beibehalten, auch das entzückende kleine Schloß Villadeati bei Turin wie die Wohnungen in Sardinien und Paris. Reich weint sich's leichter, heißt ein spöttisches Wort. Das Vermögen war ja nicht verschwunden – nur der Mann. Der aber war nicht nur weg. Er war tot. «He is lost», lautet eine Tagebucheintragung Inge Feltrinellis kurz vor dem spektakulären «Unglück» am Hochspannungsmast. Ich fuhr damals für den «Spiegel» nach Mailand, recherchierte etwas, entdeckte, daß zum Beispiel die Brille des extrem Kurzsichtigen am Tatort nicht gefunden wurde – hatte er also halb blind den Mast erklettern wollen? – und schrieb über den Mann, dem meine Achtung gebührte, im Nachruf: «Reich und Sozialist – ein Verräter (‹ihrer Anschläge›, sagte Brecht); arm und Sozialist – ein Räuber. Wann, bitte sehr, darf man eigentlich Sozialist sein?» Der Artikel hatte ein hübsches Depeschen-Nachspiel. «Danke. Stop. Rudolf» telegrafierte mir «Spiegel»-Herausgeber Augstein, dem ich antwortete «Bitte. Stop. Fritz.»

Doch der Verlag begann zu siechen. Es waren die Jahre, in denen große Traditionshäuser wie Rowohlt oder S. Fischer verkauft, andere durch Fremdbeteiligungen über Wasser gehalten wurden. Da faßte Inge Feltrinelli einen Entschluß, der eine Schokoladenseite hatte und eine bittere. Weder verkaufte sie, noch nahm sie fremdes Kapital auf (bis heute ist Feltrinelli Editore das einzige europäische Verlagshaus dieser Größenordnung ohne jede finanzielle Verflechtung). Sie schränkte das Programm ein, behielt die großen Autoren an Bord und stellte die allerlei auch leicht altbacken gewordenen Reihen mit revolutionären Pamphleten ein. Es war die Quadratur des Kreises, die ihr bravourös gelang – im Volksmund sagt man dazu, sie entstaubte das Wasser. Das Bittere an dem Entschluß war: Der Verlag, die linke Hochburg, mußte Mitarbeiter entlassen. Oft hat «il Presidente» von der Qual dieser Maßnahme berichtet, in Interviews, auf Kongressen. Aber sie rettete auf diese Weise das Erbe ihres Mannes, um es intakt eines Tages dem Sohn übergeben zu können. Eine weitere Idee zeigt, daß diese Frau – *bella figura* auf der internationalen Bühne, mit Preisen, Ehrungen und Orden ausgezeichnet zwischen Moskau, Paris und Mexiko – eine hart arbeitende Geschäftsfrau ist; denn es irrt, wer in der stets glänzend elegant gekleideten *Femme du Monde* eine Galionsfigur des Jetsets sieht, weil sie Jahrgangschampagner zu bestellen weiß und in Venedigs Harry's Bar automatisch den besten Tisch bekommt. Die Katze war ein Arbeitstier geworden, und nicht das Seidenkissen auf dem Sofa war ihr Platz, sondern der Stuhl hinter dem überladenen Schreibtisch. Von hier aus – falls der leicht wacklige zoologische Vergleich erlaubt ist – hat sie ein weltumspannendes Spinnennetz gewoben, darin Enzensberger, Ransmayr oder García Márquez eingefangen wurden. Frei nach Hemingways Erinnerungsbuch «Paris. Ein Fest fürs Leben» kann man sagen, Inge ist «ein Fest fürs Leben». Lädt sie in New York in die Oyster Bar unter dem Grand Central, saßen mit Sicherheit Susan Sontag und Arthur Miller mit am Tisch; ißt man mit ihr «in der guten Ecke» der Pariser Brasserie Lipp, stellt sie lässig vor «Please meet Richard Ford», Tischnachbar des Verlegers Gallimard, und ihr Toast gilt dem berühmten Maler Valerio Adami (der u. a. das Foyer des Théâtre du Châtelet ausgemalt hat). Inge Feltrinelli ist ein Kommunikationsgenie. Wenn Günter Grass ihr Diner-Gast ist, kann man sicher sein, auch Umberto Eco zu treffen, der als Tischdame möglichst Nadine Gordimer unterhält. Inge gibt keine mondänen «Partys» mit Zuckerfähnchen im Sorbet und kunstvoll gesteckten Blumenarrangements. Das bezaubernde Villadeati ist eher eine Schloßherberge für die «family», wie man einst in Amerika die Intellektuellen nannte; mit derselben Selbstverständlichkeit, mit der sie vor eine klappernde Tür einen dicken Bildband wirft oder Stromausfall mit Teelichtern kompensiert, gibt sie hier mal ein kleines Pasta-Essen für vier Schriftsteller wie das nächste Mal ein sich weit in den terrassierten Garten hinunter erstreckendes Fest für 27 internationale Verleger. Ihre wöchentlichen Faxe sind wie verzückendes Wetterleuchten aus einer mehr und mehr versinkenden Welt, in der noch Kultur, Freundschaft und gegenseitiger Respekt den Takt angaben: «Sah gerade in Rom Michel Krüger – läßt herzlich grüßen»; «Fliege morgen nach Berlin zu unserem Freund Wagenbach»; «Begleite Nadine Gordimer auf ihrer Tournée – sie erinnert sich noch an Deinen Besuch in Johannesburg»; «Roger Straus (der amerikanische Verleger) ist schwer krank, ich gebe in Frankfurt ein Abschiedsessen für ihn, Du mußt unbedingt dabei sein, Carlo – der meist Schweigsame – hält eine kleine Rede»; «Habe Deinen Artikel über X an sechs Freunde verschickt». Sie saust nach Paris, um einen sterbenden Freund zu besuchen, obwohl sie in Moskau mit Jewtuschenko verabredet ist und zwei Tage später eine Rede in Kuba halten muß. Wenn sie nicht gerade eine neue der inzwischen etwa 300 Feltrinelli-Buchhandlungen eröffnet. Das nämlich war eine weitere brillante Idee, die der Bob Dylan- und Joan Baez-Verehrer Carlo mit Vergnügen aufgriff: Da Italien kein so durchorganisiertes Sortimentersystem hat wie Deutschland, weite Landstriche des Südens mit Büchern gänzlich unversorgt sind – riefen die Feltrinellis eigene Buchhandlungen ins Leben (Carlo kaufte Bertelsmann die größte in der Mailänder Passage ab). Nur, daß das in unserem Verständnis nicht einfach nur Buchhandlungen sind, welche von den nicht unbedingt lesehungrigen Italienern kaum betreten würden; sie sind jeweils eine Mischung aus Espresso-Bar, Treffpunkt für junge Leute, Music-Shop, wo neben den Taschenbüchern ein Cello zum Verkauf steht und neben dem Stapel mit dem neuesten Bestseller auch CDs und DVDs zum Stöbern einladen. Die Philosophie dieses florierenden Unternehmens lautet, auf einen Satz gebracht: Wer Charlie Parker hören will, will vielleicht auch Toni Morrison lesen, und wer seiner Freundin eine «Stromboli»-DVD schenkt, packt eventuell noch eine Ingrid-Bergman-Biographie dazu. Der Ursprung zu diesem inzwischen recht strammen zweiten Bein des Verlages war so simpel wie Inges Vorliebe für Rollmops oder geräucherten Butt, schwebt sie mal in Kampen auf Sylt ein: Es wurden, wie auf dem Markt, öffentlich Bücher gegen Spargel aufgewogen – ein Kilo weiß Gedrucktes gegen ein Kilo grüne Stangen. Der Applaus in der Presse hallte wie sonst nur bei Barenboim in der Scala. Inge ist bei beiden Anlässen dabei. Sie ist ihre eigene Palette, den quicklebendigen, rötlich schimmernden Lockenkopf so voll bunter Phantasie, wie ihre todschicken Paillettenkleider, Pelzjacken, Federboas und Cashmere-Schals in den kühnsten Farben schillern; der eine Enkelsohn, mitgenommen in das Madrider Museum der Sammlung Thyssen-Bornemiza, sagte vor einem der besonders plakativen grellen Richard-Lindner-Bilder: «Aber das ist ja die Oma!»

Freunde nennen sie inzwischen Clara Zetkin. Denn nach so unzählig vielen Auszeichnungen der internationalen Verlagswelt, die sie vorbehaltlos als die «Queen of the Publishing Business» ansieht, wurde sie im Sommer 2008 mit dem Premio Europeo Carlos V ausgezeichnet, der in einem Kloster südlich von Madrid zum Gedenken an König Carlos V. verliehen wird, wo dieser sein Lebensende verbrachte. Ähnlich den Ritualen der Académie française ist derlei immer verbunden mit dem Namen eines bedeutenden Toten. Der Sitz von Inge Feltrinelli trug den Namen der Sozialistenführerin Clara Zetkin. Das Foto von der Zeremonie zeigt eine strahlende Frau im eng geschnittenen weißen Hosenanzug, hinter ihr applaudierend das spanische Herrscherpaar. Kloster, Könige, Sozialistin, Armani-Anzug: Schwerlich hätte man solche Kürzel erfinden können zur Charakterisierung dieser ungewöhnlichen Frau.

«DU. DIE ZEITSCHRIFT DER KULTUR»,
789 / September 2008

SPIEGELBILDER

«Ich bin nicht liberal – ich bin radikal»

Gespräch mit Nadine Gordimer

FRITZ J. RADDATZ: Ein Schriftsteller als Fremder im eigenen Land: Inwieweit berührt, versehrt die Situation sogar Ihr Schreiben, daß Sie im Ausland erfolgreich – spätestens seit dem Nobelpreis weltberühmt – und in Südafrika eher unbekannt sind; ein Autor außerhalb, zumindest neben seiner Gesellschaft?

NADINE GORDIMER: Darf ich erst einmal die generelle Situation erklären, was Schriftsteller, Leser, den Büchermarkt in Südafrika betrifft; schwarze wie weiße Autoren gleichermaßen. Wir sind weniger als vier Millionen Weiße in einer Bevölkerung von etwa sechsunddreißig Millionen. Die Weißen – zu denen ich gehöre – haben von Beginn an bis heute eine weit bessere Erziehung genossen: Dennoch lesen sehr wenige von ihnen das, was Sie und ich unter Literatur verstehen. Damit sind erst einmal die englischsprachigen Weißen gemeint. Viele Weiße, vor allem aber ein hoher Prozentsatz der Schwarzen wie der Farbigen sind nicht eigentlich englischsprachig; Englisch ist für sie eine Fremdsprache, die sie als Zweit- oder Drittsprache erlernen. Die südafrikanische Literatur – gleich ob von Schwarzen oder Weißen geschrieben – ist aber fast ausnahmslos auf Englisch verfaßt.

FJR: Heißt das, daß auch die jüngeren schwarzen Autoren in Englisch schreiben, gleichsam in der Sprache der Kolonialherren, wie algerische Schriftsteller – Mohammed Dib etwa – französisch schrieben?

GORDIMER: Sie schreiben ausnahmslos englisch – darunter einige sehr, sehr gute Schriftsteller: Es'kia Mphahlele, Njabulo Ndebele, Mbulelo Mzamane, Bloke Modisane, Mtutuzeli Matshoba. Es sind literarische Repräsentanten ihres Volkes – aber kaum einer in diesem Volk kann sie lesen, weil die Englischkenntnisse der Bevölkerungsmehrheit zu rudimentär für ernsthafte Literatur sind.

FJR: Eine Irrsinnssituation: Böll von den Deutschen kaum gelesen, Sartre kaum von den Franzosen und Hemingway nur in Ausnahmefällen von Amerikanern. Besonders verquer für Sie – Sie stehen doch mit allem, was Sie schreiben, ob Romane, Kurzgeschichten oder Essays, deutlich in der Tradition der europäischen *littérature engagée.* Was richtet das in Ihnen an, wenn Sie zugleich wissen, kaum einer liest Sie in Südafrika?

GORDIMER: Sie werden schockiert sein: gar nichts. Es macht mir nichts. Ich denke beim Schreiben nie: Wer wird das lesen? Das wäre für jeden Schriftsteller fatal, es verkrümmt die Feder. Man scheute entweder «zu komplizierte» Konstruktionen oder biederte sich künstlich der Plattheit an. Ich schreibe so, wie ich fühle, daß ich schreiben muß.

FJR: Aber Sie sind doch eine sehr politische Schriftstellerin, Ihr Werk hat seine Wurzeln in diesem Land und schneidet zugleich rasiermesserscharf in seine Verwucherungen. Die Lakonie vieler Ihrer Erzählungen hat oft die Gebärde der Predigt.

GORDIMER: Dem möchte ich energisch widersprechen. Ich bin kein Prediger. Ich zeige Charaktere, Zustände, Verhaltensweisen. Ich zeige, daß ein guter Revolutionär privat ein Schweinehund sein kann, ein Freiheitskämpfer ein Ehebrecher und ein aufrechter Gegner der Apartheid ein Lügner. Ich predige nicht, ich zeige Menschen in ihrem Anstand und ihren Verfehlungen …

FJR: Genau das tut der Priester, wenn er ein guter Prediger ist – um mehr Anstand und weniger Verfehlung zu erbitten, gar zu fordern.

GORDIMER: Gut, dann sind alle Schriftsteller Prediger – Flaubert, Kafka, Beckett. Die Frage – Ihre Frage – war ja, ob wir dann Prediger in der Wüste sind; vor allem wir hier in Südafrika. Nur bedenken Sie, daß wir – geradezu eine verquere Dialektik – wiederum durch den Umstand, in der Weltsprache Englisch zu schreiben, durch ebendiesen Umweg viel Wasser in die Wüste leiten konnten. Wenn irgend jemand in Amerika oder England begriffen hat, was Apartheid *wirklich* bedeutet – dann weil da ein Stück von Athol Fugard gespielt, dort ein Essay von Breyten Breytenbach oder eine Erzählung von mir gedruckt wurde. Das Fernsehen konnte das nicht. Da sieht man Straßenschlachten, zerbombte Häuser, brennende Ortschaften und Tote. Es ist eine Information, die durch die der nächsten Minute gleichsam gelöscht wird – durch irgend etwas über Gorbatschow, Rio de Janeiro oder die deutsche Einheit. Ich nenne es die Desinformation durch Information. Nur wir Schriftsteller können Entwicklungen zeigen, das Entstehen gesellschaftlicher Deformation oder individuellen Versagens. Der kriminelle Wahnsinn der Apartheid ist nicht durch einen Zeitungsartikel begreifbar zu machen; eher durch einen Roman, eine Erzählung – weil die Nachricht die menschliche Dimension nicht liefern kann.

FJR: Sie produzieren diese Dimension, aber «liefern» können Sie sie auch nicht, weil es kein «Lieferantensystem», ich meine: Vertriebssystem gibt.

GORDIMER: Richtig. Ein schauerlicher Circulus vitiosus. Athol Fugards Stücke waren zwar nie verboten, aber wer konnte die sehen? In den schwarzen Townships gab es überhaupt keine Theater. In Soweto mit seinen vorsichtig geschätzten drei Millionen Einwohnern gibt es sechs – Sie haben recht gehört: sechs – kleine Büchereien. Geld zum Kaufen von Büchern hat dort kein Mensch. Wo soll da eine «Lesekultur» in diesem Land herkommen? Das Verlags- und Buchhandelswesen ist in einem deplorablen Zustand. Die großen Buchhandelsketten verkau-

fen nur Airport-Bestseller. Was Sie und ich unter Büchern verstehen, bieten die gar nicht an. Vielleicht ein oder zwei schmale Taschenbücher von südafrikanischen Schriftstellern, aber sie tun nichts für deren Verkauf, sie bestellen vielleicht sechs Exemplare. Die wenigen unabhängigen Verlage, die unsere Literatur verlegen, sind winzige Unternehmen, und die großen englischen Häuser – wie Oxford University Press oder Longmans –, die sich mit ihrem südafrikanischen Engagement brüsten, haben mit dem Druck und Verkauf der staatlich verordneten (und zensierten) Schulbücher ein Vermögen gemacht; aber Literatur haben sie nicht mit Handschuhen angefaßt. Das ist eines der Hauptprobleme des südafrikanischen Schriftstellerkongresses wie des ANC – in beiden arbeite ich mit, wie Sie wissen: Ausbildung und Bildungssystem zu ändern.
FJR: Wenn man hier mittags die Schüler in ihren feinen Uniformanzügen und die Schülerinnen in ihren adretten Kleidchen mit Kniestrümpfen, Schnallenschuhen und Haarspangen aus der Schule kommen sieht, dann wirkt das auf leicht lächerliche Weise intakt.
GORDIMER: Ein Überbleibsel aus der englischen Kolonialzeit; übrigens tragen auch die schwarzen Schüler Uniform. Nur kann das nicht das totale Chaos des Schulsystems für Schwarze wegkostümieren. Das ist für Mandela und für uns alle im ANC vielleicht das schwierigste Problem: zuwenig Schulen, zuwenig Klassenräume, zuwenig Lehrer.
FJR: Und *in* den Schulen blutige Kämpfe …
GORDIMER: Das wollte ich gerade sagen. Die Schüler sind hochgradig politisiert. Sie haben die Unterdrückung bekämpft, indem sie einen ihrer Apparate – eben die Schule – bis zur Zerstörung bekämpft haben: den Unterricht boykottiert, die Schulbücher verbrannt, die Lehrer attackiert, die Gebäude besetzt. Das einzige, was dieses ganze System sie gelehrt hat, war Gewalt – und sie haben *ihre* Gewalt dagegengesetzt. Wie soll man diesen

Kindern und Jugendlichen beibringen: Von jetzt an (nehmen wir mal an, «jetzt» heißt eine ANC-Regierung) muß einem Curriculum gefolgt, einem unbeliebten Lehrer gehorcht, ein Pensum gelernt werden? Von nun an gelten eure Methoden der (Gegen-)Gewalt nicht mehr? Es ist eines der größten Probleme des Landes.

FJR: Wie wollen Sie das lösen, wenn Sie sich zugleich als radikal, nicht liberal bezeichnen? Für unsere Begriffe hat Radikalismus stets nur neues Unrecht, gar neue Gewalt gezeugt und haben nur die behutsameren, langsameren Veränderungen des Liberalismus Fortschritte gebracht.

GORDIMER: Nein, ich bin nicht liberal. Ja, bin radikal. Liberal sind Herr de Klerk und seine Nationale Partei. Er will ein bißchen Reform, weist zugleich entgeistert jeden Gedanken an Verstaatlichung von sich – unbeirrt von der Absurdität, daß achtzig Prozent des Landes und seines Reichtums in den Händen der winzigen weißen Minderheit sind. Eine groteske Proportion. Sie wollen da ein bißchen Kosmetik – aber auf keinen Fall die Macht dem Volke. Ich will diese kleinen Veränderungen als Reparatur am System nicht. Ich will ein vollkommen anderes System.

FJR: Sie meinen damit Regierung *und* Wirtschaft?

GORDIMER: Ja. Für alles andere ist es zu spät. Das hätte vielleicht vor vierzig Jahren funktioniert. Deswegen bin ich ja Mitglied des ANC und gehörte schon zum radikalen Flügel, als der noch verboten war. Was übrigens noch immer nicht sehr populär ist, als Weiße zum ANC zu gehören; viele meiner Freunde finden, daß das nun doch zu weit gehe.

FJR: Könnte das damit zusammenhängen, daß der ANC noch immer stark kommunistisch geprägt ist? Für jemanden aus Europa, wo dieses ganze Gebäude nun unter großem Getöse zusammengekracht ist und die ehemaligen Missionare der verstaatlichten Wirtschaft um Kredite und Schuldenerlaß beim

Kapitalismus antichambrieren, wirken beispielsweise diese Verstaatlichungskonzepte lächerlich, altmodisch; außerdem funktionieren sie erwiesenermaßen nicht.

GORDIMER: Sie müssen erst einmal Impulse und Konzepte auseinanderhalten. Der Impuls ist, daß in ganz Afrika, und speziell natürlich in Südafrika, Klassenkampf Rassenkampf war und ist. Der Kapitalismus ist hier weiß – also ist der Kampf gegen das System der ungerechten weißen Vorherrschaft automatisch ein Kampf gegen den Kapitalismus. Alles, was sich anders nennt, ist für einen jungen Schwarzen – der ja auch nach dem Referendum noch immer wenig soziale Chancen hat – das Paradies.

FJR: Der Impuls ist begreiflich. Das Konzept – und Nelson Mandela reist durch die Welt und verkündet das als Konzept – nicht. Warum soll bei Ihnen funktionieren, was im Riesenreich Sowjetunion und seinen europäischen Satelliten nicht funktioniert hat?

GORDIMER: Sie müssen zum einen verstehen, daß alle antikolonialistischen Freiheitsbewegungen ein Amalgam aus Gandhismus und Sozialismus sind; und daß zum anderen auch Nelson Mandela wie seine Berater sich verändern, gedanklich neue Konzepte durchprobieren. Er hat kürzlich in den USA schon ganz anders gesprochen als zuvor in Interviews mit europäischen Zeitungen. Alles, was wir wissen, ist: Es muß eine vollständige Umverteilung der materiellen Güter stattfinden.

FJR: Und alles, was unsereins sich fragt, ist: Wie viele und wie hochrangige und wie einflußreiche kommunistische Berater hat Mandela, die ihm veraltete und falsche Modelle dafür anempfehlen?

GORDIMER: Es sind wenige. Auf diese wenigen hört er.

FJR: Das finden Sie richtig?

GORDIMER: Ja, das finde ich richtig.

FJR: Sie würden auch auf diese Leute hören?

GORDIMER: Ja.
FJR: Sie ganz persönlich?
GORDIMER: Ja. Liehe Mandela sein Ohr lediglich Mr. de Klerk und seinen Liberalen, so fiele er in Reformbestrebungen zurück, statt die Gesellschaftsstruktur vollständig umzukrempeln. Und Sie müssen die Sache auch noch unter einem anderen Blickwinkel betrachten. Wenn die Leute sich in diese Vorwurfshaltung «Woher Mandelas Allianz mit der South African Communist Party» hineinmanövrieren, dann muß man daran erinnern: Wer hat die ANC-Leute denn versteckt, bewaffnet, unterstützt, als sie verboten war? Der Westen hat ihnen keinen Penny gegeben. Der Westen hätte nicht mit einem von ihnen auch nur geredet. Nicht der amerikanische Präsident, nicht der englische Premier, nicht der deutsche Bundeskanzler. Niemand. Von niemandem und nirgendwo kam Hilfe für den Befreiungskampf.
FJR: In meinen Ohren klingt das wie die vielbeschworene antifaschistische Allianz mit Moskau, während der man die Augen vor den Moskauer Prozessen verschloß; schließlich führte es zu einer Art Verklärung. Verklärt sich diese ANC-Dankbarkeit für vergangene Hilfe?
GORDIMER: Nur, daß sie im doppelten Sinne «vergangen» ist. Die Dinge haben sich doch vollständig verdreht: Es gibt keine Sowjetunion mehr, keine sowjetische Hilfe – weder für die hiesige kommunistische Partei noch für das früher helfende Kuba. Es kann also auch keine diabolischen Ränke für eine kommunistische Machtübernahme in Südafrika geben; nur die äußerste Rechte malt dieses Schreckgespenst noch an die Wand. Derweil die russischen Delegationen nun von der Regierung auf dem roten Teppich am Flugplatz geküßt werden; und all die Professoren, Schriftsteller, Journalisten im Gefolge – die noch vor zwei Jahren Beelzebub und die rote Gefahr waren – besuchen die offiziellen Parties, aber meiden jeden ANC-Kontakt. Ganz gele-

gentlich verirrt sich mal einer zu mir. Sie sprechen nicht mehr mit ihren ehemaligen Genossen, sie sprechen mit der Regierung, die sie früher verketzert hat. Sie sehen: eine äußerst drohende kommunistische Gefahr.

FJR: Gab oder gibt es noch einen starken marxistischen Einfluß bei den südafrikanischen Intellektuellen?

GORDIMER: Ja, den gab es, und viele sind noch immer überzeugte Marxisten, ähnlich Christen, die ihrem Christentum nicht wegen Mißbrauchs einer korrupten Priesterkaste abschwören mögen. Ich selber bin der Meinung, daß vieles an den Ideen von Marx oder Lenin bemerkenswert war, wie an denen der Französischen Revolution oder von 1848. Zugleich weiß ich natürlich, wie sehr Macht korrumpiert und daß, bei allem Idealismus, die menschliche Natur wohl schwerlich zu ändern ist. So schwanken wir hier alle zwischen hochfliegenden Ideen – etwa: Jedem sein eigenes Haus, aber kein Privatbesitz an Grund und Boden – und eher so pragmatischen Zielen wie der Möglichkeit, daß ohne Ansehen der Hautfarbe jeder wohnen kann, wo er will.

FJR: Aber Sie wohnen selber, alarmanlagengeschützt, in einem privilegierten Villenviertel, wo offensichtlich kein Schwarzer wohnt, wohnen kann oder darf.

GORDIMER: Doch, hier in dieser Gegend geht das, und Schwarze – es gibt auch wohlhabende, sogar einige reiche Schwarze – haben hier schon Häuser gekauft. Das ginge nicht auf dem flachen Land.

FJR: Man sieht ohnehin allenthalben viel Reichtum – oder ehemaligen Reichtum? – im ganzen Land: prachtvolle Villen in parkähnlichen Gärten in Constantia bei Kapstadt oder wunderbar gepflegte Weingüter um Stellenbosch oder luxuriöse Apartmenthäuser am Indischen Ozean in Durban. Hatte der Boykott keinen Effekt?

GORDIMER: Er hatte enorme Wirkung. Man muß feststellen,

daß rein kapitalistisches Kalkül umschlug in moralisch politische Qualität. Mr. de Klerk hat nicht nachgegeben, und ein großer Prozentsatz der *Yes*-Wähler beim Referendum hat nicht so gestimmt aus humanitären Gründen, sondern weil die Wirtschaft ruiniert war, die Inflationsrate fünfzehn Prozent betrug; noch zwei Tage vor dem Referendum bangte der Verband der Obst-Exporteure um das *yes*: Nicht weil sie Mandela oder den ANC lieben, sondern weil bei einem *no* 85 Prozent ihrer Ernte nicht exportierbar gewesen wären. Dieses eine Mal wenigstens haben Wirtschaftssanktionen funktioniert; nie wäre Mandela freigekommen, nie hätte de Klerk sich an irgendeinen Verhandlungstisch gesetzt, wenn die Sanktionen nicht tief ins Fleisch geschnitten hätten. *Big business* – von Gold über Diamanten bis zu Zeitungsverlagen – bangte natürlich nicht um das Schicksal der Schwarzen in den Townships, aber um seine Absatzmärkte, seinen Profit. Kapital hat kein Gewissen, aber es will Gewinn.

FJR: De Klerk scheint mir ein Gorbatschow Südafrikas oder – wenn man noch weiter in die Geschichte zurück will – eine Art Mirabeau; der eine wollte sowenig die Französische Revolution (sondern einen reformierten Royalismus), wie der andere nicht die Auflösung der Sowjetunion, sondern einen reformierten Kommunismus wollte. Es gibt aber Augenblicke in der Geschichte, zu denen sich ein System nicht mehr reformieren läßt – die Reformer schaffen sich selber mitsamt der Gesellschaft ab. Was folgt, ist meist das Chaos. Droht dieses Chaos in Südafrika, werden die militanten Weißen, die bereits eine beträchtliche Privatarmee aufbauen, sich einer aus dem *one-man-one-vote*-Mechanismus hervorgegangenen schwarzen Regierung unterwerfen?

GORDIMER: Das ist sehr, sehr schwierig. Sie brauchen nicht mal diese Privatarmeen – die reguläre genügt schon, und die Polizei dazu. Wir haben keinen Juan Carlos – aber wir können leicht einen rechten Putsch der Armee haben. Es laufen hier verschiedene historische Prozesse ineinander. Erst kürzlich konnte Andries Treurnicht mit einem Anschein von Recht erklären, daß de Klerks Politik allen modernen staatlichen Entwicklungen zuwiderlaufe, wie man an Osteuropa und den GUS-Staaten sehe: Der Trend gehe weg von multikulturellen Großgebilden, die divergierende Völker, Sprachen, Kulturen, Religionen, Traditionen zusammenfaßten, und hin zu kleinen, quasi «reinen» nationalen Einheiten; also: vorwärts in die sechziger Jahre.

FJR: Was mich wundert: daß ich nie je in irgendeiner südafrikanischen Zeitung so ein Gespräch mit Ihnen las. Sind Sie Teil dieses Landes – im Ausland gar als Repräsentant angesehen – und zugleich ein Fremdkörper?

GORDIMER: Sie müssen die Position von Menschen wie mir sehr genau verstehen: Sie sind von den Schwarzen total akzeptiert – und werden von den Weißen gehaßt. Als ich nach der Nobelpreisverleihung zurückkam, war eine riesige Menschenmenge am Flugplatz, sie hupten, schwenkten Spruchbänder; es waren – nicht nur Desmond Tutu – alles Schwarze und vier enge persönliche weiße Freunde. Das ist meine kuriose Position – ich bin eine Weiße, aber ich gehöre nicht zu den Weißen; die lehnen mich ab.

FJR: Kein Telegramm von de Klerk nach dem Nobelpreis, kein Interview im Fernsehen, keine Aufmacherstories auf den ersten Seiten der Zeitungen?

GORDIMER: Nichts, absolut nichts dergleichen. Kein Telegramm, kein Gruß, kein Interview – eine Notiz auf Seite drei, glaube ich.

FJR: Sie sind ein weißer Neger. Aber Sie würden, da eben weiß, *doch* auf der Straße überfallen und ausgeraubt, gingen Sie in der Innenstadt von Johannesburg spazieren; man sieht Ihnen ja nicht an, wofür Sie stimmen.

GORDIMER: Das werden Schwarze auch. Sie dürfen das nicht durcheinanderbringen – für einen Schwarzen ist es genauso gefährlich, am Freitag mit seinem Wochenlohn in der Tasche durch die Stadt zu bummeln. Das ist Kriminalität – und ich stimme nicht für Raub, Überfall und Mord. Ich stimme gegen die Ursachen, die zu dieser Kriminalität geführt haben: Apartheid, Arbeitslosigkeit, schlechte Ausbildung, Unterdrückung, Vertreibung.

FJR: Sie stimmen dagegen, sozusagen mit Ihren Büchern. Aber in denen schildern Sie doch gerade die Kalamität der gutmeinenden privilegierten Weißen, die nett zu ihrem schwarzen Personal sind, mit der Nanny schon mal einen Tee trinken und dem Gärtner freigeben, wenn seine Mutter krank ist.

GORDIMER: Sie sprechen von meinen früheren Büchern.

FJR: Nein, ich spreche von allen Ihren Büchern, Romanen wie Erzählungen, den jüngst in Deutschland erschienenen. Ich spreche von Ihrer Literatur und Ihrer Existenz.

GORDIMER: Aber Sie beschreiben die liberale Position, all dies Gehabe, das wir als *bring-a-bottle-and-a-black*-Getue irgendwelcher Party-Damen verlachen; und der Kleine vom schwarzen Boy darf auch mal in den Pool. Das ist nicht meine Haltung. Es geht darum: Wer hat einen Verfolgten vor der Polizei versteckt; wer hat Papiere durch die Zollkontrolle geschmuggelt; wer hat sein Auto als Kurier gefahren – wer ist Risiken eingegangen, hat öffentlich eine verbotene Bewegung unterstützt, hat selber Haft und manchmal sein Leben riskiert. Das ist nicht die Ebene von Tee und Plätzchen; und es ist übrigens auch nicht die Ebene von «Wer hat das größere Haus». Meine Freunde vom ANC interessiert nicht mein Haus, sondern was ich *tue*. Da sind eure europäischen Ideen: Wenn du die und die Gesinnung hast, dann verkauf dein Haus und arbeite als Kellnerin; dann darf Nelson Mandela nicht in einem anständigen Haus leben. Aber niemand hier will, daß ich als Kellnerin arbeite, und jedermann akzeptiert, daß ein Staatsmann für seine Arbeit, seine Besprechungen, seine Gäste ein entsprechendes Haus braucht.

FJR: Ich will keine Kellnerin Nadine Gordimer. Aber ich frage die Schriftstellerin Nadine Gordimer: Ist es nicht «per Beschluß», durch eine – wie immer ehrbare – *Entscheidung* herbeigeführte Solidarität? Dasselbe Leid zu *erleben* und sich Leid vorzustellen, das bleiben zwei verschiedene Vorgänge. Darf ich eine kleine Geschichte erzählen: Ich war sehr befreundet mit James Baldwin. Eines Abends aßen und tranken wir mit einem gemeinsamen Kollegen, einem deutsch-jüdischen Schriftsteller; der erzählte, wie *er* – schon emigriert – illegal noch einmal mit der Bahn durch Nazideutschland reiste. Baldwin reagierte mit nur fünf Worten: «I couldn't have done it» – er wäre, illegal als Schwarzer durch Alabama fahrend, eben erkannt worden.

GORDIMER: Aber niemand erwartet, daß man dasselbe Leid *erlebt*; Leid kann man nicht teilen, niemand kann es, und ich prätendiere das überhaupt nicht. Sie haben das Wort «vorstellen» benutzt: Das ist doch die Kraft des Schriftstellers – die Imagination, es sich vorzustellen. Es ist offensichtlich, ich habe nie in Soweto gelebt. Aber Tolstoi war auch kein Bauer, vielmehr ein reicher Großgrundbesitzer. Man kann nicht zwanzig Leben leben, und man kann seine Klasse nicht wechseln.

FJR: Die Klasse vielleicht, die Rasse nicht.

GORDIMER: Sie scheinen mir von diesem Gedanken besessen. Ich sehe es ganz anders. Man geht durch viele Stadien. Anfangs hat es etwas Paternalisierendes; ich habe – in diese Situation hineingeboren – früher stets Sorge gehabt, Schwarze durch Freundlichkeit zu beleidigen. Wird man selber sicherer, kennt man sich selber besser, dann ist es auch viel leichter, einen anderen zu kennen. Es ist vielleicht mehr eine Sache von Erfahrung als von diesem «Beschluß», von dem Sie sprachen. Es ist wie das Häuten einer Zwiebel, noch eine Schicht und noch eine Schicht von diesem Bewußtsein «Ich bin weiß, du bist schwarz» abzuschälen. Das geht nicht über Nacht.

FJR: Wie lange haben Sie gebraucht?

GORDIMER: Mein ganzes Leben.

DIE ZEIT, 23/29.5.1992

«Ich bin über mich tief enttäuscht»

Gespräch mit Saul Bellow

FRITZ J. RADDATZ: Roman oder *biographie romancée?* Ihr amerikanischer Verleger spricht in der Werbung für «Ravelstein» von Roman, aber der Autor – sofern er verantwortlich ist für die Titelseite – nicht; da taucht kein Genre-Begriff auf.
SAUL BELLOW: Ich habe nie von einem Roman gesprochen; allerdings gerät mir alles, was ich schreibe, zu einer Art Roman. Entscheidend ist nicht das Entstandene, sondern das Entstehen, der Prozeß des Schreibens. Ich zitiere gerne den Satz, den Alberto Moravia einmal zu mir sagte: «Romane sind immer ein Stück des eigenen Lebens.»
FJR: Gewiß – von Tolstois «Anna Karenina» bis zu Thomas Manns «Buddenbrooks» gab es Portrait-Gemmen, beleidigte Lübecker Senatorenwitwen und klatschsüchtige russische Großfürstinnen, die Literatur als Gesellschaftsspiel «Wer ist wer?» mißlasen. Auch Ihr Erfolgsroman «Herzog» teilte dieses Schicksal. Doch mir scheint, das bekommt im Augenblick eine neue Dimension des Abziehbilds – Susan Sontag schreibt den Roman einer polnischen Schauspielerin, Mario Vargas Llosas neues Buch portraitiert den Diktator Trujillo, Filme illustrieren «Vorgaben», ob Billie Holiday, Marlene Dietrich oder Karajan.
BELLOW: Vielleicht liegt das auch am mediengeprägten Publikum, das auf komische Weise «Akkuratheit» verlangt, Nachprüfbares, eine Art technische Zuverlässigkeit. Für mich, für den Schriftsteller, liegt die Sache anders: Gewiß, ich war mit Allan Bloom befreundet, er hat mich sogar gebeten, einmal seine Biographie zu schreiben – aber das Eigentliche war für mich, einen in sich stringenten, narrativen Text herzustellen; der dann

gleichsam von sich aus eine Figur schafft. Mein Ehrgeiz ist nicht, einen Scherenschnitt anzufertigen. Meine Ambition ist bescheidener: aus Splittern der Welt eine eigene Welt zu schaffen. Im Fall Allan Bloom hat mir das sehr zu schaffen gemacht, zumal seine Homosexualität. Ein wenig nehme ich mir dies postume Outing immer noch übel; aber schließlich gehörte es zu seiner Persönlichkeit.

FJR: Was ist so furchtbar daran, homosexuell zu sein?

BELLOW: Gar nichts, nicht für mich. Aber die Gesellschaft reagiert noch immer wie auf den Warnruf «Lepra». Doch es ist ja auch ein Buch über die provokanten Thesen dieses Mannes.

FJR: Sie – der Sie einen Saul-Bellow-Biographen mit dem Satz: «Sie bringen Facts und Fiction durcheinander» zurechtwiesen – sind also der Architekt dessen, was wir «Ideenroman» nennen?

BELLOW: Hochinteressante und sehr europäische Frage. Dieser Begriff des «Kulturellen» – meine russischen Eltern sprachen immer von *culturnij* – ist dem Amerikaner fremd, auch dem dank guter Universitäten gebildeten Amerikaner; er hat keinen Geschmack an *culturnij*. Auch mir ist das oft als Angeberei verdächtig.

FJR: Nun ist ja Ihr «Ravelstein» alias Bloom ein wahrer Bildungsprotz, das Buch eine Tour d'horizon zwischen Nietzsche, Heidegger, Homer und Dostojewskij: Wo ist da der verdächtigende Autor Saul Bellow? In früheren Gesprächen haben Sie auf die Frage «Fühlen Sie sich als Amerikaner?» höchst zögernd geantwortet – ja, nein, ich weiß nicht, manchmal ja, manchmal wieder fühle ich mich nur als Jude, keineswegs als Amerikaner.

BELLOW: Sie kommen sehr schnell auf den schwierigsten Punkt. Bleiben wir noch einen Moment beim Schreiben. Sehen Sie, diese Fasziniertheit von Ideen – gar Ideologien – stößt mich ab. Natürlich weiß ich, daß Thomas Mann ein begabter Schriftsteller war; aber dieses intellektuelle Gehabe, dieses aufgeblähte Sich-wichtig-Machen etwa im «Zauberberg» hat das Buch ertränkt, es ist überladen.

FJR: Hängt das auch mit der Verantwortlichkeit des Schriftstellers gegenüber der Gesellschaft zusammen? Europäische Romane sind ja oft kleine Belehrungsexerzitien. Sie leugnen stets diese Rolle des Schriftstellers – aber jeder Schreibende, auch Saul Bellow, ist doch Teil und zugleich Ferment seiner Gesellschaft? Ein Widerspruch?

BELLOW: Wenn Sie auf so etwas wie Kulturpolitik hinauswollen: Das lehne ich strikt ab. Das hat nichts mit Kunst, mit Literatur zu tun. Dieser Kram mit «Kritiker der Gesellschaft» ist der Kunst äußerlich, ist Kultur-Technik – die Franzosen nennen es *quincaillerie* –, eine Art Kartoffelschälmaschine. Amerikaner sind resistent dagegen. Deswegen ist es schwer, darüber zu diskutieren.

FJR: Dann bin ich europäisch-hartnäckig. Immerhin behandelt «Ravelstein» einen Pädagogen, jemanden, der den Kulturverlust Amerikas beklagt, wenn schon kein Ankläger, dann doch ein gut Stück Prediger. Ein Schriftsteller nimmt doch bereits durch die Wahl seines Sujets Stellung?

BELLOW: Erlauben Sie mir, etwas ausführlich zu werden. Für mich war Bloom kein intellektueller Held, kein Kämpfer für mehr Mallarmé oder weniger Sigmund Freud. Für mich ist er eine Trophäe, die man liebt. Ein Charakter mit unendlich vielen Facetten, der seinen Homer so gut kannte wie das Hotel Crillon, der die französischen Symbolisten so liebte wie die französische Haute Couture, der in Kultur so vernarrt war wie in die Knaben, die er auf den Straßen von Paris aufgabelte. Eine unendlich schillernde Persönlichkeit – vollkommen ideal, um die unsinnige These vom Tod des Romans zu widerlegen. Denn nur der Mensch ist interessant, romanfähig sozusagen. Und wenn wir von der Dehumanisierung unserer Welt sprechen, dann meinen wir in Wahrheit das Verschwinden des Menschen. Der

Verfall des Romans ist der Verfall des Humanums, der Persönlichkeit. Der Erfolg des Buches bei den Lesern zeigt, daß das Interesse am außergewöhnlichen Charakter nur brachliegt, verschüttet ist, geweckt werden kann. Bloom war ein gebildeter Mann, aber er war vor allem ein Virtuose des Lebens. Er haßte Angeberei und intellektuelles Getue.

FJR: Und sein Biograph? Nach zahllosen Ehrungen, vielen Ehen, junger Vater mit 85 Jahren, Lebensvirtuose und Beargwöhner des Intellektualismus?

BELLOW: Ich habe nichts gegen eine Bildungsgesellschaft – wenn sie sich formt aus echten Intellektuellen. Aber auf einen von ihnen kommen tausend Wichtigtuer.

FJR: Sind Europäer für Sie intellektuelle Wichtigtuer? Und glauben Sie – trotz Ihres Widerwillens, «Gewissen der Nation» zu sein –, irgendeinen Einfluß zu haben, oder bleiben Sie bei einer früheren Äußerung: «Niemand braucht uns, niemand liest uns, niemand kennt uns»?

BELLOW: Die zweite Frage zuerst: Ich weiß es nicht. Wenn Sie heute in einen kleineren Ort, sagen wir, des amerikanischen Mittleren Westens, kommen, werden Sie erstaunt sein, wenn Sie die Ausleihfrequenz der öffentlichen Bibliotheken sehen, von Walt Whitman zu Marcel Proust. Wer liest das alles? Einerseits beklage auch ich, daß unsere Universitäten versagt haben, daß nur etwa ein zehntel Prozent unserer Bevölkerung sich für Literatur interessiert; andererseits: Das sind zirka 250 000 Leser – das hatte kein Flaubert und kein Fielding. Doch wie wird es verdaut? Vielleicht wie die Missionare von den Wilden verdaut wurden? Aber ich kenne niemanden hierzulande, der sagte: «Wir sind das Land eines Walt Whitman.»

Womit wir bei Ihrer ersten Frage sind. Ich kann da keine generell gültige Antwort, nur meine persönliche Meinung geben. Ich mißtraue dieser angeberischen europäischen Kulturbeflissenheit und glaube kein Wort des jeweiligen *épicier*. «Ich kenne meinen Rousseau und meinen Diderot»; ich sehe vielmehr, daß all diese Bücher wenig in den Menschen bewirkt haben. Da Sie aus Deutschland kommen: Sie selber glauben doch nicht im Ernst an dieses Bramarbasieren: «Wir sind das Land Beethovens und Goethes» – und dann machten sie zwei Weltkriege. Sie kannten jede Dame in Goethes Leben – und fielen über die Welt her. Vergessen Sie nicht: Sie sprechen mit einem Juden. Ich habe ein sehr gutes Gedächtnis, ein jüdisches Gedächtnis.

FJR: Es waren besonders die jüdischen Einwanderer – Sie haben mal gesagt: «Ich danke diesem Land» –, die progressive Ideen nach Amerika brachten, die Jahre, manchmal Jahrzehnte hindurch dem Marxismus anhingen. Auch Sie waren als junger Mann Marxist. Wann und warum brachen Sie?

BELLOW: Eine jiddische Sequenz variierend, könnte ich sagen: «Der Marxismus ist eine ausgelutschte Eierschale.» Etwas ernster könnte ich mit dem Satz eines Kollegen antworten: «Wer vor seinem 30. Lebensjahr kein Marxist ist, hat kein Herz; wer nach seinem 30. Lebensjahr Kommunist ist, hat keinen Verstand.» Als sehr junger Student näherte ich mich dem Marxismus, fand aber sehr schnell heraus, daß ich kein *party liner* bin. Das werfe ich zum Beispiel Sartre vor, dieses Geschwätz damals von der großen Sowjetunion, ohne die wir alle nicht überleben könnten, die wir unterstützen müssten, ohne deren Variante des Marxismus wir verloren wären – all das nach dem Krieg, ohne die Verbrechen des Stalinismus auch nur zu erwähnen.

FJR: Nach einem Krieg gegen Hitler, der immerhin ohne die Sowjetunion nicht gewonnen worden wäre; dieser Zwiespalt war ja Gegenstand der Debatte zwischen Sartre, Camus und Merleau-Ponty.

BELLOW: Ich gebe keinen Pfifferling auf eine intellektuelle Debatte, die derart kindische Idiotien produziert. Als Romancier prägen sich mir Bilder ein. So erinnere ich mich an einen Auftritt von Arthur Koestler im Chicago der ersten Nachkriegsjahre, bei dem jemand aus dem Publikum ihn fragte, wie er seinen Tag verbracht habe; er antwortete, er sei an den Hafen gegangen, um den streikenden Werftarbeitern, damit der Arbeiterklasse der Welt, seine Solidarität zu bekunden, «und» – rief er ins Publikum – «niemanden von Ihnen habe ich dort gesehen». Der bare Unsinn.

FJR: Links ist ja nicht nur eine politische Plakatparole, es kann auch ein ästhetisches Prinzip sein. Das hat Ihr Kollege John Updike einmal so gefaßt: «Bellow glaubt an die Seele, er ist einer der ganz wenigen, bei deren Lektüre wir miterleben, wie die Mimesis eine Schicht oder zwei tiefer geht als je zuvor.» Zugleich wird immer wieder der Satz von Ihnen kolportiert: «Wirklichkeit – das ist, was ich hinterher in meine Bücher einmontiere.»

BELLOW: Wenn ich das gesagt habe, muß ich nicht bei Sinnen gewesen sein. Da das Erinnern eine der Schubkräfte meines Schreibens ist – die andere ist das Aufladen geringfügigster Einzelheiten mit einer Art emotionaler Elektrizität –, erinnere ich mich, daß ich als Zwölfjähriger ein Stück von George Bernard Shaw sah und schockiert war über eine Sequenz, in der es etwa hieß: Zuerst mache ich ein Stück, und dann füge ich ein paar Gedanken hinzu. Ich bin schließlich kein Unterhaltungsschriftsteller, fühle mich im Gegenteil in dieser Welt der Soap-Operas und der Nachrichten, die keine mehr sind, überunterhalten. Wissen Sie: Ich bin ein Einzelgänger, ich habe keine Theorie, ich folge keiner Linie, ich mache mich zu niemandes Narren, und ich halte den Sturm aus, den manche meiner Äußerungen auslösen.

FJR: Sie denken an den Skandal über Ihre Bemerkung des Jahres 1988: «Wer ist denn der Tolstoi der Zulus, wer der Proust der Papuaner?»

Bellow lacht.

FJR: Stürme, Erfolge, Katastrophen, kürzlich eine lebensgefährdende Erkrankung – vielleicht ist es nicht indiskret, wenn ich jemanden in Ihrem Alter frage: Worin glauben Sie versagt zu haben, worüber würden Sie, am Ende Ihres Lebens, sagen: «Schade, es war vergebens»?

BELLOW: Das kann ich Ihnen ganz genau sagen: Ich habe in allen meinen Romanen die signifikanten Ereignisse des Jahrhunderts ausgespart. Ich habe nicht einmal ansatzweise versucht, den Gefühlen in meinem Werk Raum zu geben, die dadurch ausgelöst wurden. Ich bin deswegen über mich selber tief enttäuscht.

DIE ZEIT, 30 / 20. 7. 2000

«Ich bin keine Amerikanerin»

Gespräch mit Toni Morrison

Die afroamerikanische Schriftstellerin Toni Morrison – 1993 mit dem Nobelpreis für Literatur geehrt – gilt als wichtigste Stimme der amerikanischen Gegenwartsliteratur. Ihre Romane, schon vor dem Nobelpreis höchst erfolgreich, erscheinen in aller Welt in Millionenauflagen, sie ist Direktorin des Instituts für afroamerikanische Studien der Elite-Universität Princeton und so populär, daß die berühmte Sopranistin Kathleen Battle zur Feier des hundertjährigen Jubiläums der Carnegie Hall einen Zyklus von Liedern nach Texten von Toni Morrison in Auftrag gab, die André Previn vertonte. Ihr soeben erschienener Roman «Paradise» – der erste seit dem Nobelpreis – hat nahezu eine nationale Explosion ausgelöst: «Time Magazine» widmete der Autorin eine Titelgeschichte, die Kritiker von «Newsweek» über «New York Times» bis zum «New Yorker» priesen das komplizierte Buch als «das beste dieser außergewöhnlichen Autorin – allein die Schönheit des Romanendes möchte einen sterben lassen». Die Geschichte des in Oklahoma gelegenen Dorfes Ruby, in dem schwarze Patriarchen einen autonomen Ort der Glückseligkeit errichteten, kündet den Horror gleichwohl bereits im ersten Satz an: «Zuerst wurde das weiße Mädchen erschossen.» Ihr höchst komplexes episches System – die «New York Times» schrieb begeistert von Zusammenklang des Poetischen, der Emotion und der Symbolik – erläutert Toni Morrison in diesem Gespräch. Kurz zuvor hatte sie es auf eine Kurzformel gebracht; im Interview mit Amerikas Talk-Show-Queen Oprah Winfrey – nach Toni Morrisons Auftritt in der Sendung wurden über eine Million Exemplare ihres Romans «Song of

Solomon» verkauft – antwortete sie auf die Frage, ob man nicht manche ihrer schwierigen Sätze zweimal lesen müsse: «That, my dear, is called reading.»

Fritz J. Raddatz: Wenn ich mich recht erinnere, haben Sie zwei recht widersprüchliche Bemerkungen zu James Baldwin gemacht: Er sei einerseits ein Vorbild für Sie, andererseits sei seine schriftstellerische Arbeit Literatur für Weiße gewesen.
Toni Morrison: Ich liebte Jimmy als Person, wir waren Freunde. Der Schriftsteller Baldwin indes kartographierte eine schwarzweiße Landschaft, er schrieb – wie viele schwarze männliche amerikanische Autoren – aus der Reaktion auf eine Gegenwelt, die des weißen männlichen Amerikaners. Der Rassismus war ein Impuls dieses Schreibens. Die Konfrontation zwischen dem weißen Mann und dem schwarzen Mann prägte zum Beispiel auch das Werk von Richard Wright. Es intonierte ihre Stimme. Jedes Buch hat einen unsichtbaren Leser, ein Eigenleben unterhalb der Worte, Sätze, Passagen. Und diese Strömung unterhalb der Texte war der bittere, wichtige Streit mit den Weißen, besser gesagt: mit dem weißen Amerika.
FJR: Kampfliteratur?
Morrison: Kampfliteratur. Ich habe ein ganz anderes Feld vorgefunden, das ich zu bestellen hatte. Als ich zu schreiben begann, waren das Bücher einer afroamerikanischen Schriftstellerin, die zu einer afroamerikanischen Leserschaft sprach. Ich konnte ohne Didaktik auskommen, ich brauchte niemanden zu belehren, meine Leser wußten alles über den amerikanischen Rassismus, hatten ihn auf jegliche Weise erlebt und erlitten.
FJR: Ich akzeptiere nicht alles. Zum ersten waren auch Sie der Leser, pardon: die Leserin dieser Schriftsteller; und wenn Sie keine Erklärung Ihrer Situation als schwarze Amerikanerin brauchten – so bekamen Sie doch Ermutigung, Selbstbewußtsein, vielleicht eine stolzere Haltung.

MORRISON: Sie haben vollständig recht. Ohne alle die, über die wir sprechen, gäbe es wohl keine Toni Morrison – nicht deren Werk. Gerade Baldwin habe ich viel zu verdanken.
FJR: Und die Schriftstellerin Toni Morrison? Ist dieses Insistieren auf «meine schwarzen Leser» nicht ziemlich heikel, wenn nicht gar falsch? Ich habe ja Ihre Bücher auch gelesen und vielleicht drei – wenn nicht drei Millionen – andere Weiße.
MORRISON: Mir als Schriftstellerin ist die Unterscheidung fremd. Ich setze mich nicht an ein Manuskript und murmele vor mich hin: «Jetzt schreibst du für deine schwarzen Schwestern und Brüder.» Aber ich wehre mich emphatisch gegen die Kategorisierung von außen – ich stelle solche Fragen nicht, aber sie wurden und werden mir stets gestellt: Sind Sie eine Schriftstellerin oder eine schwarze Schriftstellerin? Heute sage ich sehr betont: Ja, ich bin eine Frau, und ich bin eine schwarze Frau, und ich bin eine afroamerikanische Schriftstellerin. Basta. Schwarze haben keine Nationalität in diesem Land. Wir sind Staatsbürger und Schwarze. Ich bin keine amerikanische Schriftstellerin.
FJR: Eine bittere, wenn nicht dramatische Definition. Kaum hinnehmbar. Von Melville über Faulkner bis Arthur Miller: alles «amerikanische Schriftsteller»? Von Richard Wright über James Baldwin bis Toni Morrison: alles keine «amerikanischen Schriftsteller»?
MORRISON: Ich akzeptiere es, so genannt zu werden; zumal ich ja inzwischen eine Art *honorary American* bin, Sie können es auch Aushängeschild nennen. Aber die Folge der historischen Unterdrückung ist, daß die Existenz von unsereins verschattet bleibt. Das ist die eine Stufe des «Ich bin keine Amerikanerin»: Wir konnten nicht das Selbstbewußtsein einer Staatsbürgerschaft entwickeln, das den anderen fröhliche Selbstverständlichkeit ist. Das ist eine historische Tatsache. Die andere Stufe, und von der kann ich ganz persönlich Zeugnis geben, ist fast

komplizierter: Als literarische Debütantin wurde ich nie, nie je als reguläre Autorin oder als amerikanische Schriftstellerin angesehen – ich war etwas Marginales, eine Schwarze. Da schneidet die Rassengrenze.

FJR: Da Sie hier in Princeton ja auch Literatur unterrichten: Sehen Sie die Werke weißer Amerikaner als spezifisch unterschiedlich?

MORRISON: Zwei Antworten. Zum einen: Weder Schwarzsein noch der Begriff «Farbige» weckt in mir Vorstellungen von grenzenloser Liebe, von Anarchie oder Routine-Furcht. Ich als schwarze Schriftstellerin habe das interessante wie komplizierte Problem, mit und in einer Sprache zu arbeiten, die versteckte Zeichen von rassischer Überlegenheit, Abfälligkeit und kultureller Hegemonie in sich eingeschliffen trägt. Da sind wir schon bei der zweiten Antwort: Die haben ein Land, sind Teil einer Nation – wir nicht.

FJR: Ist die Rassenfrage nach wie vor eine Klassenfrage? Ich las soeben ein Interview mit Henry Louis Gates, dem Verkünder der «Neuen schwarzen Renaissance», der ja nicht nur wegen seiner Professur in Harvard ein Kollege von Ihnen ist; er ist – Sohn eines Papiermühlenarbeiters – heute eine Art schwarzer Superstar, Autor von über fünfzig Büchern, Mitarbeiter führender Blätter. Er erinnert sich an das schwarze Ghetto, an den schwarzen Minderwertigkeitskomplex – Mozart ein Genie, Duke Ellington nicht – und daran, daß man auch als gutverdienender schwarzer Anwalt oder Arzt nicht wohnen konnte, wo man wollte, daß man sich eventuell Dienstmädchen, Butler und Chauffeur leisten konnte – aber bitte schwarze. Das sei vorbei. Man könne jetzt mühelos «gemischt» wohnen und einen weißen Chauffeur haben, wenn man's denn will. Stimmt das?

MORRISON: Das stimmt genau. Aber das Problem ist ja nicht, wo ein reicher schwarzer Anwalt oder ein berühmter Künstler mit oder ohne Chauffeur wohnen kann; das Problem ist die

Armut, die vollkommene soziale Verelendung in dieser Gesellschaft, die Kriminalität als Folge. Über dreißig Millionen unterhalb der Armutsgrenze – das sind etwa elf Prozent der Bevölkerung. Und da ich von Zahlen spreche, möchte ich Sie sehr vernehmlich bitten, sich klarzumachen: Die Schwarzen stellen einen Anteil von 12 Prozent der Bevölkerung der USA dar, sie stellen aber 55 Prozent der Gefängnisinsassen, sie stellten 1997 36,6 Prozent der Hingerichteten – das muß doch wohl Gründe haben? Dieses Land wird zerrissen von barbarischer sozialer Ungerechtigkeit. Sie privatisieren das Land zu Tode – Schulen, Krankenhäuser, demnächst die Gefängnisse. Kommerz, Kommerz.

FJR: Also das «amerikanische Wunder» – aber nur für die Reichen?

MORRISON: Und für Gangster.

FJR: Und reich oder arm heißt nach wie vor weiß oder schwarz?

MORRISON: Aber selbstverständlich. Die Situation ist sehr, sehr gefährlich. Im ganzen kann ich Ihnen nur beschwörend sagen: Das Land ist in einer hochexplosiv-gefährlichen Situation. Nach dem, was man Zusammenbruch des Kommunismus nennt, ist der Kapitalismus wild geworden, rasend. Was stirbt, ist die Demokratie. Kapitalismus und Demokratie gehen nicht automatisch Hand in Hand. Freier Handel ist nicht dasselbe wie ein freies Leben. Manchmal schüttelt mich die Angst. Ich blicke nicht voll Enthusiasmus in die Zukunft.

FJR: Und die Ära Clinton? Ist er nicht ein Schwätzer? Verspricht er nicht wie ein Weihnachtsmann dies und das – aber der Sack ist leer oder voll tauber Nüsse? Mal dürfen Homosexuelle in die Armee – dann wieder nicht. Mal Sozialgesetzgebungen – mal nicht. Und eine Reform des Gesundheitswesens, und übrig bleibt Mrs. Clintons Hütchen?

MORRISON: Ich beurteile Clinton und seine Politik anders. Er ist Politiker, er macht Kompromisse, muß sie – auch mit den Republikanern – machen. Aber sein Bild, seine Ambitionen, auch Hillarys Arbeit werden von der Presse vollständig verzerrt. Sie geben albernen oder unappetitlichen Affären mehr Raum als seinen seriösen Projekten. Er weiß, was Rassismus diesem Land angetan hat, und er bekämpft ihn. Er hat viel verändert, atmosphärisch, aber auch mit realen Maßnahmen für die Armen – Erziehung, das Gesundheitssystem. Wir sind in einem dramatischen Übergang, und Clinton ist ein Präsident dieses Übergangs. Und wenn er geht, wird es blutig. Der Privatisierungswahn und ein hemmungsloser, unkontrollierter Kapitalismus: Es wird eine blutige Schlacht.

FJR: Und Toni Morrison schlägt diese Schlacht auch in ihren Büchern. Oder ist Ihre literarische Arbeit auch Fluchtpunkt? Einerseits scheint mir, «Menschenkind» etwa ist ein eigener Mythos, mehr als ein Roman, Versuch, die amerikanische Geschichte neu zu schreiben. Andererseits denke ich mir, Sie sind – da weit weg von *l'art pour l'art* – so durchdrungen von all dem, worüber wir sprachen, daß Sie doch aufschreien müssen.

MORRISON: Sie haben mit beidem recht. Es war für mich zwingend, mit «Menschenkind» nicht ein deklamatorisches Buch über die Sklaverei vorzulegen, sondern eine Fabel über menschliche Schicksale. Diese Mischung aus Freiheit und gebändigtem Chaos, die mir an meinem Schreiben wichtig ist, macht mir meine Arbeit zum Refugium. Dann kommt aber Ihr «andererseits», die so verheerende, alltägliche Katastrophe dieser Gesellschaft, daß ich aufschreien muß – in einem Vortrag, in einem Artikel. Denken Sie: Der Bundesstaat Texas und Texaner sind keine Herzchen – mußte kürzlich Verträge über die Privatisierung von Gefängnissen aufheben, weil die Gewalt in den Anstalten, die Vernachlässigung und brutale Behandlung der Insassen so himmelschreiende Ausmaße angenommen hatten, daß selbst den Leuten in Texas angst und bange wurde. Oder die Schande in unseren Kliniken, wo Ärzten eine Art Maulkorberlaß verpaßt wurde, damit sie den Patienten nicht sagen, daß es bessere Therapiemethoden, sicherere Diagnosetests gibt. Das könnte zu teuer sein. Es ist kriminell.

FJR: Mir scheint, ich höre diesen Ton der Erregung auch in Ihrer Prosa, sie hat eine unterschwellige Musik, gar Melodie, mal weit ausschwingend, mal hart und aggressiv. Ist das Absicht, oder unterläuft es Ihnen?

MORRISON: Ich bin ganz glücklich, daß Sie das heraushören. Tatsächlich bin ich nicht musikalisch, spiele auch kein Instrument. Aber bei uns zu Hause wurde viel Musik gemacht. Meine Mutter hatte eine wundervolle Stimme, die Menschen sangen oder tanzten auf der Straße, alles – ob klassische Musik, Blues oder Jazz – war sehr lebendig bei uns. Und es gibt wohl auch so etwas wie Sprachmelodie, eine Art musikalische Rhythmisierung der Sprache, in der Predigt, im Schreiben. Das habe ich benutzt – das ist übrigens sehr schwer, deshalb vielleicht schreibe ich meine Manuskripte bis zu sechsmal um.

FJR: Es gibt auch schrille Töne, Dissonanzen; Sie sprechen von diesem «selbstgerechten Blick, den jeder Neger schon mit der Muttermilch zu erkennen lernte. Wie eine gehißte Fahne telegraphierte und verkündigte diese Selbstgerechtigkeit die Rute, die Peitsche, die Faust, die Lüge, schon lange bevor sie für alle sichtbar wurde.» Gibt es Haß bei Ihnen? Haben Erfahrungen – historische oder aktuelle – Ihr Herz bitter, Ihre Seele gallig gemacht?

MORRISON: Das Eigenartige, das Rätselhafte ist, daß ich eigentlich nicht spreche in meinen Büchern; ich will niemanden belehren, niemandem predigen, weder Haß noch Liebe. Ich will erzählen. Meine Menschen, meine Charaktere müssen sich aus sich, aus der jeweils ihnen eigenen Sprache entwickeln und erklären. Der Leser soll nicht in die Lage des Zuhörers eines Kommentators gebracht werden, sondern er soll eingesogen werden von Geschehnissen, aufgesogen von Schicksalen, von Handlungsabläufen. In einem bestimmten Moment des Schreibens bin ich gar nicht da, habe kein Geschlecht, keine Rasse – der Leser soll verhext werden, und ich bin die Hexe. Was natürlich nicht stimmt, und so tauche ich aus dem eigenen Hexenkessel wieder auf. Aber was ich mir stets wünsche, das ist ein Leser, der meinen Faden aufnimmt und selber weiterspinnt.

FJR: Das berühmte poetische Prinzip: Der letzte Vers eines Gedichts muß im Kopf des Lesers entstehen. Das Gedicht mit dem «fertigen Schluß» ist ein mißlungenes Gedicht.

MORRISON: Genau so. Ich will eine Dynamik, die sich fortsetzt, ein Gewebe, das nicht fertig ist – sonst ist es Fernsehdramaturgie. Der Leser soll nicht «abschalten» und nicht «zappen» können. Ich bin der Leser. Es ist die Aufgabe – besser: die Dimension – der Kunst, Selbsterfahrenes, Selbsterlittenes aufzuheben in einem neuen Ganzen, nicht lediglich zu belehren, was recht und unrecht ist. Das Geheimnisvolle daran ist, daß nur die Kunst auch politisch wirkt, die das schafft – die obenhin gar nicht politisch zu sein scheint. Wenn Sie mir ein Wortspiel gestatten: Man kann aus Menschen keine Bestien machen; man kann machen, daß sie sich wie Bestien benehmen.

FJR: Ist es falsch, wenn mir scheint, daß dieses Menschenbild auch den epischen Atem Ihrer Arbeit bedingt, dieses seltsame An- und Abschwellen, den Rhythmuswechsel zwischen Stakkato und Adagio?

MORRISON: Nein, das ist überhaupt nicht falsch. Ich muß gestehen, daß ich oft anfangs ganz abstrakte Ideen habe – Mutterschaft, Sklaverei, Weiblichkeit; dann bekommen die Figuren ihr Eigenleben, Risse, die ich nicht wollte, sogar Lebensläufe, die ich nicht voraussah: Bilder lösen die Ideen ab. Ich will mich nicht vergleichen – aber so hat Whitman geschrieben, so hat Faulkner geschrieben, das ist der reißende Strom namens «Howl» von Allen Ginsberg.

FJR: Interessant, daß Sie lauter amerikanische Autoren nennen – so, als wollten Sie Ihrem Satz: «Ich bin keine amerikanische Schriftstellerin» jetzt entgegensetzen: «Doch, ich bin so amerikanisch wie …»
MORRISON: Aber gewiß bin ich in vielem ganz wesentlich amerikanisch – wenn Sie mir erlauben hinzuzufügen: Das afroamerikanische Element ist eine prägende Substanz Amerikas, seiner Modernität. Es ist beispielsweise nicht so, als gäbe es den Jazz erst, seit Scott Fitzgerald ihn schick gemacht hat und er aus Paris und Berlin rückimportiert wurde. Das war unsere Musik, als man sie noch als niedrig, dumm, unmusikalisch und primitiv verdammte. Und so ist mein Puls, meine Sprache, meine Tonalität, mein Gang und mein Haar Teil Amerikas. Aber wir sind auch Teil seiner Modernität, weil wir Ware waren, gekauft, versteigert, gewogen, weggeworfen (will sagen: erschlagen), wenn unnütz. Amerikas Industrialisierung hätte es ohne uns nicht gegeben – ohne schwarze Schwellenleger der Eisenbahn, ohne schwarze Sklavinnen in den Baumwollfeldern; ohne die vergewaltigten Frauen, die jungen Männer mit Mauleisen und die alten Männer ohne Namen. Wenn ich meinen Roman «Menschenkind» jenen «sechzig Millionen und mehr» gewidmet habe, dann ist das eher eine Untertreibung; es gibt Historiker, die von 300 Millionen ermordeter Schwarzer sprechen. Es gab breite Flüsse in Afrika, über die man mühelos zu Fuß gehen konnte – die «Balken» waren die Leichen der ermordeten Schwarzen.
FJR: Würden Sie Ihre Bücher nur noch in einem «schwarzen» Verlag, was immer das sein mag, verlegen wollen, nur in «schwarzen» Zeitungen von «schwarzen» Kritikern rezensiert sehen wollen?
MORRISON: Ich nicht. Andere – Kollegen von mir – haben es getan und tun es. Wir waren nie Teil der Institution, immer draußen. Wir sind im Krieg; überreden hilft da nicht. Durch gu-

tes Zureden hätte England wohl kaum seine Kolonien aufgegeben. Die Kolonisatoren unserer Zeit heißen Ted Turner oder «Time Magazine» oder Wall Street – ohne Kampf geben die nichts her. Vermutlich wissen Sie nicht, was es heißt, ein Staatsbürger zweiter Klasse zu sein, weil Sie es einfach nicht sind. Ich weiß es: Seit ich als kleines Kind nicht in einem «amerikanischen» See baden durfte, seit man mir als jungem Mädchen sagte: «Was, studieren willst du? Lerne tippen.» Nun habe ich statt dessen schreiben gelernt. Aber es wird niemand meine Literatur verstehen, der nicht versteht, aus welch anderem Humus sie wuchs als die Literatur der John Updike oder Saul Bellow.

DIE ZEIT, 8 / 12. 2. 1998

«Schreiben ist Leben»

Gespräch mit Arthur Miller

FRITZ J. RADDATZ: Zwei Zitate zu Beginn; das erste ist ein indirektes, aus einem Essay von Ihnen über Eugene O'Neill, dessen Wort «Die Vereinigten Staaten haben ihre Seele verkauft, um die Welt zu erringen» Sie paraphrasieren. Dem entspricht Ihr eigenes Verdikt, Amerikas uneingestandene Religion sei die der Selbstzerstörung. Wenn Sie nun an anderer Stelle sagen: «Ein Stück schreiben heißt immer einen Liebesbrief schreiben» – dann fragt man sich: An wen sind Ihre über zwanzig «Liebesbriefe» adressiert?

ARTHUR MILLER: Das ist nur in einem Widerspruch zu beantworten. Wenn ich mit Lenin sagen würde «an alle», wäre das zu vage; «an die Welt», aber wer ist «die Welt»? Fragte man mich: «Wieso schreiben Sie unentwegt weiter?», so müßte ich mit der Gegenfrage «Wieso atmen Sie weiter?» antworten. Schreiben ist Leben. Andererseits heißt Schreiben hier sich wehren gegen den aggressiven Materialismus dieses Landes – dessen Menschen man doch zugleich liebt. Man möchte das kleine Lämpchen Humanität in die Finsternis tragen.

FJR: Ist Gewalt für Sie das Stigma Amerikas?

MILLER: Fraglos. Der Motor, der dieses Land vom Entstehen an treibt, heißt Gewalt. Und weil wir – anders als in Europa – keinen Feudalismus kannten, den es gedanklich zu zersetzen galt, war es immer ein Pragmatismus der Gewalttätigkeit. Das hat zugleich alle amerikanischen Schriftsteller fasziniert – von Walt Whitman über Tennessee Williams zu James Baldwin. Sie verlangten nach Veränderung – und sie fürchteten sie. Schon Thoreau floh die großen Städte, haßte Boston, Philadelphia,

New York; er sagte: «Wenn ich von weitem die Eisenbahn donnern höre, fürchte ich um dieses Land.»

FJR: Hat diese Kluft zwischen Bangen und Hoffen Sie zum Ironiker gemacht, gar zum Skeptiker im Geiste mancher europäischen Denker, die jeglichen Sinn des Lebens leugnen?

MILLER: Ironie? Gewiß. Je älter ich werde, desto ironischer wird mein Blick auf die Welt. Doch Ironie darf nicht verwechselt werden mit Passivität; dann würde man die Welt dem Bösen und den Bösen überlassen. Selbst mein neues Stück «Mr. Peter's Connections» ist ja eine Art rhapsodische Reflexion der Frage: Ist unser Dasein nur absurd, bedeutungslos und nichtig, oder hat nicht jeder Mensch ein Stück Wahrheit – und das heißt Schönheit –, das sein Leben prägt wie trägt?

FJR: Also doch eine aktivistische Dramaturgie? Arthur Millers Bühne eine Kanzel? Nicht Endspiel, sondern Spiel voran?

MILLER: Wenn Sie da unausgesprochen den Begriff «Moral» einführen wollen – der ist mir tief verdächtig, ich mag ihn nicht, er umschließt Urteil und Verurteilen. Ich fühle mich nicht schuldlos genug, um andere zu verdammen. Selbst in einem Stück wie «Hexenjagd» habe ich die Balance zwischen Schuld, Versagen und Schuldlosigkeit einzuhalten versucht. Das Stück denunziert nicht, es demonstriert. Vielleicht ist das der Grund für seinen Siegeszug um die Welt, von Moskau bis Peking; oft zu meiner eigenen Verwunderung. Wenn meine schriftstellerische Arbeit eine Aktualität hat, dann nicht die an den Tag gebundene des Leitartiklers; sie hat eine existentielle Aktualität. Sie situiert den Menschen, lotet seine Verstrickungen aus, will niemanden belehren.

FJR: Den Talar des Predigers kann ich Ihnen also nicht umhängen. Den des Anwalts vielleicht? In fast allen Ihren Stücken kommt ein Anwalt vor. Nun hat der ein Gesetzbuch unter dem Arm. Hat der Dramatiker Arthur Miller ein «theoretisches Gesetzbuch» unter dem Arm? Als junger Mann proklamierten Sie die «klassenlose Gesellschaft», und immer wieder benutzten Sie den Begriff Marxismus. Doch in Amerika gab es gar keinen Marxismus.

MILLER: Lassen Sie mich mit dem Brooklyn-Boy Arthur Miller beginnen, der in bürgerlichem Wohlstand mit Limousine, Chauffeur und Kindermädchen aufwuchs – und den totalen Zusammenbruch dieser Welt durch die Depression der dreißiger Jahre erlebte. Das war meine erste Erfahrung von «klassenlos» – der Milliardär stürzte sich aus dem Wolkenkratzer, wie mein Handlungsreisender Willy Loman in den Tod fuhr. Die amerikanische Idee – eher von Thomas Jefferson als von Karl Marx inspiriert –, daß jedermann, ohne Namen, ohne Herkunft, in jegliche Höhe aufsteigen und in alle Tiefen hinabstürzen könne, daß der Großvater das Geld machte, der Sohn es verschwendete und der Enkel betrunken in der Gosse endete: dieses zerfließende Konzept war das unsere von der klassenlosen Gesellschaft; untheoretisch, praxisbezogen und ziemlich verrückt. Man kann es auch privilegienlos nennen. In Europa ist ein verarmter Graf immer noch Graf. In Amerika ist ein verarmter Millionär nichts als arm. Er gehörte keiner Klasse an.

FJR: Aber waren Sie nicht desillusioniert in den vierziger Jahren, in der Zeit der McCarthy-Hysterie, als Menschen wie Brecht, Thomas Mann oder Charlie Chaplin das Land flohen und Dutzende, wenn nicht Hunderte Ihrer Kollegen verhört, denunziert und arbeitslos wurden? Sie waren so ziemlich der einzige, der Aussagen verweigerte. Prompt bekamen Sie über Jahre keinen Paß, hatten «Ausreiseverbot», wie das in der DDR hieß.

MILLER: Sie berühren einen der finstersten Punkte der jüngeren amerikanischen Geschichte, und es fällt mir noch heute schwer, darüber zu sprechen – weil es die Anfälligkeit unserer Demokratie zeigt. Amerika, der Sieger über den Faschismus in Europa, war plötzlich ein präfaschistisches Land, mit schwarzen

Listen linker Sympathisanten, heimlichen Protokollen, Denunziationen. Die gottähnlichen Studiobosse von Hollywood kniffen den Arsch zusammen, Kollegen meinten ihren Kopf aus der Schlinge ziehen zu können, indem sie Kollegen anschwärzten. Gut, es gab keinen Gulag und, natürlich, kein KZ – aber es gab genau dieses System von Lüge, Verrat, Anzeigerei und Wegsehen.

FJR: Wollen Sie sagen, alle hätten pariert, mitgemacht?

MILLER: Was heißt «hätten»? Sie haben! Zuerst waren die Herren von Hollywood empört, daß ihnen da jemand vorschreiben wollte, wen sie engagieren dürfen und wen sie zu feuern hätten, ob bei Columbia oder bei Metro Goldwyn Mayer. Das dauerte exakt 48 Stunden. Dann legten sie die Hände an die Hosennaht und kuschten, sie überboten sich im Aufstellen schwarzer Listen und entließen über Nacht ihre besten Drehbuchautoren oder Regisseure. So paradox es klingt: Nicht die Kraft unserer Demokratie hat uns gerettet, sondern McCarthys Alkoholismus und die Armee. Als er begann, sich mit der Armee anzulegen, hatte er sich verhoben. Keiner von uns hat McCarthy besiegt, auch Arthur Miller nicht. Ich war mehr dickköpfig als mutig, und als jemand, der nirgendwo angestellt war, der keinen Job – etwa in den Hollywoodstudios – hatte, also keinen verlieren konnte, war mein Risiko gering. Übrigens weitaus geringer als für Marilyn Monroe; wir hatten gerade geheiratet, sie war das Symbol Amerikas schlechthin, ein Star. Meine Beziehung zu Marilyn Monroe spielt glücklicherweise in diesem Gespräch keine Rolle. Aber ihr Schicksal ist neben dem persönlichen Drama auch eine soziale Tragödie mit politischen Valeurs.

FJR: Mich hat immer verwundert, wie scheinbar unberührt, jedenfalls unbeeinflußt von seinen Zeitgenossen der Dramatiker Arthur Miller geblieben ist. Da sitzt jemand in New York, schreibt Stück um Stück, manche von epochalem Erfolg, manche wütend verrissen und rasch abgesetzt – und in Europa schreiben Brecht, Sartre, Beckett. Lebten die auf einem anderen Stern?

MILLER: Brechts Idee, ein Theater für die große Masse bei gleichzeitig hohem artistischen Standard zu machen, ähnelt durchaus meiner Ambition. Aber wirklich beeinflußt bin ich von der Vor-Brecht-Generation, von Autoren wie Ernst Toller, Georg Kaiser, Walter Hasenclever. «Tod eines Handlungsreisenden» steht in dieser Tradition.

FJR: Stimmt es, daß Sie den Namen Loman aus einem Fritz-Lang-Film nahmen?

MILLER: Ja. Ich sah in einem Kino der 42nd Street «Das Testament des Dr. Mabuse». Otto Wernicke, dieser bullige Schauspieler, spielte den Chef der Sûreté. Ein junger Detektiv will ihn, den Chef, anrufen, und man sieht in einer Nahaufnahme sein verzweifeltes Gesicht, während er «Hallo? Hallo! Lohmann? Lohmann!» in den Hörer flüstert. Also das expressionistische Drama – in Amerika ungespielt – war von enormem Einfluß auf mich. Brechts didaktische Schärfe war nie die meine. Es hängt wohl damit zusammen, daß wir ähnliche soziale Erfahrungen gemacht haben, aber seine waren schneidender. Gewiß bin ich als Jude hochsensibilisiert gegen jede Form von Antisemitismus und Nationalismus – aber dieses kompakte Erleben von «SA marschiert», von eingeschmissenen Schaufenstern und brennenden Synagogen hatte ich nicht. Emigrieren mußte ich nicht.

FJR: Amerikas Unterklasse ist nach wie vor eine Rasse; übrigens eine, die nie Ihr Publikum war, die Sie augenscheinlich auch nie im Auge hatten – Arthur Millers Theater ist ein Theater für Weiße.

MILLER: Als ich in die Welt des Theaters kam, spielten Schwarze keine Rolle, sie lebten in einer anderen, ihrer eigenen Kultur; sehr gelegentlich gab es einen schwarzen Schauspieler, im Publikum saß kein einziger.

FJR: Akzeptieren Sie, wenn ich sage, daß die Rassenfrage nach wie vor eine Klassenfrage ist – daß ein großer Teil der Amerikaner nicht Teil Ihres Publikums ist?

MILLER: Nein, das akzeptiere ich nicht. Der reißende Grenzstrom verläuft anderswo: daß mit rasender Geschwindigkeit die Reichen in diesem Lande immer reicher werden und die Armen immer ärmer. Und der jetzige Präsident ist nichts als der Manager dieses Konzerns. Die Trennung betrifft auch die Schwarzen. Es gibt eine sehr wohlhabende schwarze Mittelschicht mit einigen sehr Reichen, viele hochgebildet und Absolventen berühmter Hochschulen – und eine verelendende Masse ohne Chance. Ich weiß nicht, ob Schwarz und Weiß in Amerika je zu einem vernünftigen und humanen Miteinander finden werden – aber gebessert hat sich die Situation, verglichen mit den fünfziger Jahren, wesentlich. Prediger Arthur Miller ist zufrieden.

Richter aber ist er nicht und will er nicht sein. Auch nicht über Brecht oder andere. Vielleicht war er ein bißchen feige, vielleicht war er ein bißchen korrupt. In gewisser Weise stimmt es nicht einmal, wenn ich sage, ich will nicht richten. Jeder Mensch urteilt, verurteilt; ich auch. Doch ein Schriftsteller sollte das in seiner ureigenen Arbeit nicht tun – sein Lot würde zu flach aufstoßen. Der Schriftsteller darf nicht außen sein, er ist immer ein Teil von allem und allen. Er ist jede seiner Figuren. Sie kennen die Antwort William Faulkners auf die ewige Frage der literatursinnigen Dame: «Und wer von den Personen sind Sie?», nachdem sie einen seiner krudesten Romane gelesen hatte, in dem ein Mädchen mit einem Maiskolben vergewaltigt wird: «Ich, gnädige Frau, bin der Maiskolben.»

FJR: Frivol – und gelogen, wie vieles bei Faulkner. Ich würde dem gern Ihre Äußerung entgegenstellen: «Was wir brauchen, ist Nahrung, Sexualität und Selbstverständnis. Der Rest ist Kommentar dazu.» Erhebt sich die Frage: Ist dann Ihr dramatisches Werk der Kommentar?

MILLER: Es ist wohl beides – die Innenschau der Conditio humana, und ein Versuch ihrer Interpretation. Alle meine Stücke beruhen auf der Annahme oder Vermutung, daß das Leben einen Sinn hat. Ich versuche zu ergründen, worin er liegt – und was Menschen davon abhält, ihr eigenes Maß zu finden, was sie veranlaßt, den Sinn gleichsam zu versäumen.
FJR: Also doch Kunst als Mittel, die Gesellschaft zu verändern? Da fänden Sie sich in einer sehr anderen Ahnenreihe als der von Mallarmé, Kafka, Beckett. Und dann wäre es keine flüchtige Formulierung, wenn Sie sich einmal sehr einverständig zum marxistischen Credo «Kunst als Waffe», gar zu Stalins verhängnisvoller Formulierung vom «Schriftsteller als Ingenieur der menschlichen Seele» geäußert haben? O-Ton Arthur Miller: «Ich wüßte nicht, wie man irgend etwas Vernünftiges schreiben kann, ohne daß irgendwann die Frage von Gut und Böse an zentraler Stelle auftaucht.»
MILLER: Sie wollen mich festlegen. Aber ein Künstler ist nie ganz auf einen Begriff zu bringen. Als Sartre auf den Pariser Straßen sein anarchistisches Revoluzzerblatt verteilte, arbeitete er zugleich an dem riesigen Psychogemälde von Flaubert: «Der Idiot der Familie».

Mein Lebensmotto heißt «Nie stehenbleiben! Immer werden». So habe ich meine Urerfahrung, aus einer jüdisch-polnischen Einwandererfamilie zu stammen und zu wissen: Wäre diese Familie in Polen geblieben, wäre ich keine dreißig Jahre alt geworden – diese Wunde habe ich kaum je zum Thema einer Arbeit gemacht. Mag sein, daß da etwas schwärte, mich unangepaßt, gelegentlich störrisch machte, daß ich der eingebauten Trägheit jeder Gesellschaft entgegenwirken wollte. Zugleich ist mir politische Philosophie fremd, sie ist nicht mit einem Drama zu verschmelzen.

Irgendwo habe ich mal geschrieben, daß jedes literarische Kunstwerk eine Wertminderung erfährt, wenn es ein politisches

Programm repräsentieren will, eingeschlossen das des Autors. Der Schriftsteller – jeder Künstler – mag, so er öffentlich Gehör findet, seine Stimme erheben gegen Nazibarbarei, stalinistischen Terror, gegen den Vietnamkrieg oder das Massaker auf dem Platz des Himmlischen Friedens – sein Werk ist immer mehr als die Summe seiner politischen Einsichten. Sollte es sein.

FJR: Arthur Miller – ein skeptisch Hoffender, ein Kämpfer mit dem Lächeln der Ironie in den Augenwinkeln?

MILLER: Ich habe kein fertiges Bild vom Menschen, ich sehe ihn mal skeptisch, mal hoffend. Das ist vielleicht die Dialektik des Dramatikers. Alles, was ich weiß, ist: Jeder Mensch hat eine Art «Angstknopf» in sich. Wird der gedrückt, gibt es jähe und unkontrollierbare Reaktionen: Gewalt, Panik, Flucht, Selbstzerstörung. Jede Art Finsternis. Ich kann nicht mehr tun als da hineinleuchten.

DIE ZEIT, 38 / 10. 9. 1998

«Kunst beruht auf der Angst vor dem Tod»

Gespräch mit Alfred Hrdlicka

Vom Literaturnobelpreisträger Elias Canetti bis zum DDR-Nationalpreisträger Fritz Cremer hat er eine große Gemeinde der Bewunderer und Interpreten: Alfred Hrdlicka, der bedeutendste Bildhauer der europäischen Moderne neben Henry Moore. Als dieser Hrdlicka seinerzeit in seinem Wiener Atelier besuchte, stellte er eine starke Gemeinsamkeit der künstlerischen Interessen fest. Bildhauerei als Kunst, die von der menschlichen Figur ausgeht und zu ihr hinführt. Alle Kunst geht vom Fleische aus, das ist Hrdlickas Credo. Damit ist gesagt, in allen Verwerfungen und Verkrümmungen birgt sich das Humane, auch seine Gefährdung.

Ob in einem Gekreuzigten oder einer Hure, im homosexuellen Künstler Pasolini oder im marxistischen Theoretiker Ernst Fischer, ihre Bildnisse schlug Alfred Hrdlicka aus Stein, um ein großes Leitmotiv künstlerisch zu bannen: der Mensch als Täter und Opfer zugleich. Die Versehrtheit seiner Skulpturen führte er im Appell des österreichischen Marxisten vor. Eher ein Flehen als ein Aufschrei, eher die Gebärde des Bittens um Mitleid als Parole. Das Verstehen der Märchen-, Alb- und Rätselwelt, die von Hrdlickas Hünen und Krüppeln, Helden und Nutten, Gemarterten und Gekreuzigten, Mördern und Ermordeten bevölkert wird, ist nicht leicht. Vielleicht hilft hier ein Begriff: die Religiösität. Auch wenn Hrdlicka es leugnet – «mein Zugang zur Religion ist in erster Linie Interesse an der Bibel, das Zeremoniell der Liturgie blieb mir immer uneinsehbar» –: Das gigantische Erzählwerk seiner Zeichnungen, Graphiken und Plastiken hat einen Zug tiefer Religiosität. Damit sind nicht gemeint die bildnerischen Motive wie das des oft variierten Gekreuzigten: gemeint ist die innere Haltung eines säkularen Predigers. Hier liegt die Sprengkraft der Radikalität, die sich in seinen mächtigen Marmorskulpturen birgt, ob in der Renner-Büste in Wien, dem Bronzerelief im UNESCO-Gebäude in Paris, dem Friedrich-Engels-Denkmal in Wuppertal oder in seinem begonnenen Anti-Kriegs-Monument in Hamburg. Für einen Skandal ist seine Arbeit allemal gut. Hrdlicka nennt die Eiferer «derbe Schmierer», Leute, die sich in einer Opernaufführung nicht einmal zu husten trauen und von Anarchie reden, wenn sie einen Kratzer am Lack ihres Autos vorfinden.

FRITZ J. RADDATZ: Das Gespräch, das ich führen möchte, geht um Ästhetik und Politik – oder, wenn man den Begriff Politik etwas weniger eng fassen will, um Moral und Ästhetik; und ich finde, da gibt das Werk von dir, Alfred Hrdlicka, eine ganze Menge Rätsel oder auch Widersprüche auf. Ich erinnere mich an einen mir besonders eindringlichen Satz von Baudelaire, ich glaube, er hat ihn über Goyas Arbeit gesagt. Da heißt es, es sei unmöglich, die Naht – den Schnittpunkt – von Wirklichkeit und Phantasie zu erfassen. Die Grenzlinie ist so unbestimmt, daß selbst der klügste Mathematiker sie nicht zu ziehen wüßte. Nun ist ja dein Werk, ich weiß nicht genau, ob realistisch oder naturalistisch, aber doch sehr stark ernährt von dem zumindest aufklärerischen Impuls, Wirklichkeit verhältnismäßig direkt darzustellen und damit auch auf Wirklichkeit einzuwirken. Also ist das ein politischer Impuls; aber doch gleichzeitig vor der vordergründigen Wirklichkeit auch ein ästhetischer Impuls. Was ist da eigentlich das Überwiegende, das Stärkere bei dir, wenn du mit einer Skulptur, mit einer größeren plastischen Arbeit erst mal «ringst»?

ALFRED HRDLICKA: Der Ursprung ist das Interesse an einem Thema. Ich kann mir nicht vorstellen, daß ich mir vornähme, eine bestimmte Form zu produzieren, also in der Früh aufzustehen und zu sagen: «Heut mach ich Form.» Es ist eher so, daß mich Dinge interessieren, ganz alltägliche Dinge. Das könnte man auch nennen «Anteilnahme an der Zeit». Das ist ein komplizierter, gleichsam umgekehrter Prozeß. Ich möchte nicht sagen: Weil ich ein Mensch bin, der sich für Dinge interessiert, mache ich Kunst; aber ich bin sehr bald darauf gekommen, als ich begonnen habe, Kunst zu machen ... Das hat jetzt nichts mit dem kindlichen Zeichentalent zu tun, sondern mit dem wirklichen Wunsch, Kunst zu machen. Da ist mir dann aufgefallen, daß die rein ästhetische Anregung nach dem Krieg für mich ohne Bedeutung war. Es war klar, daß man nach 1945 alles aufgesogen hat wie ein Schwamm und ganz erstaunt war, was es alles gibt an Formensprachen. Trotzdem bin ich sehr bald darauf gekommen, daß mir das Produzieren einer neuen Ästhetik, angeregt wieder durch irgendeine Kunstform, zu wenig gegeben hat. Denn es ist sicher so, daß die Kunst gespeist wird, ob wir es wollen oder nicht, aus Überzeugung, aus Egoismus, aus Neigungen, ganz gleich welcher Art – und daß es keinen Sinn hat, jetzt eine Kunst neben den eigenen Neigungen, neben den eigenen Interessen zu machen, nur damit man eben Kunst macht. Das habe ich nie verstanden, und diese Entscheidung ist bei mir sehr früh gefallen.

FJR: Ist das einer der Beweggründe, daß du dich nach meiner Einschätzung ziemlich harsch gegen abstrakte Kunst wendest? Weißt du, das Schwierige ist ja, was du eben gesagt hast: Es gibt ja auch die These, daß Kunst auch versehrt werden kann durch eine zu starke Annäherung an die Realität, und es gibt natürlich eine Menge Künstler, Maler, übrigens auch Schriftsteller, die möglichst viele Filter dazwischenschalten, um eben nicht so nah, wie du es bist, an der Realität, an der Politik, an der Aussage zu bleiben. Der Vorwurf etwa, Kunst darf nicht erzählen. Deine Kunst erzählt ja, ob in der graphischen oder in der plastischen Arbeit. Also dein Einwand gegen die abstrakte Kunst – ich glaube, du hast sogar einmal von der «Formspielerei» gesprochen –, hängt der damit zusammen, oder wo ist der Einwand?

HRDLICKA: Ich war am Anfang ein begeisterter Formalist, um es jetzt mal fast östlich auszudrücken: Die Wirklichkeit nach 1945 war teils sehr trist, teils auch unglaublich spannend. Auch meine Freunde, die sich zum Beispiel für die abstrakte Kunst begeisterten wie ich, haben sich, wenn sie am Abend ins Kino gegangen sind, eigentlich auch dort für den Menschen interessiert. Sie haben die tollen Krimis aus Amerika gesehen oder die neuesten Sexbomben. Auch das Theater hat aufgeräumt mit bestimmten Traditionen, mit Spielverboten auch. Man hat ununterbrochen diskutiert über Erzählen, Erzählformen, über das Problem, wie man Inhalte erzählen kann. Die Leute waren ganz fasziniert von der Neuen Welt, die über sie hereingebrochen ist nach 1945. Das Grauen, das vor 1945 stattgefunden hat, wurde eher verdrängt. Ich habe mich nur fragen können, warum gehen die Leute her und machen dann als Künstler etwas Spezifisches in der bildenden Kunst, was in den anderen Künsten nicht existiert. Das Theater ist nicht ohne Mensch ausgekommen, der Film nicht, nichts ist ohne den Menschen ausgekommen, die Literatur nicht. Die Literatur hat uns ja auch nicht etwas über Gegenstände erzählt oder über spezifische geometrische Formen. Daher war für mich die sogenannte abstrakte Kunst etwas verdächtig, wobei zu sagen ist: Kunst ist natürlich immer abstrahierend, und ich habe auch einmal gesagt, die abstrakte Kunst hat uns die schöne Abstraktion in der Kunst simplifiziert. Eigentlich ist die abstrakte Kunst etwas sehr Simples. Sie hat etwas, das in der Kunst immer existiert. Das Abstrahieren verkunstgewerblicht, würde ich fast sagen. Und daher habe ich gesagt, ich kann mich nicht begeistern, ich kann nicht leben ohne Menschen, ich kann mich nicht für eine Kunst im Film oder im Theater oder in der Literatur interessieren und dann nach Hause gehen und plötzlich sagen, heute mache ich ein Quadrat, und wenn ich morgen in der Früh aufstehe, mache ich ein rosa Quadrat, und übermorgen am Abend bin ich zufrieden, daß ich ein blaues Quadrat oder einige Balken quergelegt habe. Verstehst du? Es ist einfach verrückt zu glauben, daß die Kunst, die bildende Kunst, ein Spezialgebiet ist. Das ist sie nicht. Sie ist genauso eingebunden in alle Künste.

FJR: Es gab ja kürzlich in Berlin eine Debatte über diese Dinge, angeregt von einer Rede, die Günter Grass, zu der Zeit Präsident der Akademie der Künste, gehalten hat. Grass hat seinen Kollegen von der bildenden Kunst ein wenig vorgeworfen, daß gerade nach dem Krieg ihre Kunst inhaltslos geblieben war. Daß es bis zum Tapetenmuster oder zum Design der Teekannen verkam und daß sie die Vergangenheit nicht aufgearbeitet haben durch Form. Das ist das eine, Alfred. Nun kann man aber auch sagen, es gab ja schließlich nicht nur Malewitschs «Schwarzes Quadrat», sondern es gibt auch heute einen Rothko, um mal ganz extreme Figurationen zu nennen. Die fangen schon auch etwas vom Menschenbild ein, oder?

HRDLICKA: Nein, ich glaub nicht. Ich kann nur sagen, es nennen sich viele Leute figurativ. Wotruba, bei dem ich gelernt habe, nannte sich auch figurativ. In Wirklichkeit war es Postkubismus, wobei ich also den ursprünglichen Kubismus als Analyse der menschlichen Figur oder der Lichteindrücke hoch schätze. Sicher wird der Kubismus nicht nur von der Negerkunst oder von Cézanne, sondern auch von einer Analyse der Natur gespeist. Und wer Picasso, sein Jugendwerk, kennt, weiß, daß Picasso ein unglaublich malerisches Auge gehabt hat und daß aus diesen Lichtbrechungen, dieser eigenartigen Verschachtelung, der Beweglichkeit der Form in sich, dem Versuch, zweidimensionale, dreidimensionale Figuren herzustellen, Kubismus wurde. Also der Versuch, alle simultanen Ansichten herzustellen. Solche Formanalysen haben mich immer interessiert, und ich muß auch sagen, der Kubismus ist bis heute für mich eine riesige Faszination. Ich finde, dort, wo man aus dem Kubismus das Dekorative herausdestilliert hat, beginnt die Kunst langweilig zu werden. Das heißt einen Stil als Stil zu gebrauchen und den Stil nicht als angewandt auf das Leben zu gebrauchen. Kunst ist immer eine Abstraktion, wie ich gesagt habe, oder ein stilistisches oder ästhetisches Problem; aber in dem Moment, wo sich die Kunst selber immer nur widerspiegelt und aus sich heraus immer sagt, nach *der* Kunst kommt *die* Kunst, und nach dieser Kunst kommt jene Kunst, das finde ich einfach albern. Die Kunst ist doch nicht ein Spiel, sondern die Kunst ist etwas, das gemessen wird an der Realität.

FJR: Glaubst du, daß du mit deiner Arbeit aufklärst? Ich meine nicht einmal so ablesbar politische Arbeiten wie das Engelsdenkmal oder das Monument, das du jetzt in Hamburg entwirfst. Ich nenne es ja ein Anti-Kriegs-Monument, denn es ist viel mehr als ein Denkmal. Glaubst du also, mit dieserart vermittelten Entwürfen – mit einem Marsyas oder mit einem Gekreuzigten – diesen aufklärerischen Impuls vorantragen zu können? Und wenn: welchen? Was schwebt dir da vor?

HRDLICKA: Wenn du mich unbedingt einen Aufklärer sein lassen willst ... Ich glaube, daß die Entschiedenheit und die Neigung, die Absicht und die Neigungen sich schon verquer kommen. In der Hinsicht muß ich schon zugeben, es ist nicht so, daß ich immer nur gute Absichten hätte und die guten Absichten triumphierten in meiner Kunst. Das wäre eigentlich ideal. Aber was herauskäme, wäre doch sehr steril oder ein Leitartikel, wie man das so schön nennt. Ich verfasse keine Leitartikel, sondern ich muß schon sagen, daß meine Neigung zugleich auch die Kunst in merkwürdige Dinge verwandelt, wie man ja weiß, obwohl ich mich als Marxist bekenne. Du hast mich doch angeheuert, an diesem Buch «Warum ich Marxist bin» mitzuarbeiten. Und ich kann mich erinnern, ich habe damals zu dir am Telefon gesagt «Geh, heuer mich doch lieber an für ein anderes Buch beim Kindler Verlag» – zum Beispiel «Warum ich Christ bin». Die Dinge sind nicht so eindeutig. Viele meiner politischen Polemiken bedienen sich der christlichen Ikonographie. Und diese Ikonographie ist ja nicht nur eine übernommene, sondern ich glaube, sie ist halt eine Bildersprache in unseren Breiten, die sehr viel mit dem Wesen der Leute zu tun hat, die hier wohnen, und damit, wie wir alle leben. Ich bin ja auch nur ein Produkt dieser Gegenden oder auch dieses Dritten Reichs, das zuerst einmal Austrofaschismus war, dann war es brauner Faschismus, dann kam die Befreiung, dann kam die Nachkriegszeit. Nur glaube ich aber, daß ich mich selber nicht so gut analysieren kann, ich leg mich nicht selber vor mir auf den Diwan und sag ‹wer bist du?› – So einfach ist das nicht.

FJR: Nun gibt es einen sehr merkwürdigen und, ich finde, schönen Satz von dir, ich glaube ungefähr so: «Alle Macht der Kunst geht vom Fleische aus.» Du hast vorhin das Wort «der Mensch» benutzt. Also ist das identisch? Und welche Rolle spielt das für deine Arbeit? Denn sie hat ja auch einen großen erotischen Appeal! Ich meine damit nicht Sex-Appeal, sondern eine erotische Sogkraft. Allein das Gefühl, daß man diese Figuren berühren möchte, sie streicheln möchte oder auch schockiert von ihnen ist: Das hat ja immer einen fleischlichen Magnetismus. Was meinst du mit diesem Satz, der – so glaube ich – vor allem auf Skulptur bezogen war: Alle Macht der Skulptur, der skulpturalen Kunst geht vom Fleische aus?

HRDLICKA: Das hat vielleicht wirklich mit der christlichen Ikonographie zu tun. Denn wir wissen doch, daß zum Beispiel die christliche Religion – aber nicht nur sie allein, sondern eigentlich alle Religionen, die unheimlich abstrakt sind – uns große Weltbilder und Erklärungen liefern für die Ordnung der ganzen Welt. Der große Gottesbeweis besteht ja wesentlich daraus, daß sich dieser Gott in einen Menschen verwandelt, also in Fleisch. Wenn ich von der Fleischwerdung spreche oder sage, alle Macht in der Kunst geht vom Fleisch aus, so kann ich nur daran erinnern: Auch in der Religion geht alle Macht vom Fleisch aus. Auch die Päpste interessierte das Fleisch wie nichts anderes auf der Welt, bis hin zur Unzucht. Der jetzige fährt nach Südamerika und sagt: Pflanzt euch nur ordentlich fort! Dann können wir taufen, dann können wir verehelichen, dann können wir begraben! Also, was wär der Katholizismus ohne das Fleisch? Einen Katholizismus ohne Fleisch, den gibt's ja gar nicht. Der Katholizismus ist die blanke Bestätigung der sogenannten Fleischwerdung.

FJR: Nun stellst du in deiner Arbeit meist etwas anderes in den Vordergrund – ich sage mal: das versehrte oder das entstellte Fleisch. Du äußerst dich – ich will nicht sagen: zur Sünde, um nicht zu sehr in der christlichen Terminologie zu bleiben, aber zur Verworfenheit, zur Verfallenheit. Was du machst, ist ja nicht vordergründig schön, die Körperlichkeit hat auch etwas Entsetzliches, sie hat auch etwas zum Tode hin Verfallendes. Der «Sterbende» von dir schreitet sozusagen in den Tod hinein. Aber mir fällt noch ein anderes Element auf, das du bisher nur sehr wenig erläutert hast – ich glaube, nur ein einziges Mal – nämlich eine große Nähe zur Homosexualität. Was ist das für eine Anziehungskraft, die sie offenbar auf dich ausüben muß? Du hast mal gesagt «Ich kann damit persönlich gar nichts anfangen, die gleichgeschlechtliche Liebe ist kein Lustgewinn für mich». Und gleichzeitig spielt die homosexuelle Körperlichkeit, ihre Figuration, doch eine ganz große Rolle bei dir – nicht nur, weil du Pasolinis Tod in Stein gebannt hast. Womit hängt das zusammen?

HRDLICKA: Ja, das hängt, glaube ich, mit vielen Dingen zusammen. Erstens einmal glaube ich, daß es bei der Körperdarstellung ohne den erotischen Anklang gar nicht geht. Das ist mir völlig klar. Zweitens glaube ich, daß Fleischwerdung ohne diese Stimulanz des Erotischen nicht möglich ist. Jetzt könnte man sagen, ich mach besonders schöne Männer – also «schöne Männer» ist übertrieben, aber doch sehr physische Figuren. Ideologie läßt sich damit nicht transportieren. Wenn ich eine Aussage will, kann ich kein Symbol verwenden. Ich halte Symbole überhaupt für albern, damit kann ich überhaupt nichts anfangen. Der Mensch ist der Transporteur seiner Gedanken und der Produzent der Gedanken, der Produzent des Geistes. Das heißt, wenn ich jetzt Gedanken äußere, so müssen sie überzeugend sein in ihrer Körperlichkeit. Es haben schon viele Leute gesagt, ich sei sicher homosexuell. Das ist Unsinn, nur glaube ich – und hier bin ich etwas sehr einseitig, und eine Emanze wird das sicher nicht gerne hören –, daß der männliche Körper sich besser als Transportmittel von Ideen eignet als der weibliche, vor allem für mich. Gewiß ist für mich der weibliche Körper mehr Objekt als der männliche. Darum kommt es zur Verkehrung in der Kunst: daß für mich als künstlerisches Ausdrucksmittel der männliche Körper viel wichtiger ist.

FJR: Warum? Was hat dieses Transportsystem für Ideen?

HRDLICKA: Erstens einmal bin ich selber ein Mann, das heißt also, in jeder Ideologie steckt ein Stück Selbstdarstellung. Alle, die Kunst machen, produzieren zugleich sich selber. Das ist keine Frage der Eitelkeit, denn ich bin ja kein Heros, ich seh mich weder athletisch noch sonst wie. Hinzu kommt, die Gesellschaft wird ja von Männern bestimmt, die Ideologien werden von den Männern bestimmt wie der Krieg, der Zerfall, die Vernichtung. Es ist also für mich der männliche Körper als Darstellung viel wichtiger als der weibliche. Wobei wir aber von Skulptur reden. Wer meine Zeichnungen kennt, weiß genau, daß es da in ganz andere Sachen überschlägt.

FJR: Reden wir nicht auch von Graphik?

HRDLICKA: Sicher. Aber vielleicht könnte man auch sagen,

ich lüge unglaublich, indem ich eigentlich doch homoerotische Neigungen habe. Die aber verstecke ich hinter Ideologie. Aber ich kann immer nur wiederholen, ich leg mich nicht vor mir selber auf den Diwan und analysiere mich. Tatsache ist aber – egal, welche von meinen Themen man nehmen will –, daß alles auch einen starken politischen Charakter hat. Vielleicht würde ich so weit gehen zu sagen, der Mann ist ein politischer Körper. Ich erinnere mich an mein Bildhauerbuch, da habe ich Lévi-Strauss etwas persifliert und hab das geile Fleisch und das geschundene Fleisch gemacht. Und, ganz typisch, das geile Fleisch ist die Frau und das geschundene der Mann. Zwischen diesem Pendelschlag hat sich meine Kunst immer bewegt, wobei das Erotische immer Transportmittel ist. Also Kunst kann nur erotisch sein, ob Theater, Pantomime, Tanz; der Tanz ist keineswegs nur erotisch, aber ohne Erotik geht es im Tanz nimmer. Wenn ich mich zum Beispiel mit Haarmann beschäftigt habe, sind gewiß sehr persönliche Neigungen dabei. Aber ich glaub weniger, daß das homoerotische Neigungen sind, als vielmehr unheimliches Interesse an der Anatomie, am Zerteilen, am Zerstückeln, am Analysieren von Körpern.
FJR: Versteh ich das jetzt falsch, daß auch diese Sequenzen deiner Arbeit in Wahrheit sehr politische Sequenzen sind? Die Haarmann-Suite oder auch jene Pasolini-Formation – willst du damit sagen: Seht her, was geschieht mit diesen Menschen? Sind sie Produkte einer Gesellschaft, die sie verachtet oder denunziert – ein Pasolini, ausgeschlossen von den Kommunisten, ausgeschlossen von den Katholiken – hier war er nicht recht, dort war er nicht recht – und dann auch noch schwul? Ist Haarmann auch ein Stück Faschismus?
HRDLICKA: Sehr richtig! Haarmann ist sozusagen der Massenmörder in Privatinitiative, und wenn ich heute den Faschismus oder den Nationalsozialismus analysiere, dann kann ich ja nicht vage bleiben. Das ist ja die blöde Ausrede aller Faschisten. Ich

muß sagen: Für so einen Massenmord, wie er stattgefunden hat, muß es eine Masse von Mördern geben. Das geht ja gar nicht anders. Man kann nicht sagen, das hat ein einzelner Mensch den Leuten angeschafft, und sie sind dieser Faszination des Führers verfallen und haben plötzlich begonnen, die Leute zu drangsalieren und umzubringen. Es ist vielmehr klar, daß es – warum, das kann ich nicht analysieren – in dieser Zeit eine große Bereitschaft gegeben hat, wahrscheinlich aus wirtschaftlicher Frustration, oder nationaler Frustration, seine Mitmenschen so zu drangsalieren. Ich habe es ja selber noch erlebt, auch den österreichischen Faschismus, und dann den Nationalsozialismus, den Sadismus der Vorgesetzten, den Sadismus der Leute, die billig Vorgesetzte wurden. Ohne große Leistung, sondern einfach durch einen Rang, dadurch, daß er einen Rang höher war als der Obergefreite oder Unteroffizier. Dieser Massenmord hat auch eine große Voraussetzung innerhalb dieser Leute gehabt, und für mich ist der Haarmann der Prototyp des rabiaten SA-Mannes. Arbeitsscheu und homosexuell. Wir wissen doch, denk an Röhm, daß Homosexualität und Gewalttätigkeit und auch Sadismus oft zusammenhängen. Zu glauben, daß alle Homosexuellen Schöngeister sind oder Intellektuelle, das ist ein ausgesprochener Quatsch. Gerade im Militarismus steckt ein großes Stück aggressive Männlichkeit, das wissen wir spätestens seit Sparta. Aggressive Männlichkeit, zugleich eine erotische wie sadistische Neigung, sich den anderen einzuverleiben, zu unterdrücken oder ihn zu lieben, meinetwegen.

FJR: Du sprichst jetzt wie ein Säkularprediger. Nun hast du aber eben den Namen eines Mannes genannt, der dich offenbar auch mit seinem Denken beeinflußt hat, nämlich Lévi-Strauss. Aber Lévi-Strauss ist jemand, der sich förmlich ernährt von Geschichtsskepsis, der alles das, was du eben gesagt hast – ob über Haarmann oder den Faschismus oder den Nationalsozialismus – hochrechnet auf die Geschichte der Menschheit und sagt: So sind die Menschen, so waren sie immer, und so werden sie immer sein. Wenn ich sage ‹Prediger›, so bist du für mich jemand, der eigentlich will, daß sie so *nicht* sein mögen, und der das Seine dazutun will, daß sie mindestens wach werden und ein Bewußtsein bekommen. Das ist der genaue Widerspruch zu dem, was Lévi-Strauss sagt.

HRDLICKA: Hier kann ich meine Position nicht so leicht klären. Die Kunst ist zugleich etwas, das sicherlich Aufklärung ist, in der Hinsicht bin ich vielleicht ein Prediger oder ein Aufklärer oder ein Polemiker vor allem. Das heißt aber nicht, daß ich mir so völlig bewußt wäre, daß meine Dinge nur Nützliches erzeugen. Aber ich kann mich noch erinnern, wie mein Freund Georg Eisler zum ersten Mal ein Bild von mir gesehen hat, das heißt «Die Badenden». Das bezieht sich auf eine Geschichte, die ich im Krieg gehört habe, wie Juden auf einem Transport einfach umgebracht wurden. Dieses Bild hat der 1960 zum ersten Mal gesehen und hat zu mir gesagt: «Ich glaub, jeder SS-Mann wird sich über dieses Bild sehr freuen.» Was eine sehr gehässige Bemerkung von ihm war und auch eine merkwürdige – ich bin sehr nachdenklich darüber geworden und hab mir gedacht, meine Aussage ist offenkundig nicht sehr eindeutig. Sie ist eher wie eine Feststellung, daß das passiert ist; man könnte mir fast sagen, wie schön, daß das passiert ist. Dieses merkwürdige Bild hängt heute noch bei mir in der Wohnung, komischerweise habe ich mich daran gewöhnt, und meine Frau hat sich auch daran gewöhnt. Aber es mag vielleicht auch etwas Wahres dran sein. Das heißt also, ich weiß nicht, ob Kunst immer so zielgerichtet erzieherisch ist. So, wie ich mich immer, bei allen guten Vorsätzen, gehütet habe, ein Unterschriftenautomat zu werden, so ist es auch nicht so eindeutig, daß bei der Kunst wie bei einer Faschiermaschine immer das Gute herauskommt. Dreh einfach das Stück Fleisch durch den Fleischwolf, und unten kommt das Gute heraus. Es ist halt ein merkwürdiger

Prozeß, und irgendwann wird die Endabrechnung sein, aber wäre es einfach, wär's vielleicht auch langweilig für mich.

FJR: Wie läuft der handwerkliche Prozeß, zum Beispiel mit Marmor? Suchst du zum Beispiel selber den Marmor aus für die großen Skulpturen? Und wenn du vor so einem Brocken stehst – ich meine, das ist ja erst mal ein Stück tauber Stein, oder? Es gibt zwar Leute, die sagen, Michelangelo hat im Stein schon vorher die Figur gesehen. Gilt das auch für dich, daß ein bestimmter Stein etwas Bestimmtes transportieren kann, was ein anderer Stein nicht transportieren könnte?

HRDLICKA: Picasso hat einmal, glaub ich, über den Fotografen Brassaï gesagt: «Er versteht gar nichts.» Sie haben über Fleisch gesprochen und über weibliche Formen und sind sich beide einig gewesen, daß die weibliche Form dem Gefäß sehr nahekommt. Und sie haben sich, glaub ich, gemeinsam Kokosnüsse angeschaut, eine polierte und eine behaarte Kokosnuss – also ein ganz verrücktes Gespräch, wie man's halt so führt, nicht? Und Picasso hat gesagt: Er würde sich eher vorstellen, daß man nicht in einem Marmorblock etwas «findet», sondern aus Wurzeln, aus Gefundenem, aus Knochen – so ähnlich wie auch Henry Moore es gemacht hat, der mir einmal gezeigt hat, daß er eine Knochensammlung und eine Holzsammlung und eine Steinsammlung hat, also assoziativ etwas aus den Materialien herausholt. Und Picasso sagte wortwörtlich: «Ich verstehe Michelangelo nicht, wie konnte er aus einem Marmorblock den David schlagen, was hat er darinnen gesehen?» Und hier muß ich sagen, bei aller Verehrung für Picasso, ich bin das Gegenteil vom assoziativen Künstler, ich brauche nicht bestimmte Formen, die mich anregen, in diese Form dann meine Form zu schlagen, sondern ich bin hier wirklich der blanke Anhänger des Marmorblocks oder des weißen Blatt Papiers, des Viereckigen, das heißt des totalen Rohstoffs. Picasso konnte sich das nicht vorstellen, und wir kennen auch die Skulpturen von Picasso, der eben einen Fahrradsattel genommen hat und dann eine Lenkstange und daraus einen Stierkopf gemacht hat. Oder er hat einen Korb genommen und daraus einen Ziegenkörper gemacht. Also Picasso ist immer assoziativ vorgegangen und hat nicht verstanden, daß man in den reinen Block einfach hineindenken kann. Das ist von ihm wortwörtlich sogar. Aber ich bin das völlige Gegenteil. Bei aller Verehrung für Picasso: Ich kann nur in Rohstoff denken.

FJR: Ohne Skizze zum Beispiel?

HRDLICKA: Ohne Skizze.

FJR: Du hast keine vorherige Formvorstellung, wenn du vor so einem Stein stehst?

HRDLICKA: Nein.

FJR: Nun gibt der Stein doch aber Proportionen vor. Du kannst ja nicht größer erzählen, als der Stein es erlaubt. Wenn du ein erzählerisches Werk beginnst, sagen wir das Engelsdenkmal, das hat ja seine natürliche Grenze, übrigens anders als Papier ... Bei Papier – nehmen wir mal deine riesigen Faust-Blätter, da hättest du ja noch größeres Papier nehmen oder ankleben können. Das geht beim Stein nicht, der ist einfach an einer Stelle zu Ende. Also reguliert doch der Stein auch die ästhetische Formation, oder nicht?

HRDLICKA: Ich finde genau diese Begrenzung das Herrliche an dem Stein. Das heißt also, ich glaube, daß nur dort, wo Grenzen gesetzt sind – und ich finde eine sogenannte Kunst ohne Grenzen lächerlich –, die Kunst und die Kunstfertigkeit oder der Erfindungsreichtum entstehen kann. Es ist also nicht so, daß ich endlos was aussuche. Ich kann den nächsten Stein nehmen und kann das Thema unendlich variieren, denn auch wenn ich viel zeichne und radiere, die Skulptur ist die Sternstunde meines Themas. Bei Bildern ist das so: Wenn ich mich entschieden hab, was mir das Wichtigste, das Dominante im Bild ist, dann versuch ich dem Dominanten zu folgen. Meine Radierungen sind ja oft uferlos in ihrer Assoziierungswut und ihrer Überlegungswut und inneren Anhäufung. Aber die Sternstunde ist zu meißeln, und da ist die Begrenzung etwas unheimlich Wichtiges, weil der Erfindungsreichtum gebändigt werden muß. Man muß sich das genau überlegen, es ist oft so, wie wenn man sich eine Schachpartie überlegt: Habe ich das falsch gemacht, habe ich das richtig gemacht, ist die Kombination richtig, wo ist die Lücke in der Kombination – so sitz ich oft ein bißchen abgestumpft und dumm da und überleg mir, jetzt ist also der Arm so weit – die Linie läuft so. Beim Engelsdenkmal war's besonders kompliziert, eine solche Masse in einen sehr begrenzten Stein zu schlagen. Ich hab die verschiedensten Tricks angewendet, ich hab fließende Proportionen genommen, ich bin hergegangen und hab den Stein so unübersichtlich gemacht – wenn man genau hinschaut, weiß man gar nicht, wie viele Figuren es sind. Wenn man die einzelnen Gliedmaßen zusammenzählt, sind es eigentlich nur wenige. Aber dieser formale Trick der Unübersichtlichkeit, der verschiedensten Größenordnungen auf engstem Raum – der Stein hat eine Grundfläche von 1 Meter mal 1,20 Meter – hat begonnen, die Sache zu komplizieren. Aber das ist das Schöne dran. Die Begrenztheit einer Möglichkeit und die höchstmögliche Erfindungskraft dazu.

FJR: Du hast mir, glaube ich, einmal erzählt – jedenfalls hat mich das sehr beeindruckt, und ich wußte es vorher auch gar nicht –, daß Michelangelo sozusagen die Scheitelpartie der Skulptur von vornherein mit dem Ende des Steins konzipiert hat, ja, die Grenzen des Steins sogar bewußt benutzt hat. Gibt es solche Vorgänge auch bei dir? Daß du den Stein sozusagen als Grenze deiner Formkraft ansiehst – oder den Stein beispielsweise zerschlagen würdest?

HRDLICKA: Es gibt von mir fast so viele kaputtgemachte oder nicht zusammengebrachte Figuren wie zusammengebrachte oder vollendete Figuren. Michelangelos David ist ein Weltwunder, obwohl von der Perfektion, von der Formerfindung her vielleicht andere Arbeiten von ihm überwältigender sind. Aber dieses Ausschöpfen der Möglichkeiten im Stein ist eine der großen Verführungen, und ich will noch einmal sagen, hier muß man beim Stein sehr vorsichtig sein. Es gibt Leute, die glauben, sie müßten alles ausnützen, jede Grenze, die sie im Stein haben, und daher machen sie dann ein Konzept, das sich eher Picasso annähert. Sie passen sich in die gegebene Form. Umgekehrt finde ich es viel lustiger. Zum Beispiel hab ich mal so eine Figur gemacht, einen riesigen Block, da tritt eine Figur *hinein,* sie kommt nicht *heraus,* sondern sie marschiert in diesen Block *hinein.* Die Räumlichkeit ist viel stärker, wie wenn ich den Rest des Steins wegschlage. Wie jemand, der in ein – ja, nicht in ein Loch, aber in eine unglaubliche Dimension *hinein*geht. Das ist die letzte Ausnützung aller Möglichkeiten. Das finde ich das Schöne daran. Es ist wie eine Rechenaufgabe. Eigentlich ist das Schöne an der Bildhauerei, daß man die ganze Zeit damit beschäftigt ist, solange man an diesem Block arbeitet, denkt man sich jede Möglichkeit aus.

FJR: Aber wo ist der Unterschied zur Bronze? Bisher hast du ja ganz wenig in Bronze gearbeitet. Es gibt zwar Bronzegüsse bestimmter Skulpturen von dir, aber du fängst eigentlich erst durch diesen Auftrag für das Hamburger Denkmal an, direkt in Bronze zu arbeiten. Warum plötzlich die Entscheidung, mit einem anderen Material zu arbeiten als mit Stein?

HRDLICKA: Vor allem, weil ich ein Element darstellen wollte, das in Marmor nicht darzustellen ist, das Element des Feuers. Bronze und Feuer haben ja viel miteinander zu tun, denn ohne den Schmelzpunkt, ohne Feuer, ohne Hitze geht es nicht. Da ich den Hamburger Feuersturm machen wollte, war klar, daß ich mir jetzt nicht eine große Marmorplatte kaufen und Flammenzungen hineinmeißeln kann. Das wär mir einfach zu albern. Bisher war für mich der Rohstoff das Fleisch, und der

Rohstoff ist zugleich der Höhepunkt, die Sternstunde ist der menschliche Körper, der Ideenträger Mensch. Und jetzt versuche ich etwas sehr Banales, so könnte man sagen, das Feuer. So hab ich versucht, das Feuer direkt zu übersetzen, indem ich die heiße Bronze aufgegossen und die Ergebnisse an eine von mir modellierte Wand angeschweißt, angeschmiedet habe und in diese Wand wiederum verbrannte Körper hineingegeben habe. Das heißt, die Bronze, die Hitze des Schmelztiegels ist übersetzt in die Kunst – was ich sonst nie gemacht habe. Verbrennen, Brand und Bronze hat eine ziemliche logische Folgerichtigkeit. Ich bin ja nicht dazu da, um mein Engelsdenkmal ewig zu wiederholen. Ich finde die Aufgabe, daß ich etwas ganz anders machen kann, sehr lustig.

FJR: Wann fällt so eine Entscheidung bei jemandem, der in so verschiedenen Medien arbeitet? Wie entwickelt sich das: ich möchte das eigentlich als Zeichnung, oder ich möchte es mit diesem riesigen Kohlestift auf Papier bringen – oder ich möchte es gerade *nicht* als Zeichnung, sondern doch lieber als Graphik machen ... Oder wiederum umgekehrt, auch keine Graphik, sondern eine kleinere Skulptur. Man denkt bei Hrdlicka immer: Mein Gott, es gibt nur diese Riesen aus Marmor, aber das stimmt ja nicht. Es gibt sowohl normal formulierte Portraits als auch kleinere Skulpturen, zum Beispiel diesen kleinen Kopf einer Sterbenden, eine ganz besonders eindringliche Arbeit. Wann fällt so eine Entscheidung? Könnte dieser Kopf der Sterbenden eventuell auch eine Zeichnung sein?

HRDLICKA: Hier muß ich sagen, daß die Situation mir eigentlich keine Entscheidungsfreiheit gelassen hat. Die Portraitierte lag im Sterben – und hier muß ich noch einmal sagen, daß für mich die Skulptur immer das Wichtigste ist, was ich überhaupt machen kann. Ich bin doch ein verkrachter Maler, und aus dem heraus bin ich Bildhauer geworden. Und in der Situation der Sterbenden fand ich zu meinem Glück ein Stück Knetmasse, und statt daß ich daneben saß und ein paar Skizzen machte, habe ich fasziniert etwas gemacht, das eigentlich eine Totenmaske ohne Abguß ist – nur viel kleiner. Ich bin dagesessen und hab das Sterben beobachtet mit einem Stück Knetmasse in der Hand. Das war deswegen nicht nüchtern oder unmenschlich, sondern es geschah mit einer großen Anteilnahme. Ich habe den Prozeß des Sterbens einfach eingefügt, modelliert. Da gab es keine Entscheidungsfreiheit. Stein war aufgrund der Situation natürlich unmöglich, so schnell kann ich nicht schlagen, wie jemandes letzte Stunden verrinnen. Und es ist ja auch ein verrücktes Unterfangen gewesen. Ich hab modelliert, gezeichnet, hineingemacht – man sieht es ja noch an diesem Keil in der Hand. Ich bin Linkshänder – da hab ich das Stück Knetmasse gehabt und dann irgendwie modelliert und den Keil in der Hand gehabt. Hier habe ich wieder erfahren – und das finde ich ja das Interessante daran –, daß die Auseinandersetzung mit der Realität, mit dem Leben, eigentlich das stärkste Formdiktat und die stärkste Formerfindung hervorrufen muß. Da war diese Sterbestunde für mich auch eine Sternstunde.

FJR: Wobei ich mich, ehrlich gesagt, immer gegen diese Chiffre «Naturalismus» wehre, obwohl du sie ja selber auf deine Arbeit anwendest. Für mich ist Naturalismus fast 'ne Abklatschsache, ohne Geheimnis. Realismus ist ja etwas anderes als Naturalismus. Warum bestehst du eigentlich darauf, vieles oder überhaupt den Grundzug deiner Arbeit naturalistisch zu nennen? Das ist eine völlige Neufassung des Begriffs Naturalismus – für mich.

HRDLICKA: Der alte Naturalismusbegriff ist der einer Anhäufung von Details, und ich halte den für einen sehr dummen Begriff. Die Natur besteht ja nicht aus einer Anhäufung von Details; wenn du etwa in einen Raum hineinkommst, muß ich ja noch gar nicht deine Details sehen. Ich weiß, das ist der Raddatz. Das sehe ich aus deiner Haltung, aus deiner Bewegung.

Für mich ist so ein Naturalismus ein großer Gesamteindruck. Das heißt also, der Naturalismus wurde immer verleumdet, als ob Leute sitzen und fitzeln und ein kleines Detail nach dem anderen machen – das ist doch Unsinn. Der Naturalismus ist der große Gesamteindruck. Die Bewegung, die Haltung, das Lebendige, das Ganze eben. Warum ich gegen Realismus bin, das muß ich zugeben, da bin ich ideologisch überfragt. Da gibt's einen sozialistischen Realismus, das beginnt schon damit, daß ein Anspruch erhoben wird auf eine Darstellung, und kein Mensch weiß eigentlich, was das ist. Wenn man es genau weiß, ist es ein Etikett – wie abstrakt! Naturalismus ist was anderes, etwas Soziales. Abstraktion ist Kunst sowieso. Denken ist Abstraktion, denn man kann ja nicht alle Details mit einbeziehen beim Denken. Wenn du mit mir sprichst, schneidest du doch auch die Dinge so ab, daß sie faßbar sind. Naturalismus ist mir ein viel lieberes Wort, weil es sich nicht einfügt in diesen dummen Realismusbegriff, den ich immer bekämpft hab. Der Realismusbegriff war für mich immer etwas, das eigentlich eine vorgekaute Natur ist oder eine zurechtgerückte Natur. Ich find, die Natur ist nicht zurechtgerückt, man soll sie so nehmen, wie sie ist.
FJR: Kann es eventuell mit diesem Konzept zusammenhängen, daß mit deiner Arbeit häufig so viel – ich sag mal: Krach verbunden ist? Es gibt ja kaum eines der wichtigen Denkmäler, skulpturalen Portraits – angefangen beim Renner-Portrait in Wien bis hin zu Hamburg, vorher mit Engels in Wuppertal –, bei denen man nicht sofort denkt: immer Aufregung! Selbst bei Kleinbürgern, in deren Nachbarschaft eine Skulptur von dir im Garten steht. Die Kleinbürger erregen sich.
HRDLICKA: In deinem Garten …
FJR: Zum Beispiel. Oder irgendwo auf der Straße, wo deine Kunst beschmiert wird. Du selber hast, glaub ich, mal erzählt, in Stuttgart oder wo das ist …
HRDLICKA: … da gibt's einen Spezialtrupp …

FJR: … da gibt's 'ne eigene Kolonne, die das immer wieder abwaschen muß. Also muß es doch etwas spezifisch Aufregendes, Verstörendes geben. Ich meine, über Renée Sintenis' Pferdchen regen sie sich ja nicht auf, oder über eine Diana mit Pfeil und Bogen und dem Reh davor. Was ist es, das die Leute so «auf die Palme» bringt, wie man in Berlin sagt, und zwar Politiker wie Betrachter?

HRDLICKA: Zum «normalen Betrachter» muß ich sagen: Es hat jetzt in Salzburg sechs Wochen lang eine Polemik gegeben um eine Kreuzigungsgruppe von mir, die Anfang der 60er Jahre entstanden ist. Der Gekreuzigte selbst ist 1959 entstanden. Das Objekt sollte in der Nähe der Polizei aufgestellt werden, da brach der Streit los. Es hat protestiert der Bischof von Salzburg, der Landeshauptmann Haslinger, also was bei euch ein Ministerpräsident ist oder ein Oberbürgermeister wie Dohnanyi – also es hat alles protestiert, auch der Polizeipräsident. Mal wurde die Aufstellung abgesagt, mal wurde sie wieder aufs Tapet gebracht, es wird doch aufgestellt. Es ist unheimlich, daß Figuren, die 25 Jahre alt sind, immer wieder die gleichen Leute mobilisieren. Beim Gekreuzigten, den ich 1960 zum ersten Mal ausgestellt hab, haben sich die Wiener Aktionisten aufgeregt und gesagt, das sei eine billige Spekulation mit Religion und Sexualität. Also, es ist so verrückt, daß man das Lager gar nicht abgrenzen kann, wer sich alles darüber aufgeregt hat. Für mich ist das eine der merkwürdigsten Erfahrungen, vom Erzbischof bis zu den Wiener Aktionisten.

FJR: Gibt es eigentlich Leute, die sich in irgendeinem sozialistischen Land inklusive der Sowjetunion mit deinen Arbeiten beschäftigt haben? Es würde doch naheliegen, daß zum Beispiel auch in Moskau mal so ein Ding steht, oder?

HRDLICKA: Das kann ich schwer abschätzen. Ich war ein einziges Mal in Moskau, und wir haben versucht, sowjetische Kunst nach Wien zu kriegen. Das war leider ein Fehlalarm. Es ging nach rückwärts los. Wir haben das Ganze veröffentlicht, aber das tiefe Mißtrauen ist geblieben. Nicht gegenüber meiner Person, ich glaube, da drüben gibt es kein Mißtrauen gegen meine Person. Ich habe mich nie als Antikommunist betätigt, ganz gleich, ob ich 1956 aus der Partei ausgetreten bin oder nicht, das hat damit gar nichts zu tun. Wirkliches Interesse gibt es in der DDR. Ich habe jetzt in Ostberlin ausgestellt, und da war schon ein sehr interessiertes Publikum da. Nicht ein offizielles, ich wurde dort überhaupt nicht offiziell vorgestellt, die Ausstellung hat die Akademie der Künste organisiert. Man hat aber darüber diskutiert. Eine große Diskussion mit vor allem jungen Leuten. Ich glaube, daß die Schwarzweiß-Malerei, hier sozialistischer Realismus, dort Kunst des freien Westens, Unsinn ist. In diese blöde Polemik bin ich nie eingestiegen, denn das ist genauso Konfrontationskunst dort im Westen wie im Osten.

FJR: Kann ein Mann wie Fritz Cremer, der schließlich – ich will nicht sagen: künstlerisch – in deiner Nähe siedelt, aber immerhin auch viele große politische Denkmale gemacht hat und zum Beispiel die Totenmaske von Bertolt Brecht abgenommen hat, sich mit deiner Arbeit auseinandersetzen? Hast du mit ihm darüber gesprochen?

HRDLICKA: Ich hab ihm sogar eine Laudatio gehalten. Ich glaub, daß der Cremer etwas sehr Wichtiges gemacht hat. Er hat nach dem Krieg nicht das gemacht, was Grass jetzt mit seiner Polemik gegen die abstrakte Kunst anklagt, sondern er hat versucht, so etwas wie eine antifaschistische Ästhetik zu entwickeln. Das finde ich sehr verdienstvoll. Ganz gleich, wie sich Cremer selber sieht, aber ich hab das immer so gesehen und diese Vogel-Strauß-Politik, den Kopf in den Sand zu stecken nach '45, das hat Cremer nicht mitgemacht. Ganz gleich, wie es ihm gelungen ist oder nicht gelungen ist. In der Hinsicht ist er ein Avantgardist der antifaschistischen Ästhetik.

FJR: Nun hast du mal vom Warenhaus des freien Westens oder

dem Kunstpavillon des freien Westens geredet. Was für eine merkwürdige Situation ist das eigentlich für dich, sozusagen auf den Markt zu gehen und etwa bestimmte Arbeiten in den Katakomben von Sammlern, auch Museen, verschwinden zu sehen. In dem Moment ist es ja keine öffentliche Kunst mehr – egal ob Graphik, Bild, Skulptur.

HRDLICKA: Eigentlich wäre es mir lieb, daß nur solche Kunst dort verschwindet, in den Katakomben der Privatsammler, wie du sagst, die eine vervielfältigte ist. Lithos zum Beispiel. Ich hab mich auch eines Tags entschlossen, von meinen Skulpturen – ich mach ja fast alles in Stein – Bronzegüsse zu machen, weil die Gefahr, daß die Dinge irgendwo abgestellt werden können, also verschwinden, groß ist. Jedes Buch ist eine herrliche Sache. Man kann noch so viele Bücher verbrennen, man kann nicht alle Bücher verbrennen. Bildende Kunst ist hier viel anfälliger, das Objekt ist zugleich die Einmaligkeit, obwohl ich mich also inzwischen ausgesöhnt hab mit der Zerstörung der Einmaligkeit. Das nehme ich in Kauf. Die Menschen verschwinden auch irgendwo. Es ist wohl so, daß ich den Privatsammler immer ein wenig, wie soll man sagen: verächtlich gemacht habe gegenüber dem Liebhaber, der sich was an die Wand hängt und glaubt, es muß mit'm Vorhang in Einklang stehen. Das habe ich schon immer gemacht. Nur bin ich inzwischen draufgekommen: ich muß ja meine Kunst auch irgendwo verkaufen. Verkaufen, finanzieren. Denn die großen Projekte, das kann man ja offen sagen, die großen Projekte finanziere ich selber, das heißt, ich finanziere meine Existenz und das, was die Sachen kosten, nämlich den Rohwert. Ich zahle unter Umständen drauf, wie zum Beispiel jetzt in Hamburg – das will ich auch offen sagen; da habe ich schon fast mehr Geld ausgegeben, als ich eingenommen habe. Weil die Dinge eben viel Geld kosten. Den Ehrgeiz, meine Skulpturen in der Öffentlichkeit zu sehen, den zahlen zum Teil die Privatsammler, das muß ich wirklich zugeben. Daher also eine gewisse Aussöhnung mit den Leuten, die ich bisher immer attackiert habe. Aber ich bin nach wie vor kein großer Hit am Kunstmarkt, davon bin ich überzeugt.

FJR: Was ist das denn für ein Gefühl für dich, wenn du dich – um mal in der Metapher des Fleisches zu bleiben – von so einem «Kind» trennen mußt? Löst das etwas bei dir aus, wenn jemand aus Lateinamerika eine große Skulptur von dir kauft – und weg ist sie, bei einem Pfeffer- oder Zucker- oder Kaffeemillionär in Caracas. Ist das für dich ein Vorgang, oder ist es dir eigentlich egal in dem Moment, wo das Kunstwerk fertig ist? Ist es für dich dann auch fertig verabschiedet, ganz gleich, wohin das Kind läuft?

HRDLICKA: Nein, ich glaube erstens einmal, daß meine Figuren am besten in meinem Atelier stehen. Es ist eine verrückte Behauptung, aber es ist so, weil sie in diesen Arbeitsprozeß eingebunden sind. Ich werde also immer weniger zum Ausstellungskünstler. Zum anderen habe ich gern Leute, die die Kunst wirklich lieben. Da freut es mich dann, wenn sie bei ihnen steht. Ich will auch zugestehen: Es ist nicht so, daß Kunst nur für sich besteht, sondern sie besteht aus ihren Anhängern, aus den Leuten, die sie vertreten, interpretieren und so weiter. Wir brauchen hier gar nicht Gottfried Benn zu zitieren über Rembrandt und den Geniebegriff. Aber ich muß sagen, daß fünfzig Prozent Anteil am Rembrandt die Leute haben, die ihn entdeckt haben oder die ihn gesammelt haben oder ganz gleich, welche Verdienste sie an ihm haben. Denn Sammeln ist ja auch ein Verdienst. Das ist die eine Seite. Das Weggeben selber ist sicher ein merkwürdiger Prozeß, besonders wenn die Sachen sich von einem entfernen – man wird ja älter, und dann ist das Jugendwerk nicht kopierbar. Meine Frau zum Beispiel ist eine ausgesprochen gehässige Verkäuferin. Sie haßt jeden Menschen, der etwas von mir will. Das ehrt sie, aber andererseits: ich muß ja produzieren. Es ist ein unauflöslicher Knoten. Ich bin wiederum froh, daß es Leute gibt, die aus eigenem Antrieb meine Sachen wollen. Bei öffentlicher Kunst allerdings ist es mir völlig wurscht, ob die Leute sie wollen oder nicht. Da bin ich dann fast gehässig. Da können die Leute noch so dagegen sein, daß etwas irgendwo steht, dann werd ich alles versuchen, daß es dort stehen bleibt und daß es nicht weggenommen wird und woanders hinkommt. Denn ich glaube, daß meine Kunst eben eine Kunst für die Öffentlichkeit ist. Ich hab aufgehört mit der Ausstellungskunst. Die Ausstellungskunst ist transportabel, sie wird hin und her geschleppt. Das bringt nichts. Ich steh lieber unwiderruflich an einem Punkt, außer sie zerstören es oder karren es ab.

FJR: Stehst du auch deswegen ganz gerne an dem jeweiligen öffentlichen Platz, sei es in Wien, in Stuttgart, in Hamburg oder Wuppertal, damit du nicht stirbst? Hat das auch mit deiner Todesvorstellung zu tun – oder damit, daß du die Vergänglichkeit überlisten willst?

HRDLICKA: Ich glaube, das kann man jedem Künstler nachsagen, daß er versucht, sich Unsterblichkeit einzukaufen. Ich hab mal etwas geschrieben über Canetti, daß er verrückt genug ist zu glauben, er sei nicht sterblich. Mein Artikel schließt damit, daß ich ihm wünsch – unsterblich ist er ja ohnehin, da er den Nobelpreis bekommen hat –, daß er diese Unsterblichkeit in die Nichtsterblichkeit eintauschen kann. Also die Nichtsterblichkeit kann man sich leider nicht erkaufen. Inwieweit Künstler mit der Unsterblichkeit spekulieren, ja, ich glaube, da gibt es viele Spekulationen. Wer Kinder zeugt, glaubt unsterblich zu sein, und die Künstler glauben es wiederum, da sie Kunst erzeugen – Literatur, Musik, alles beruht schon auf dieser Angst vor dem Tod. Das glaub ich schon.

FJR: Ich frag natürlich nicht nur, um deine Eitelkeit abzuklopfen, denn wenn die nicht da wäre, würdest du nichts machen. Keiner, der irgend etwas macht, dürfte korrekterweise von sich sagen, er sei nicht eitel. Das ist es nicht. Meine Frage zielt auch auf eine mögliche Verzagtheit unserer Welt gegenüber, denn viele Künstler haben doch gerade jetzt das Gefühl, mein Gott, wir sind in einer anderen Phase der Menschheitsentwicklung angelangt. Das ist es, was Günther Anders meint, wenn er etwa ganz apodiktisch und genau sagt: «Es wird in die Luft gehen. Dieser Ball Erde wird zerschmelzen.» Es gibt Autoren, Schriftsteller, die sagen, deswegen alleine, weil der Impuls zum Unsterblichen gebrochen wird, wegen dieser Erkenntnis kann ich nicht mehr arbeiten. Spielt so etwas eine Rolle in deinem Gedanken- wie Produktionshaushalt?

HRDLICKA: Es war, das kann ich nur sagen, eine Wende bei mir. Ich hab eingesehen, da wir alle sterblich sind, daß auch Kunst zerstörbar ist. Und wenn ich meine Kunst lieber im öffentlichen Raum aufstelle als in Museen, dann ist das die Erkenntnis, daß auch Kunst zerstörbar ist. Ich bin vergänglich, und die Menschen sind vergänglich, und die Kunst ist es auch. Das ist vielleicht wieder das ganz Interessante an der bildenden Kunst. Ihre Sterblichkeit. Die bildende Kunst hat etwas sehr Menschliches, die Musik und die Literatur sind nicht ganz so sterblich. Diese sind so unendlich vervielfältigbar, das hat die bildende Kunst nicht. Also in der Hinsicht muß ich, wenn ich ein bißchen philosophisch denke, mich längst damit abfinden, daß die Zerstörbarkeit der bildenden Kunst innewohnt. Obwohl die ganz großen Kulturen nur aus der bildenden Kunst rekonstruiert werden, müssen wir vielleicht diese Zerstörbarkeit in Kauf nehmen. Und wenn der Erdball ohnehin kaputtgehen wird, na dann kann ruhig meine Kunst auch kaputtgehen, da bin ich nicht so sentimental.

FJR: Das ist mir klar. Ich meinte etwas anderes. Gibt es da manchmal – also, ich sage jetzt mal hochtrabend: Melancholie-Hemmungen, eine Skepsis, die dir sozusagen die Hände bindet?

HRDLICKA: Ich bin Maniker, ich bin ein manischer Arbeiter,

und ich denke in Stunden, in Tagen, wie ich etwas machen kann. Wahrscheinlich fehlt mir noch die tiefere Einsicht, aber die wird schon kommen, wenn die Knochen nachlassen oder die Muskeln nachlassen.

FJR: Gut, das ist der physische Vorgang.

HRDLICKA: Genau, aber momentan will ich eher was machen. Ich kann das nicht einfach beantworten.

FJR: Wenn wir gesagt haben «Prediger», dann muß man auch das Wort sagen vom «Prediger in der Wüste». Also – wenn der Prediger das Gefühl hat, ach Gott, es hat gar keinen Sinn mehr zu predigen, und mein Wort, in deinem Fall also deine Figura, wird nicht mehr gehört, nicht mehr wahrgenommen, wozu eigentlich noch – was dann? Wir kennen das von einem deutschen Schriftsteller, Wolfgang Hildesheimer, der das wirklich nicht nur *gesagt* hat, sondern auch *tut*. Er schreibt nicht mehr. Er sagt: Ich kann nicht mehr *vis-à-vis* dieser Aussichten, es ist ohnehin vergebens. Deshalb diese letzte Frage: Ist das Element «Vergeblichkeit» für dich ein Element? Oder meißelst du das weg?

HRDLICKA: Das meißel ich eher weg. Denn da ich sowieso an die allgemeine Vergänglichkeit glaube, bin ich so speziell von diesem Problem überhaupt nicht berührt. Schau, man kann ja nur auf Zeit schaffen, das heißt auf Zeit, auch wenn ich tot bin. Es gibt ja große Geister, die schon lange tot sind und immer noch eine Wirkung haben. Natürlich kann ich sagen, auch diese Wirkung ist zeitlich begrenzt. Ich denke nicht über die Begrenztheit meiner Wirkung nach, ich weiß nur, daß bildende Kunst eine Langzeitwirkung hat. Viel mehr, als Tagesereignisse oder viele andere Medien schaffen können. So eine lange Wirkung hat die bildende Kunst, aber irgendwann einmal hört auch diese Wirkung auf, und das regt mich weiter nicht auf. Dazu bin ich ein viel zu besessener Macher, vielleicht ist es auch ein schlimmes Wort, wenn ich das von mir selber sag. Aber die

Besessenheit, etwas zu tun oder die Sache in den Griff zu bekommen – oder zu reflektieren oder zu behaupten oder zu widerlegen oder sich in Polemik zu verstricken –, das hält mich lebendig. Tod und Unsterblichkeit schließen sich ja nicht aus. Was ich das Unsterbliche an Pasolini finde, ist das Abfinden mit der Vergänglichkeit; und er hat ein schreckliches Ende genommen, und das ist das Schöne an ihm.

Abschrift eines Fernsehinterviews aus der Reihe «Dialog»,
ausgestrahlt vom «Sender Freies Berlin« (SFB)
am 10. September 1985

Personenregister

D

E

F

G

H

I

J

K

L

N

O

P

R

S

Z

MIX
Papier aus verantwortungsvollen Quellen
FSC® C083411

Das für dieses Buch verwendete FSC®-zertifizierte Papier
Schleipen Werkdruck liefert Cordier, Deutschland.